CB138683

IN VITRO, IN VIVO, IN SILICIO

coleção de antropologia
movimentos religiosos no mundo contemporâneo

Leila Amaral e Amir Geiger (orgs.)

IN VITRO, IN VIVO, IN SILICIO

Ensaios sobre a relação entre arte, ciência, tecnologia e o sagrado

cnpq/pronex
attar editorial
2007

coleção de antropologia
MOVIMENTOS RELIGIOSOS NO MUNDO CONTEMPORÂNEO

Coordenador
José Jorge de Carvalho

Conselho Editorial
Otávio Velho
José Jorge de Carvalho
Regina Novaes
Rita Laura Segato
Ari Pedro Oro

Revisão
Percival de Carvalho

Diagramação e capa
Silvana Panzoldo

Dados Internacionais de Catalogação na Publicação (CIP)
(Câmara Brasileira do Livro, SP, Brasil)

In vitro, in vivo, in silicio : ensaios sobre a relação entre arte, ciência, tecnologia e o sagrado / Leila Amaral e Amir Geiger (orgs.) . -- São Paulo : Attar, 2008. -- (Coleção de antropologia : movimentos religiosos no mundo contemporâneo)

Vários autores.
Apoio: CNPq, Pronex.
Bibliografia.

1. Antropologia 2. Arte e religião 3. Religião e ciência 4. Religião e cultura 5. Sagrado 6. Tecnologia I. Amaral, Leila. II. Título: Ensaios sobre a relação entre arte, ciência, tecnologia e o sagrado. III. Série.

07-5439 CDD-306.6

Índices para catálogo sistemático:

1. Arte, ciência, tecnologia e o sagado : Relações : Antropologia cultural : Sociologia 306.6

ISBN 978-85-85115-32-6
ISBN coleção 85-85115-16-5

ATTAR EDITORIAL
rua Madre Mazzarello 336 05454-040 São Paulo - SP
fone/fax (11) 3021 2199 www.attar.com.br

Sumário

PREFÁCIO

Leila Amaral

Estará em foco neste livro um deslizamento que vem ocorrendo no mundo contemporâneo na maneira de a arte relacionar-se com a religião sem deixar, contudo, de mostrar-se em continuidade com sua herança vanguardista. Desde meados do século XIX, quando as vanguardas artísticas iniciaram uma busca de desvinculação do controle do Estado, do clero, da nobreza e da burguesia, o lema da arte pela arte vem se colocando como um debate recorrente, com o sentido de manter a experiência estética como um fim em si mesma. Como resultado desse processo, surge uma concepção de arte, característica da arte moderna, que se expressou em vários momentos entre as vanguardas artísticas desde meados do século XIX e ao longo de todo o século XX: uma concepção de arte autônoma e livre dos constrangimentos institucionais da sociedade. Falar de arte ou de religião tornou-se, a partir de então, duas coisas diferentes e separadas uma da outra. Juntá-las novamente tem sido considerado um equívoco, fazendo com que, no domínio institucional da arte – ou das *fine arts* – quase toda arte que se apresente abertamente religiosa seja excluída. Para se obter sucesso é preciso oferecer uma arte totalmente não religiosa, porque, caso contrário – transmitindo valores religiosos no estrito senso –, o trabalho artístico arrisca-se a se colocar na contramão do cerne que caracteriza a história do modernismo e da modernidade que se dá no âmbito do desmantelamento social da religião. Por isso, observa Elkins em *On the Strange Place of Religion in Contemporary Art*,[1] que a separação entre arte e religião é fundamental para muitos historiadores de arte, da mesma forma que nas escolas de arte e nos departamentos universitários a religião é raramente mencionada, porque é entendida como um assunto privado e que as crenças religiosas não precisam ser trazidas para dentro do ensino de arte. Seguindo a hipótese de Elkins,

1. ELKINS, James. *On the Strange Place of Religion in Contemporary Art*. NY. London: Routledge, 2004.

podemos dizer que a exclusão da religião não pode ser considerada apenas como uma questão de gosto e de propósitos diferentes da arte, porque tal exclusão tem a ver com algo que é endêmico à constituição da arte moderna: sua distância e ruptura em relação à subserviência à religião, em favor da experimentação formal e da autonomia do espírito (da mesma forma como se vê frente ao controle do Estado).

Mas é verdade também que continua a existir uma quantidade de arte religiosa tanto na história do modernismo quanto na do pós-modernismo, tornando difícil insistir em sua presença ou ausência. De qualquer maneira, uma arte estritamente religiosa não adquire nestas duas histórias um lugar legitimado no mundo das *fine arts*, porque nestas o artista tem de se apresentar reflexivo e inseguro sobre qualquer assunto, porque ambigüidade e autocrítica têm de ser consubstanciais ao seu trabalho. Diz Elkins: "Ironia tem de permear a arte como o ar que ela respira". O interesse na ironia, na ambigüidade e na incerteza, conclui esse autor, não é uma tendência superficial que pode ser alterada por meio de uma reorientação da política e da fé no mundo da arte, porque a exclusão da piedade e da fé, na arte, tem profundas raízes e tem a ver com as idéias do modernismo e do pós-modernismo.

Tal constatação leva-nos a salientar uma tendência dominante na arte moderna e contemporânea: sua ruptura em relação a qualquer forma de arte que pretenda apresentar-se no sentido de um expressivismo religioso, como formulação de questões religiosas que, por meio do trabalho de arte, tomaria a forma de técnicas, modelos e tipologias próprias de uma tradição religiosa que deveria, assim, ser ressaltada por meio de persuasão artística. Em concordância com este argumento constata-se, no mundo contemporâneo, a afirmação de uma arte que não se apresenta como expressão do religioso. Não é nem descritiva nem representativa do religioso, o que leva Elkins a concluir que, salvo alguma exceção, assuntos de religião são raramente mencionados no mundo das *fine arts*, a menos que deles o artista apresente uma distância irônica ou provoque um escândalo.

Apesar de nossa concordância com tal argumentação e acreditando que este é o eixo através do qual se organiza a concepção hegemônica sobre arte no mundo contemporâneo, será enfatizada, nesta coletânea, uma outra possibilidade que parece existir nos interstícios desta relação contraditória, ambígua e tensa entre arte e religião, na época da emancipação da arte do controle da religião e de sua ruptura com a mimese. Será salientado que entre a mimese e a total ruptura é-nos possível captar, também, uma outra direção possível que se dá numa predisposição para o "diálogo", por meio de uma experiência cultural compartilhada, numa época pós-metafísica, em que o conceito de "verdade" (essencialista e natural) vê-se desacreditado nas diversas esferas da vida cultural, seja artística, religiosa ou científica.

Na organização dessa coletânea, em vez de a arte ou a religião serem relacionadas a uma atitude esteticista, meramente uma "questão de gosto" – o que pressuporia, em termos kantianos, uma distinção cognitiva-moral-estética e a admissão de que aquilo que não pode alcançar uma consciência universal deva ser convertido em "questão de gosto", conseqüentemente distinta de uma atitude cognitiva –, optou-se por uma perspectiva não esssencialista, através da qual arte, religião e ciência serão tratadas como esferas da cultura que se interpenetram e interagem continuamente. Não há, por causa desta escolha, a intenção de encontrar o "meramente estético", o "meramente moral", o "meramente emocional", o "meramente cognitivo" ou o "meramente religioso".

O conjunto de artigos que a compõem, apesar das diferentes abordagens e perspectivas apontadas por entre diferentes temas e interpretações oferecidas por cientistas sociais das diversas áreas das humanidades, muitos deles antropólogos, por críticos de arte, curadores e artistas, religiosos ou não,[2] tem em comum o fato de nos fazer perceber que o pensamento contemporâneo é perpassado por preocupações que não dizem respeito a apenas uma ou outra dessas esferas da cultura; faz-nos perceber as potencialidades da arte em produzir teoria em sua inter-relação com o religioso, em sua vertente mística ou teológica, com o científico e com o tecnológico. Especialmente, de uma arte que pensa e repensa significados e valores produzidos historicamente, por meio de consenso lingüístico intersubjetivo – para usar uma expressão de Gadamer –,[3] não no sentido meramente de reproduzi-los ou expressá-los, mas como definição ativa, como atos de pensamento que não apenas tematizam as questões da cultura, mas intervêm e participam delas, interferem nos modos de comunicação e de percepção individual e coletiva e apelam para a reconfiguração do humano.

---

2. Numa época em que o conceito (metafísico) de verdade vem sendo desafiado por meio de um pensamento não essencialista e historicista, em luta para dissolver qualquer tipo de realismo, ciência, arte e religião não precisam mais competir entre si. Vide, RORTY, Richard. Anticlericalismo e Ateísmo. In: RORTY, Richard e VATTIMO, Gianni. *O futuro da religião*: solidariedade, caridade e ironia [org. Santiago Zabala]. Rio de Janeiro: Relume Dumará, 2006. Não há necessidade, portanto, de fazer a opção entre ser religioso ou não ser religioso para aceitar tal interlocução das esferas, desde que é posta de lado a intenção de ligar seja a religião, a arte ou a ciência com a verdade (essencialista, natural ou eterna).

3. GADAMER, H.G. The Universality of the Hermeneutic Problem. In: *Philosophical Hermeneutics* [org. David Linge]. EUA: University of California Press, 1977.

Com o material oferecido por essa coletânea, a intenção é proporcionar aos leitores a possibilidade de formular hipóteses nas quais a "arte" e o "religioso" – a experiência artística do "sublime" e a experiência do "sagrado" ou do "espiritual" – em sua interface com a ciência e a tecnologia contemporâneas sejam percebidos como "práticas integradas", como "*performances* críticas", como "definição ativa" ou "atos de pensamento", constitutivos e constituintes da vida moderna e contemporânea, não se restringindo a simbolizar suas questões, mas provocando efeitos concretos na dinâmica de sua constituição e reordenação, impulsionando e colocando desafios para a ordem do sentido, especialmente nas questões relativas às buscas por novas concepções de identidade, subjetividade, realidade, individualidade, responsabilidade, verdade, poder e comunicabilidade, inspirando ações capazes de transformar os novos sentidos em "reais vivenciados", resultantes de pensamentos compartilhados e sob o "imperativo do dizer": não coagidos pelo dito.

Entre esses novos sentidos, destacamos a redução da experiência do sagrado e do espiritual – do religioso em seu sentido não institucional – a uma experiência de comunicabilidade ampliada, idéia que perpassa a maioria dos artigos desta coletânea como um dos fios mais importantes de articulação entre eles. A presença de termos como antropofagia, memória, sincretismo, junção, relação, união, conectividade e interatividade parece indicar o papel crescente que certas noções – troca, diálogo, interlocução, comunicação, conversação – vêm assumindo no pensamento contemporâneo. Elas aproximam os artigos, ou melhor, fazem com que eles interajam com e se deixem penetrar por outras noções, associadas ao campo religioso. Por exemplo, a de "caridade", no sentido de disponibilidade para a "escuta" ou experiência sacrificial de "troca" e de "oferta". Neste caso, estão a nos falar sobre um religioso sem disciplina, sem preceitos ou dogmas, sem a imagem de um deus metafísico: uma religião antiessencialista, numa época em que o acesso à "verdade" que nos predispõe ao aperfeiçoamento espiritual-artístico-cognitivo faz-se mediante um pensamento ativo, em interação tensa e dinâmica por entre essas esferas da cultura e com o corpo do mundo, capaz de nos disponibilizar, como observa Vattimo, em "A Idade da Interpretação",[4] para a "experiência da verdade senão como experiência de participação em uma comunidade", não necessariamente uma comunidade fechada, mas nos termos da hermenêutica de Gadamer, de uma "fusão de horizontes que não possui nenhum insuperável limite objetivo".

---

4. In: RORTY, Richard e VATTIMO, Gianni. *O futuro da religião*: solidariedade, caridade e ironia [org. Santiago Zabala]. Rio de Janeiro: Relume Dumará, 2006.

É neste contexto pós-metafísico que nos é permitido evidenciar, nesta coletânea, uma predisposição para tornar real uma "cultura do diálogo", em bases amplas, que orienta a abordagem interativa entre as esferas da cultura como sinal de uma preferência, que vem se impondo nas condições históricas do pensamento contemporâneo, em direção à disponibilidade para a interlocução, para a escuta e para a troca, efeito da aceitação, nas palavras de Zabala,[5] "de nossa condição constitutivamente dividida, instável e plural que é própria de nosso ser" [em minhas palavras, da consciência histórica de nossa (in)condição humana] "destinado à transitoriedade e à multiplicidade".

Nesta perspectiva analiticamente integrada, tem-se a intenção de fazer aparecerem questões comuns à religião, à arte e à ciência na cultura contemporânea. Entre tantas questões, podemos mencionar a ambigüidade entre tangibilidade e intangibilidade, a (re)formulação do que seja "natural" e do que sejam a natureza e as qualidades da vida, do tempo e do espaço, a impossibilidade de o humano ser unificado ou essencializado, a necessidade de repensar a comunicação com a alteridade, a difícil tarefa de distinguir as fronteiras entre o bem e o mal, entre o real e o aparente, entre o necessário e o contingente e de ter acesso a domínios que são visualmente irrepresentáveis: o divino, o incognoscível, o imponderável e o não formado. Trata-se, enfim, de ampliar nossa capacidade de tornar presente o que se afasta de nosso poder cognitivo – no sentido de maestria ou domínio absoluto do conhecimento – para abrir-nos para uma nova condição de pensamento que não se limita a ser expressiva de uma cultura particular ou de qualquer percepção de verdade (metafísica), natural ou essencialista, mas que seja, também, "afetiva" – um pensamento que não está ali para ser passivamente consumido, mas experimentado e constantemente renovado de um modo efetivamente inquietante e compartilhado.

Entregamos a vocês, leitores, as diferentes abordagens, temas, interpretações, críticas e reflexões, por meio dos quais os autores dessa coletânea buscaram reagir, cada um à sua maneira, a esta proposta, arriscando-se, como nos dizia Gadamer, ao "diálogo que somos nós".[6]

Um diálogo denso e tenso se fará presente, já que nem as reações artísticas ao problema da interação entre arte, ciência, tecnologia e religião dão-se em uníssono, nem as diferentes reflexões oferecidas pelos autores apresentam um consenso crítico ou interpretativo sobre essas reações. Um diálogo

5. Ibidem.

6. GADAMER. Op. cit.

denso e tenso se fará presente da mesma forma, e não aleatoriamente, como são densas as perguntas colocadas pelas novas condições da tecnologia para as religiões – e vice-versa –; perguntas sobre os diversos temas que lhes são comuns, como longevidade, conhecimento, dor, sofrimento, onipotência, salvação e morte, e sobre a ativação de temas propriamente teológicos como são o da natureza de deus e o da relação entre deus e os humanos.

Alguns artigos irão ressaltar a possibilidade de se pensar sobre as novas condições do poder dos homens a partir de uma reinterpretação da morte de deus transformada em "adeus", nesta era hipertecnológica. Não é descartável pensar em uma perpetuação da idéia de deus, quando se considera a morte de deus não como renúncia ou ausência – como um vazio ou uma imóvel espera pelo "pai" –, mas como dúvida criativa, como questão de responsabilidade dos homens, quando o que se mata é uma interpretação de deus como "o programador infalível e onipotente" ou o "protetor que tudo sabe e pelo qual o homem se coloca no círculo da espera".

Outros artigos colocarão em destaque os aspectos críticos, desencadeados pela junção entre arte, ciência, tecnologia e religião, apontando para o desejo humano ilimitado de capturar os poderes de "deus" pelo "gênio" da humanidade – portanto, para os perigos da realização das sombrias profecias do século XX que previam que, por meio da tecnociência, o homem, concentrado sobre si mesmo e conduzido pelo mito da razão humanista e pelo mito da purificação do real, tornar-se-ia um deus para si mesmo. Em contraposição a essa tendência eterificante, outros artigos irão apontar para reações no âmbito da arte que se confrontam com nossa mortalidade, com "nosso esforço incansável, às vezes infecundo e sempre fadado ao fracasso, que empreendemos para escapar da morte".[7]

Trabalhos artísticos interativos propiciados pelas novas tecnologias da comunicação serão apresentados em sua capacidade de problematizar o motor da própria virtualização – a liberação da servidão da carne e do corpo material – quando instalações e eventos artísticos interativos em ambientes virtuais multisensoriais envolvem os corpos dos multiusuários e lhes proporcionam uma experiência de "sensorialidade ampliada". Se eles permitem ressaltar a ampliação dos poderes dos homens quando estes se encontram aparelhados ao corpo artificial das tecnologias, provocam, ao mesmo tempo, uma reflexão sobre os limites do desejo humano de onipotência. Instalações e eventos artísticos

---

7. LÉVI, Pierre. *O que é o virtual?* São Paulo: editora 34, 1996.

que utilizam recursos computacionais, dispositivos de aquisição e comunicação de dados em ambientes sensorizados e meios de comunicação em rede apelam para formas de existir fora de nós mesmos e põem-nos diante de uma idéia de "criação" como produção não essencialista da vida, demandando uma postura de incessante interatividade, conectividade e transformabilidade dos homens entre si e com os diversos sistemas vitais, tecnológicos e cósmicos. Eu arriscaria concluir, na companhia dos autores, que há aí uma indicação de que o "espírito" se confunde com "conversação": ele está na conversação e não exterior a ela. O "estar entre" é próprio da conversação e do espírito, ou, em um sentido mais amplo, da vida mesma entendida como pura conectividade.

Esta coletânea traz ainda, como brinde, um CD multimídia – um convite para uma viagem hiper-textual – no qual o leitor encontrará um conjunto de informações e imagens complementares ao livro: resumos de cada capítulo da coletânea; currículos dos autores, dos organizadores e do apresentador; imagens ilustrativas ou complementares para capítulos específicos; links sugeridos pelos autores para acessar na web outras informações relacionadas aos capítulos; entrevistas, além de artigos, verbetes, imagens, vídeos, instalações, sons etc.

Finalmente, queremos agradecer a todas as pessoas que tornaram possível a realização deste livro, especialmente:

- ao professor José Jorge de Carvalho, coordenador geral do projeto "Movimentos Religiosos no Mundo Contemporâneo", patrocinado pelo CNPq através de seu programa de financiamento a projetos de excelência, o PRONEX, do qual a atual publicação é um dos muitos frutos propiciados por sua estimulante organização;
- a nossos colegas e amigos, os professores Emerson Giumbelli e Clara Mafra, sem esquecer a sempre entusiástica orientação do Prof. Otávio Velho, coordenador do subgrupo do projeto "Movimentos Religiosos no Mundo Contemporâneo", do qual fizemos parte;
- à secretária do projeto "Movimentos Religiosos no Mundo Contemporâneo", Regina Ferreira, por seu paciente assessoramento;
- ao nosso amigo, professor Carlos Alberto Afonso, incansável interlocutor, a quem devemos as iluminadoras sugestões que vieram nortear a idéia seminal da atual publicação;
- a todos os autores que, com seu artigos, abrilhantaram esta coletânea;

- a todos os demais participantes na elaboração do livro e do CD que, sem exceção, responderam com competência profissional às nossas solicitações, em especial aquelas que vieram nos ajudar na revisão das traduções, Flávia G. Saretta e Monica M. S. Souza.

Nossa profunda gratidão a Diana Domingues pela confiança que demonstrou, desde nosso primeiro contato, na proposta deste livro, e por sua cativante e incansável disposição para torná-lo realidade. Não podemos deixar de expressar, neste momento, a alegria por ter contado com sua inestimável ajuda em todas as etapas da organização deste projeto.

Com muita saudade, dedicamos este nosso trabalho à grande amiga e colega Vitória Peres.

VINICIUS MARIANO DE CARVALHO

Fora da poesia não há salvação:

a religião na poesia de Mario Quintana interpretada à luz da via negativa

Formulações primeiras

Este artigo se ocupa de um tipo particular de diálogo entre a teologia e a literatura; mais especificamente, de elaborar uma hermenêutica literária da poesia do brasileiro Mario Quintana, um poeta não religioso, descomprometido com qualquer teologia, tendo em vista depreender nela um falar religioso apofático.

O trabalho inicia com uma contextualização de Mario Quintana dentro do movimento modernista brasileiro, situando sua obra cronologicamente e quanto à significação estética de sua poética, ressaltando a maneira particular de ser moderno que encontramos na poesia de Mario Quintana e no seu falar da religião. Daí parte-se então a mostrar como a obra pode ser lida em uma perspectiva religiosa, notando principalmente a aproximação de seu discurso poético ao discurso da Teologia Negativa.

O texto segue se ocupando de delimitar os fundamentos do caminho analítico e os pressupostos seguidos para a interpretação religiosa da obra de Quintana e efetuando a análise propriamente dita de seus poemas.

Mario Quintana

Mario Quintana nasceu no dia 30 de julho de 1906 no Alegrete, pequena cidade do Rio Grande do Sul, bem próxima à fronteira da Argentina.

Já em 1928 obtém seu primeiro prêmio literário em concurso realizado pelo *Diário de Notícias*, de Porto Alegre, com o conto *A Sétima Personagem*.[1] Em 1930, divulga alguns poemas no Correio do Povo e na Revista do Globo. Em 1934, convidado por Érico Veríssimo, vai para a Editora Globo trabalhar como tradutor. Segue-se uma série de grandes traduções, talvez um dos maiores empreendimentos editoriais das décadas de 1930 e 1940 no país. O público brasileiro conheceu Emil Ludwig, Lin Yutang, Charles Morgan, Guy de Maupassant, André Gide, Virgínia Woolf, Aldous Huxley, Joseph Conrad e outros por intermédio de Mario Quintana. São também famosas suas traduções de Proust, consideradas obras-primas.

Em 1940 publica seu primeiro livro, *A Rua dos Cataventos*, pela Editora Globo. A este seguem-se *Canções*, em 1946; *Sapato florido* e *O batalhão das letras*, em 1948; *O aprendiz de feiticeiro*, em 1950, e *Espelho mágico*, em 1951. Paralelamente à produção literária, continuou trabalhando e escrevendo para jornais e revistas.

No início da década de 1950, Mario Quintana faz um tratamento na Clínica Pinel contra o alcoolismo, problema que já lhe rendia conseqüências desagradáveis, bem como uma série de anedotas.[2] Em 1962, sua obra poética é reunida em um único volume intitulado *Poesias*, publicado pela Editora Globo.

Mesmo já reconhecido por críticos como Fausto Cunha e Augusto Meyer, é apenas em 1966 que ganha alguma projeção nacional com a publicação, pela Editora do Autor, do Rio de Janeiro, de sua *Antologia poética*, com textos selecionados por Rubem Braga e Paulo Mendes Campos.

Em 1973, é publicado em um volume o *Caderno H*, uma seleção, feita pelo próprio poeta, das crônicas poéticas escritas para os jornais. Dois anos depois vem a lume *Pé de pilão*, com poemas infanto-juvenis. Segue-se então um novo surto de publicações: *Apontamentos de história sobrenatural*, 1976; *A vaca e o hipogrifo*, 1977; *Esconderijos do tempo*, 1980; *Baú de espantos*, 1986, e *Porta giratória*, 1988.

Além das obras supracitadas, muitas antologias e coletâneas de seus poemas foram publicadas nas décadas de 1970 e 80, fazendo com que o poeta passasse a ser mais conhecido por todo o Brasil. Mesmo já bastante famoso, ele se manteve avesso às homenagens.

---

1. Republicado em *Da preguiça como método de trabalho*, p.113-20.

2. Juarez Fonseca, amigo do poeta, em seu livro *Ora Bolas: o humor cotidiano de Mario Quintana*, lembra que anos após o tratamento Quintana disse "que havia tomado apenas um porre, e que este durara 25 anos". Cf: FONSECA, Juarez. *Ora bolas*: o humor cotidiano de Mario Quintana. Porto Alegre: Artes e Ofícios, 1994, p.33.

No dia 5 de maio de 1994, aos 87 anos, Mario Quintana falece no Hospital Moinhos de Vento, em Porto Alegre. A biografia do poeta de Alegrete talvez seja mais bem encerrada com suas próprias palavras:

> E eu que desejava tanto que minha biografia
> terminasse de súbito
> simplesmente assim:
> "Desaparecido na Batalha de Itororó"!
> (Desaparecido? Meu Deus, quem sabe se ainda estou vivo?!)[3]

Quintana produziu poesia praticamente durante todo o século XX e conseguiu manter sua voz original em meio às diversas correntes literárias que nele vigoraram. Perseverou em sua própria tradição literária e não "matriculou-se" em nenhuma escola poética, sendo, ao contrário, crítico destas. Em vista disso, também teve problemas com a crítica, que nunca conseguia enquadrá-lo. Sobre os críticos, disse Quintana: "Me intriga o que certos críticos escrevem sobre poesia, inclusive a minha. Eu não me reconheço, não entendo o que eles querem dizer".[4]

A despeito de todas as características e qualidades da obra poética de Mario Quintana e a despeito de possuir rigoroso domínio da forma – além de uma agilidade criadora ímpar, que lhe permitia fazer poesia das coisas comuns sem cair nos lugares-comuns que engrossam a superficialidade poética –, o poeta de Alegrete não ocupou ainda o lugar que merece junto à crítica literária brasileira. Até hoje a crítica de Mario Quintana se limitou mais a artigos de jornais do que a estudos acadêmicos aprofundados. E estes, em geral, enfocaram aspectos muito específicos de sua poética, sendo poucos os estudos de fôlego da obra do "último lírico" que, nas palavras de Fausto Cunha,

> soube manter-se fiel ao seu gênio poético, à sua vocação lírica, quando tantos em torno dele se esgotavam em caminhos equivocados. Autêntico, elaborado e musical, ele tornou-se o que é, não só um dos maiores poetas brasileiros, como também um dos grandes líricos contemporâneos.[5]

Curioso notar que, mesmo sendo poucos, um número significativo de estudos sobre a obra de Mario Quintana ocupa-se em mostrar alguma coisa de

---

3. QUINTANA, M. *Caderno H, p.* 45.

4. Idem ibidem.

5. CUNHA, Fausto. O último lírico Mario Quintana. In: QUINTANA, Mario. *Os melhores poemas de Mario Quintana.* Seleção de Fausto Cunha. 15.ed. São Paulo: Global, 2002, p.12.

religioso neste poeta que não professou explicitamente nenhum credo.[6] O empreendimento aqui vai pelo mesmo caminho, procurando, contudo, mostrar o não enquadramento de Quintana como uma forma de expressão religiosa negativa.

Da Modernidade, do modernismo, da poesia e da via negativa

Quando nos acercamos das bases teóricas do modernismo, fica evidente que este foi possível quando o sujeito criativo se viu livre de padrões metafísicos e religiosos pré-definidos, bem como da servilidade a regras que determinavam o que era arte. Vê-se que as estuturas modernistas de identidade textual estão conectadas às hipóteses, conjecturas e reflexões concernentes à subjetividade e à metafísica, que são, em última instância, categorias filosóficas.

Assim, tomando-se o modernismo literário como crítico antes de afirmativo, nota-se que este dá continuidade às principais questões metafísicas da modernidade – verdade, realidade, sujeito, linguagem. A grande contribuição da literatura modernista, e mais especificamente da poética, a esta crítica está em elaborar uma reflexão sobre a linguagem dentro da própria linguagem, considerando sua estrutura, limites e capacidades, especialmente no que tange ao aspecto lingüístico da relação significado/significante em termos de um conteúdo metafísico.

A idéia central é que, no caso do modernismo, a crítica da linguagem encontrou na poesia seu melhor meio de expressão. A linguagem dos poemas modernistas vai além do efeito meramente estético. A questão fundamental que o modernismo, e mais acentuadamente a poética modernista, traz é uma crítica da linguagem dentro da própria linguagem. Quando opera esta crítica, a poética, no entanto, dá um passo além e começa a desconstrução dos pilares da própria modernidade, que lhe serviram de base, pois inicia a crítica da capacidade da linguagem de exprimir o sujeito, o ser, metafisicamente falando. A poesia modernista, e a poesia de Mario Quintana incluída neste contexto, já inicia de certa forma um rompimento metafísico, uma das marcas do que se chama de pós-modernidade. Em outras palavras, a poesia modernista faz germinar em si mesma a própria crítica da modernidade e do sujeito, ontologicamente falando.

---

6. FIGUEIREDO, Maria Virgínia Poli de. *O universo de Mario Quintana*. Caxias do Sul: Universidade de Caxias do Sul, 1976; CHIAPPIN, Achylles. *Confidências espirituais de Mario Quintana*. Porto Alegre: Livraria do Globo, 1987; IULIANELLI, J.A.S. O Bom licor é doce: proscrição e libertação, coisas do Quintana. *Revista Eclesiástica Brasileira*, fasc. 241, v.61, março 2001, p.27-51.

Para se encontrar o ponto chave de análise, é interessante avançar até os elementos da crítica literária pós-estruturalista, principalmente no que tange aos escritos de Jacques Derrida. Este discute que o tradicional, ou metafísico, meio de leitura constrói um grande número de falsas suposições acerca da natureza mesma do texto. Um leitor tradicional acredita que a linguagem é capaz de expressar idéias sem mudá-las e que o autor do texto é a fonte de seu significado. Na proposição de leitura de Derrida essas suposições são subvertidas e também é confrontada a idéia de que o texto tem um único campo de significação. Assim, Derrida multiplica o número de interpretações legítimas de um texto, uma vez que focaliza não apenas as idéias e argumentos centrais dos textos, mas as metáforas marginais e outros recursos retóricos às vezes despercebidos.

O salto da desconstrução para a Teologia se dá quando se nota que esta crítica desconstrucionista conduz a um tipo extremo de linguagem ao criticar a própria linguagem, muitas vezes utilizando recursos apofáticos para falar. Com isso, aproxima-se formalmente de um tipo de discurso religioso chamado de Teologia Negativa,[7] inclusive apontando esta última como alternativa para falar da religião na pós-modernidade. Chega-se, assim, a um ponto central para este texto: é possível encontrar uma aproximação da religião com a literatura na pós-modernidade ao considerarmos o discurso negativo como estratégia literária e como discurso religioso possível em um mundo de crise da linguagem e de crise também dos conceitos religiosos afirmativos e dogmáticos.

É necessário ressaltar que os principais autores da mística, em quaisquer tradições religiosas, se valeram do discurso apofático e se expressaram poeticamente. Isso denota o quanto a teologia negativa está diretamente associada à teologia mística e que o discurso apofático é uma das possibilidades discursivas mais eficazes para a expressão da experiência do místico. De fato, não é possível expressar esta experiência em termos propositivos, pois isto implicaria retirar-lhe toda a sacralidade, todo caráter abscôndito. Enfim, falar propositivamente sobre a experiência mística seria o mesmo que destruí-la como possibilidade. Daí o

7. Em oposição à teologia positiva (catafática), que determina os atributos essenciais de Deus de forma afirmativa, baseando-se na analogia entis, a teologia negativa (apofática) sustenta que a natureza de Deus, por sua absoluta transcendência e infinitude, não pode de modo algum ser definida com algum predicado ou mesmo ser circunscrita nos parâmetros de uma lógica do ser. Assim, negando de Deus tudo o que ele não é e nem pode ser, elimina qualquer possibilidade de se comprometer logicamente sua absoluta perfeição. As formulações da teologia negativa no pensamento cristão estiveram sempre sob vigilância de uma teologia positiva, visto que a ausência desta poderia implicar em algum tipo de proposição herética, considerando a tênue linha que separa o discurso apofático de um discurso agnóstico.

aspecto poético da mística, visto mesmo em textos que não têm a forma de poesia, pois a poesia permite que se vá além das obrigações formais impostas pela língua, que nos obriga a formular as expressões sob certas condições gramaticais convencionais (gênero, número, tempo etc.). A poesia permite à língua falar fora desse poder formalizador. Com isso é possível se notar, textualmente, qual aproximação há entre a modernidade, o discurso apofático e a poesia.

Com este quadro hermenêutico efetuamos aqui a leitura e análise de Quintana, ressaltando como a poesia se apresenta como um discurso apropriado para se falar de Deus, ou do sagrado, na pós-modernidade, pois esta poesia, por ser apofática, desconstrói, como a teologia negativa, o discurso sobre Deus e se apresenta como uma crítica à essencialidade, tema comum da pós-modernidade.

Dessa forma, o texto propõe um novo referencial para a leitura da obra de Mario Quintana. Já que reconhecidamente religiosa para a crítica, esta poesia pode, com esta análise, ser percebida como parte do discurso religioso da pós-modernidade, e não mais como uma teologia afirmativa. É, de certa forma, uma elaboração de uma poética da mística pós-moderna, uma mística sem essencialidade. Ou ainda, dito de outro modo, nota-se como a poesia de Quintana porta rastros de um religioso não expresso catafaticamente, não formulável em um discurso afirmativo.

O que se constata é que a ruptura com a lógica formal racionalista confere à teologia negativa uma antecipação a certos aspectos da crítica pós-moderna, pois ela apresenta uma reflexão alternativa ao modelo metafísico de afirmação ou negação do ser, abrindo possibilidade de ver além dessa referência. Com isso, pode-se notar, a partir da modernidade filosófica e do modernismo literário, a ampliação da reflexão sobre a característica apofática da poesia, sendo que essa ampliação permitiu também à poesia se tornar um canal privilegiado de expressão desta compreensão de um "para além" da metafísica e da religião.

A conseqüência direta deste tipo de discurso é a aproximação da teologia negativa à mística, que se vale de um discurso apofático para falar da experiência com o divino, uma experiência que não se deixa circunscrever pelo conhecimento humano.

Uma vez tendo constatado isso, só se pode imaginar alguma leitura religiosa da poesia na pós-modernidade se esta também passar por um viés negativo; assim, pode-se considerar que a "desconstrução" se porta como uma hermenêutica negativa da poesia, e também da religião, pois essa hermenêutica recusa uma limitação, um cerceamento, e portanto sua definição também se dá de forma negativa, uma característica forte dos escritos de Jacques Derrida. Cunhado por

Jacques Derrida em sua obra *Gramatologia*,[8] o termo desconstrução tornou-se logo um paradigma para os estudos culturais, para a teoria literária, para a arquitetura, para a filosofia, para a teologia, enfim, para praticamente todos os discursos acadêmicos a partir de fins do século XX. É importante ressaltar que a compreensão mesma de Derrida sobre esse termo não vai na direção de pretender criar com ele um método. Diz o filósofo: "A desconstrução não é um método e não pode ser transformada em método. Sobretudo se se acentua, naquela palavra, a significação sumarial ou técnica."[9]

Derrida limita ainda mais o termo e diz que "é preciso, além disso, notar que a desconstrução não é sequer um ato ou uma operação".[10] Com isso, Derrida tenta evitar a instrumentalização desse conceito, ou mesmo fazer dele um argumento para a construção de outro modelo estratégico de leitura. O filósofo está ciente do risco de o conceito ser transformado em um elemento, digamos concreto, para um estruturalismo velado – afinal, a palavra sugere alguma atenção a estruturas – e por isso acentua: "A desconstrução não é nem uma análise, nem uma crítica (...). Não é análise sobretudo porque o desmonte de uma estrutura não é uma regressão ao elemento mais simples, a uma origem indecomponível."[11]

Desde já é preciso dizer que não se pretende aqui instrumentalizar o termo desconstrução, nem transformá-la em método. O que se percebe é que o conceito é crucial para uma compreensão pós-estruturalista da hermenêutica. O que a desconstrução faz, de certa forma, é revelar as aporias que fundamentam o discurso hermenêutico enquanto instrumento analítico, ou seja, a própria hermenêutica, quando questiona sua capacidade de dizer algo sobre algo, está de certo modo se desconstruindo.

Muitos comentadores de Derrida chamaram atenção para o fato de que a desconstrução era de certa maneira uma reformulação da *via negativa* aplicada à crítica cultural contemporânea e de que o procedimento de "desconstruir", de acordo com o modelo derridadiano, não passa de uma maneira de se fazer Teologia Negativa, procedimento já empregado nos escritos da mística. De fato, Derrida articula seu pensamento de maneira a restabelecer um espaço privilegiado ao pensamento apofático como argumento a seu princípio de desconstrução,

8. DERRIDA, Jacques. Gramatologia. São Paulo: Perspectiva, 1973.

9. DERRIDA, Jacques. Carta a un amigo japonés. In: PERETTI, Cristina de. *El tiempo de una tesis: Desconstrucción e implicaciones conceptuales.* Barcelona: Proyecto A Ediciones, 1997. p. 24.

10. Id. p. 25.

11. Idem, ibidem.

uma vez que este se atém à busca de uma presença na ausência, bem de acordo com a tradição da Teologia Negativa.

Em outra obra, na qual volta a se ocupar da Teologia Negativa,[12] Derrida argumenta que esta não é simplesmente uma doutrina teologicamente articulada sobre Deus, nem um discurso filosófico em linguagem proposicional, mas um exemplo privilegiado da relação do outro como absolutamente outro – isto porque a Teologia Negativa como modo de operação discursiva, como hermenêutica, não é singular ou monolítica, mas radicalmente plural e múltipla.

Nota-se com isso que a retomada da Teologia Negativa no pós-modernismo não é simplesmente um retorno à religião, é a constatação de que esta forma de discurso é a possibilidade de uma hermenêutica que não queira buscar uma verdade unívoca e definitiva, mas que, ao contrário, note qual tecido une a religião à literatura em um tempo que sucede à morte de Deus.[13] Pode-se dizer que a desconstrução tornou-se uma hermenêutica da morte de Deus , pois operando um discurso negativo, pode dar conta dessa expressão que coincide o niilismo com a profunda sensação de um outro além do discurso, ainda que apenas existente no texto, desse discurso com uma certa inquietude que habita certas obras literárias, sejam elas confessadamente religiosas ou não.

O que se propõe aqui, de certa forma, sintetiza uma hermenêutica negativa, nascida de uma teologia apofática redescoberta pela crítica pós-estruturalista e efetivamente formulada pelo conceito de "desconstrução", e que se articula com uma poética também negativa, que permite não falar de Deus ou da religião, mas, desta mesma forma, falar de algo de religioso que sobrevive na pós-modernidade; algo que não se submete à linguagem, mas se deixa falar pela poesia.

Tendo situado a produção de Quintana na literatura brasileira, notado sua aproximação não ortodoxa à religião, percebido sua postura poética também avessa a categorizações, e tendo percebido os caminhos percorridos pela poética modernista no que diz respeito a sua concepção filosófica e o ponto de apofatismo a que chegou, especialmente atento para sua aproximação com o religioso por esta via negativa, podemos partir para a leitura de alguns poemas de Quintana dentro deste modelo. A leitura religiosa dessa obra, cuja poética não está comprometida com nenhum credo ou teologia dogmática, estará atenta ao que sobrevive de religião na pós-modernidade, ou de que maneira sobrevive aí alguma religião que pode ser desvelada pela poesia.

---

12. Cf.: DERRIDA, J. Salvo o nome. Campinas: Papirus, 1993.

13. Cf.: TAYLOR, Mark. C. Erring a Postmodern A/Theology. Chicago: Chicago Univ. Press, 1984.

Uma hermenêutica negativa da poesia de Mario Quintana

Do ponto de vista de uma confissão religiosa, aquilo que de mais afirmativo se tem de Quintana é o que ele diz no verso: "sou um herege de todas as religiões",[14] o que nos impede de querer ver na obra do poeta um comprometimento com uma teologia afirmativa. Em uma de suas obras, *Da preguiça como método de trabalho,* há a transcrição de uma entrevista concedida pelo poeta a Patrícia Bins, em 1985, na qual o poeta lança uma série de idéias que, mesmo que não organizadas, revelam um pouco sobre sua maneira de crer. Diz Quintana:

> Deus está em toda parte. Mas por que procurá-Lo no mundo exterior? Se Ele está em toda parte, está dentro até de cada um de nós e a cada um compete a descobri-Lo, dar-Lhe a maior parte possível em nossa vida terrena. Do contrário, o nosso Deus interior pode até morrer, como acontece com os ateus, os positivistas, todos os materialistas. Eles não sabem que são o sepulcro de Deus.
> A falar a verdade, não importa se a gente acredita ou não em Deus, mas se Deus acredita na gente. Da minha parte só acredito na segunda Pessoa da Santíssima Trindade, no Deus vivo, pois temos testemunho histórico de que Jesus Cristo viveu entre nós.
> Quanto aos deuses pagãos, morreram de fato, pois os poetas deixaram de invocá-los.
> Dos anjos não posso absolutamente duvidar, em vista da insistência com que aparecem em meus poemas.
> Santo da minha devoção? São Jorge, com seu cavalo e seu dragão. Sou devoto dos três.[15]

Esta citação é bastante rica para se compreender um pouco do que poderia ser o credo do poeta. Ainda que concebendo Deus como onipresente, de acordo portanto com a ortodoxia cristã, Quintana desconsidera definitivamente o dogma da Trindade e se fia apenas no Jesus histórico, num claro posicionamento herético de um ponto de vista da teologia sistemática cristã, mas que retrata ainda uma idéia de que não se pode conceber um Deus puramente especulativo. Ressalta ainda o fato de Quintana dizer que compete a cada pessoa descobrir o Deus onipresente que existe dentro de cada um. Nota-se que o poeta não tem a menor preocupação em criar uma teologia plausível, pois questiona a procura por Deus no mundo exterior, porém só acredita no "Deus vivo", que "viveu entre nós" portanto no mesmo mundo exterior. Ainda é interessante que o poeta sugira que se deva procurar por esse Deus interior e dar-lhe espaço, caso contrário esse Deus

14. QUINTANA, M. *Da preguiça como método de trabalho,* p.49.
15. QUINTANA, M. *Da preguiça como método de trabalho,* p.136-7.

morrerá. Deus então é apenas resultado da procura. É o homem portanto que dá existência a Deus. Mas, logo em seguida, o poeta desconsidera o que falou e diz que o que importa enfim é "se Deus acredita na gente".

Sua teologia se complica a cada frase e fica muito longe de se tornar sistemática, dificultando com isso alguma tentativa de querer ver em Quintana um comprometimento com a teologia cristã. Herege de todas as religiões, inclusive em seu próprio credo.

Ainda neste trecho o poeta oferece outros elementos importantes para aproximá-lo da religião. Quintana assume a idéia de que o poeta é como um responsável pela existência dos deuses, porque em virtude do silêncio dos poetas é que os deuses pagãos morreram. Isto é fundamental aqui, pois Quintana está considerando que a poesia é o que dá existência ao divino. Isto se confirma na frase seguinte quando Quintana afirma a existência dos anjos não por arrazoados ou axiomas, mas pela simples razão de aparecerem com freqüência em seus poemas.

Por fim, seu santo de devoção, São Jorge, é aquele cuja história mais se reveste de lenda do que de realidade, revelando um pouco mais o papel que o mágico desempenha na profissão de fé do poeta, que já se assumira como "aprendiz de feiticeiro". Com base neste texto pode-se dizer que colocar a obra de Quintana como resultado ou expressão de uma teologia catafática e sistemática é no mínimo problemático.

Mais que apenas recusar uma possibilidade de ortodoxia em suas idéias religiosas, Quintana investe contra a teologia e as religiões sistemáticas e dogmáticas. No *Caderno H* o poeta sentencia: "A teologia é o caminho mais longo para chegar a Deus".[16] Para o poeta as religiões apenas complicam a experiência com Deus e criam um maior distanciamento do mistério, dada sua complexidade de doutrinas, verdades absolutas e ritos. Em outros poemas o poeta continua sua investida; em *Dogma e Ritual*, anuncia:

> Os dogmas assustam como trovões
> e que medo de errar a seqüência dos ritos!
> Em compensação,
> Deus é mais simples do que as religiões.[17]

Toda a complicação das religiões, com seus dogmas rígidos e seus rituais estabelecidos são coisas "deste mundo" e, portanto, de nada adiantam na busca

---

16. QUINTANA, M. *Caderno H*, p.89.

17. QUINTANA, M. *Apontamentos de História Sobrenatural*, p.78.

da expressão da experiência de Deus, que está além da complexidade racional e disciplinada das religiões, daí sua simplicidade. Nota-se o caráter desconstrucionista desta afirmativa, totalmente apofática, que diz de Deus simplesmente não dizendo. O poeta não diz como Deus é, mas apenas nos faz ver que é mais simples do que aquilo em que as religiões o transformam. Um prosopoema de Quintana intitulado "Das coisas deste mundo" confirma o que foi dito acima de forma bastante irônica e sutil:

> "Deixe de lado as coisas deste mundo", disse o padre ao moribundo. O moribundo, então, virou as costas para o padre.[18]

Quer dizer, mesmo aquele incumbido institucionalmente de mediar a experiência com o sagrado, o padre, é considerado pelo poeta, também, como algo deste mundo. Ironicamente, o moribundo faz exatamente o que lhe sugere o padre. Essa postura negativa, de certa forma é profundamente espiritual, pois deixa muito claro como o poeta vê a mediação do sagrado pretendida pela religião institucional. Ainda que o moribundo escute o padre, o atende negando-o como mediador entre "este" e o "outro" mundo.

Começa-se aqui a delinear aquilo que está sendo chamando de discurso negativo da poética. Ou seja, para que a poesia fale de Deus não é preciso que se refira explicitamente a ele, não é preciso um credo para esta sobrevivência de religião, basta a poesia ela mesma.

Qual é então esse Deus de Quintana? É o afirmativo da teologia? É o que a fenomenologia chama de sagrado e sua experiência uma hierofania? Sob o título "A Noite Grande" escreve o poeta os seguintes versos:

> Sem o coaxar dos sapos ou o cricri dos grilos
> como é que poderíamos dormir tranqüilos
> a nossa eternidade? Imagina
> uma noite sem o palpitar das estrelas
> sem o fluir misterioso das águas.
> Não digo que a gente saiba que são águas
> estrelas
> grilos...
> – morrer é simplesmente esquecer as palavras.
> E conhecermos Deus, talvez,
> sem o terror da palavra DEUS![19]

18. QUINTANA, M. *Da preguiça como método de trabalho*, p.61.

19. QUINTANA, M. *Esconderijos do Tempo*, p.58.

Neste poema pode-se notar o uso dos recursos típicos de uma poética da mística: metáforas negativas, imagens liminares e antilogias. Quintana utiliza-se de metáforas negativas como "noite", "dormir", "morrer", em um poema no qual as imagens liminares da morte e da eternidade são o ponto principal. Há ainda a antilogia quando diz que não se poderia dormir a eternidade sem certas coisas, ainda que não se saiba o que são essas mesmas coisas.

Chama ainda a atenção, neste poema, a consideração de que apenas com a morte se pode contemplar a Deus realmente, apenas a morte permite conhecê-lo, ver sua face. E o poeta aqui define a morte de maneira inusitada e reveladora: "esquecer as palavras". A liminaridade da morte está para além de qualquer discurso, de qualquer linguagem, de qualquer forma organizada de pensamento, lingüisticamente falando. É curioso remeter aqui à Primeira Carta de Paulo aos Coríntios, quando o apóstolo, sempre tão afirmativo, diz, surpreendentemente, de maneira apofática e poética: "Agora vemos como em espelho, obscuramente; então veremos face a face". É como se Mario Quintana suplementasse o que diz Paulo e nos lembrasse que para conhecer face a face as palavras se fazem desnecessárias e impróprias.

As palavras não conseguem abranger a plenitude do mistério, portanto apenas esquecendo-as é que se pode ver o rosto sagrado de Deus, e esse esquecimento se dá com a morte, ou com a experiência poética do esvaziamento da linguagem com o uso extremo dessa mesma linguagem. A presença se caracteriza pela ausência, é apenas com a negação da linguagem que a linguagem pode expressar o mistério. Note-se que no poema não há uma preocupação em se construir uma doutrina do *post mortem*, mas simplesmente elaborar uma maneira de falar sobre a morte, que diz, muito justamente, quando reconhece que não se pode dizê-la pelas palavras.

Ainda é importante observar neste poema que o próprio conhecimento de Deus independe da palavra *Deus*, a qual, segundo o poeta, na linguagem humana, mais aterroriza que revela. Mais uma vez, um reforço à idéia de que as palavras por si mesmas são insuficientes para falar do divino. É como se Quintana colocasse *sous rature*,[20] as manifestações das coisas "escondidas", misteriosas, caracterizando-as mais pela ausência que pela presença. A poesia aqui é apofática e representa um tipo de teologia negativa, pois fala de uma experiência lingüística da superação da linguagem que percebe-se insuficiente

---

20. Aqui, preferimos a expressão francesa para designar aquele risco que se faz sobre a palavra, em geral no processo de revisão ou de reescritura de um texto, porém que permite ainda assim que a palavra seja lida. Um esconder e revelar simultâneos.

frente ao irrepresentável. O Deus de Quintana se define por essa inefabilidade, não é manifesto, ou teologizável. Em "Da Alma", o poeta diz: "Uma alma sem mistério nem seria alma... Da mesma forma que um Deus compreensível não seria Deus".[21]

O que podemos notar até aqui é o quanto Quintana expressa Deus de maneira totalmente negativa, desconstruindo uma possível tentativa de querer ver em sua poesia um tipo de expressão de uma tradição religiosa institucional. Neste caso, Quintana se faz completamente um crítico da religião, não no sentido moderno do termo, ou seja, não desconsiderando a religião como algo primitivo e ilógico e por essa razão descartável, mas levando em conta a sua imanente presença no mundo, uma presença que não se permite circunscrever, definir, racionalizar, portanto, apofática.

Mario Quintana atinge em sua poesia o não falar de Deus e, paradoxalmente, aqui está sua relação com a religião. Sua poesia não pretende ser expressão da religião institucional, tampouco é considerada a religião da pós-modernidade, mas é o discurso no qual sobrevive o religioso depois do fim da religião, depois da morte de Deus, porque é um discurso não essencialista sobre Deus; é uma poesia que não procura metafísicas ou ontologias; não é uma poesia que se pretende portadora de uma mensagem, nem mesmo uma poesia teleológica.

Como já apontado, Quintana foi um poeta do modernismo literário brasileiro, cronologicamente falando; no entanto não se enquadrou neste mesmo modernismo, tampouco em qualquer outra escola poética. Sua poesia, resultado da modernidade, foi além desta no que tange ao religioso e se permite ler em uma perspectiva desconstrucionista porque com ela o poeta relê a religião não da maneira crítica da modernidade filosófica que concebia esta apenas "nos limites da simples razão". Quintana adota uma postura apofática com relação à religião, mas também com relação à crítica da religião, e isso o faz um poeta da pós-modernidade. Em "Da Dúvida", diz o poeta:

> Oh, a certeza com que esses espíritos céticos afirmam suas dúvidas! Mas a verdadeira Dúvida não deveria duvidar de si mesma?[22]

Aqui Quintana está sendo um desconstrucionista *avant la lettre*. O poeta coloca em questão a dúvida mesma; ou seja, sem pensar como alguém da tradição filosófica, mas falando como poeta, realiza uma elaboração poética que

---

21. QUINTANA, M. *Caderno H*, p.18.

22. QUINTANA, M. *Da preguiça como método de trabalho*, p.26.

pergunta por suas próprias formulações, não se contentando com algum *a priori*, seja ele religioso ou mesmo racionalista e cético. De uma maneira que atinge tanto o crente quanto o ateu, Quintana está a dizer que devemos duvidar inclusive de nossa dúvida.

Quintana concede um lugar especial à poesia neste processo de desconstrução da religião, de crítica que faz à religião, pois, como já afirmamos, o poeta não se levanta contra a possibilidade de um religioso, simplesmente admite um falar apofático sobre ele. Começamos aqui a caminhar para o tópico seguinte, que se ocupará de destacar o lugar que Quintana dá à poesia como desveladora do sagrado, como portadora de um discurso religioso que não se submete a qualquer formulação, encontrando apenas na poesia sua expressão, porque na poesia pode-se falar sem falar, pode-se encontrar a expressão negativa do ausente, fazê-lo presente, mas mantê-lo ainda assim inefável.

Um último poema merece ser citado aqui, funcionando como um tipo de ponte entre esses dois tópicos por evidenciar a relação entre religião e poesia na obra de Quintana e, mais ainda, servindo para fundamentar o que analisamos no tópico seguinte, já que neste poema é muito evidente a percepção que o poeta tem do que significa a poesia. Trata-se de "Claro Enigma":

> Os poetas são os únicos que não podem falar contra os absurdos da religião. Mesmo aqueles que se julgam materialistas devem estar ingenuamente iludidos: a poesia é um sintoma do sobrenatural.[23]

A começar pelo título já se nota um apofatismo explícito. Jogando com o par antonímico "Claro" e "Enigma", Quintana nos diz não dizendo. Este par, a princípio contraditório, quando combinado nos dá a dimensão precisa do que é a poesia para Mario Quintana. No poema, de maneira irônica, o poeta é, e ao mesmo tempo não é, crítico com a religião, pois não deixa de considerar seus absurdos, no entanto adverte que estes mesmos absurdos são sintomas do poético.

Fora da poesia não há salvação

O título para este artigo foi escolhido entre os versos do próprio Quintana: *Fora da poesia não há salvação*. Esse verso diz muito sobre como o poeta considera a poesia e que lugar reserva para ela. Seu verso começa por derrubar o pressuposto teológico, diversas vezes formulado conforme a circunstância, do "fora da igreja não há salvação", até o mais recente e mais ecumênico "fora de Cristo não há salvação". Para o poeta, não importa uma religião, ou um nome,

---

23. QUINTANA, M. *Caderno H*, p.158.

ou um dogma: é na poesia mesma que se encontra a salvação. É como se Quintana estivesse com isso instaurando uma mística do poético ao conceder à poesia um caráter soteriológico.

Há dois poemas de Quintana que, se colocados em diálogo, podem ajudar a entender esta mística do poético e até mesmo apontar um itinerário para esta mística e sua expressão. O primeiro deles, "A Alma e o Baú", diz:

> Tu que tão sentida e repetida e voluptuosamente te entristeces e adoeces de ti,
> é preciso rasgar essas vestes de dó,
> as penas é preciso raspar com um caco, uma
> por uma: são
> crostas...
> E sobre a carne viva
> nenhuma ternura sopre.
> Que ninguém acorra.
> Ninguém, biblicamente, com seus bálsamos e olores...
> Ah, tu com as tuas cousas e lousas, teus badulaques,
> teus ais ornamentais, tuas rimas,
> esses guizos de louco...
> A tua alma (tua?) olha-te, simplesmente.
> alheia e fiel como um espelho.
> Por supremo pudor, despe-te, despe-te, quanto mais nu mais tu,
> despoja-te mais e mais.
> Até à invisibilidade.
> Até que fiquem só espelho contra espelho
> num puro amor isento de qualquer imagem.
> – Mestre, dize-me... e isso tudo valerá acaso a perda de meu baú?[24]

Neste poema, quase um manual de ascese, o poeta confirma a necessidade de abandonar tudo o que é acessório, tudo o que é ornamental para que se possa chegar ao que há de mais profundo, à experiência do "puro amor". Aqui se inclui também eliminar até mesmo a linguagem, pois, segundo o poeta, deve-se chegar a essa experiência "isento de qualquer imagem", inclusive as imagens lingüísticas. Nota-se a poética apofática como opção discursiva. Sua opção por uma *via negativa* não deixa dúvidas com relação ao comprometimento do poeta. Todo o poema é construído com ações negativas, como na poesia de tradição mística. O poeta sugere como caminho a negação, o rasgar as vestes, o desnudar, o despojar, no entanto não diz a que tipo de experiência isso irá

24. QUINTANA, M. *Apontamentos de História Sobrenatural*, p.19.

conduzir, não é essencialista ou metafísico. O puro amor não tem imagem ou nome neste poema, é apofaticamente invisível.

A pergunta final no poema apresenta-se como contraponto a toda a idéia desenvolvida nele. O baú é um objeto onde se guardam coisas acumuladas durante a vida; coisas, às vezes, das quais nem se tem mais lembrança, mas que ficam no baú. O "ficar nu" apregoado pelo poema implica, inclusive, se livrar do baú. Daí então a pergunta: valerá a pena deixar para trás tudo o que foi acumulado durante a vida para experimentar o "puro amor"? O não responder a esta pergunta sugere uma hermenêutica de abertura e fechamento, como é todo o poema, caminhando para uma idéia de discurso poético sem fim, com o qual, por mais que se diga, não se dirá.

A interrogação no final do poema é o que abre o diálogo deste com a "Epístola aos Novos Bárbaros", pois pode-se ler no segundo uma resposta à pergunta, não como definitiva, mas como um apontar para um exílio lingüístico, resgatado em um próximo poema, que aponta para novas perguntas, novas aberturas, novos "claros enigmas".

> Jamais compreendereis a terrível simplicidade das minhas palavras
> porque elas não são palavras: são rios, pássaros, naves...
> no rumo de vossas almas bárbaras.
> Sim, vós tendes as vossas almas supersticiosamente pintadas,
> e não apenas a cara e o corpo como os verdadeiros selvagens.
> Sabeis somente dar ouvido a palavras que não compreendeis,
> e todos os vossos deuses são nascidos do medo.
> E eu na verdade não vos trago a mensagem de nenhum deus.
> Nem a minha...
> Vim sacudir o que estava dormindo há tanto dentro de cada um de vós,
> alimpar-vos de vossas tatuagens.
> E o frêmito que sentireis, então, nas almas transfiguradas
> não será do revôo dos anjos... Mas apenas
> o beijo amoroso e invisível do vento
> sobre a pele nua.[25]

Foi dito que esse poema funciona como uma resposta ao anterior, pois nele o poeta reafirma qual é o seu propósito e qual tipo de linguagem ele utiliza para realizá-lo. Primeiramente ele retoma a idéia da impossibilidade do uso da linguagem humana para expressar o não dito. A "simplicidade" de suas palavras reside justamente no fato de não serem palavras, mas "rios, pássaros e naves",

---

25. QUINTANA, M. *Baú de Espantos*, p.111.

dirigidos diretamente para as almas. Dito de outra forma, as palavras são simples significantes, mas seus significados estão para além dos significantes, ou para além da racionalização. O poeta não quer criar novas palavras, mas nos interstícios das palavras simples provocar seu esvaziamento. Há aqui uma operação de desconstrução bem ao gosto da pós-modernidade filosófica, e uma aproximação analítica ao poema não pode querer ver nele algo de afirmativo ou categórico. As imagens a que o poema recorre são apofáticas, e sua hermenêutica não se pode fazer afirmativamente, senão como o próprio poema, negativamente.

O que acontece, todavia, é que essas almas para as quais se dirigem as palavras estão tão cobertas de tatuagens e pinturas (de palavras que não são compreendidas) que se tornaram almas de novos bárbaros.

Mais uma vez se vê a crítica às religiões sistematizadas e às teologias quando o poeta diz que os deuses são nascidos do medo, sendo portanto concebidos distorcidamente. É importante notar bem que o poeta faz questão de dizer que não traz mensagem de nenhum deus, nem mesmo sua própria, ou seja, não quer transmitir um conteúdo catafático. O que o poeta pretende é acordar o que está dentro de cada um, é retirar as coisas de dentro do baú e até mesmo retirar o baú para que seja possível sentir "o beijo amoroso e invisível do vento sobre a pele nua", imagem esta carregada de metáforas negativas.

Esse beijo amoroso e invisível do vento é em Quintana a própria poesia. Não há em sua poesia uma idéia de algo místico além do próprio poema. Por isso pode-se dizer que sua poesia refere-se a uma religião que sobrevive após a morte da religião, pois, como a poesia, sua "profissão de fé" é em um apofatismo, em um silêncio, em um não dizer.

Outro jogo desconstrucionista elaborado por Quintana e que se junta a essa hermenêutica negativa de sua poética está em "Projeto de prefácio":

> Sábias agudezas... refinamentos...
> – não!
> Nada disso encontrarás aqui.
> Um poema não é para te distraíres
> como com essas imagens mutantes de caleidoscópios.
> Um poema não é quando te deténs para apreciar um detalhe
> Um poema não é também quando paras no fim,
> porque um verdadeiro poema continua sempre...
> Um poema que não te ajude a viver e não saiba preparar-te para a morte
> não tem sentido: é um pobre chocalho de palavras.[26]

---

26. QUINTANA, M. *Baú de Espantos*, p. 135.

O título do poema sugere um procedimento puramente catafático, expositivo, explicativo. Um prefácio em geral nos dá uma explicação de uma obra, nos introduz a um conteúdo, tornando-o mais acessível. Neste projeto de prefácio Quintana, ao contrário, diz o que não é um poema. Os versos trazem um procedimento negativo do início ao fim, sempre dizendo o que não é um poema. O advérbio de negação constitui inclusive um verso inteiro do poema. As únicas afirmações são todas de uma liminaridade profunda, como por exemplo, no oitavo verso, quando o poeta diz que o poema continua sempre. Em outras palavras, está usando a liminaridade do "continuar sempre", encontrando o "não terminar nunca".

Também é de caráter negativo a referencialidade para a qual está apontando o poema, pois, "ajudar a viver e preparar para a morte" é, para o poeta, um caminhar para o silêncio do esquecer as palavras. Na poesia mesma – e isto quer dizer: em todo seu apofatismo, em todo seu confronto com as palavras, em todo seu risco controlado como o de um *pharmakon* – encontra-se a salvação.

O apofatismo da poesia faz com que ela compartilhe um mesmo lugar que o religioso e seja, em Mario Quintana, a única possibilidade de sobrevivência deste. Não é necessária mais uma religião, nem uma dogmática, nem explicações, nem uma doutrina que nos dê um sentido para a existência baseando-se em um depois, em uma salvação póstuma. Diz Quintana em "Ah, os relógios": "(...) basta um momento de poesia / para nos dar a eternidade inteira".[27]

Quintana reserva ao poeta a participação no mistério, e por isso, o poema consegue dizer esse mistério. É preciso recordar, não dizê-lo de uma maneira explicativa, mas operando um tipo de discurso negativo, que pode, desconstrutivamente, ser religioso. Ou seja, o próprio poema realiza uma hermenêutica negativa da religião, portanto, quando se procura ler o poema com vistas a notar-se sua expressão da religião, só é possível encontrar esta religião de maneira negativa. O poema não porta o conteúdo de uma experiência do além, nem da experiência de um Deus, ele é apenas expressão do mundo real, no entanto captado de um modo que ressalta, não suas definições, mas suas aberturas. O poema não se pretende uma filosofia da existência, mas expressão da existência; tampouco é uma religião da pós-modernidade, mas expressão em que sobrevive algo de religioso nesta época. Não é filosofia, porque não é lógico, nem racionalista; também não é religião, porque não é sistemático ou teleológico. Ao mesmo tempo, é lá onde a filosofia silencia que o poema fala; é quando a religião deixa de fazer sentido que a poesia apofaticamente resguarda o sagrado.

---

27. QUINTANA, M. *A Cor do Invisível*, p. 79.

Assim, o poeta é privilegiado e partilha conosco esse privilégio, através do poema. Em "O olhar", podemos melhor entender o privilégio do poeta:

O último olhar do condenado não é nublado sentimentalmente por lágrimas
Nem iludido por visões quiméricas.
O último olhar do condenado é nítido como uma fotografia:
Vê até a pequenina formiga que sobe acaso pelo rude braço do verdugo,
Vê o frêmito da última folha no alto daquela árvore, além...
Ao olhar do condenado nada escapa, como ao olhar de Deus
- um porque é eterno,
o outro porque vai morrer.
O olhar do poeta é como o olhar de um condenado...
Como o olhar de Deus...[28]

Nota-se como o poeta se situa entre o homem e Deus, seu olhar partilha das mesmas propriedades do olhar divino. Mas como traduzir essa plenitude sem acabar com ela, sem a definir? A possibilidade é fazê-lo de forma negativa, como os místicos. No entanto, o místico expressa sua experiência com o transcendente, enquanto que o poeta apenas *expressa*: intransitivamente, pondo em evidência o não expressável, lutando com as palavras, abrindo nelas um outro que não o seu significado, estruturalmente falando. Por essa razão, ler um poema religiosamente, na pós-modernidade, só se faz possível se procurarmos nele o que não diz sobre Deus, o que não diz sobre a religião.

A linguagem do poema, ainda que linguagem, vai contra si mesma, rompe-se, extrapola-se, no entanto mantém-se linguagem. Partilha assim das mesmas características da mística, que por sua vez é um discurso profundamente negativo da religião. Pode, assim, constituir um modo de expressão do que é religioso na pós-modernidade.

Conclusões

Em resumo, pode-se considerar alguns pontos conclusivos neste artigo. O primeiro deles é que a poesia de Mario Quintana pode ser lida religiosamente, mas, por sua modernidade, esta poesia e esta leitura não podem ser afirmativas ou categóricas. Não se pode querer fazer de Quintana um poeta com mensagem, ou um mero comentador de temas religiosos ou teológicos, apologeticamente. Tampouco é possível encontrar em Quintana um tipo de comentário ou explicação

---

28. QUINTANA, M. *Baú de Espantos*, p. 85.

da religião em seus poemas. A característica de sua poesia é antes de tudo a abertura de significados e uma concepção da poesia como apocalíptica. Em outras palavras, Quintana não vê sua poesia portadora de mensagens ou mesmo como explicação de alguma coisa, mesmo porque sua concepção de poesia é a de que esta diz por si mesma, apontando sempre para uma abertura.

Por isso, neste artigo se sustenta que uma hermenêutica literária que procure por algo de religioso na poesia de Mario Quintana deve partir de uma hermenêutica à luz da via negativa, que proceda como uma "desconstrução" do discurso religioso, que vise mais ao silêncio que à fala, que leia no espaço em branco, na margem do texto, que se preencha nos interstícios do poema, que recuse o afirmativo e o dogmático.

A poesia de Mario Quintana, a partir da interpretação aqui realizada, universaliza, de certa forma, o discurso religioso da pós-modernidade, pois está para além das teologias e dogmas, fragmentados após a modernidade filosófica. Mario Quintana atinge em sua poesia um não falar de Deus, e é aí que está, paradoxalmente, sua relação com a religião. Não que sua poesia seja uma religião da pós-modernidade, ela apenas guarda a possibilidade de salvação da religião na pós-modernidade, justamente por não querer-se categórica, definitiva, e tornar-se real no ato de desconstruir-se.

Um último poema de Quintana que é marcadamente apofático e ao mesmo tempo profundamente religioso merece ser citado aqui como conclusão deste artigo. Não que este poema seja um ponto final, mas justamente por constituir uma abertura apofática para a proposta de se ler religiosamente a obra de Mario Quintana, e também por ressaltar o aspecto da "salvação" presente na poesia.

O poema se chama "In Memoriam". A pergunta hermenêutica última que inevitavelmente resta após as análises aqui realizadas: não será o poema in memoriam da religião?

> E seus poemas eram, de repente, como uma prece jamais ouvida
> que nossos lábios recitavam – ó temerosa delícia!
> como se, numa língua desconhecida,
> sem querer, falassem
> da brevidade
> e da
> eternidade da vida...[29]

Resta perguntar: a poesia é uma salvação da pessoa, do indivíduo religioso, ou a salvação da própria religião na pós-modernidade?

---

29. QUINTANA, M. *Apontamentos de História Sobrenatural*, p. 150.

REFERÊNCIAS BIBLIOGRÁFICAS

QUINTANA, Mario. *A cor do invisível*. 2.ed. São Paulo: Globo, 1994.

__________. *Apontamentos de história sobrenatural*. 5.ed. São Paulo: Globo, 1995.

__________. *Baú de espantos*. 5.ed. São Paulo: Globo, 1994.

__________. *Caderno H*. 6.ed. São Paulo: Globo, 1995.

__________. *Da preguiça como método de trabalho*. 3.ed. São Paulo: Globo, 1994.

__________. *Esconderijos do tempo*. São Paulo: Globo, 1995.

__________. *Poesias*. 2.ed. São Paulo: Globo, 1997.

__________. *Preparativos de viagem*. 4.ed. São Paulo: Globo, 1997.

DERRIDA, Jacques. *De la grammatologie*. Paris: Les Éditions de Minuit, 1967.

__________. *A voz e o fenómeno*. Lisboa: Edições 70, 1996.

__________. *Margens da Filosofia*. Campinas: Papirus, 1991.

__________. *A farmácia de Platão*. 2.ed. São Paulo: Iluminuras, 1997.

__________. *Paixões*. Campinas: Papirus, 1995.

__________. *Khôra*. Campinas: Papirus, 1995.

__________. *Salvo o nome*. Campinas: Papirus, 1995.

__________. *Dissemination*. Chicago: Univ. of Chicago Press, 1981.

__________. *Positions*. Chicago: Univ. of Chicago Press, 1981.

__________. *Gramatologia*. Sao Paulo: Perspectiva, 1973.

CHIAPPIN, Achylles. *Confidências espirituais de Mario Quintana*. Porto Alegre: Livraria do Globo, 1987.

CUNHA, Fausto. O último lírico Mario Quintana. In: QUINTANA, Mario. *Os melhores poemas de Mario Quintana*. Seleção de Fausto Cunha. 15.ed. São Paulo: Global, 2002.

FONSECA, Juarez. *Ora bolas*: o humor cotidiano de Mario Quintana. Porto Alegre: Artes e Ofícios, 1994.

FIGUEIREDO, Maria Virgínia Poli de. *O uni-verso de Mario Quintana*. Caxias do Sul: Universidade de Caxias do Sul, 1976.

IULIANELLI, J.A.S. O Bom licor é doce: proscrição e libertação, coisas do Quintana. *Revista Eclesiástica Brasileira*, fasc. 241, v.61, p.27-51, março 2001.

Oswald de Andrade:

utopia antropofágica e espiritualidade

Antes dos portugueses descobrirem o Brasil,
o Brasil tinha descoberto a felicidade

Manifesto antropófago, 1928

Dois anos antes de sua morte, Oswald de Andrade começou a organizar sua autobiografia. Dos quatro volumes projetados, apenas um foi concluído, *Um homem sem profissão*,[1] no qual o autor revê sua história desde o nascimento até os primeiros anos da juventude, sem abdicar do estilo narrativo que o consagrou como um dos maiores autores modernistas brasileiros. Ou seja, não ordena as impressões de fatos e pessoas a partir de uma observação que se quer exterior; pelo contrário, mistura tudo numa narrativa em que "o eu e o mundo fundem-se num ritmo de impressão pessoal muito peculiar".[2] Escreve como viveu, no limite entre o real e o fantástico.[3]

Um homem sem profissão é uma obra da maturidade que revela e explica decisivos momentos de sua formação humana e intelectual. Por isso, o livro é poderoso instrumento para a exegese oswaldiana, além de ser, por si e em si, obra literária expressiva. Mostra, dentre muitas outras coisas, que foi devido ao profundo amor filial que Oswald entrou em dissídio com Deus e rompeu com os valores religiosos, sem deixar, contudo, de ser místico.

1. ANDRADE, Oswald. *Um homem sem profissão*: sob as ordens de mamãe. Rio de Janeiro, Globo, 2002.

2. CANDIDO, Antonio. Prefácio inútil. In: ANDRADE, Oswald. *Um homem sem profissão*, p.12.

3. Idem.

Ainda em *Um homem sem profissão*, o autor comenta sua formação a partir da profunda religiosidade materna e familiar que recorria ao pequeno altar doméstico e aos santos mais variados para resolver os diversos problemas que se apresentavam no cotidiano.

"Havia santo para tudo... Todo esse dicionário do totemismo órfico presidiu e explicou o mundo ante meus olhos infantes".[4] A mesma explicação que, mais tarde, ele rejeitará ao questionar os dogmas católicos.

Reconhece, contudo, que a crise pela qual passou foi mais de catolicismo do que de religião. E considera inegável o efeito terapêutico da religião, particularmente o da prece, embora confesse que seu "dissídio com Deus" ocorreu em 13 de agosto de 1912 com a morte da mãe.

> Crise de catolicismo mais do que de religião, pois, tendo da Igreja a pior idéia, nunca deixei de manter em mim um profundo sentimento religioso, de que nunca tentei me libertar. A isso chamo hoje de sentimento órfico. Penso que é uma dimensão do homem. Que dele ninguém foge e que não se conhece tribo indígena ou povo civilizado que não pague este tributo ao mundo subterrâneo em que o homem mergulha. A religião existe como sentimento inato que através do tempo e do local toma essa ou aquela orientação, este ou aquele compromisso ideológico e confessional, podendo também não assumir nenhum e transferir-se numa operação freudiana.[5]

Acreditamos que a chave para a compreensão do "mundo subterrâneo" de Oswald – ao mesmo tempo influenciado pelo surrealismo, catolicismo, sentimento órfico e marxismo – esteja expresso na forma como constrói os conceitos (inseparáveis) de utopia e de matriarcado, nos quais é transparente a espiritualidade do autor.

Nas memórias aparece, logo nas primeiras páginas, a "confissão" do sentimento órfico que cultivava desde a infância, apesar da criação fortemente católica. Em criança, conta-nos ele, confessava "como os outros". Quando adulto chegou a comungar para obter boas notas para certos colegas obtusos ou malandros da Faculdade de Direito: "simples comércio com o mito que meu invencível sentimento órfico cultivava".[6] Ou: "o paganismo de certas festas religiosas enlevou longamente minha infância".[7]

---

4. ANDRADE, Oswald. Op. cit., p.46.
5. Idem, p.85.
6. Ibidem, p.23.
7. Ibidem, p.28.

A partir da coexistência entre religião, totem e tabu, nesta autobiografia e em outros textos da maturidade reunidos no livro *Utopia antropofágica*, pretendemos desenvolver algumas reflexões sobre as ligações entre a produção intelectual e a espiritualidade em Oswald de Andrade, na qual antropofagia e matriarcado se soldam na visão de uma nova sociedade.

Nesta obra de cunho teórico assim como na autobiografia, está presente uma interpretação mais complexa do fenômeno religioso, levando em conta as abordagens ateístas do século XIX, vivamente presentes no marxismo do século XX, do qual o autor se aproximara nas décadas de 30 e 40, mas que acabam sendo reinterpretadas por ele na maturidade.

Num primeiro olhar, a relação entre Oswald e a espiritualidade parece paradoxal, sobretudo em se tratando de um autor que viveu e trabalhou para romper tabus e subverter os valores, costumes e a linguagem de seu tempo. Um tempo, diga-se de passagem, povoado pelas repressões da moral católica numa São Paulo ainda provinciana e autovigiada e no qual a questão da espiritualidade encontrava-se atrelada à das religiões institucionalizadas. Mais ainda, como ver espiritualidade num autor que flertou com o marxismo e se colocou ao lado dos comunistas quando estes ainda se organizavam em um partido, que se fechavam numa leitura de Marx que identificava a religião como "ópio do povo" e liam a realidade apenas pelo viés da economia e das necessidades materiais? O marxismo com o qual Oswald flertou foi o da ortodoxia que dominou os partidos comunistas nas décadas posteriores à Revolução Russa e cujo representante brasileiro, o PCB, é contemporâneo da Semana de Arte Moderna.[8] Vale lembrar que Oswald, mais tarde, vai incluir o pensamento marxista no rol dos grandes males do pensamento do século XIX, o *ateísmo sem Deus*.[9]

É o próprio Oswald quem responde ao aparente paradoxo, ao comentar suas reações frente aos momentos mais difíceis pelos quais passou, como a doença do filho Noné: "Durante a provação e a angústia a minha certeza órfica se robustece. A minha confiança no sobrenatural parece definitiva".[10]

Para Oswald, o século XX se caracteriza pelo "ateísmo com Deus" contrapondo-se ao século XIX, por ele denominado o século do "ateísmo sem Deus", daí, segundo ele, terem fracassado os esforços de seus principais pensadores. A diferença parece sutil, mas não é. O século XIX teria ido "além das barreiras em

---

8. O Partido Comunista Brasileiro (PCB) foi fundado em 1922.

9. ANDRADE, Oswald. *A Utopia antropofágica*. Rio de Janeiro: Editora Globo, 1995, p.184.

10. Ibidem, p.?

que a crítica negativista deveria ter se convertido na análise do fenômeno religioso. Este existe e existirá sempre. Ele afunda na nossa eterna irracionalidade".

> É que ninguém arranca do homem isso que eu chamo em alto sentido de "sentimento órfico" e que não passa da "religião natural" dos católicos ou do que Calvino muito bem definiu como "sentimento religioso universal". Não se encontra, já disse, nem um aglomerado primitivo nem um povo civilizado destituído de religião. Isso, claro está, não vem provar nada a favor deste ou daquele culto. O que persiste no fundo é o sentimento do sagrado que se oculta no homem, preso ao instinto da vida e ao medo da morte.[11]

Antropofagia e utopia: ócio matriarcal – negócio patriarcal – bárbaro tecnicizado

O argumento que se pretende desenvolver aqui é o de que na década de 1950, Oswald retorna à antropofagia, elaborando para o Brasil tanto uma interpretação menos negativa com respeito à tradição ibérica e à Contra-Reforma quanto uma adaptação da dialética revolucionária às especificidades históricas do Brasil moderno e à esquematização de sua própria utopia: matriarcado – patriarcado – bárbaro tecnicizado.

Este movimento intelectual se expressará em duas categorias que ele aprofunda nos escritos da maturidade e que são a chave para a análise de sua espiritualidade como se pretende aqui, quais sejam as idéias de utopia e de matriarcado. Duas idéias indissociáveis, em seu pensamento, da afirmação de uma religiosidade órfica e da conversão do tabu em totem.

A antropofagia representou um pensamento renovador de tudo que é humano. Suas inspirações, múltiplas e fragmentárias, aparentemente contraditórias para olhares desatentos vão da crítica à genealogia do cristianismo de Nietzsche às criticas marxistas da sociedade capitalista e à freudiana do racionalismo, passando pelo matriarcalismo de Bachofen.[12]

Essas teorias e pensamentos que constituíram o universo mental moderno aparecem associados a uma concepção xamânica da natureza e a uma

---

11. ANDRADE, Oswald. *A Utopia antropofágica.* Rio de Janeiro: Editora Globo, 1995, p.184.

12. Johann Jakob Bachofen (1815-1887) apresenta uma visão radicalmente nova do papel da mulher nas sociedades antigas. Com ampla documentação, propõe-se a demonstrar que a maternidade é a fonte da sociedade humana, da religião e da moral. E conclui conectando o arcaico direito materno com a veneração à Virgem Maria. Seu livro causou reações em várias gerações de pensadores, inclusive Friedrich Engels.

configuração igualitária da sociedade indígena que se afastava do ideal romântico e acaba por se constituir numa crítica filosófica e política do colonialismo moderno e do sistema político e econômico que dele se serviu. Uma crítica dotada de "uma dimensão afirmativa, atravessada por uma vitalidade espontânea, sem culpa e envolta em uma sedução poética",[13] que aproxima a utopia oswaldiana tanto do arcabouço intelectual de origem européia como do amálgama de culturas primitivas, estabelecendo uma conciliação entre a cultura nativa e a intelectual renovada. A miscigenação era a essência da compreensão do Novo Mundo e do Brasil em particular, o que implicava uma ausência de origem, mas não de originalidade.

Na visão da poética pau-brasil, tópicos do exótico tais como o ócio, a comunhão fraterna, a sociedade dadivosa, a liberdade sexual e a vida edênica transformam-se em valores prospectivos que ligam a originalidade nativa dos componentes mágicos, instintivos e irracionais da existência humana ao pensamento letrado moderno. A partir desta concepção, na qual a mistura é o pressuposto básico, o pensamento antropofágico se constrói a partir da "digestão" de vários pensadores modernos, de Montaigne a Freud passando por Nietzsche e Keyserling.

A "revolução caraíba" e a idéia de vida primitiva como modelo igualitário de sociedade baseado na solidariedade, no ócio, na liberdade e, sobretudo na coragem de atender aos instintos mais humanos tem sua maior referência em Montaigne.

> Esses povos, não me parecem pois, merecer o qualificativo de selvagens por não terem sido senão muito pouco modificados pela ingerência do espírito humano e não haverem quase nada perdido de sua simplicidade primitiva. As leis da natureza, não ainda pervertidas pela imisção dos nossos, regem-nos até agora e mantiveram-se tão puras que lamento por vezes não as tenha o nosso mundo conhecido antes, quando havia homens capazes de apreciá-las.[14]

O canibal de Montaigne é o homem além fronteiras. Também para Oswald, o canibalismo implica sair da tribo para o que está fora; é a alegria dos que saem e vêem o que está fora. O comer – o canibalismo, a antropofagia – é como ritual de absorção do outro. Trocar uma cultura pela outra sem de fato matar o outro ou a outra cultura. Não ser comido ou não ser devorado não interessa. Ser comido é

---

13. SUBIRATS, Eduardo. Viagem ao fim do paraíso. In: *Oito visões da América Latina*. SP, Senac, 2006, p.100.

14. MONTAIGNE, Michel de. Os canibais. In: *Ensaios*. Livro I, Ensaio XXXI, São Paulo: Abril Cultural, 1980, Coleção Os Pensadores, p.196.

uma honra. Comer e ser comido é experimentar, é sair do limite. Um modo de vida sempre baseado no devir, no sair de si mesmo, na absorção do outro.

A antropofagia, como símbolo da devoração, é a um tempo metáfora, diagnóstico e terapêutica. Metáfora orgânica da sociedade tupi, diagnóstico da sociedade brasileira – "traumatizada pela repressão colonizadora" decorrente da "repressão da própria antropofagia ritual pelos Jesuítas" – e terapia para se libertar deste trauma.[15] Ou seja, remete às sociedades primitivas de Pindorama, ao período histórico que, com interditos e tabus, reprimiu o rito antropofágico, e ao presente e futuro, quando a própria técnica pode proporcionar o ócio na era do *chauffer.*

O devir antropófago é devir religioso, com um outro tempo: não sei aonde vou, se é bom ou ruim, perigoso ou não, porque é sempre outro. É uma nova maneira de viver, diferente da européia. A miscigenação supõe mistura, vida. Nesta nova estética oferecida para pensar o Brasil, não há uma cronologia possível. Nisso difere inteiramente do romantismo, que pressupunha uma unidade, que era mítica: brasileiro como sinônimo de bom e estrangeiro de mau. Acreditando na existência de uma essência que só pertence a nós, buscava-se criar um ser para o Brasil no índio. O índio era visto como o elemento símbolo da nação, como o brasileiro puro, inteiramente diferente do europeu.[16]

Só que, para Oswald, nem o "índio de toucheiro" – *O índio filho de Maria, afilhado de Catarina de Médicis e genro de D. Antônio de Maris* (*Manifesto*) – nem esse Brasil intocado dos românticos de fato existem. Macunaíma, diferentemente de Iracema, já nasce miscigenado. E o caraíba não precisava de Deus porque tinha Guaraci, já tinha descoberto a felicidade antes de os portugueses descobrirem o Brasil. Era a fase paradisíaca do ócio e do matriarcado, antes que a vitória do mais hábil na disputa por alimento criasse as classes, a herança, o patriarcado.

O ócio fora tido por todas as religiões como um dom supremo, particularmente pelo sacerdócio, "detentor do ócio sagrado que distingue e enobrece os mediadores de Deus".[17] A recompensa na vida futura é o ócio. A prometida alegria suprema da contemplação beatífica de Deus é ócio puro. O sacerdócio é ócio sagrado. Negócio é a negação do ócio. Vem com os comerciantes, com as novas classes

---

15. NUNES, Benedito. Antropofagia ao alcance de todos. In: ANDRADE, Oswald. *A Utopia antropofágica.*

16. Vide, José de Alencar, por exemplo. Iracema (mãe genética, mito da colonização) pertence às tribos guerreiras – Tabajaras – inimigas dos colonizadores. Ainda assim, já aparece como culta, com sentimentos cristãos. É uma estória cristã. Iracema vai renunciar à sua família por amor ao português. No final ela morre.

17. ANDRADE, Oswald. A marcha das utopias. In: *A Utopia antropofágica*, p.171.

interessadas em destronar as classes ociosas medievais, os sacerdotes e os guerreiros. No transcorrer da história há uma democratização do ócio como decorrência da democratização da cultura. Pois, conforme já alertava Friedman,[18] o trabalho humano conduz ao ócio, ou a um retorno à fase paradisíaca do matriarcado.[19]

A Idade Média, que modelou o Ocidente, criara uma hierarquia do ócio, determinando e atribuindo em escala social decrescente, até o escravo, os encargos duros da vida social. O Renascimento inaugura uma lógica oposta: o trabalho começa a ser o que dignifica o ser humano. A sobrevivência dos preconceitos do ócio torna-se, nessa nova lógica, privilégio de países retardatários. Isso pode expressar a proposta modernista de um tipo de relação arte-técnica marginal em relação ao "pacote" moderno, perspectiva abraçada posteriormente por autores como Richard Morse em sua análise comparativa da cultura e das idéias na Ibero-América e na Anglo-América.

A passagem histórica do ócio para o negócio corre com a Reforma, quando se desenha a primeira consciência burguesa. "E essa repele o ócio, senão como mácula, pelo menos como marca de inferioridade. Os países reformados fazem dela a alavanca de seu expansionismo e de seu progresso".[20] Mas a mudança não ocorre de forma brusca. É na Idade Média que a era do trabalho deita raízes com a medição do tempo.

Na dialética da utopia oswaldiana, a tese corresponderia ao matriarcado do ócio totêmico existente em Pindorama muito antes de sua descoberta pelos europeus. Corresponde a uma cultura cósmica da "preguiça", em que "trabalha-se para viver ao invés de viver para trabalhar". A atitude do antropófago de "devoração" da vida é diferente de matar o outro. Todos estão ligados à grande mãe – a terra –, indissociável daquela que dá a vida e que a sustenta. Não existia a idéia de um ser supremo (Deus). Os totens correspondiam a códigos de transcendência de seus deuses; mas era algo que os membros da comunidade podiam atravessar. É feito de imaginários míticos.[21]

---

18. O economista norte-americano Milton Friedman causava grande impacto nos anos 50, com posicionamentos ortodoxos que lhe trouxeram muitos adversários, no plano das idéias, e foram motivo de muitas polêmicas. Talvez a referência de Oswald a ele seja para afirmar que mesmo autores inimigos do marxismo admitiam relação similar entre trabalho e ócio.

19. ANDRADE, Oswald. A marcha das utopias. In: *A Utopia antropofágica*, p.219.

20. Idem, p.171.

21. Conforme Nietzsche, é melhor um deus do mal do que um do bem. O Deus do Bem é o deus judaico e o deus cristão; um deus do bem impede o viver enquanto o do mal incentiva o viver.

O Patriarcado é a antítese, a instituição do negócio, do tabu, do limite, do intocável Deus, ou pai de família. É quando ocorre o adventoe desnvolvimento da tecnologia. A síntese assumiria a forma do "bárbaro tecnicizado", aquele que comeu a técnica do civilizado para criar outra coisa e se fortalecer. É comer a ciência e a tecnologia para que nos devolvam o ócio: "os fusos trabalhando sozinhos". Sem a ética protestante. Pois o grande inimigo do capitalismo é o ócio, entendido como produção fora da lógica do lucro.

Nessa elaboração pode-se visualizar uma singular imbricação entre técnica, religiosidade e relação do homem com a natureza. Um ponto para o qual nos interessa chamar a atenção é que pensar esses três momentos em seus aspectos psicológicos, religiosos e técnicos pode ajudar-nos a melhor compreender a própria reavaliação, por Oswald, da Contra-Reforma na formação histórica brasileira. Por que? Tentaremos responder demonstrando que, no pensamento maduro de nosso modernista, a Contra-Reforma foi um mal menor que a Reforma, pois permitiu a sobrevivência de certos aspectos do matriarcado de Pindorama, não banindo a cultura do ócio tão drasticamente quanto a Reforma e, assim, dando condições para que o Brasil fosse, para bem ou para mal, a utopia concretizada, mais favorável ao florescimento do bárbaro tecnicizado do que as culturas formadas nas doutrinas de Lutero e Calvino.

Utopia e Contra-Reforma: entre o ócio e o negócio

Diríamos que a antropofagia "madura" ou "maturada" de Oswald tem algo de subversivo, apesar de ponderações que poderiam ser consideradas versões moderadas ou mesmo "capitulações", como é o caso da reavaliação da herança contra-reformista. A nosso ver, a revalorização da Contra-Reforma, em vez de ser tomada como uma espécie de domesticação do pensamento do irrequieto rebelde dos anos 20, talvez expresse uma maturação mais teorizada de aspectos mais instintivos da antropofagia, incorporando elementos da fase marxista.

A antropofagia é uma síntese muito criativa, no sentido de estabelecer pontes entre a referida herança – especialmente seus resultados entre nós –, e certos aspectos impensados por clássicos defensores da tradição tomista ou mesmo por autores com sensibilidade para julgá-la de forma não dicotômica, como é o caso de Sérgio Buarque de Holanda.[22]

---

22. A associação da cultura contra-reformista ibérica com o ócio e da protestante anglo-saxã com o negócio não é, por certo, uma "invenção" ou "descoberta" oswaldiana. Na década de 1930, em *Raízes do Brasil*, Sérgio Buarque de Holanda já havia alertado:

A nosso ver, a mudança de julgamento do autor[23] não é tão radical ou paradoxal quanto pode parecer. O próprio Oswald nos fornece uma importante indicação sobre as suas reais intenções ao reconhecer alguns méritos da Contra-Reforma.

> Quando falo em Contra-Reforma, o que eu quero é *criar* uma oposição imediata e firme ao conceito árido e desumano trazido pela Reforma e que teve como área cultural particularmente a Inglaterra, a Alemanha e os Estados Unidos da América. Ao contrário, nós brasileiros, campeões da miscigenação tanto da raça como da cultura, somos a Contra-Reforma, mesmo sem Deus ou culto. Somos a Utopia realizada, bem ou mal, em face do utilitarismo mercenário e mecânico do Norte. Somos a caravela que ancorou no paraíso ou na desgraça da selva, somos a Bandeira estacada na fazenda. O que precisamos é nos identificar e consolidar nossos perdidos contornos psíquicos, morais e históricos".[24]

Ou seja, se encontrarmos nossos "perdidos contornos psíquicos", localizados em nossa história e tradição (vide Macunaíma), teremos mais condições de ver e sentir com clareza o que somos, e o que são os outros em relação a nós.[25]

> Uma digna ociosidade sempre pareceu mais excelente, e até mais nobilitante, a um bom português, ou a um espanhol, do que a luta insana pelo pão de cada dia. O que ambos admiram como ideal é uma vida de grande senhor. E assim, enquanto povos protestantes preconizam e exaltam o esforço manual, as nações ibéricas colocam-se ainda mais largamente no ponto de vista da antiguidade clássica. O que entre elas mais predomina é a concepção antiga de que o ócio importa mais que o negócio e de que a atividade produtora é, em si, menos valiosa do que a contemplação e o amor.

Aliás, sobre Sérgio, Oswald escrevera, em 1950, um pequeno texto intitulado "Um aspecto antropofágico da cultura brasileira: o homem cordial", onde anunciava: "a alteridade do Brasil é um dos sinais remanescentes da cultural matriarcal" (p.157). "Hoje, pela ondulação geral do pensamento humano, assiste-se a uma volta às concepções do matriarcado."

23. A ação catequética dos jesuítas é responsabilizada no *Manifesto Antropófago* pela repressão da antropofagia ritual e como modeladora de uma sociedade que já nasceu traumatizada pela repressão colonizadora, ou seja, uma instância censora, um superego coletivo, e na "Marcha das Utopias" a cultura jesuítica é elogiada como "cultura de larga visão".

24. ANDRADE, Oswald. A marcha das utopias. In: *A Utopia antropofágica*, p.166.

25. Neste ponto, o Autor esboça um tipo de interpretação/compreensão da história do Brasil e da Ibero-América posteriormente desenvolvido por Richard Morse, e que causou furor no mundo intelectual brasileiro nos anos 80. Em *O Espelho de Próspero* o brasilianista aprofunda, na trilha de Oswald, uma leitura "jesuiticofílica" da colonização ibérica da América, oferecendo uma interpretação da cultura e história brasileiras que escapava aos rígidos "tipos ideais" das teorias eurocêntricas de modernização. Morse deu precisão e generalidade a várias das intuições modernistas do período "heróico" do movimento. Como profundo admirador do modernismo brasileiro, ele estava também muito interessado nos aspectos poéticos e artísticos da antropofagia, que em seu pensamento se integravam com uma interpretação mais "selvagem", menos "disciplinada", da sempre lamentada herança ibérica.

A rigor, a sociedade regida pelo ócio era a realidade das pessoas que viviam em Pindorama desde muito antes da "invasão". Também entre os gregos antigos era reconhecida a importância do ócio, neste caso proporcionada pela exclusão e trabalho forçado de muitos. Foi esta concepção que chegou à Ibéria moderna sob a "roupeta jesuítica",[26] graças à influência árabe.

Evidentemente a palavra matriarcado traz consigo a idéia de predomínio materno. Mas Oswald está interessado nas conseqüências sociais disso. Ou melhor, na destruição do matriarcado pela imposição do patriarcado no transcorrer da História. O primeiro a descobrir a revolução patriarcal foi, segundo ele, o alemão Bachofen, que nunca foi um revolucionário. Na qualidade de turista observador, ele teria apenas feito a pergunta certa: "Antes da instituição do casamento, que regime poderia existir senão o matriarcado?"[27] Mas, prossegue ele, sempre houve uma grande resistência, mesmo entre os estudiosos das sociedades indígenas, ao tema do matriarcado. Embora os documentos sempre tenham estado lá:

> Nossa mente branca esteve até há bem pouco tempo tão imbuída de preconceitos antiprimitivistas que me contaram ter o diretor de um museu feito preservar todas as bandeiras da Guerra do Paraguai e deixado apodrecer num subterrâneo uma preciosa coleção etnográfica, porque aquilo "era de índio".[28]

Para Calvino, o ócio é pecado, e enriquecer pelo trabalho é uma obrigação do cristão. O trabalho, na concepção protestante, longe de ser castigo, é uma benção, um dever básico. O protestantismo, conforme já assinalara Arnold Toynbee, foi, de fato, uma volta à Bíblia e, portanto, ao sistema exclusivista, endógamo e fechado dos judeus, um povo considerado "eleito" por sua milenar auto-suficiência.[29]

Não se pode desligar as diretivas ideológicas da Reforma da atitude egocêntrica tomada pelos povos que a adotaram e defenderam.[30] Mas Oswald não tem uma visão dicotômica entre Reforma e Contra-Reforma: vê em ambas vantagens e defeitos, embora sinta-se aliviado por sermos "filhos" da segunda.

Elogia em Lutero, por exemplo, o fato de ter-se aproveitado do culto à personalidade e do individualismo, que já podiam ser percebidos na *Epístola*

26. ANDRADE, Oswald. A marcha das utopias. In: *A Utopia antropofágica*, p.169.

27. Idem, p.212.

28. Ibidem, p.216.

29. Ibidem, p.191.

30. Ibidem, p.197.

aos Romanos de São Paulo e em Santo Agostinho, e o fato de ter-se oposto decididamente ao culto exterior. "E foi o primeiro a denunciar a chantagem mística do culto católico. O enlevo dos sentidos, de que tanto os jesuítas se aproveitaram na sua conquista espiritual."[31]

O que nos parece plausível supor é que, no caso brasileiro, o segundo momento – o da instituição do patriarcado – que começou com a chegada dos primeiros evangelizadores e governadores, foi devastador para as comunidades indígenas matriarcais, porém menos do que teria sido se os invasores fossem os puritanos que colonizaram a Nova Inglaterra. Naquele momento, as duas únicas opções possíveis de colonização eram a católica e a protestante. Se a cultura protestante nos daria, quem sabe, um maior desenvolvimento técnico, a católica teve o "mérito" de ser mais plástica e, nesse sentido, menos intolerante com a alegria e liberação sexual existentes em Pindorama do que os "gélidos irmãos do norte".[32]

Não custa insistir que em "A marcha das utopias" Oswald continua, como no *Manifesto Antropófago* de 1928, criticando o enlevo dos sentidos de que se valeram os jesuítas em sua "conquista espiritual",[33] incluindo-os entre os que historicamente reagiram ao matriarcado. Prova disso é que, assim que aqui aportaram, apresaram-se em "traduzir o Decálogo para o Tupi":

> Soa como uma bufoneria de mau gosto a insistência de se querer incutir no índio nu, polígamo e ocioso o respeito à mulher do próximo (Nono Mandamento) e a guarda do domingo para o descanso (Terceiro Mandamento).
>
> No entanto, nada mais grave do que isso. O jesuíta conduzia, acolitado pelas alabardas e pelos arcabuzes portugueses, um novo sistema de vida, uma nova concepção social, uma nova *Weltanschauung*. Estavam instituídos na selva matriarcal o trabalho escravo, a divisão da sociedade em classes e a herança.[34]

Mesmo levando em conta essas restrições do autor em relação à ação jesuítica no Brasil colonial, ousamos afirmar que, de uma perspectiva compa-

---

31. Ibidem, p.198.

32. Um exemplo histórico explorado por Oswald refere-se à Guerra Holandesa em Pernambuco. Ele "festeja" a derrota holandesa não com o espírito nacionalista (ou mesmo regionalista que veio assumir em nossa historiografia), mas como uma vitória do ócio sobre o negócio. Nos anos 30, um questionamento nesta direção apareceu em *Raízes do Brasil*, de Sérgio Buarque de Holanda.

33. Uma combinação de termos já por si interessante, e que lembra até evangelismos atuais.

34. Ibidem, p.217. Oswald acrescenta dois apêndices à "Marcha das utopias" para esclarecer diferentes aspectos do matriarcado.

rada, a Contra-Reforma parece um mal menor que a Reforma: um empecilho menor para a concretização da síntese, do bárbaro tecnicizado, que não se confunde com o desenvolvimento técnico e científico em si, mas com um aprofundamento da relação do homem com a natureza em benefício de ambos.

> Temos que aceitar a superioridade inconteste do calvinismo baseado na desigualdade como alentador da técnica e do progresso. Mas, hoje, conquistados como estão os valores produzidos pela mecanização, chegou a hora de revisar e procurar novos elementos [...] Atingindo o clímax da técnica, o calvinismo, que foi, com a doutrina da Graça, o instrumento do progresso, tem que ceder o passo a uma concepção humana e igualitária da vida – essa que nos foi dada pela Contra-Reforma.[35]

Esse aspecto positivo da Contra-Reforma deveu-se, segundo Oswald, à influência árabe. Embora fruto do deserto, como o monoteísmo judeu, a religião muçulmana gerou as utopias renascentistas, ao passo que o racismo fechado dos judeus iria produzir, em nossa época, o seu mais gigantesco adversário: Adolf Hitler. "O Fuehrer vem direitinho do mosaísmo e constituiu, sem dúvida, a mais dramática lição que receberam os exclusivistas defensores do privilégio de raça, país e religião."[36]

As tribos beduínas, talvez se reclamando longinquamente do Sabá matriarcal, não parecem ter sido praticantes rígidas da monogamia. "E como casar no deserto? E o Corão anuncia o prazer na outra vida para seus crédulos beneficiários". Diferentemente de um São Jerônimo "batendo com uma pedra no peito a cada sintoma de virilidade", o califa sacerdote apresenta-se como "nada infenso aos prazeres terrenos".[37] Durante séculos e séculos os dois monoteísmos lutaram entre si, "até se enxertar na Contra-Reforma e na lassidão compreensiva dos jesuítas".

> Vinda da Arábia petrificada e saída do deserto, a gente sarracena se mesclaria na Península para continuar pelos caminhos do oceano o seu impulso exógamo e conquistador, que trazia em si o errático e o imaginoso, a aventura e a fatalidade. E que só havia de estacar nos verdes da Descoberta. Na Ilha de Vera Cruz, Ilha de Santa Cruz, Ilha de Utopia, Brasil (p.170).

Em suma, sem os árabes, a descoberta do Novo Mundo teria tido diferentes conseqüências intelectuais e/ou práticas no mundo ibérico, ou mesmo

35. ANDRADE, Oswald. A marcha das utopias. In: *A Utopia antropofágica*, p.165.
36. Idem, p.167.
37. Ibidem, p.169.

no Anglo-Saxão, onde as utopias foram também geradas pela Descoberta, em grande parte possibilitada pela metamorfose do deus do deserto e das caravanas no "Deus das Caravelas".

As utopias renascentistas entre o matriarcado e o patriarcado

As utopias são, nas palavras de Oswald, "uma conseqüência da descoberta do Novo Mundo e, sobretudo, da descoberta do novo homem, do homem diferente encontrado nas terras da América".[38]

> Tenho a impressão de que o encontro da humanidade nua da Descoberta muito influiu sobre o movimento geral das idéias daquele instante histórico. Saber que de outro lado da terra se tinha visto um homem sem pecado nem redenção, sem teologia e sem inferno, produziria não só os sonhos utópicos, mas um abalo geral na consciência e na cultura da Europa.[39]

Esse abalo se expressou em duas tendências: as utopias afirmativas e otimistas de Morus e Campanella e as "utopias às avessas" de Rabelais, Erasmo e Cervantes. Embora ambas se inspirassem no continente recém-descoberto para criticar a Europa, faziam-no a partir de diretrizes e pressupostos bem diferentes.

Em Morus a exaltação do trabalho humano aparece ao lado de avançadas idéias sociais. O autor fez, segundo Oswald, "um verdadeiro requisitório contra os ociosos". Campanella, por seu turno, ambiciona destruir o "ócio de classe": as pessoas que vivem no ócio e insultam os que trabalham não passam

---

38. Ver p.163-4. É importante assinalar, nesse sentido, que embora a palavra tenha sido criada por Morus para denominar sua ilha, as utopias não começam a existir na Renascença. Baseando-se em Karl Manheim Oswald define utopia como "o fenômeno social que faz marchar para frente a própria humanidade". Ou seja, um fenômeno que "existiu desde que uma sociedade se sentiu mal no seu molde enrijecido e sonhou outra conformação ideológica para a sua existência" (p.205). A primeira delas parece ter sido o cristianismo primitivo: "uma utopia herética tanto em face do Sanhedrim judaico como do poderio político romano". Então se valorizava um termo que Oswald considera extremamente ligado às utopias: o termo grego Parúsia, "destinado a indicar a volta do Deus vingador para repor as coisas em seus eixos numa situação social errada. Os apóstolos esperavam a Parúsia que foi sendo adiada mas nunca denegada até que, séculos depois, um sabido, talvez Clemente de Alexandria, passaria para o justiçamento extraterreno, e *post mortem*, a determinação de se fazer justiça aos que sofreram e castigar os que abusaram" (p.205-6). Depois vieram as diversas utopias medievais, sempre rotuladas como heresias (ele aqui as denomina pré-utópicas apenas para diferenciá-las daquelas da Renascença): neste período destacam-se os milenarismos e, especialmente, as "heresias" de Joaquim de Flora.

39. ANDRADE, Oswald. Op. cit., p.177.

de "catervas de intrigantes e malfeitores com infinito dano para o interesse público". O caminho percorrido por essas utopias (católicas) conduz a dois pontos altos: o ódio ao ócio e às pesadas desigualdades medievais; conseqüentemente, à exaltação da comunhão dos bens. "O ócio da selva coloca-se assim frente aos ócios do privilégio".[40] Conclui Oswald:

> Os dois homens santos que marcaram a virada de idéias da Descoberta são os precursores do socialismo. Socialismo utópico que poderá ser mais tarde atingido e consolidado através da técnica e pela *organização* do trabalho humano. Trabalho que permanece uma virtude dignificante, ante os grosseiros vícios do Ocidente medieval.[41]

Mesmo reconhecendo que a realidade encontrada entre as sociedades indígenas americanas "não estava distante das concepções libertárias de Platão, e dos sonhos de Morus e Campanella", o problema para Oswald é que tais utopias, como as utopias em geral, são afirmativas, e sempre em um sentido messiânico.

> É um paradoxo profético esse de ter a descoberta do homem ocioso da selva americana trazido à luz e à ação grandes propósitos de organização social e de trabalho. *Como se os dois escritores do Renascimento houvessem compreendido que somente através das conquistas da técnica e do trabalho humano fosse possível, mais tarde, a reconquista do ócio para que o homem nasceu.*[42]

Com essas duas citações, fica claro que não é destes autores que o modernista se inspira para reconhecer a utopia matriarcal já existente em Pindorama, caracterizada pela poligamia, o ócio e a relação orgânica com a terra mãe natureza. Pelo contrário, é principalmente de europeus impressionados com a descoberta do homem natural americano, em comunhão com a terra e com seus deuses, que Oswald se vale para fundamentar sua concepção de utopia como algo nostálgico, mais do que futurista.[43] Ou seja, o encontro com novas terras e novas gentes do outro lado do Atlântico gerou não apenas as utopias afirmativas e otimistas de Morus e Campanella como também as negativas,

---

40. Idem, p.173-6.

41. Ibidem, p.176.

42. Ibidem, p.173 (grifo nosso).

43. E isso é interessante em um autor tão envolvido com movimentos como primitivismo e, ao mesmo tempo, tão deslumbrado com os novos avanços tecnológicos das primeiras décadas do século XX.

eivadas de sátira e crítica, em que o humanismo se torna admiravelmente útil e construtivo. Há o que poderia se chamar de "avesso da utopia":

> No século XVI, o século que se apoiou na Antiguidade nua para exaltar a nudez da Descoberta – há uma geografia do riso. Ele se inicia com as garatujas geniais de Erasmo, vem encontrar na França o seu mestre incontestável François de Rabelais e desce até a Espanha para, com Miguel de Cervantes, pôr cobro à sinistra seriedade medieval.[44]

Trabalhamos com a hipótese de que os escritos renascentistas que realmente atraem Oswald e oferecem perspectivas mais próximas da realidade de Pindorama são aquelas utopias por Oswald nomeadas de "utopias ao avesso", na medida em que criticam o patriarcado burguês pelo viés do satírico.

O que complica sobremaneira a questão é que mesmo as utopias de Morus e Campanella, às quais se seguiram muitas outras combatendo a ociosidade e enaltecendo o trabalho, tinham o ócio como alvo. Isso porque, no entender de Oswald, "o ócio é a busca de toda a humanidade", assim como o sentimento órfico ultrapassa barreiras de tempo e espaço. "O Brasil foi apenas a profecia e o horizonte utópico do ócio."[45]

Na utopia oswaldiana, ócio tem a ver com matriarcado; nas de Morus e Campanella, com patriarcado. Ainda assim, o que se busca, depois do trabalho duro, é o merecido descanso, outra forma de falar do ócio.

Já em Montaigne, em seu ensaio sobre os canibais, Oswald encontra uma posição crítica da sociedade patriarcal,[46] e em Rabelais reconhece uma crítica das repressões à sexualidade e ao riso, que naquela ocasião iniciavam sua consolidação sob a forma burguesa, posteriormente capitalista.

É uma utopia às avessas porque não está projetada para o futuro, mas se fundamenta na experiência vivida por todos os povos, e com a qual os europeus, após a descoberta do continente americano, puderam entrar em contato.[47]

É nas visões satíricas, irônicas e saudosistas que Oswald encontra inspiração e munição para um enfrentamento com visões otimistas sobre a Renascença e a Reforma, tão avessas à Idade Média e à Contra-Reforma.

---

44. ANDRADE, Oswald. Op. cit., p.180.

45. Idem, p.203.

46. MONTAIGNE, Michel de. Os canibais. In: *Ensaios*. Livro I, Ensaio XXXI, São Paulo: Abril Cultural, 1980, Coleção Os Pensadores.

47. Cervantes sonha com uma Europa passada, não mais existente, e Rabelais prefere a Idade Média a seu próprio tempo.

Sua leitura, no entanto, não as exalta acriticamente, mas captura elementos que as "luzes" teriam deturpado em nome da afirmação de valores como o trabalho, a seriedade tornada sinônimo de sisudez etc.

O apelo à sátira na análise da história apresenta, sem dúvida, várias similaridades com a "carnavalização" tal como foi usada por M. Bahktin na análise de Rabelais.[48] A antropofagia e a "carnavalização" são idéias que têm muito em comum uma vez que ambas remetem a rituais de resistência que buscam eliminar ou, pelo menos, tornar mais permeáveis os limites, as fronteiras da ordem dicotomizada pelo racionalismo europeu e expressas em oposições dialéticas (Hegel, Marx), como eu/outro, dentro/fora, arcaico/moderno, primitivo/civilizado etc.

A antropofagia busca devorar o conhecimento técnico científico e artístico das metrópoles européias de forma que os reinvente livre e autonomamente, produzindo um resultado que se mescla em todos os níveis, étnico, espacial, temporal, filosófico etc., e que acaba por descredenciar o que foi devorado como saber dominante. Já a carnavalização absorve a "alta" cultura européia de forma irônica e paródica, invertendo o significado cultural das narrativas e não só possibilitando um contra-discurso como também obrigando a "alta" cultura a rever seus padrões e incorporar outras vozes.[49] O humor é a chave encontrada em ambos os casos para desnudar os valores da "colonização do imaginário"[50] na América Latina e refundá-los em outras bases: a alegria é a prova dos nove!

Sendo assim, um mergulho nesses escritos renascentistas pode ajudar-nos a melhor compreender não só a visão de Oswald como uma perspectiva de interpretação alternativa de nossa herança ibérica – que é árabe, jesuítica, contra-reformista e, claro, utópica – ainda em andamento.

O homem natural tecnicizado

Segundo Benedito Nunes, Oswald, no *Manifesto Antropófago*, assimila de Keyserling a idéia da "barbárie técnica na época do *chauffeur*" colhida em *O mundo que nasce*, e que foi por ele interpretada em um sentido positivo. Para Keyserling,

48. BAHKTIN, M. *Cultura popular na Idade Média e no Renascimento*. São Paulo: Huicitec, 1987.

49. Idem.

50. Conceito melhor desenvolvido pelo historiador Serge Gruzinski ao tratar da colonização do México. GRUZINSKI, Serge. *Colonização do imaginário*. São Paulo: Cia das Letras, 2003.

os prenúncios de um novo tribalismo, acumulados ao nosso redor, nesta era do *chauffeur*, redundaram num "ecumenismo religioso e político (bolchevique e fascista), numa arte pré-cultural e no advento de novas aristocracias".[51]

Nunes considera que esta argumentação está ainda em estado inarticulado no Manifesto, se comparado à utopia-síntese do "homem natural civilizado", desenvolvida posteriormente por Oswald em "A crise da filosofia messiânica" e "A marcha das utopias". A concepção de homem apresentada por Oswald é, segundo ele, profundamente nietzschiana, ao passo que sua concepção de religião é localista e tribal. O sentimento órfico regionalizado produziria sobre a terra uma imagem de Deus. É neste espaço regionalizado que o homem antropofágico se converte no homem tecnicizado de Keyserling, ávido de progresso, assimilando a técnica e utilizando-se da máquina para acelerar sua libertação moral e política.

Na década de 1920, as ligações entre os textos de Oswald e as novidades tecnológicas que invadiram a São Paulo moderna[52] são evidentes. O novo horizonte técnico interferia diretamente nas formas de percepção da população, assim como nas formas de circulação e difusão dos textos, sem falar na própria escrita que se fragmenta em frases curtas, onde as figuras de linguagem têm papel central na produção de sentido do texto final: velocidade, aceleração do tempo pela técnica, associações livres na produção de imagens-sínteses que recriam o espaço social e buscam inseri-lo numa narrativa unificadora da modernidade urbana.

Após o impacto inicial da presença da tecnologia na vida urbana e as reivindicações pelo novo e o moderno, Oswald propõe uma outra tradição, baseada no canibalismo totêmico. É plausível supor que na proposta antropofágica está embutida a idéia de uma "nova natureza", fruto da "adaptação biopsíquica"[53] ao meio tecnicizado. "A metafísica bárbara é também localista

51. *Utopia Antopofágica*, p.21. O filósofo Hermann Keyserling foi seguidor das idéias de Spengler, mas com uma visão mais "otimista". Para ele a decadência inevitável apresentada por Spengler poderia ser evitada, ou mesmo revertida, se a cultura de uma raça fosse fiel ao espírito dessa raça. A este espírito criativo da raça Keyserling chamava de "sentido da raça". Adotando uma vertente irracional, ele acreditava que o racionalismo europeu estava matando este "sentido", que ainda podia ser encontrado em povos do Oriente. Apesar disso aceita o uso da técnica, que reconhece inevitável. O que não pode ocorrer é a perda da lado irracional da cultura.

52. SEVCENKO, Nicolau. *Orfeu extático na metrópole*: São Paulo, sociedade e cultura nos frementes anos 20. São Paulo: Cia das Letras, 1992.

53. NUNES, Benedito. Antropofagia ao alcance de todos. In: ANDRADE, O. *A utopia antropofágica*, p.23.

e tribal: o sentimento órfico se regionaliza, e produz, segundo a terra em que vivemos, uma imagem de Deus."[54]

Ou seja, por meio do progresso material cria-se uma "nova natureza", na qual a antropofagia busca recuperar o humano e remetê-lo de volta aos valores do primitivismo matriarcal, agora tecnicizado.

Sem a hierarquia e a exploração necessárias à manutenção das sociedades patriarcais fundadas no negócio, o "bárbaro tecnicizado" é a expressão máxima da utopia antropofágica na medida em que, ao devolver ao humano a infância perdida em algum lugar da memória, possibilita o reencontro de uma vida de alegria e felicidade perdidas[55] no período de desenvolvimento da sociedade liberal-burguesa, entre os séculos XVI e XX.

No entanto, este retorno não significa uma volta a um passado romantizado na imagem de um "paraíso perdido" mas na síntese antropofágica de diferentes tempos e sociedades cujo resultado seria o "homem natural tecnicizado".[56]

A metafísica bárbara tal como estabelecida pela antropofagia age para estabelecer uma síntese entre o selvagem de Montaigne e as reivindicações por uma sociedade igualitária que Oswald incorpora nas décadas de 1930 e 1940 durante a militância comunista e a devoração da dialética marxista.

Em Montaigne, a barbárie e a selvageria podem ser vistas como estados originais de todas as sociedades humanas, desde que analisadas da perspectiva do Outro.

> Mas, voltando ao assunto, não vejo nada de bárbaro ou selvagem no que dizem daqueles povos; e, na verdade, cada qual considera bárbaro o que não se pratica em sua terra. E é natural, porque só podemos julgar a verdade e a razão de ser das coisas pelo exemplo e pela idéia dos usos e costumes do país em que vivemos. Neste a religião é sempre a melhor, a administração excelente, e tudo o mais perfeito.[57]

Em "A crise da filosofia messiânica", Oswald estabelece os três termos do que considera a *formulação essencial do homem como problema e como realidade*, quais sejam, o homem natural, o homem civilizado e o homem natural tecnicizado. Note-se que no terceiro termo ele não estabelece nenhum tipo de antagonismo entre natureza e técnica.

---

54. Idem.
55. Ibidem.
56. ANDRADE, O. A crise da filosofia messiânica. In: *A utopia antropofágica*, p.103.
57. MONTAIGNE, Michel de. Ensaios. *Os Pensadores*. São Paulo, Nova Cultural, p.195.

Nesse sentido, Oswald busca "ler" a sociedade brasileira das primeiras décadas do século XX não pela chave do olhar da modernidade européia, mas pela da atualização histórica do regional, do tribal, entendendo-se aí também uma crítica atemporal a todo tipo de colonização e a uma análise linear da história tão ao gosto da racionalidade renascentista e posteriormente iluminista. Para a leitura da tensão homem-natureza novamente ele recorre a Montaigne:

> [...] não há razão para que a arte sobrepuje em suas obras a natureza, nossa grande e poderosa mãe. Sobrecarregamos de tal modo a beleza e riqueza de seus produtos com nossas invenções, que a abafamos completamente.[58]

Embora Oswald aparentemente se renda à constatação de que, no século XX a arte já tenha "sobrepujado a natureza" pela via da técnica e da mecanização, como alertara Montaigne quatro séculos antes, ele postula que "os valores produzidos pela mecanização" constituem-se numa "nova natureza" tecnicizada que teria produzido um outro homem, o homem natural tecnicizado. Segundo ele, chegara a hora de revisar os valores da civilização européia e buscar novos horizontes.[59] Afinal, "cada fase [histórica] traz em si sua própria subversão".[60]

É com esta paráfrase de Marx que buscamos entender a conciliação que faz entre a técnica, a fé e a natureza ao propor uma "revolução perpendicular" dos "países mártires" no sentido de um crescimento da "fé humana", da "fé social" e da "fé em uma era melhor". Segundo ele, estaríamos no "limiar da História", numa "era da máquina [que] tecnicizou de tal maneira o homem em toda a terra que ele pode alcançar, enfim, uma unificação de destino e igualar-se num padrão geral de vida civilizada".[61] Os progressos técnicos – eletricidade, petróleo, sistema de comunicação – teriam o poder de estabelecer uma relação mais igualitária entre os homens, desde que seu monopólio fosse tirado das mãos da burguesia. Estaríamos no limiar de uma era de características coletivistas que, no caso do Brasil, deveria ser buscada no primitivismo matriarcal.

Conclusão

Revisitar, hoje, a proposta da antropofagia oswaldiana significa abrir mais uma possibilidade de investigação da cultura brasileira na esteira de sua herança

58. Idem, p.195-6.

59. ANDRADE, O. *A utopia antropofágica*, p.165.

60. Idem, p.57.

61. Idem, p.58.

de ruptura e de ampliação de imagens e narrativas culturais sobre o Brasil. É também um reconhecimento do fato de que suas propostas têm demonstrado enorme vitalidade e fecundidade desde a década de 1920, quando surgiram.

Vale lembrar a enorme influência que teve em vários campos da arte brasileira nos anos 60 e 70, abrindo as portas para a experimentação estética, tendo nutrido movimentos artísticos do porte do concretismo e do tropicalismo. Este último, diga-se de passagem, se tornou bandeira em torno da qual se reuniram representantes de diversas formas de expressão artística: da poesia à música, passando pelo cinema e as artes plásticas. O tropicalismo, reedição ou releitura da metáfora antropofágica, criou uma marca para a cultura brasileira que, seja de forma mais crítica e densa ou banalizada pela indústria cultural, permanece viva na constituição de uma auto-imagem do Brasil.

A pertinência do movimento antropofágico hoje se renova diante do bombardeio de mercadorias, signos e informações da era da globalização informatizada e permite recuperar a leveza e agilidade da deglutição e criação de referências locais e transnacionais, bem como atualizar a questão da utopia dentro de novas perspectivas históricas. Dentre elas destacaríamos a já referida contribuição de Oswald para o movimento tropicalista e para interpretações do Brasil como a de Richard Morse que, em vez de lamentarem nossa não inclusão na alta modernidade, colocariam – como o faria Oswald, a nosso ver – o próprio termo modernidade no plural. Ou seja, somos modernos de outra forma, da nossa forma, brasileira e ibérica. Seguindo este raciocínio, a possível deglutição de Oswald por nossa pós-modernidade (ou pós-modernidades) talvez ofereça pistas não dicotômicas de compreensão da interseção entre espiritualidade e técnica em nossa cultura. É uma questão que nos parece fascinante, mas que deixamos em aberto por agora.

CARLOS ALBERTO AFONSO

O poder do adeus na Central do Brasil

"Jesus, você foi a pior coisa que já me aconteceu." O tema deste artigo é a visão do amor Trinitário, da escrita e da religião no filme brasileiro *Central do Brasil* (1998), de Walter Salles. O filme conta a história de uma mulher amarga que não conseguia esquecer o pai, por ele a ter esquecido, e de um menino obstinado que não conseguia esquecer o pai, por nunca o ter conhecido.

A primeira carta

Dora (Fernanda Montenegro) é uma professora primária aposentada e sem família que ganhava algum dinheiro escrevendo cartas por um real para os migrantes do interior que vivem na cidade e não sabem escrever. O filme explora a natureza diaspórica da identidade brasileira contemporânea nas grandes cidades do Sul, em particular a diáspora nordestina. O local é a estação ferroviária da Central do Brasil, no centro do Rio, um espaço de marcada liminaridade, "passagem" e distopia, na circulação quotidiana da população pobre entre a periferia e a cidade. Designadamente, os "subúrbios da Central", na Zona Norte, e as localidades da Baixada servidas por essa linha de trem. As pessoas, na verdade, ditam as cartas. O elemento performativo permanece crucial nesta forma de acesso ao poder da escrita. A iliteracia não impede uma fecunda representação da palavra por parte desses migrantes multiculturais, preservando muito da oralidade da cultura do interior. Dora é a "escrevedora de cartas", mas, ao mesmo tempo, influencia o texto e é requisitada para ajudar a marcar a expressão e o sentido distintivamente teatral.

Uma destas cartas é escrita a pedido de Ana (Sônia Lira), uma pernambucana, acompanhada pelo filho de nove anos, Josué (Vinícius de Oliveira). Ela escreve para Jesus. Este é o nome do marido que ela teve de abandonar grávida, porque era bêbedo e irresponsável. E começa ditando a primeira frase dramatúrgica: "Jesus, você foi a pior coisa que já me aconteceu". Mas acrescenta que apenas lhe escreve porque o menino queria muito conhecê-lo. A carta é, na verdade, para combinar a ida a Bom Jesus do Norte para que o encontro do filho com o pai se possa realizar. Todavia, Ana morre atropelada por um ônibus, na frente da Central, e o menino fica sem ninguém. Dora recolhe-o, vende-o a uma quadrilha de tráfico de órgãos – supostamente pensando que era para adoção –, arrepende-se, vai salvá-lo e, por fim, concorda em acompanhá-lo na viagem às origens até o Nordeste para encontrar o pai. O menino tinha um orgulho laudatório do pai, celebrando, em particular, a sua suposta perícia com a madeira. Jesus era carpinteiro. O uso de temas e nomes repertoriados da grande tradição bíblica, para inscrever o modo de vida e a aventura destes brasileiros com destinos modestos, desenvolve articulações simbolicamente produtivas entre vulnerabilidade humana, potência de espírito e um texto sagrado, onde o Brasil torna a Bíblia real e a Bíblia torna virtual o Brasil.

Neste *road movie*, o cenário da viagem é o caminho de volta da diáspora nordestina, do Rio de Janeiro para o sertão. Todavia, este caminho recursivo não constitui, na minha leitura, "a idéia de retorno" ou que "o nordestino volta ao lugar de onde partiu" (Figueiredo, 1999:79). O aspecto fundamental da recursividade não é aqui uma nostalgia por significados perdidos, mas o efeito de uma desconstituição e alteração do sentido. O Nordeste é um espaço favorito, na imaginação da cultura urbana brasileira, para representar o "outro Brasil", o "Brasil profundo", fornecendo, neste filme, a topografia mítica para uma viagem de auto-descoberta que constitui, inerentemente, uma viagem "ao contrário". Por sua vez, a procura do pai é uma inequívoca metáfora religiosa ocidental para a tentativa de estar junto da criação e do significado da vida. O pai que se procura é um tropo para a procura do Deus Pai. A união entre o Pai e o Filho na doutrina cristã – onde os dois são um, mas um não pode ser o outro – fornece aqui o subtexto para a procura do pai como a procura de si próprio, até porque Josué é uma outra forma do nome Jesus, o "Nome do Pai".

Dora e Josué saem do Rio de Janeiro, virtualmente, à procura de Jesus. O contraste entre o cenário distópico da Central do Brasil, propositadamente exagerado para efeitos simbólicos, e a viagem pelo interior do país e de si próprios constitui uma estratégia cinemática poderosa. A estação é o inferno de uma liminaridade estéril, o lugar onde as multidões passam, mas esta "passagem" não é transformativa, porque todos os dias se volta ao mesmo lugar. O mergulho no Nordeste haveria de se tornar, ao contrário, uma liminaridade com força produtiva. Mas, em vez do regresso a um lugar pastoral e tranqüilo, é a imersão num outro inferno. A viagem exibe um processo crescente de perda e abandono, tornando evidente como a mulher e o menino eram pessoas despossuídas, marginais e sozinhas. O pouco dinheiro que levavam acabou ou se perdeu. Não tendo meios para comer e pagar as passagens de ônibus, têm que prosseguir de carona e até roubando comida. A primeira carona foi com um motorista de caminhão, César (Othon Bastos). Por coincidência, o sonho de Josué era ser motorista de caminhão. E o pai de Dora tinha sido condutor de trem. O trem persegue Dora. A sua vida de aposentada é passada num banco e numa mesinha desdobrável na Central do Brasil, onde escreve as cartas. E vem e vai de trem para casa no subúrbio. Além disso, mora num modesto apartamento de fundos que margeia a inescapável linha férrea.

O caminhoneiro, um crente evangélico, é um homem solitário. Segundo ele, a sua mulher era a estrada. Quando percebe que Dora começa a demonstrar expectativas românticas, foge no caminhão e abandona os dois num restaurante de beira de estrada. O naufrágio constitui um tropo freqüentemente associado ao simbolismo da viagem da vida – e, em particular, os momentos de mergulho órfico. Hans Blumenberg (1997) explora o assunto com a idéia de que, muitas vezes, nós somos espectadores dos naufrágios dos outros sem que nada possamos fazer. Mas uma imagem freqüente nas declarações dos náufragos em alto-mar é que quando, depois de dias à deriva, vêem chegar uma embarcação, esta lhes parece a coisa mais bonita que encontraram na vida. Foi com estes olhos de náufrago que Dora amou César.

Sozinhos mais uma vez, a professora e o menino juntam-se a um outro caminhão que transportava peregrinos até Bom Jesus do Norte para a festa de Nossa Senhora das Candeias, uma conspícua invocação de luz e caminho. A travessia da aridez do sertão materializa a aridez do adentramento órfico. Dora vai demonstrando, porém, distância em relação à lógica penitencial e ao elogio do sofrimento naquele tipo de religião. Um acontecimento ocorrido nesta fase é particularmente importante. Na Central, Ana esqueceu um lenço na mesinha de Dora. A professora recolheu o lenço e, surpreendentemente, ainda o guardava com ela. Naquele momento, leva Josué para junto de uma capela, um dos lugares de parada da romaria no deserto do sertão, e colocam o lenço no mastro das ofertas. É o funeral que Ana não tivera.

A estadia em Bom Jesus do Norte ficou marcada, simbolicamente, pela travessia da luz por Dora. A concentração das candeias acesas na vigília noturna junto do santuário e os fogos de artifício giratórios conferem o cenário para o momento em que a professora, exausta com tudo aquilo, diz a Josué que ele foi um mal para ela e que agora eles estavam perdidos e sem nada. O menino foge e, para reencontrá-lo, Dora atravessa em correria a luz das candeias, como quem passa pela escuridão da vida, até a "Casa dos Milagres", onde se sente atordoada com aquele enublado de promessa e submissão, e desmaia. Acorda no amanhecer do outro dia, deitada no chão da rua, carinhosamente com a cabeça sobre o colo de Josué, como se tivesse passado por uma purificação. Foi como acordar na morte e se encontrar no céu diante do anjo ou como acordar todos os dias junto do amado. A singularidade deste momento *aurático* recentrou o filme no amor que se foi firmando, silenciosamente, entre o menino e a professora, em contraste com a aversão mútua com que eles começaram a viagem. A experiência sugere que Dora recebeu a graça de um milagre na romaria e que o menino era o instrumento dos propósitos divinos, o anjo que a atraiu ao milagre da transformação. Mas o desenrolar dos acontecimentos irá revelar uma dificuldade com estas leituras sentimentais.

Eles arranjam uma maneira de sobreviver, quando Josué tem a idéia de que a professora poderia escrever cartas, na feira do santuário, como fazia no Rio. Agora, ela escreve também "mensagens para o santo", em agradecimento por graças recebidas e em sinal da promessa cumprida da romaria. É inequívoco o trânsito simbólico desta figura no conjunto do filme. Toda a carta para o pai, que representa a procura de Deus, é uma mensagem para o santo. Além disso, a teodicéia da promessa do retorno haveria de se tornar, como veremos, um traço determinante do destino de Josué. Os dois instalam a banca junto de um fotógrafo da feira que faz retratos para guardar num pequeno monóculo de plástico. As pessoas posam junto de uma imagem em tamanho mais que natural do Padre Cícero, tirando uma foto virtual com "o santo". Josué e Dora posaram para esse simulacro.

A casa de Jesus é difícil de encontrar. Dora e o menino descobrem que ele vendeu o sítio onde tinha vivido com Ana e, segundo os rumores, consumira tudo na bebida. E tinha recebido, por sorteio, uma casa num conjunto popular, numa localidade próxima, a Vila do João. Mas Jesus também tinha perdido aquela casa e não havia notícias dele. Por fim, ficam a saber que, na verdade, Ana fora a segunda mulher de Jesus. Ele tinha dois filhos de um primeiro casamento, Isaías (Matheus Nachtergaele) e Moisés (Caio Junqueira). Os filhos haviam conseguido outra pequena casa no mesmo conjunto e esperavam pelo regresso de Jesus. O contraste entre espaços da tradição e da pós-modernidade inscreve, simbolicamente, o tema da procura do pai nas composições contraditórias da cultura contemporânea. Por um lado, o cenário arcaizante da romaria e dos brejos dos arredores. Por outro, a nova forma massificada de povoamento num conjunto popular, onde todas as casas são iguais. A procura da casa do pai, num lugar onde cada casa é a repetição de outra, ilustra o que Scott Durham (1998) designa como a "experiência de uma humanidade desterritorializada" (:186), característica da cultura do simulacro. Simultaneamente, o desejo de Josué de separar a casa do pai de todas as outras é uma nostalgia do real expressiva da separação entre o real e o virtual que, segundo aquele autor, constitui o elemento emblemático do espetáculo e da simulação pós-moderna. Essa nostalgia da realidade é diferente, porém, como referi mais acima, de um desejo originalista, da vontade de voltar para onde se partiu, como um nordestino diaspórico fazendo a viagem ao contrário, mas sobretudo sugere que os traumas originários (como a perda da mãe e a procura do pai) se reconstituem, na experiência da subjetividade contemporânea, como intensidades de simulação entre realidade e virtualidade.

Jesus teria partido, supostamente, à procura de Ana. Isaías, o filho mais velho, era apaixonadamente convicto das virtudes do pai e encontrava uma justificação para o ócio e a embriaguez de Jesus no fato de Ana o ter deixado grávida e partido para o Rio de Janeiro. Moisés, ao contrário, era cético e esperava que o pai não voltasse, porque acabaria por dilapidar tudo que eles tinham juntado. Mas não conseguia impôr-se às insistências da fé de Isaías. Apesar de ser o filho cético, porém, foi aquele que continuou a profissão de Jesus como carpinteiro, a obra do pai, uma consagrada figuração de continuidade mística e patriarcal.

Josué e Dora iam ao encontro de Jesus para lhe entregar a carta de Ana. A carta não tinha sido enviada. Na verdade, além de escrever as cartas, Dora deveria depois colocá-las no correio. Mas era um estratagema para ficar com o dinheiro dos selos. Uma das cartas que Dora esteve disposta a destruir foi, precisamente, a de Ana, porque considerava que ela escrevia para o marido com o pretexto de que o filho queria conhecer o pai, mas, na realidade, era ela quem o queria reencontrar. A professora destruía as cartas para, autoritariamente, proteger as pessoas das suas próprias ilusões. E fazia uma seleção entre as cartas que destruía logo e aquelas que iam para a gaveta de um móvel, para pensar melhor. Uma vizinha e a única amiga, Irene (Marília Pera), ainda que contrariada, ajudava-a nesse ritual para saber quem se salva, como o julgamento das almas.

Irene chamava a gaveta, sardonicamente, de purgatório, como se as cartas tivessem que fazer ali o seu período de passagem até ganharem o momento da graça de chegar ao destino, implicitamente a salvação. Essa simbologia soteriológica relaciona-se com o caráter hierático do ofício de Dora. Escrever cartas para aqueles que não sabem escrever é uma mediação para o poder sagrado da escrita. Ela, porém, transmutava a função de anjo da Palavra na tomada despótica do poder divino, escolhendo quem ia para o correio (o céu), para a gaveta (o purgatório) e para o lixo (o inferno). Precisamente a carta de Ana, por intercessão de Irene (como um santo intercessor), ganhou o purgatório da gaveta, que se tornou, assim, uma metáfora sumativa da lógica da travessia, da promessa e da espera que governa o conjunto do filme.

Dora e Josué não revelaram a identidade aos filhos de Jesus. Porsua vez, Isaías e Moisés guardavam um segredo que queriam desvendar e Dora lhes pareceu o mensageiro que o destino lhes enviara para o conseguir. Se ela levava uma carta de Ana para Jesus, eles tinham uma carta de Jesus para Ana. Mas os filhos não sabiam ler e precisavam de Dora. A sala da casa era decorada, religiosamente, com um quadro que juntava as fotos retocadas de Jesus e Ana. Dora começa a leitura. O pai escreveu – também mediante um "escrevedor de cartas" – convencido de que Ana tinha regressado para casa. E ele promete que está voltando. A suprema ironia é que ele escreve do Rio de Janeiro. Estavam no mesmo lugar, afinal, e nunca se encontraram. A carta é amorosa e idílica, referindo uma sagrada família constituída por Jesus, Ana, Isaías e Moisés, todos nomes bíblicos. Os filhos emocionam-se. Isaías sente-se recompensado pela sua fé e Moisés parece ceder alguma coisa do seu sofrido ceticismo. Na leitura da carta, Dora acrescenta, discretamente, o nome de Josué na lista dos filhos lembrados pelo pai, dizendo, supostamente, que queria muito conhecê-lo.

Josué percebe, porém, que Jesus não se lembrou dele, mas, ainda assim, continuava acreditando e passou agora ele também, com os irmãos, a esperar o seu regresso. O menino deixa de ser o caminhante que procura por Jesus para se tornar o destinatário de uma promessa de retorno. Isaías e Moisés hospedam Dora no "quarto do pai", numa casa que, na verdade, Jesus nunca habitou. A procura da casa do pai dá lugar à construção de uma casa para o pai e à espera do seu regresso a um lugar impossível que ele nunca conheceu.

Um aspecto persistente da viagem eram as comparações reprobatórias que Dora fazia entre Jesus e o seu próprio pai. Ele bebia, era autoritário, adúltero e negligente ("Em casa era um bispo e na rua, um palhaço"). Dora procurava convencer o menino de que o seu fascínio por Jesus não passava de uma ilusão. O que sobretudo atormentava Dora, porém, era o esquecimento. Ela tinha a mesma idade de Josué quando a sua própria mãe morreu e sairia de casa com dezesseis anos. Um dia, em plena Avenida Rio Branco – outro lugar de passagem liminar –, deu de frente com o pai, falou com ele, mas ele não a reconheceu e até tentou uma paquera. A sua vida parecia, indelevelmente, marcada por esse trauma moral e a procura do reconhecimento. O trabalho do luto em Dora era lembrar para tentar esquecer de que fora esquecida. E ela disse a Josué que um dia ele também a esqueceria.

Josué passou a formar com Isaías e Moisés um círculo patriarcal da espera, os filhos que esperam o pai. Mas Dora não viu lugar para ela na expectativa desta promessa. Na madrugada, depois da leitura da carta, preparou-se para partir sozinha, enquanto os três irmãos dormiam. A professora colocou a carta de Jesus junto com a carta de Ana, num móvel, debaixo do quadro com a foto deles, como se o quadro fosse o ícone de um altar e as cartas as sagradas escrituras. E parte no primeiro ônibus da manhã, um símbolo auroral que parece dizer que a passagem pela escuridão estava terminada. No ônibus, escreve uma carta a Josué.

Ironicamente, aquela era a primeira carta que Dora escrevia a alguém em muitos anos. Ela disse ao menino para ele se lembrar, quando um dia realizasse o sonho de ser motorista de caminhão, de que foi ela quem pediu àquele caminhoneiro que encontraram na estrada para o colocar no colo, pela primeira vez, na frente de um volante. E lembra-se de que um dia, menina, o seu próprio pai a colocou no colo para conduzir o trem: "Tenho saudades do meu pai, tenho saudades de tudo", a frase que termina o filme. Foi a primeira vez que ela expressou afeição pelo pai e o passado. A professora encontrou, finalmente, o sucesso no trabalho do negativo e o trauma do esquecimento. A sua "primeira carta" é como o escritor inédito que escreve o seu primeiro livro, depois de muitos anos com medo de escrever. A questão produtiva da passagem à escrita ativa, porém, é a mudança de drama e de papel. Procuro aqui uma comparação com a história de Dora, a paciente de Freud, segundo a interpretação que Gilles Deleuze (1994) desenvolve desta personagem. Scott Durham (1998) resume assim a análise de Deleuze:

> *Será necessariamente o caso que nós repetimos, porque reprimimos, que atuamos apenas porque esquecemos? Não poderia ser que nós* reprimimos para repetir, *que* esquecemos para assumir um papel*?* (:13; ênfase acrescentada; minha tradução).

Em causa, nesta sumação, está a mudança de perspectiva que Deleuze opera em relação ao entendimento tradicional dos temas da repetição e da fantasia na psicanálise. O ponto de vista deleuziano é o "poder do falso", segundo a lógica da representação teatral do papel e da máscara pelo ator. Dora, a paciente de Freud, "repete o seu amor pelo pai", não porque tornou a amá-lo, mas porque o amor tem o "modo da repetição" (expressões de Deleuze), manifesto na forma como a paciente adotava cumulativamente os papéis de outras pessoas que partilhavam a vida do pai. De igual modo, no caso da nossa própria Dora do *Central do Brasil*, a mudança no trabalho do negativo não residiu em ultrapassar o esquecimento, mas em conseguir dramatizá-lo de outra forma. O drama e a máscara são, intrinsecamente, repetição. Assim, o trauma do esquecimento e a luta da professora pelo reconhecimento constituem não o que desaparece com a cura, mas o próprio "poder do falso" em "esquecer para assumir um papel". Ela repete o amor pelo pai, agora como o adeus ao pai, na forma de uma carta. E a carta é também o adeus a Josué. A professora diz ao menino que, quando ele quisesse se lembrar dela, olhasse a foto dos dois no monóculo de plástico, a fotografia que simula um encontro com o Padre Cícero. Dessa forma, é igualmente pela repetição que Dora trabalhou o temor, outra vez proferido na carta, de que, um dia, também Josué a esqueceria.

Na verdade, o simulacro, como o drama, é um modo de repetição. Beneficio-me aqui da análise crítica que Scott Durham (1998) desenvolve acerca do simulacro como "a figura emblemática da pós-modernidade" (:16-17), contestando a "separação entre o virtual e o real, que é constitutiva do espetáculo pós-moderno" (:6). Nessa medida, o autor explora certas figurações transformativas de simulação na cultura estética contemporânea, para além do modelo crítico popularizado pelas teorias de Jean Baudrillard sobre a proliferação hiper-real da cópia sem original, como o paradoxo de um mundo pleno de mudanças e sem possibilidades transformativas. A atenção de Durham é orientada, todavia, para uma outra lógica de simulacro identificada com a noção de Deleuze do "poder do falso" ou a mudança de máscara teatral; nela, o objeto da repetição é, na verdade, "a própria máscara" (:16). Em vez da hiper-realidade, o que está em causa – aplicando a visão deleuziana de que a repetição constitui um modo de produzir transformações – é uma simulação ou repetição de "pontos de passagem" entre o real e o virtual, para articular uma "relação com o futuro" (:25), como "um movimento de metamorfose" (:149).

O meu interesse é a relação entre o idioma órfico da liminaridade e da passagem, que governa a viagem de Dora e Josué, e esta teoria da simulação como uma "linguagem de passagem" (:136). Se o trânsito entre o real e o virtual pode constituir um movimento de metamorfose, então o apelo de Dora para não ser esquecida, por meio do uso do simulacro fotográfico, poderá encerrar uma exortação do menino à transformação. Por outro lado, se a repetição está na "própria máscara", então o "ponto de passagem" exortado na carta é a própria carta. Este simulacro representa uma complexificação do tema da iliteracia.

Dora era uma anti-ilusionista. Por isso, destruía as cartas que ela própria escrevia. A minha impressão é que a professora compreendia a incapacidade dos seus modestos clientes para ler e escrever como o símbolo de uma incompatibilidade básica entre o desejo da profundidade do sagrado – incluindo o sagrado como um tropo secular para a felicidade – e a competência para uma autocrítica da ilusão. O fascínio do iletrado pelo poder hierático da escrita reproduz as ilusões e mistificações que legitimam, com a mística *aurática* da Palavra, o poder patriarcal e o seu sentimentalismo beatífico. A credulidade de Isaías, as recaídas de Ana por Jesus e, claro, a procura de Josué pelo pai herói são expressões centrais desta iliteracia beatífica e estásica. Mas, com a sua "primeira carta", Dora transforma a iliteracia num atributo do próprio Deus. A carta de Dora é um texto sagrado, não como um reconhecimento da graça divina pelo sucesso no trabalho do luto, mas como um "ponto de passagem" ou permutação entre a autoridade da "sagrada escritura" e a iliteracia. Em vez de um texto imposto pela submissão ao poder divino, Deus precisa da escrita de Dora para poder inscrever o seu nome no mundo. Nesse sentido, Dora, procurada pelos humildes brasileiros da diáspora da Central, vinha sendo, há muito tempo, procurada por Deus para ele também escrever a sua carta, "como um poder divino esperando a palavra ou o signo que iria permitir tornar-se real" (Durham, 1998:159). O destino é um palimpsesto, um texto que está escrito e nós escrevemos por cima. Mas a diferença do palimpsesto de Dora, em relação à fatalidade circular do adágio de que "o destino está escrito", é o imperativo de passar à atividade da escrita, saber escrever sobre o texto de Deus para que o texto divino possa entrar intensamente no mundo e o nosso próprio texto possa entrar num universo de expansão. O palimpsesto é, assim, o trânsito de cartas trocadas.

Esta qualidade pode ser argumentada por relação ao que o teólogo Robert Schalermann (1991) designa como "textualidade", constituindo "a voz de um texto" que está "aqui conosco" na "materialidade dos signos lingüísticos" (:178). Esse conceito de texto é especificamente identificado com a noção de texto escrito, distinguido da palavra oral. Um texto escrito não é somente a inscrição da voz de um autor – como acontece com a oralidade, quando alguém proclama alguma coisa e inscreve a sua voz nas suas palavras –, mas também a inscrição da voz do próprio texto:

> A interação com um texto é diferente da interação com outros seres humanos, mas é uma interação, porque nós podemos ouvir os textos, da mesma forma que podemos lê-los, como podemos ouvir outros seres humanos quando falamos com eles (:187; minha tradução).

A explicação de Schalermann é motivada pela relação entre a "voz de Jesus" e os textos que veiculam o querigma de Jesus no Novo Testamento, estabelecendo, em particular, uma ilustração com as cartas de São Paulo:

> Alguns escritos, dos quais as cartas escritas para manterem uma conversa à distância são um exemplo, são como quaisquer outros meios de manter uma conversa com contemporâneos. Nessa medida, elas não têm o tipo de textualidade que se quer dizer aqui, mesmo se seu autor é um apóstolo chamado Paulo e os destinatários as congregações para quem ele escrevia. Mas mesmo cartas podem *tornar-se* textos; elas podem tornar-se inscrições de uma voz, idêntica ou não com a voz do escritor-carta [letter-writer], podendo suscitar atenção, de forma real, como outros seres humanos [semelhantes a nós]. Elas podem fazer isso por causa da textualidade da sua escrita; as palavras na estrutura do texto dão lugar a um ser que está conosco no mundo (:187-188; minha tradução).

Assim, a textualidade da Carta aos Coríntios, por exemplo, não residiria no fato de que foi escrita por um apóstolo nem na realidade de tratar da mensagem de Jesus. Todas as cartas, todos os textos escritos, possuem textualidade como a sua própria voz autônoma. A interpretação que nós podemos retirar daqui é que a textualidade constitui o *Dasein* do texto, mas não a razão do seu caráter sagrado. A santidade do texto resulta da interação com outros textos, o que eu evoquei com a idéia de palimpsesto, a sobreposição de várias escritas. A primeira carta de Dora *tornou-se*, sob este outro ponto de vista, um texto sagrado, não porque transmitiu a palavra divina, mas porque constituiu o meio pelo qual a textualidade do texto divino teve acesso à voz da sua própria carta. O conceito de texto escrito, na teologia de Schalermann, possui a materialidade da presença física das pessoas (nós ouvimos a voz de um texto como ouvimos as pessoas) e a materialidade do próprio códice. Assim, a Palavra de Deus poderá ser observada como um texto escrito, do ponto de vista do mundo como o local dessa inscrição. Nesse sentido, a santidade de um texto sagrado não resulta da única condição da autoria divina, mas de uma sobreposição de diferentes escritas no mesmo mundo.

Um aspecto importante desta sedimentação da linguagem é a natureza feminina da carta de Dora. Ela decidiu partir precisamente no momento em que parecia ter encontrado uma família. Mas a professora recusou permanecer no sempiterno círculo patriarcal da espera. Um dos postulados mais fecundos da nova crítica feminista é que toda escrita tem um gênero. A carta que Dora escreveu a Josué seria, nesse sentido, expressiva de uma *écriture feminine*. Esta expressão do idioma crítico feminista identifica, em particular, a prática feminina da escrita com "a inscrição do corpo feminino e da diferença da mulher na linguagem e no texto" (Showalter, 1986:249). O corpo não refere apenas o corpo naturalista, mas a corporalização da diferença. A recuperação do corpo de Dora é a medida do resgate do espírito. Sobretudo após o episódio da passagem pela luz das candeias, a professora foi perdendo o aspecto amargo e o cinismo e até rejuvenesce. O filme retira aqui partido simbólico da proletarização do professor e da perda da capacidade de expressar atributos de diferença intelectual. Dora não se distinguia, na aparência e nas expectativas de vida, dos iliteratos para quem escrevia cartas. Mas, na altura em que leu a carta de Jesus, ela readquirira um porte calmo e distinto de professora e a serenidade de uma mulher que voltou à vida aos sessenta e poucos anos.

A ausência do corpo feminino é problematizada, desde cedo, no modo como Josué afirma a sua identidade masculina emergente, por oposição ao descuido, segundo ele, de Dora com os traços da diferença feminina, dizendo que ela parecia um homem. O incentivo à refeminização é particularmente marcado no momento em que o menino compra de presente para ela um vestido, na feira do Bom Jesus, com o dinheiro das cartas. Dora o irá vestir, como quem muda de pele, na madrugada em que decidiu partir. E coloca um batom quase gasto que tinha usado, a primeira vez, para impressionar o caminhoneiro. A estetização do corpo servia agora, porém, para assinalar que Dora era "outra mulher". Na verdade, outra persuasão crucial da teoria crítica feminista contemporânea é que a consciência da diferença feminina não deriva apenas do conhecimento da dominação patriarcal, mas igualmente da consciência, por parte de uma mulher, da alteridade de outras mulheres diferentes dela. A genuína emancipação do feminino depende da relação sororal entre a diferença de outras mulheres e a transformação da pessoa numa "outra mulher". A *écriture feminine* dá conta dessa relação simultânea de diferença e sororidade no interior do feminino. Assim, o lenço que Ana, a mãe de Josué, deixou a Dora pode ser entendido como o sinal das irmãs, o legado de amor de uma mulher para a transformação de outra mulher. Mas há mais no simbolismo do lenço. A recuperação do corpo de Dora está relacionada com a recuperação do corpo da mãe de Josué também.

A imagem de Ana, na Central, com Josué pela mão é uma iconização implícita da Virgem Maria com Jesus menino. A representação teológica do destino final do corpo e da alma da Virgem Maria constitui um tema controverso, expresso na diferença entre as doutrinas da dormição (*dormitio*) e da assunção (*assumptio*). A primeira é sobretudo característica de formas mais pristinas do cristianismo, ao passo que a teologia da assunção seria uma derivação ou complexificação da teologia dormicionista (Mimouni, 1995). A dormição propõe que Nossa Senhora morreu e aguarda a ressurreição e a segunda vinda de Cristo, como qualquer outro ser humano. A alma está no céu e o corpo sepultado num lugar desconhecido e em estado incorrupto, à espera da ressurreição geral dos mortos. A doutrina da assunção, por sua vez, diz que a Virgem Maria está viva no céu, porque foi elevada em corpo e alma. A diferença entre as noções de ascensão de Cristo e assunção de Nossa Senhora é que Cristo ressuscitado ascendeu ao céu no seu próprio poder divino encarnado, enquanto a Virgem Maria foi elevada ou "assumpta" pelos anjos, enviados por Deus. Todavia, a doutrina da assunção tem, pelo menos, duas tradições divergentes. A teoria mais comum é que a Virgem Maria morreu, foi sepultada, mas, ao terceiro dia – versões coptas, siríacas, gregas, etíopes e outras, porém, podem variar acerca deste momento – conheceu a graça da ressurreição e foi elevada em corpo e alma ao Paraíso. Nesse sentido, a morte e ascensão de Cristo é constitutiva da morte e assunção de Maria. Se, conforme a narrativa cristológica, a ressurreição de Cristo representa a salvação que um dia todos nós conheceremos com a ressurreição do corpo reunido com a alma, então a Virgem Maria foi a primeira criatura a viver essa escatologia.

Uma segunda tradição mais heterodoxa da assunção, porém, sugere que a Virgem Maria foi "assumpta" em corpo e alma, sem ter conhecido a morte nem a ressurreição. Os teólogos da assunção dividem-se, assim, segundo Simon Mimouni, entre "mortalistas" e "imortalistas". Os primeiros acreditam na versão de que a Virgem morreu e ressuscitou e teve uma "assunção gloriosa". Quer dizer, o corpo e a alma separados pela morte foram de novo reunidos pela graça da ressurreição. Os imortalistas, ao contrário, acreditam na "assunção corporal" ou "o direito à *imortalidade corporal* que o privilégio da concepção virginal conferia a Maria" (Mimouni, 1995:15; itálico acrescentado). O aspecto que quero enfatizar aqui é que a tese imortalista institui, na minha leitura, o corpo da Virgem Maria como um problema teológico em si próprio. O corpo de Maria, que recebeu o privilégio da imortalidade "sem ressurreição" (expressão de Simon Mimouni), seria, por assim dizer, um "terceiro corpo", numa formação triúnica com o corpo de Cristo e o corpo glorificado dos justos. Este corpo da mãe que nunca conheceu a morte e constitui uma natureza diferente do corpo do Pai e do corpo do Filho pode fornecer um instrumento analítico para a questão da linguagem e da escrita.

A conhecida teoria psicanalítica de Lacan acerca da aquisição da linguagem refere que a criança, ao entrar na realidade simbólica ou linguística, sofre o trauma de abandonar o mundo e o corpo da mãe para entrar no mundo da lei e do corpo do pai. A morte de Ana representaria, assim, a necessária separação da mãe para que Josué vá ao encontro do "Nome do Pai" – a fórmula litúrgica que Lacan evoca para referir o significante paternal mítico que organiza a ordem simbólica. Julia Kristeva assinou uma tese notória a partir deste argumento lacaniano, distinguindo entre o simbólico, a representação lingüística, e o semiótico, o mundo pré-simbólico da mãe. E identifica esta transição, comparativamente, com a paixão de Cristo (Kristeva, 1988a). A encarnação e a morte de Cristo – a Palavra feita carne – representam uma queda da divindade no mundo semelhante ao adentramento cada vez mais profundo no mundo da linguagem. Kristeva estabelece, em paralelo, uma definição paradisíaca da "*chora* semiótica", isto é, o território maternal pré-simbólico do corpo da mãe e da criança. A separação deste Paraíso perdido e o regresso ao Éden maternal continuam a manifestar-se na constituição sem fim da linguagem.

Esse movimento de eternidade da linguagem poderia ser relacionado, na minha interpretação, com a queda *lapsária* e a doutrina da assunção. O sentido bíblico do Éden não será a paz primordial que antecedeu a ansiedade do pecado e do mundo, mas uma expressão da ansiedade que existe no próprio Paraíso (Tanner, 1992), como emanação da expectativa do trauma da queda na linguagem. E a ausência infra-estrutural da mãe na narrativa genésica do Éden anteciparia a separação da mãe que a perda do Paraíso representa. Por sua vez, a assunção do corpo da Virgem Maria recupera a *chora* semiótica. A versão mortalista ou ressurreicional da assunção, como vimos, simultaneamente diferencia e articula a assunção de Maria com a ascensão de Cristo. Já o aspecto radical da tese imortalista é a confrontação do privilégio mítico da morte de Cristo com o fato de que Nossa Senhora foi a única criatura que nasceu e nunca morreu. O próprio Deus morreu. O cristianismo é a religião da morte de Deus. E, para morrer, nasceu em carne. Este é o tema cristão da *kénosis*, referindo, etimologicamente, o "esvaziamento" ou o "derramamento" do divino, de que Julia Kristeva, como se viu, retira sentido para uma teoria "kenótica" da linguagem.

Segundo Graham Ward (1988), "é o abandono no amor que caracteriza a *kénosis*" (:241), constituindo "um acontecimento Trinitário" de amor (:242). Uma explicação teológica convencional sobre a queda de Cristo no mundo é que Deus "esvaziou" kenoticamente alguns atributos da glória para "descer" como escravo e salvar os homens. Ward propõe, porém, que a questão fundamental da *kénosis* de Cristo é mais complexa do que a suspensão dos atributos divinos, citando uma passagem de F.F. Bruce (1980-1:270):

> A implicação não é que Cristo, assumindo o estado encarnado, trocou a forma de Deus pela forma de um escravo, mas que ele *manifestou* a forma de Deus na forma de um escravo (:238; minha tradução).

Essa ênfase na encarnação como a manifestação revelatória de uma realidade no significado de outra tem a natureza de uma metáfora para a linguagem. O "hiato" da descida kenótica no vazio institui, segundo Ward, a "morte de Deus" na "morte do signo" (:243), estabelecendo uma comparação com as idéias de Kristeva: "Para Kristeva, a nossa entrada inicial e todas as outras entradas subseqüentes na linguagem são uma experiência de *kénosis*" (:246). Em causa aqui está a relação entre o amor kenótico de Cristo e a linguagem como, inerentemente, uma prática de amor. O que Deus "derrama" sobre o mundo é o amor como um ato em relação aos outros. De igual modo, a linguagem é a descoberta do outro e a descoberta de si próprio como o outro de alguém. Nesta linguagem de amor, o signo é destinado sempre aos outros como comunicação donativa ou a dádiva de si próprio.

Se a morte de Ana simboliza a necessária separação da mãe para a entrada do filho no mundo simbólico e paternal da linguagem, todavia, o aspecto distintivo do filme é uma trajetória em redireção ao semiótico e à recuperação do corpo da mãe. O legado do lenço feminino simboliza, à partida, que Ana entrega o filho a Dora para que ela o conduza até o mundo do pai. Mas a "casa do pai" que eles encontraram é um lugar que Jesus nunca habitou. Josué retornou sim ao lugar onde foi gerado, uma imagem fortemente uterina e semiótica. A reunião de Josué com os irmãos é um regresso ao Paraíso, no sentido do mundo de afeto primordial que Ana quis garantir para o filho com a sua partida. Esta recuperação do corpo imortal da mãe é a assunção de Ana, que nunca morreu. O meu uso da idéia de assunção serve, assim, como um tropo para enfatizar, numa interpretação da explicação lacaniana, que a lei e a morte são distintivas da figura paternal. A mãe nunca morre e não tem "lei". Nomeadamente, Lacan associa a sua teoria do simbólico ao argumento de Freud de que a "morte do Pai" inaugura o débito em relação ao legado da Lei, referindo que "o Pai simbólico, na medida em que significa a Lei, é o Pai morto" (Lacan, 1977:199). A linguagem está "morta", nesse sentido. Ou, dito com outras palavras, a morte de Deus "no vazio" é a condição kenótica da linguagem.

Quando Dora reúne a carta da mãe com a carta do pai "no altar", instaura a conjunção ritual entre o trauma da ausência de Jesus – expressão da morte "simbólica" e da ascensão do Pai – e o trauma do desaparecimento de Ana – a simultânea perda e recuperação da *chora* semiótica maternal na continuidade assuncional da linguagem. A reunião da imortalidade de Ana com a "morte" de Jesus se torna possível, porém, pelo fato de que a carta de Ana é, na verdade, a sua segunda carta. Ela tinha ido da primeira vez à Central para enviar uma carta dura a Jesus – "Você foi a pior coisa que já me aconteceu". Mas regressou, no dia seguinte, para ditar uma carta mais suave e francamente amorosa. Ela solicitou à "escrevedora" para que a ajudasse a compor um texto apaixonado. É então que é atropelada, mas é também nesse dia que deixa o lenço esquecido na mesinha de Dora. A carta de amor veio a tornar-se uma carta de adeus que permitirá à assunção "semiótica" de Ana manifestar-se na morte "simbólica" de Jesus e sua ascensão na Lei da Palavra. A questão fascinante, por outro lado, é que, se Dora ia levar Josué até Jesus, foi Josué quem conduziu Dora até o mundo do pai. A determinação de escrever a "primeira carta" representa que o amor por Josué inspirou Dora a "repetir o amor pelo pai" e a integrou, finalmente, no trauma da linguagem. Repare-se que, se o trauma do esquecimento não a deixava escrever, simultaneamente toda linguagem e todo amor advêm da intensidade entre o trauma do esquecimento e a capacidade para o adeus. O enraizamento deste epistolário na *écriture feminine* é a sororidade entre a segunda carta de Ana e a primeira carta de Dora, esta também uma carta de amor e uma carta de adeus.

A tentação da permanência

O filme relaciona, abundantemente, visões abraâmicas com representações órficas do sagrado e do destino, constituindo duas perspectivas familiares do pensamento ocidental.

Um traço emblemático da filosofia religiosa de Søren Kirkegaard – especialmente em *Temor e Tremor* (1843) – é a interpretação do mito abraâmico como a expressão quintessencial do sentido e das exigências da fé. Abraão acreditava que Isaque, o filho temporão que Deus lhe tinha prometido, não haveria de morrer no altar do sacrifício, no monte Moab, porque Deus também tinha prometido a Abraão que ele haveria de ser o pai de muitas nações através da descendência de Isaque. E, na verdade, no último momento, um anjo salvou o filho de ser imolado pelo pai. O "cavaleiro da fé" acredita contra toda a evidência, porque a fé é um pacto com o impossível. O mito abraâmico representa, assim, a persistência da fé na promessa do retorno e do reencontro. Porque o Isaque que regressou são e salvo do monte Moab com o pai ainda era "o mesmo" filho; é um reencontro com o filho e com a verdade original da promessa. Na imaginação popular cristã, a promessa abraâmica toma a forma de uma teodicéia, na espera messiânica do salvador que demora a chegar, e na esperança do reencontro com quem se amou e partiu.

A consciência órfica, por outro lado, refere a coragem de mergulhar no abismo, de desafiar o intratável na vida e, com esta "passagem", ganhar a experiência da transformação. Orfeu desceu ao inferno para buscar a amada, Eurídice, que tinha morrido. A força lírica do canto e dos seus versos trazia paz até à escuridão infernal. Hades, o deus dos infernos, permite que Orfeu leve Eurídice de volta, sob a condição de não olhar para trás. Mas, no último momento, tão grande a vontade de tornar a ver a amada, Orfeu olhou para trás e ela transformou-se numa estátua de sal. A saída do inferno dá lugar ao tópico mítico da morte de Orfeu (Reinach, 1996). Um tema recorrente é que o corpo do demiurgo foi despedaçado e espalhado pelo mundo. A música e a poesia constituem aqui uma metáfora para a criação da palavra, o movimento e a disseminação do significado. Mas somente aquilo que se transforma pode-se disseminar. Assim, a ansiedade de Orfeu ter olhado para trás ganha sentido. É que quem se transforma e procura a expansão olha em todas as direções. A estátua de sal é, dessa forma, a imagem da estase e da cristalização, enquanto o desmembramento do corpo de Orfeu representa a expressão do movimento e do crescimento da diversidade na experiência da transformação. O mergulho kenótico de Deus no vazio e a morte de Cristo constituem Cristo na mais expressiva figura órfica da cultura ocidental.

Uma preocupação organizante do mito órfico é não atravessar inutilmente o inferno, a diferença que tracei, mais acima, entre uma liminaridade produtiva e uma liminaridade estéril. A Central do Brasil é um inferno ruminatório onde se volta sempre e tudo está "na mesma". As figuras do motorista de caminhão sem família e do condutor de trem, o pai de Dora, referem pessoas que repetem sempre a mesma estrada. O sonho de Josué de vir a ser um dia motorista de caminhão parece premonitório de que ele talvez nunca venha a acordar do seu sonho infantil. Ao contrário, a decisão de Dora de partir, mas não regressar ao Rio de Janeiro, é simbolicamente expressiva da recusa em voltar ao movimento ruminatório do trem que a perseguiu durante a vida. Inclusive, o insistente senso de distopia e hiato liminar não se reduz, no filme, à representação da estação da Central, mas é uma representação hiperbólica estendida a todo o Rio de Janeiro, de modo que essa anulação da diferença entre liminaridade e cotidiano coloca toda a vida daquela mulher sob o signo da necessidade inexorável da passagem e da transformação. A professora embarcou, com o adeus ao pai e a Josué, numa imersão mais profunda no significado e na natureza absurda da vida, como veremos em seguida.

James Kellenberger (1997) elaborou uma importante comparação crítica das filosofias de Kirkegaard e Nietzsche. Kirkegaard é um pensador abertamente religioso cristão, ao passo que Nietzsche produziu uma devastadora crítica das tradições metafísicas, e do cristianismo em particular. Um ponto em comum entre eles, porém, é a aceitação da vida através do absurdo ou a aceitação do absurdo da vida. Kellenberger distingue, em Kirkegaard, entre a infinita resignação e a fé como dois estados diferentes da ética da aceitação da vida. A infinita resignação aparece associada ao herói trágico e significa aceitar o sacrifício e a perda daquilo que mais se amava, mas continuando a desejar tudo o que se perdeu e amou, embora sem esperança de restituição. O "cavaleiro da fé", ao contrário, representado por Abraão, sabe, contra toda evidência, que não perderá nada do que ama. Por outro lado, um ponto essencial do argumento de Kellenberger é que, para Kirkegaard, a fé constitui uma aptidão especial para a alegria. A infinita resignação conduz a um estado de paz tranqüila, com a aceitação do sentido inescrutável do destino, mas sem alacridade.

O correspondente da figura de Abraão é representado, na obra de Nietzsche, segundo a leitura de Kellenberger, pela figura de Zaratustra, o profeta da "vontade de potência" e do *Übermensch*. A aproximação entre Abraão, o "cavaleiro da fé", e Zaratustra, aquele que divulgou a notícia do homem louco de que "Deus está morto", parece paradoxal. Mas, para Kellenberger, ambos vivem uma experiência de alegria que é dada pelo sentimento pleno de aceitação da vida, para além da paz melancólica da infinita resignação. Zaratustra ultrapassa a náusea (uma expressão favorita de *Assim Falou Zaratustra*) que sente com a pequenez e a fraqueza do mundo, dançando dionisiacamente com a vida e aceitando a eterna recorrência do mesmo – "para podermos aceitar inteiramente a vida, temos que aceitar a eterna recorrência" (:101).

O autor pretende demonstrar, em particular, com o problema do eterno retorno nietzscheniano, a singularidade de Nietzsche em relação às leituras secularistas vulgares do cristianismo – "Nietzsche não é um mero ateísta" (:79) –, sumariando, com a seguinte alternativa, a "vontade de potência" na criação humana dos valores: "se nós criamos os nossos valores, Deus não existe" e "se

Deus existe, nós não criamos os nossos valores" (:80). Na minha visão, o aspecto fecundo do pensamento anti-cristão de Nietzsche é que a proclamação de que "Deus está morto" constitui uma transvaloração da *kénosis* cristã como a religião da morte de Deus. Significa que Deus continua entre nós como sempre (quer dizer, "morto"), porque, ao matarmos Deus – com a força da "vontade de potência" e a criação dos nossos próprios valores – nós reconfirmamos Deus, infinitamente, no seu estado de morto. Se o cristianismo é a religião em que Deus morre, então as interpretações secularistas simplificadas da morte de Deus não formulam, verdadeiramente, uma lógica pós-metafísica, mas apenas fornecem um pastiche kenótico para uma metafísica secular.

Segundo a conhecida tese de Sarah Kofman (1983), Nietzsche instaurou uma linguagem metafórica na hermenêutica filosófica, combinando poesia e filosofia. A persuasão que quero explorar é que a natureza poética do texto de Nietzsche advém da aceitação "trágica" de que a vida somente pode ser escrita. O meu uso do "poético" aqui deriva da noção seminal de *poiesis* como "aquilo que é feito". O trágico nietzscheniano não seria, portanto, o senso do imponderável e da intratabilidade da vida (como é o caso do herói trágico da "infinita resignação"), mas um estado que tem de ser *poeticamente* construído e intensificado na contínua expansão da "vontade de potência". Se a vida não está escrita (por um plano metafísico), mas tem de ser escrita (por uma necessidade trágico-poética), então o senso do absurdo advém da própria ordem simbólica da lingua-gem e do desejo de profundidade do signo. "Deus está morto" é uma expressão "absurda", porque pertence, simultaneamente, ao cristianismo kenótico e à "vontade de potência" anti-cristã. A questão teoricamente importante aqui é como o desejo de profundidade aproxima o sagrado e a linguagem, constituindo um aspecto distintivo comum da intensificação espiritual da vida e da intensificação do significado.

Uma outra forma de observar a visão nietzscheniana do trágico são as intercorrelações entre os simbolismos do amanhecer e da escuridão e, por outro lado, entre a morte e o amor, temas fundamentais do expressivismo ocidental. Essas imagens, como vimos, estão conspicuamente presentes em *Central do Brasil*. Dora acordou purificada, no começo de uma nova manhã, da travessia lustral das candeias que iluminavam a noite e a noite da sua própria vida. E, dois dias depois, partiu definitivamente ao amanhecer. Por outro lado, a morte de Ana "salvou" Dora. Este é outro subtexto cristológico do filme. A morte de Cristo – que morreu por amor por todos nós e veio ao mundo para nos salvar – inspira a idéia de que todos aqueles que nos amaram e morreram, morreram por nós, para garantirem a nossa própria morte. A morte é uma dádiva do amado.

Dessa forma, a questão importante da popularidade do mito abraâmico não é o fato de que Isaque não morreu, mas o insondável cumprimento da promessa. Na verdade, ao contrário de Abraão, as pessoas freqüentemente perdem seu próprio Isaque, mas continuam a acreditar no reencontro – "eu nunca vou te dizer adeus no meu coração". Não se pode dizer adeus a Isaque, metáfora para o sentimento vernacular de que não é possível dizer adeus a quem se amou. O meu uso da imagem abraâmica não é, assim, canônico com a definição do "cavaleiro da fé" em Kirkegaard. Diante do elevado conceito kirkegaardiano das exigências da fé, todas estas expressões da paixão religiosa referem formas pouco heróicas da "infinita resignação", com a simultânea perda e persistência no desejo daquilo que se amou.

O tropo do amanhecer, por seu lado, evoca, habitualmente, o retorno benevolente da luz, acordar da escuridão, encontrar a compreensão ou começar de novo. Essa visão auroral do recomeço é, porém, particularmente castigada em Nietzsche. A filosofia deste autor constitui uma poderosa crítica da modernidade e suas fixações no "novo" e no projeto teleológico do futuro e de um "novo homem". A verdadeira transformação é a consciência de que não há nada de novo, não é possível reinaugurar o mundo, ambição comum ao cristianismo e às metafísicas seculares da modernização. Nesse sentido, a noção de "eterna recorrência do mesmo" parodia a mística do "eterno retorno" nas metafísicas da presença, contrapondo ao *mesmo* da essência sagrada o *mesmo* como o que nunca volta igual e, por isso, é sempre igual a si próprio, sem a "rivalidade de perspectiva entre tempo e eternidade" (Milbank, 1992:41).

Uma expressão importante dessas idéias é o livro de Nietzsche, *Aurora* (*Morgenröte*, 1881), que não anuncia um novo amanhecer, mas que apenas é possível acordar para a luz imerso na escuridão da vida. Isto não significa pessimismo niilista e sim a persuasão de que não existem códigos, regras ou sistemas metafísicos que venham dar um sentido, uma "luz" às coisas. Esta aurora que apenas existe no coração da noite e não no seu fim é o significado do trágico como a consciência de que a vida apenas pode ser escrita. Na minha interpretação, a teoria auroral de Nietzsche representa que a perpetuação da morte constitui – como no cristianismo – um acontecimento inerentemente poético; dito com outras palavras, é o signo kenótico do amor como a fonte da morte que mantém a morte no mundo. Não pode haver, verdadeiramente, um mundo sem amor, porque não há um mundo sem morte.

Na carta de adeus que escreveu a Josué, Dora resolve concordar com as esperanças do menino em relação ao pai, como a professora compreensiva com a inocência do aluno: "Você tem razão, seu pai ainda vai aparecer e, com certeza, ele é tudo aquilo que você diz que ele é". Dora partiu ao compreender que não poderia compartilhar a tentação da permanência no coração do menino e no coração da própria narrativa sagrada patriarcal. Retiro a expressão "tentação da permanência" de um breve mas fecundo texto de Paul de Man (1989). Neste artigo, o século XX (o texto original é de 1955) é representado como uma "era de fadiga" e de "prostração do espírito procurando refúgio na terra" (:31). A questão particular do autor é a expressão dessa suposta prostração na filosofia e no pensamento de Martin Heidegger, por meio de uma contraposição das noções de terra e de céu. Referindo a noção de "mundo" em Heidegger, céu e terra não são aqui conceitos religiosos sancionados para referir transcendência e mundanidade, mas a incorrigibilidade física do solo e da orbe. O mundo é o espaço e o tempo entre o céu e a terra. Por outro lado, a terra é um símbolo de "habitação", enquanto o céu e Deus são símbolos de ação poética, no sentido da criação do mundo pelo pensamento, uma noção próxima do poético como a escrita da vida que eu tenho usado neste texto: "Deus é o invisível, o desconhecido [...] e a poesia a métrica do invisível" (:36).

De Man explora, em particular, o conhecido texto de Heidegger, *Bauen Whonen Denken*. Respectivamente, construir, habitar, pensar. Heidegger defende a persuasão de que a terra só é terra se for habitada pela significação construída, evocando a relação entre a poesia e a construção de uma casa. A construção do pensamento é semelhante à construção arquitetônica. A edificação da casa tem de ser pensada, ao mesmo tempo que também o pensamento tem de ser construído. Pensar o prédio já é habitar e habitar é uma forma de pensar. Mas a questão de Paul de Man é que "habitar" constitui uma insistência em forças infra-estruturais de permanência e fixação:

> Heidegger usa o mesmo termo "habitar" para indicar esta ação e para indicar a ação poética; ele, assim, convida a mente para fazer com ele este salto que identifica os dois tipos de ato. Construir é construir o objeto e o objeto é o pensamento, como uma ponte, "para ser a reunião, em si própria, e na sua própria maneira, da terra e do céu, do divino e do mortal". Mas a ponte existe, precisamente, como a junção entre duas entidades separadas por uma distância, por um abismo. Tal divisão é exclusivamente característica da terra e não do céu, que não se deixa dividir por nada (:37; ênfase acrescentada; minha tradução).

A explicação do autor é que estas idéias levam a "sucumbir à tentação da permanência", porque a "ponte é somente uma extensão da terra fabricada pelo homem" (:38). Essa crítica da noção de "ponte" problematiza a natureza da relação entre os mundos estabelecida pelos símbolos. As pontes são da terra e não do céu. Somente podem existir pontes onde existem abismos e no céu não há abismos. A ligação com o "outro lado" apenas pode ocorrer se os signos pertencem aos dois mundos – inerentemente, uma ponte pertence às duas margens. Uma idéia semelhante constitui, na minha leitura, um dos sentidos radicais do poema *The Bridge* (1930) de Hart Crane (1986). A ponte e a travessia órfica de abismos são, neste caso, uma marcada expressão de que não há escrita sem gênero. Crane era um poeta homossexual e "a ponte" não se refere apenas à épica da América e às ligações transatlânticas da descoberta – "uni[ndo] a mitologia órfica com a viagem de Colombo" (Wolf, 1986:32) –, mas é uma figuração fálica também. Dessa forma, homoeroticamente, a ponte pertence às duas margens. Semelhantemente, como vimos, o princípio importante da teoria trágica da linguagem em Nietzsche é que a proclamação "Deus está morto" constitui uma ligação kenótica que atravessa o cristianismo e o anti-cristianismo. A crítica de De Man é dirigida a um pensamento "seduzido por promessas de permanência [...] que podem apoiar a mente num estado de beatitude que, propriamente falando, é uma letargia" (:39). A contraposição, assim, é entre o quietismo beatificado e o sentido do movimento e da expansão do ser.

A obstinação de Josué em encontrar e habitar a "casa do pai" é, propriamente, uma figuração da tentação de imobilidade beatífica a que chamei o círculo patriarcal da espera. Dora, ao contrário, recusou habitar a "casa de Jesus" com a sua promessa de repouso e de paz. Por outro lado, a idéia de De Man de que não pode haver uma ponte entre o céu e a terra, porque no céu não há abismos, parece contraditória com um aspecto crucial da condição *póslapsária* e a queda no mundo. O céu e a terra (o *lapsus* da mundanidade) são o hiato ou a fratura em que nos encontramos. A razão genuinamente provocativa, assim, para não haver uma ponte para o céu não é porque no céu não há abismos, mas porque o céu e a terra são dimensões do abismo *lapsário* e não as duas margens do precipício.

Essa consciência de que a vida se encontra imersa no hiato constitui um aspecto organizador do poema *The Bridge*. A definição habitual de ponte é o caminho suspenso construído para atravessar o precipício. Na leitura intensa de Hart Crane, porém, a ponte é a construção do caminho *no* abismo e não a forma de evitar a profundidade. A Ponte de Brooklyn, em Nova Iorque, que serviu de inspiração ao poema, mergulha a cidade no abismo das águas: "O fundo do mar é cruel" (*The bottom of the sea is cruel*). O retorno à infinita alteridade do Éden não pode ser feito saindo do profundo, mas indo cada vez mais profundamente.

O que está em causa aqui é a natureza da relação entre o sagrado e a linguagem. Em Nietzsche, o desejo de profundidade da linguagem incorpora a inerente procura do profundo no sagrado. Mas isto inclui uma refutação do metafísico ou a idéia de que o sagrado não é a existência de Deus, mas a natureza trágico-poética da própria vida sem verdade metafísica. Na visão trágico-poética de Crane, ao contrário, a penetração no interior do signo implica a profundidade do espaço *pós-lapsário* para a *kénosis* poética e o desejo da linguagem.

Dora decidiu partir porque não sucumbiu à tentação da permanência, produzindo as condições da sua própria abjeção diante de Josué. Julia Kristeva criou esse conceito para referir o senso de perda que a criança experimenta na separação do corpo da mãe e do seu próprio corpo pré-edipiano, na entrada progressiva no mundo da linguagem. O abjeto corpo maternal – a perda e o desejo de recuperação que eu designei de "assunção" – não pode ser representado pela linguagem simbólica da "ascensão", nem existe retorno ao semiótico no mundo simbólico da "Lei do Pai". O semiótico está manifestado, *infinitamente*, em relação ao simbólico, pelo próprio movimento kenótico de separação ou abjeção que existe nas reentradas e aprofundamentos na linguagem. Kristeva resume esse dinamismo kenótico da abjeção como "a viagem ao fim da noite" (1988b: 58), aludindo ao título do livro *Voyage au but de la nuit* (1932) do polêmico Louis-Ferdinand Celine. Repare-se como este título é semelhante ao nome *Aurora* do livro de Nietzsche, porque, em ambos, o fim da noite não é o retorno de um novo amanhecer, mas a imersão sem fim no fundo da própria noite (*au but de la nuit*). A similitude com o encontro entre Josué e Dora é a relação entre abjeção e adeus na linguagem e no amor.

Josué é o Filho Trinitário, "porque foi enviado" (Ward, 1998:242), e o amor Trinitário é o poder do adeus. O menino encarnou a descida no vazio do amor divino por Dora. Mas a abjeção da professora é a necessária separação que conduz Dora ao adentramento radical nesse amor. Na verdade, a "negação" da tentação da permanência não constituiria, em si mesma, uma atitude realmente transformativa. Um dos aspectos proverbiais da filosofia de Nietzsche é a ênfase na "afirmação", em particular numa crítica comum do cristianismo e da modernidade. A desconfiança deste pensador em relação à procura do "novo" na modernidade é que a celebração modernista da mudança radica numa atitude de recusa e de negação e não numa genuína atitude afirmativa. Nomeadamente, no caso dos discursos emancipatórios, a prática da liberdade é fundada menos numa afirmação da liberdade do que numa negação da opressão. O cristianismo, por sua vez, é representado como a religião niilista da desvalorização da vida. Mas a atitude anti-cristã de Nietzsche não é simplesmente uma revalorização da vida, porque isso seria apenas uma negação da negação, a negação da negação cristã da vida.

De igual modo, o sentido profundo da metamorfose de Dora não é a refutação do mandato sagrado do patriarcado e das suas tentações pela "casa do pai", mas a decisão afirmativa de "seguir Jesus". Esta expressão evangelista rotineira tomou um sentido sofisticado na teologia de Robert Scharlemann (1991) – ou melhor, o pensamento deste teólogo contemporâneo faz aparecer o sentido radical do chamamento de Jesus aos seus discípulos para que o sigam, num movimento de eternidade entre seguir e ser. A tese central de Scharlemann é que os discípulos que seguem Jesus fazem-no porque o Eu de Jesus é o mesmo Eu extático que o dos seguidores. O êxtase é o movimento de sair de si em direção a si próprio, no sentido em que o outro (Jesus) não é um Tu, mas um Eu. Numa interpretação dessas idéias, Charles Winquist (1995:106) diz: "O chamamento é um chamamento para que a pessoa se torne o que já é". Esta imagem parece, por outro lado, semelhante à poesia teológica sufi de Rumi (1996) e a surpresa da visão de si próprio no coração do amado. Em Scharlemann, o movimento sagrado entre seguir e ser constitui uma lógica de simultânea diferença e coincidência entre *exousia* e êxtase. A *exousia* é a autoridade de Jesus para ordenar que o sigam e que coincide com o êxtase desses outros que o seguem.

Esta igualdade entre a autoridade divina e o êxtase dos justos é, na minha leitura, uma epítome da Trindade. A encarnação tornou manifesto que a Trindade não é contingente, quer dizer, a queda de Cristo no vazio do mundo não se formou apenas num determinado momento histórico para produzir uma nova mensagem de salvação, nem mesmo para mudar o rumo da história da salvação. A Trindade do Pai e do Filho com o Santo Espírito encontra-se na própria divindade, o que significa, portanto, que o abismo é próprio de Deus como uma infinita *kénosis*. A morte de Deus não é apenas um elemento da história soteriológica de Cristo, mas Deus está "morto" na Trindade sem fim, que é Deus "esvaziado" no amor. Nesse sentido, o Eu extático constitui, inerentemente, uma realidade abismal ou kenótica, na coincidência entre o "Eu sou" de Jesus e o "Eu sou" de quem o segue, em qualquer momento do mundo e da história. Por outro lado, uma idéia citada mais acima de que Cristo caído no mundo "manifestou a forma de Deus na forma de um escravo" expressa fundamentalmente que a obediência à Lei coincide com a autoridade da sua criação. A primeira lei de Deus é a obediência do próprio Deus ao seu amor. Esta união entre obediência e liberdade Trinitária lembra outra imagem de Rumi de que o amado é um senhor que não quer senão obedecer e que o meu amado "Eu sou".

O problema fecundo é, assim, a natureza extática da relação de Dora e Josué. O nome de Ana, para a mãe de Josué, pode ter sido escolhido, na organização diegética do filme, para evitar uma reificação exagerada com o nome de Maria. Mas o nome Ana poderia ser interpretado como a forma simbólica pela qual Dora se tornou, simultaneamente, mãe e discípula de Josué. Santa Ana, a mãe da Virgem Maria, constitui uma espécie de mãe arcaica no cristianismo, porque, ao menos segundo uma das versões da doutrina da natividade, também a filha de Santa Ana foi concebida sem pecado. E, com a anunciação do anjo e a encarnação, Maria tornou-se, simultaneamente, a mãe e a primeira discípula que "seguiu Jesus". Nesta acepção, Ana, a mãe de Josué, teria também o sentido da mãe arcaica que, ao passar o lenço a Dora, concebeu Dora como Maria, mãe do Filho e discípula de Jesus. O que a maternidade de Nossa Senhora dá a Jesus é a humanidade do Filho. Dora confere também humanidade a Josué, porque o reintroduz na imortalidade "semiótica" da mãe, por oposição à morte "simbólica" do pai. Se a humanidade é identificada com a imortalidade maternal e o abismo semióticos, então o que morre, "por amor", na morte de Deus não é o homem, mas o divino. O axioma de que Cristo morreu, soteriologicamente, para salvar a todos nós da morte sem glória ganha uma forma intensa neste paradoxo de que o humano – a *chora* de Maria – é o que não morre em Cristo, porque a própria mãe não morre.

As analogias que eu tenho feito – seguindo as analogias implícitas do próprio filme – entre as personagens deste drama da vida de brasileiros modestos e as figuras sagradas da grande narrativa bíblica não são apenas um esforço estético para expressar idéias do humanismo universalista de que cada pessoa representa um drama maior do que a vida, ou a metáfora cansada de que cada pobre representa Cristo. A minha questão de que Josué é o Filho Trinitário que morre e ressuscita, ao passo que Ana e Dora são versões da imortalidade de Maria, sugere o "poder do falso" e o jogo de oscilações entre realidade e virtualidade, particularmente expressivo nas indeterminações entre o Jesus "virtual" (o pai de Josué) e o "verdadeiro" Jesus. O filme é, nesse aspecto, uma soberba interrogação: o que se ama quando se ama uma ilusão? Se o amor de Josué era dirigido a um pai que, virtualmente, não existia, esta ausência alimenta a suspeição de que Deus também não existe. A travessia das vastidões do Brasil oferece o tropo espacial. Não existe coisa grande no mundo, Brasil, oceano ou Himalaia, tão grande quanto a ilusão no coração de uma pessoa. Mas o filme evita toda a simplificação alternativa entre ficção e realismo. Em vez disso, o "poder do falso" representa que o Jesus ilusionista – o pai ausente de Josué que promete que está voltando – não é derrogado nem derroga o "verdadeiro" Jesus. Porque a experiência do verdadeiro é também uma experiência de máscara, duplicidade e drama.

O que se ama quando se ama uma ilusão não é o confronto adiado com a decepção, mas a antecipação de que só se pode amar a máscara. A contraposição consagrada, no discurso popular do amor romântico, entre amar a "pessoa errada" e encontrar o "verdadeiro amor" oferece um *locus classicus* para esta desconstituição. Sob este ponto de vista, César, o caminhoneiro, teria sido o histrião do momento em que Dora, a anti-ilusionista, naufragou na tentação da promessa da ilusão, ao passo que Josué seria, num plano mais espiritual, o encontro com o verdadeiro amor. Mas o "erro", porém, reside na própria contraposição entre a decepção com o sedutor e o encontro com o "verdadeiro" amado, porque o amado nunca é verdadeiro, no sentido de que Jesus não é "verdadeiro", porque age sempre pelo poder da máscara entre o humano e o divino, o corpóreo e o incorpóreo, aquele que está conosco e aquele que, depois de tudo, nos deixou à sua espera.

Se o Eu extático sai de si em direção a si próprio, Dora só poderia "seguir Jesus", "saindo" de Josué. Ou dito por outras palavras, se quem nos ama, morre por nós (Jesus), é também quem nós amamos que nos traz a nossa morte:

> *That patience that is armour and that shields*
> *Love from despair – when love forsees the end –*
> *Leaf after autumnal leaf*
> *break off,*
> *descend-*
> *descend-*
>
> (Crane, 1986 [1930]: 94).
>
> [Aquela paciência que é armadura e que protege como um escudo o
> Amor do desespero – quando o amor pressente o fim –
> Folhas de outono, uma após outra
> desprendem-se,
> caem
> caem-]
>
> (minha tradução).

Hart Crane usa a imagem outonal para ilustrar a personalização do amor que confia na paciência como proteção contra a angústia do desaparecimento. Dora, que retornou à vida, estava no outono da vida. Na partida, quando escreve a carta e olha a fotografia, chora de alegria, como se costuma dizer, aceitando a vida com a "alegria na morte". Jean Genet (1986) utiliza essa expressão em *Un Captif Amoureux*, que é também o seu texto do outono da vida (:240) – "A alegria na morte, ou antes, no novo oposto a esta vida" (*La joie dans la mort, ou plutôt dans le nouveau, contraire à cette vie*). Scott Durham (1998) desenvolve uma astuta análise dessa passagem como uma relação simultânea de incompossibilidade e consubstancialidade. A alegria na morte é "a alegria de se tornar outro para além de si próprio" (*the joy of becoming-other-than-oneself*, p.178). Esta idéia é, porém, na minha leitura, diferente do uso epidêmico, na cultura pós-moderna, da metáfora da morte para referir a transformação. A popularização dos temas da morte nas culturas populares do pós-modernismo permanece, na verdade, inteiramente constituída pelo terror da morte, procurando "desrealizar" (expressão de Durham) a inevitabilidade do desaparecimento, por meio da linguagem da simulação e da cultura da dispersão da diferença. A comparação aqui em causa é que Genet não procura negar a morte, nem mesmo como "fantasias de redenção póstuma" (:171), mas afirmar a morte e o amor num messianismo sem redenção.

Este é o mesmo argumento da teoria estética de Jean Genet, e a persuasão de que a obra de arte não é dirigida para expressar os valores do mundo dos vivos nem serve também para guardar a memória dos mortos, mas, nas palavras de Durham, "permite aos mortos retornarem como nunca viveram e cria a memória de um mundo que nunca existiu" (:183). A morte é uma experiência de alegria com uma outra vida "oposta a esta vida", quer dizer, contrária ao redentorismo comum às metafísicas seculares (que desrealizam a morte) e às esperanças religiosas de que existe um céu, como um mundo puramente virtual, que espera por nós. Em Hart Crane, a alegria na morte é o trabalho da paciência. Quer dizer que o "Eu sou" do amor que pressente o fim é igual ao "Eu sou" do amado. A paciência, como o contrário do desespero e da infinita resignação, surge, assim, da perplexidade de que a morte vem do amado. A carta que Dora escreveu a Josué é o ponto de concisão do filme, porque institui a paciência como a questão crucial da história. A certeza popular de que não se pode dizer adeus a quem se ama – "eu nunca te vou dizer adeus no meu coração" – revelou-se a ironia mais profunda de que, afinal, somente se pode dizer adeus a quem se amou. O adeus é um privilégio do amado, porque é o amado que nos traz a nossa morte.

Essa dádiva da morte tem o seu oposto radical na morte pornográfica do corpo. A questão fascinante das culturas de consumo sexual contemporâneas é que a prodigiosa multiplicação do corpo constitui, ao mesmo tempo, o desaparecimento do corpo e da subjetividade física. No desejo pornográfico, no próprio ato erótico, já se está pensando e possuindo o "próximo corpo". A pornografia constitui, assim, uma imagem privilegiada para representar o simultâneo crescimento e esvaecimento ou a sucessão vertiginosa da mercadoria nas culturas de consumo, simulação e espetáculo. As cartas escritas por um real, que, na maior parte, porém, desapareciam no "julgamento" de Dora e Irene, são representativas deste sentimento de devoração. De igual modo, a morte anônima de Ana, na porta da Central, e o caso do segurança que eliminava com um tiro, na linha vazia do trem, os pequenos assaltantes da estação, constituem imagens do caráter permutatório entre o desaparecimento do corpo e o esvaecimento da mercadoria. Por outro lado, Jean Baudrillard (1986) designa de "significação forçada" a incessante multiplicação da informação e da imagem na cultura de mercadorias. Nestas interações, a dispersão do pornográfico constitui-se numa *pornoglossa* (Cameron, 1985), quer dizer, numa linguagem de propagação, excesso e desaparecimento.

Em contraste com a carne pornográfica, o corpo erótico do amado é aquele que sobrevive, ou melhor, o corpo carnal do amado não tem um "próximo". A novidade do cristianismo é, precisamente, a idéia de que o que sobrevive, com a morte e o amor de Cristo, é o corpo. Madre Teresa de Calcutá, respondendo a um comentário panegírico de que ela ajudava todas as pessoas, afirmou que apenas ajudava uma pessoa de cada vez, cuidando, alimentando e lavando as chagas, e, por assim dizer, nunca pensava no próximo. É a imagem de uma Pietá que segura o corpo morto do Filho. Porque o amado que não tem um "próximo" está "morto".

Registre-se que a *mitopoese* da morte e ressurreição de Jesus reverteu o destino do corpo pornográfico na ascensão de um corpo santo e as *pornoglossas* do mundo na *kénosis* da Palavra. Meu contraponto é que a recuperação do corpo de Dora tem a natureza da assunção de um corpo mariano, por relação à antiga amargura do corpo pornográfico da professora, e que a *pornoglossa* das cartas na Central deu lugar à "primeira carta". Na sua decisão de partir para "seguir Jesus", Josué encarna o Filho Trinitário, quer dizer, aquele que nos outorgou a dádiva da morte ao mesmo tempo que afirmou "Eu sou a ressurreição". Se o Eu extático é aquele que sai de Jesus em direção a Jesus – em outras palavras, aquele que descobre o outro como o mesmo de si próprio –, então Jesus morre e ressuscita no próprio êxtase de quem o segue. É assim que o adeus de Dora abençoa a ressurreição de Josué.

Na verdade, uma leitura prosaica do filme poderia sugerir que Josué representa a força da inocência que vem trazer a Dora a oportunidade da transformação, em relação ao cinismo, indiferença, acrimônia e a pequena dinheirolatria. Mas o prosaísmo desta interpretação é desconstituído pela própria continuidade de Dora.

Josué nos dá acesso ao sonho infantil da tentação da permanência no coração da religião patriarcal. A figura física e moral de Dora é a imagem contrária a um patriarcado infantil. O anti-ilusionismo que a levava a destruir as cartas não tinha origem, afinal, na amargura niilista da sua vida, mas num conhecimento atormentado da ilusão da profundidade. A vida religiosa constitui uma expressão privilegiada dessas seduções do profundismo, confluindo o desejo da religião com o "desejo de profundidade" (Winquist, 1995:77). A contradição frequente desses projetos transcendentalistas, porém, é o poder paralisante da beatitude que arrasta o espírito para o "chão" ou a "prostração do espírito procurando refúgio na terra" (Paul de Man). O "milagre" que Dora viveu com o encontro com Josué foi ter podido compreender que tudo sempre esteve bem com ela.

O importante é que, em nenhum momento, Dora expressa uma atitude icasticamente devocional ou evoca o nome de Deus. Por isso, parece uma rasura apócrifa a minha interpretação tantas vezes reafirmada de que ela partiu, por ter respondido ao chamamento para "seguir Jesus". O que estou sugerindo é que o encontro com Josué fez com que Dora se tornasse mais ela própria e, por isso, precisamente, o sentido sagrado do encontro, conforme o conceito de "seguir Jesus" em Schalermann, segundo o qual o milagre da transformação é tornar-se aquilo que já se é. Dora partiu mais anti-ilusionista do que nunca. Com a "primeira carta", ela exorta Josué à abjeção, exorta-o ao poder do adeus. O caminhoneiro solitário simboliza aquele que volta sempre à mesma estrada, convertendo o movimento transumante em paralisia e prostração. Não seria difícil reencontrar César, porque quem não se transforma está sempre lá. Josué foi o "verdadeiro amor" de Dora apenas no sentido em que ela não queria que ele tivesse o destino de César, mas que mudasse de sonho. O menino também chorava de alegria, no fim, olhando a foto dele com Dora e o Padre Cícero. O simulacro da fotografia com o santo é o "poder do falso" que exorta Josué para a ressurreição.

A questão que pretendi explorar neste artigo é o modo como as idéias de aceitação da vida (para explicações de Kirkegaard e Nietzsche) e abjeção (Julia Kristeva) e, por outro lado, as articulações entre tentação da permanência (Paul de Man) e seguir Jesus (Robert Schalermann) ou entre paciência (Hart Crane) e a alegria na morte (Jean Genet) convergem com a idéia kenótica da Palavra e do amor Trinitário. Não no sentido de fantasias de reconciliação entre visões religiosas e não-religiosas – todos esses pensadores modernos acreditam em versões do messianismo do retorno, mas nem todos acreditam nas narrativas de Jesus crucificado. O problema sofisticado que todos eles partilham é a incorrigibilidade "abismal" do eterno retorno da escrita e do amor.

As estações de estrada de ferro constituem um espaço particularmente investido, na imaginação moderna, de imagens românticas de partida e reencontro. A Central do Brasil, no filme de Walter Salles, porém, não é um lugar onde se vá dizer adeus a quem parte no trem ou onde o amado esteja esperando no cais. Mas, precisamente por isso, o inferno da Central tornou-se o lugar perfeito para representar o mergulho da linguagem, do amor e da fé no fim da noite (Celine) e na crueldade do mar (Crane). A propósito da exegese do texto talmúdico, Emmanuel Levinas (1981:10) critica as interpretações segundo as quais um mito obscuro e cruel só ganha sentido com um mito ainda mais cruel e obscuro. Levinas faz, assim, uma crítica do profundismo, aqui relacionado com a escavação de mitos cada vez mais "profundos, sagrados e universais" em mistificações exegéticas do texto religioso. Mas a escuridão e a crueldade que eu explorei na minha própria interpretação não se dirigem à intensificação dramática de narrativas universais. A escuridão é o reconhecimento trágico, em diferentes tradições críticas do pensamento filosófico, estético e lingüístico de que o mundo e o amor não estão escritos, e, neste palimpsesto infinito – utilizando a comparação com as teologias kenóticas –, "o Deus da escrita é manifestado como a escrita de Deus" (Taylor, 1984:116). Quanto mais se avança mais escuro e quanto mais escuro mais se vê. Na história de Dora e Josué, o mito cruel da promessa do retorno encontrou sentido no mito mais cruel da capacidade para o amor e a escrita, que eu chamei o poder do adeus.

REFERÊNCIAS BIBLIOGRÁFICAS

BAUDRILLARD, Jean. *The Ecstasy of Communication*. Nova Iorque: Semiotext(e), 1986.

BLUMENBERG, Hans. *Shipwreck with Spectator*: Paradigm of a Metaphor for Existence. Cambridge, MA: The MIT Press, 1997.

BRUCE, F.F. St.Paul in Macedonia, 3, The Philippian Correspondence. *Bulletin of the John Rylands Library*, 63: 270, 1980-1.

CAMERON, Deborah. *Feminism and Linguistic Theory*. Londres: Macmillan, 1985.

CRANE, Hart. *Complete Poems of Hart Crane*. Nova Iorque e Londres: Liveright, 1986.

DELEUZE, Gilles. *Difference and Repetition [Différence et Répétition]*. Nova Iorque: Columbia University Press, 1994 [1968].

DURHAM, Scott. *Phantom Communities*: The Simulacrum and the Limits of Postmodernism. Stanford: Stanford University Press, 1998.

FIGUEIREDO, Vera Follain de. Em Busca da Terra Prometida. *Cinemais*, 15 (jan./fev.): 73-83, 1999.

GENET, Jean. *Un Captif Amoureux*. Paris: Gallimard, 1986.

KELLENBERGER, J. *Kirkegaard and Nietzsche*: Faith and Eternal Acceptance. Houndmills, Basingstoke, Hampshire, e Londres: Macmillan Press Ltd., 1997.

KIRKEGAARD, Søren (por Johannes de Silentio). *Fear and Tremblimg*. Princeton: Princeton University Press, 1983 [1843].

KOFMAN, Sarah. *Nietzsche et la Métaphor*. Paris: Éditions Galilée, 1983.

KRISTEVA, Julia. *In the Beginning Was Love*: Faith and Psychoanalysis. Nova Iorque: Columbia University Press, 1988a.

____________. *Powers of Horror*. Nova Iorque: Columbia University Press, 1988b.

LACAN, Jacques. *Écrits*: a selection. Londres: Tavistock, 1977.

LEVINAS, Emmanuel. *Du Sacré au Saint*: Cinq Nouvelles Lectures Talmudiques. Paris: Les Éditions de Minuit, 1981.

MAN, Paul de. The Temptation of Permanence. In: *Critical Writings 1953-1978*. Minneapolis: University of Minnesota Press, 1989 [1953].

MILBANK, John. Problematizing the Secular: The Post-Modern Agenda. In: P. Berry e A. Wernick (eds.). *Of Spirit*: Postmodernism and Religion. Londres e Nova Iorque: Routledge, 1982.

MIMOUNI, Simon Claude. *Dormition et Assomption de Marie*: Histoire des Traditions Anciennes. Paris: Beauchesne, 1995.

NIETZSCHE, Frederich. *Thus Spake Zarathustra* (*Also Sprach Zarathustra*; 1883-85). Londres: Penguin Books, 1978.

________________. *Dawn* (*Morgenröte*; 1881). Cambridge: Cambridge University Press, 1982.

REINACH, Salomon. La Mort d'Orphée. In: *Cultes, Mythes et Religions*. Paris: Robert Laffont, 1996.

RUMI, Jalal ud-Din. *Poemas Místicos*: Divan de Shams de Tabriz. Seleção, Tradução e Introdução de José Jorge de Carvalho. São Paulo: Attar Editorial, 1996.

SCHARLEMANN, Robert. *The Reason of Following*: Christology and the Ecstatic I. Chicago e Londres: The University of Chicago Press, 1991.

SHOWALTER, Elaine. Feminist Criticism in the Wilderness. In: SHOWALTER, E. (ed.). *The New Feminist Criticism*: Essays on Women, Literature and Theory. Londres: Virago, 1986.

TANNER, John S. *Anxiety in Eden*: A Kirkegaardian Reading of "Paradise Lost". Nova Iorque e Oxford: Oxford University Press, 1992.

TAYLOR, Mark. *Erring*: A Postmodern A/theology. Chicago e Londres: University of Chicago, 1984.

Press. WARD, Graham. Kenosis and Naming: Beyond Analogy and Towards *Alegoria Amoris*. In: HEELAS, P. (eds.). *Religion, Modernity and Postmodernity*. Oxford e Malden, MA: Blackwell Publishers, 1998.

WINQUIST, Charles E. *Desiring Theology*. Chicago e Londres: University of Chicago Press, 1995.

WOLF, Jack. *Hart Crane's Harp of Evil*: A Study of Orphism in "The Bridge". Troy, NY: The Whiston Publishing Company, 1986.

ANA LUCIA MODESTO

Os caçadores do sagrado:

a Religião da Força em *Star Wars*

A trilogia original da série *Star Wars*,[1] escrita e produzida por George Lucas, é considerada um marco dentro da história do cinema contemporâneo. Uma das características que a tornam singular é a existência, dentro do universo fílmico, de uma religião chamada de Religião da Força, defendida pelos Jedi, os heróis da história. Segundo historiadores do cinema (por exemplo Ebert, R., 2000:248), Lucas criou essa "religião" tendo como fonte idéias sobre mitologia contidas no livro *The hero with a thousand faces*, lançado em 1949 por J. Campbell.[2] O objetivo do presente artigo é demonstrar em que aspectos o universo da Religião da Força possui características em comum com a cosmovisão Nova Era.

Os trabalhos de J. Campbell sobre o mito – palavra que, da forma com que é utilizada pelo escritor americano, engloba desde os mitos primitivos até os provérbios chineses, a teologia de São Tomás de Aquino, os contos de fadas e os sonhos individuais – procuram demonstrar que o universo mitológico é dominado por um único tema: a jornada do herói, o indivíduo que recebe um

1. A trilogia original é formada pelos três primeiros episódios lançados da série: o episódio IV, de 1977, o episódio V, de 1980, e o episódio VI, de 1983. Mais tarde, na virada do século XX para o século XXI, foi lançada a primeira parte da história, com os episódios I, II e III.

2. J. Campbell (1904-1988), escritor e professor de mitologia, tornou-se uma figura popular e controversa nos Estados Unidos. Após abandonar o catolicismo, passou a se interessar pelos mitos de todos os tempos, e também pela arte moderna. Após a leitura e a freqüência a vários cursos universitários – sem terminar nenhum deles –, deu aulas e escreveu livros sobre mitologia, disciplina que envolvia o estudo "da psicologia do folclore, as bases psicológicas do mito, da religião, do desenvolvimento artístico e dos códigos morais" (Campbell, J., 1995:17).

chamado, se retira da sociedade em busca do desenvolvimento das forças espirituais e depois retorna ao meio social como seu salvador. Com *Guerra nas Estrelas*, Lucas procurou reproduzir nas telas cinematográficas esse "monomito", criando um novo tipo de herói – o Jedi –, que, tal como o herói de Campbell, é uma encarnação das forças cósmicas que movem o universo.

Assim, *Guerra nas Estrelas* sugere a possibilidade de existência de um novo tipo de gênero cinematográfico, que poderia ser chamado "ficção científica espiritualizada". Em síntese, um tipo de filme caracterizado pelo uso intensivo de efeitos especiais e por histórias que expõem os perigos do desenvolvimento tecnológico, ao mesmo tempo que especulam sobre a possibilidade de existência de forças desconhecidas pelo homem.

Na verdade, essa forma fílmica já se encontra presente nas telas antes da obra de George Lucas, como se pode ver, por exemplo, em *2001 - Uma odisséia no espaço* (*2001: A Space Odyssey*, 1968, Inglaterra), feito por Stanley Kubrick, e continua atualmente em pleno desenvolvimento, como demonstra o sucesso da trilogia *Matrix* (EUA, 1999, Andy e Larry Wachowski). Diferente da ficção científica clássica, a trama desses filmes não se prende ao combate entre homens e alienígenas – o que também está em jogo são os mistérios da condição humana, sua origem e sua evolução. Embora várias obras cinematográficas se encaixem dentro do tipo descrito, a trilogia original de *Guerra nas Estrelas* se destaca entre as ficções científicas espiritualizadas pelos objetivos confessos do seu criador, sua relação explícita com as idéias de J. Campbell e a presença da Religião da Força, cujos princípios procuram explicar a dinâmica do homem e do universo.

A crise do cinema americano nos anos 70

Numa crítica escrita em 1979, F. Truffaut (2005, p.40) descreve o paradoxo que envolveu o cinema norte-americano durante a maior parte da década de 1970: por um lado, os filmes se tornaram "mais inteligentes, mais adultos", trazendo às telas os problemas nacionais. Mas isso significou a perda de sua universalidade, com implicações econômicas evidentes. Apenas nos chamados filmes-catástrofe (como *Terremoto, O destino do Poseidon* e *Tubarão*), Hollywood recuperou um pouco de sua dimensão transnacional, "proporcionando a um público internacional choques físicos obtidos com a generosa reconstituição de grandes catástrofes naturais" (Truffaut, F., 2005:40).

O que se pode chamar de caráter universal do cinema americano clássico aparece tanto no seu sucesso econômico, conquistando platéias em várias partes do planeta, como também, e principalmente, nas telas, onde uma concepção de história mundial é continuamente reapresentada. Para G. Deleuze (1985:186,187), uma concepção de história baseada na Bíblia, onde "os hebreus, e em seguida os cristãos, fundam nações-civilizações sãs que já apresentam o sonho americano: ser um cadinho onde se fundem as minorias, ser um fermento que forma chefes capazes de reagir a todas as situações".

Além desses elementos primários, o cinema americano resgata elementos da visão de história dominante no século XIX, onde ela aparece como "monumental, antiquária, ética" (G. Deleuze, 1985:187). Apesar de todas as críticas que o cinema americano sofreu e sofre até hoje ("é muito fácil zombar do cinema americano"), G. Deleuze (1985:189) insiste em que, do ponto de vista da narrativa, ele apresenta uma consistente concepção de história marcada por

> um conflito do Bem e do Mal, com todas as seduções ou os horrores do Mal (os bárbaros, os ímpios, os intolerantes, a orgia etc.). É preciso que o passado antigo ou recente sofra um processo, seja julgado, para revelar o que faz uma decadência e o que dá origem a um nascimento [...] É preciso que um sólido julgamento ético denuncie as injustiças das coisas, traga a compaixão, anuncie a nova civilização em marcha – em suma, não pare de redescobrir a América [...] O cinema americano contenta-se em invocar o enfraquecimento de uma civilização através do meio, e a intervenção de um traidor no meio. Mas o fabuloso é que, com todos esses limites, ele tenha conseguido compor uma concepção forte e coerente da história universal (1987:189).

A recuperação da dimensão universal do cinema americano discutida por F. Truffaut ocorre no final dos anos 70, liderada por dois cineastas – Steven Spielberg e George Lucas – que resgatam várias características do cinema clássico americano, em especial uma concepção de mundo cujos elementos míticos/religiosos são muitíssimo importantes. Tão importante, que o crítico brasileiro A. Labaki escreveu, referindo-se aos trabalhos assinados pelos então jovens cineastas:

> O parentesco das séries *Indiana Jones e Guerra nas estrelas* transcende [...] as semelhanças de estrutura e as coincidências nas fichas técnicas. Mais do que resgatar o cinema clássico como catarse planetária, Lucas e Spielberg apostam nessas sagas como uma retomada do espírito mítico embotado nesse final de século. Mais do que artesãos ultracompetentes, afirmam-se como Homeros da imagem, neofabulistas da era do vídeo, forjadores dos mitos da sociedade de massas que começa a homogeneizar o planeta. São poetas sintonizados com tempos nostálgicos de transcendência (Labaki, A., 1991:31).

As referências ao "transcendental" presentes no cinema americano clássico e em Spielberg e Lucas não são, no entanto, de uma mesma natureza. Embora

Lucas, por exemplo, fale da luta entre o Bem e o Mal em *Guerra nas estrelas*, essas categorias ganham um novo sentido na medida em que o cineasta trabalha com um universo mítico-religioso distinto do dos tempos clássicos. Para o entendimento desse universo, é necessário levar em conta as idéias de J. Campbell.

O mito segundo J. Campbell

Basta uma leitura do resumo da trilogia original da série *Star Wars*[3] para que seja percebida sua proximidade temática com a fórmula clássica do cinema americano: a derrocada de um império – no caso, o Império Galáctico – marcado pela tirania, levada a efeito por um grupo de rebeldes portadores de valores democráticos e crenças religiosas. A diferença, porém, aparece no fato de que as crenças religiosas em questão não se pautam na cosmologia judaico-cristã, mas no que J. Campbell chama de "monomito", a síntese do significado que os diferentes mitos dos mais distantes povos (geográfica e historicamente falando) teriam em comum. O próprio cinema americano, em sua idade clássica, teria reproduzido o esquema padrão das aventuras do herói demiurgo, sem ter consciência disso, já que, segundo o mitólogo americano, o esquema é inconsciente e universal, tendo sua origem na formação do cosmos.

No caso do filme de George Lucas, a aplicação do esquema nada tem de inconsciente. Lucas leu J. Campbell ainda na faculdade, quando teria imaginado as primeiras versões de *Star Wars* e convidou o escritor para acompanhá-lo nas filmagens (Campbell, J e. Moyers, B., 1990). Por mais surpreendente que possa parecer, Lucas queria que seu filme, que mistura ficção científica e aventura, tivesse uma conotação religiosa, como declarou numa entrevista a Bill Moyeres:[4]

> Eu coloquei a Força no filme com a intenção de tentar despertar um certo tipo de espiritualidade no público jovem – mais uma crença em Deus do que a crença em qualquer sistema religioso. Eu procurava fazer com que os jovens começassem a levantar questões sobre o mistério. Não há nada mais interessante entre os mistérios da vida que a questão: "afinal, existe ou não um Deus?" – e isso me parece a coisa mais importante que pode acontecer. Eu acho que você deveria ter uma opinião sobre isso. Ou então você deveria dizer: "Eu estou pro-

---

3. O resumo da trilogia estudada encontra-se no final do artigo.

4. A entrevista concedida por George Lucas a Bill Moyers foi publicada pela revista *Time*, em 26 de abril de 1999, v.153, n.16.

curando. Eu estou muito curioso sobre isso, e vou continuar procurando até que eu encontre uma resposta, e se não encontrar uma resposta, eu vou morrer tentando encontrar uma".

Ao ser perguntado se, com a obra, Lucas pretendia criar um novo mito, o cineasta responde, demonstrando sua afinidade com as idéias de Campbell:

> Estou contanto um velho mito de um novo jeito. Cada sociedade pega esse mito e o reconta de uma maneira diferente, adaptando-o ao ambiente particular em ela vive. O tema é o mesmo. O que fiz foi ambientar o mito para atingir todo o planeta. Eu queria adaptá-lo ao fim do milênio mais do que em qualquer lugar particular.

Em outras palavras, seu filme seria uma nova versão do "monomito" de Campbell, que acredita na existência de um tipo padronizado de aventura do herói, que aparece em mitos, religiões, sonhos individuais etc., uma aventura que segue o esquema dos rituais de passagem, "separação-iniciação-retorno – que podem ser considerados a unidade nuclear do monomito" (J. Campbell, 1995:36). Segundo J. Campbell, o herói se retira do mundo penetrando no microcosmo existente dentro de si. Ao voltar de sua aventura introspectiva, o herói pode realizar prodígios, como iniciar uma nova civilização, ou realizar uma revolução ética. Isso representa tanto a fórmula dos mitos, como a experiência real vivida por personagens históricos, como Buda, Carlos Magno, Jesus Cristo, o rei Sargão de Acad ou Tomás de Aquino.

Embora o nome de personagens ligados à Religião predomine nas dezenas, ou talvez centenas, de exemplos dados por Campbell, não se deve concluir que o "herói mítico" é caracterizado pela presença ou busca da virtude moral: "a mitologia não tem como seu maior herói o homem meramente virtuoso. A virtude não é senão o prelúdio pedagógico da percepção culminante que ultrapassa todos os pares de opostos" (J. Campbell, 1995:48). No caso, o belo e o feio, o bem e o mal, o sol e a chuva, tudo é produzido pela força que produz a vida. O que antes era visto como oposição passa a ser visto como harmonia, perspectiva que é representada pelo símbolo do *yin* e do *yang*. Mesmo a tragédia deve ser vista sem piedade ou horror, pois é reflexo de um poder que está acima da dor. É essa força transcendente que deve ser percebida por meio do mito.

A visão desse poder, conseguida por meio dessa viagem introspectiva, faz com que o herói alcance um poder superior ao da psique humana normal. Trata-se, porém, de um poder que não serve a fins egoístas, mas à necessária renovação da Vida:

> O efeito da aventura bem-sucedida do herói é a abertura e liberação do fluxo de vida no corpo do mundo. O milagre desse fluxo pode ser representado, em termos físicos, como a circulação da substância alimentar; em termos dinâmicos, como um jorro de energia; e, espiritualmente, como manifestação da graça. Essas variedades de imagens alternam-se entre si com facilidade, representando três graus de condensação de uma força vital (Campbell, J. 1995:43).

Em *Guerra nas Estrelas*, há um desequilíbrio na Força que governa a galáxia, porque Darth Vader passou para o lado negro. Ao mesmo tempo, vemos no episódio IV que os tios de Luke Skywalker, agricultores, reclamam das colheitas fracas, desastre que impediria o rapaz de cursar a faculdade naquele ano. Como se pode perceber, a galáxia de Lucas funciona segundo princípios análogos ao mundo de J. Campbell (1995:44): "graça, substância alimentar, energia: esses elementos se precipitam sobre o mundo vivo e, sempre que falham, a vida se decompõe em morte".

Os conceitos de Força em J. Campbell e no filme de George Lucas são praticamente idênticos. As figuras mitológicas devem ser vistas, segundo o escritor, como expressão intencional da forma estruturada da psique humana. Tanto a psique humana como as demais "estruturas visíveis do mundo – todas as coisas e seres – são o efeito de uma força ubíqua de que emergem, força essa que os sustenta e os preenche no decorrer do período de sua manifestação e para a qual devem retornar quando de sua dissolução última" (Campbell, J., 1995:255). Essa força tem recebido nomes diferentes na História: a ciência a chama de energia, os melanésios de *mana*, os sioux de *wakonda*, os cristãos de poder divino e os psicanalistas de libido.

Ao contrário de E. Durkheim (1989), que percebeu a importância dessas categorias primeiras da vida religiosa mas defendeu a tese de que essas categorias são criações sociais, para o mitólogo americano as categorias que emanam do pensamento e das formas de sensibilidade humana seriam manifestações de uma força cósmica. Mas essas mesmas categorias "limitam a mente num grau tão considerável, que normalmente é impossível não apenas ver, como também conceber" (Campbell, J., 1995:255) a sua própria origem.

Daí a importância do mito e do ritual, que, por analogia, representam o salto que o indivíduo deve dar. Eles devem levar o indivíduo a uma retirada do mundo, para que ele possa entrar em sua viagem introspectiva. Mas, "o mito não é senão o penúltimo nível; o nível último é a abertura – o vazio, ou ser, que se acha além das categorias – na qual a mente deve mergulhar sozinha e se dissolver" (Campbell, J., 1995:255). Os deuses são então meros símbolos, metáforas que revelam a origem e o destino do homem, sua esperança, fé e mistério.

Já em *Guerra nas estrelas*, no episódio IV, Obi-Wan Kenobi explica para Luke Skywalker que "a Força é o que dá ao Jedi o seu poder. É um campo de energia criado por todas as coisas vivas. Ela nos cerca e nos penetra. Ela mantém a galáxia unida". Tal como na concepção de Campbell, a Força não é simplesmente o Bem, como os cristãos vêem na sua divindade. Não se trata aqui do conflito convencional entre heróis e vilões que o cinema americano reproduz na maioria de seus filmes. Ela possui um lado negro e também a luz, e a experiência de Anakin Skywalker/Darth Vader é uma prova disso.

O que provoca a curiosidade, nessa comparação entre as idéias de Campbell e a obra de Lucas, é a razão pela qual o cineasta americano busca introduzir as noções do mitólogo justamente num filme de ficção científica. Mas, talvez, a própria história do cinema explique a união.

Uma tecnologia ultramoderna, uma religião antiga

Os filmes antigos de ficção-cientifica geralmente contam histórias de como o desenvolvimento tecnológico, a vontade de saber e a ambição de controlar a natureza são perigosos e ameaçam a humanidade. Produzidos inicialmente na década de 1950, os primeiros filmes trazem claramente as marcas do medo que caracteriza a população americana numa época em que ainda estão vivos na memória social os horrores do nazismo e sua união entre ciência e Estado em busca da raça perfeita, o poder altamente destrutivo das armas da Segunda Guerra Mundial, em especial da bomba atômica, e a tensão da guerra fria, ligada à consciência de que a União Soviética, como os EUA, dominavam a tecnologia nuclear. Para completar, notícias sobre alienígenas (com uma tecnologia mais avançada que a humana), prontos para invadir a Terra, apareciam em jornais sensacionalistas – e nas telas do cinema.

A ficção científica vem, na verdade, realçar um aspecto já presente nas histórias de terror, onde encontramos cientistas (bem-intencionados, diga-se de passagem) criando seres monstruosos, como em *A mosca da cabeça branca (The Fly*, 1958, EUA), além de arqueólogos céticos que em suas escavações acabam libertando demônios das antigas civilizações. É como se o mundo da ficção alertasse para o perigo da busca irresponsável do conhecimento e do domínio da natureza.

A relação entre a ciência e o monstruoso aparece também em filmes que não são classificados na categoria de ficção científica. O cientista louco que pretende dominar o mundo é um tipo comum no cinema americano, da comédia ao filme de horror. Em seu trabalho sobre o monstruoso no cinema,

L. Nazário (1998:286) faz uma lista dos "doutores" que criaram algum tipo de monstro, relacionando quase cinqüenta nomes. Em outros casos, é o próprio cientista que adquire características de um monstro, no qual a razão desenvolvida se transforma em loucura.

No caso específico de *Guerra nas Estrelas*, o público vê a ameaça de uma civilização militarmente avançada, cujo símbolo maior é a nave praticamente invencível Estrela da Morte, que encontra seus grandes inimigos nos herdeiros de uma antiga religião, sendo que o principal dentre eles é um camponês, vivendo num planeta primitivo, o adolescente Luke Skywalker. Uma religião baseada no conceito da Força que, além de reger o Universo, pode produzir nos indivíduos poderes mentais extraordinários. Para opor-se à racionalidade técnica que domina a cultura moderna ocidental, Lucas concebe uma noção de mente humana próxima das representações da razão criadas pelas antigas religiões, visivelmente as orientais. A oposição entre esses dois tipos de poder/razão aparece, por exemplo, na discussão entre um dos "generais" do Império da Galáxia e Darth Vader, no episódio IV, dentro da Estrela da Morte:

> "Esta Estação é hoje o maior poder do Universo", proclama o general.
>
> "Não tenho tanto orgulho desse terror tecnológico que você construiu. A capacidade de destruir um planeta é insignificante perto do poder da Força", responde Darth Vader.
>
> "Não tente nos assustar com suas feitiçarias, Lorde Vader. A sua devoção doentia à antiga religião não ajuda a descobrir os dados roubados. Nem lhe deu clarividência para encontrar a fortaleza rebelde".
>
> "Eu acho perturbadora a sua falta de fé", conclui Vader. Nesse momento, seu opositor reage como se estivesse sendo estrangulado por mãos invisíveis, e o público ouve ruídos semelhantes ao de ossos sendo quebrados.

A ação de Vader é interrompida por outro general presente, que explica que Darth Vader continuará a usar seus poderes para encontrar o refúgio dos rebeldes. Aqui fica claro que, apesar do conflito de crenças, Darth Vader não abandonou sua crença no poder superior da Força ao aderir ao Império Galáctico, que conta inclusive com seus poderes de Jedi para vencer os rebeldes.

Apesar das diferenças, o público percebe que o racionalismo do Império e a crença na Força não estão em oposição excludente. O universo de Lucas é semelhante ao taoísmo e suas noções de *yin* e *yang*, onde os opostos se completam, como o próprio cineasta confessa: "A idéia do positivo e do negativo, de que há dois lados em uma entidade, um empurrão e um puxão, um *yin* e um *yang*, e a luta entre os dois lados são questões da natureza que quis incluir no filme" (citado por Ronbinson, W., 2005:45).

A discussão entre Vader e o criador da Estrela da Morte serve também para ilustrar as diferentes noções de poder presentes no filme. O Império Galáctico representa o conceito de poder desenvolvido no Ocidente. Segundo M. Weber (1994:3, "poder significa toda probabilidade de impor a própria vontade numa relação social, mesmo contra resistências, seja qual for o fundamento dessa probabilidade". A imposição da vontade se dá, em primeiro lugar, por meio da violência, seja ela física ou simbólica. A violência, por sua vez, é definida por L.E. Soares (1996:19) como

> o avesso da compaixão e da piedade, o oposto da realização mais radical da intersubjetividade [...]; o exercício da violência visa mudar o outro, trazê-lo até o domínio da vontade de quem o exercita, submetendo o outro ao movimento que lhe subtrai a liberdade, e que substitui a singularidade de sua inscrição no mundo pela generalização da vontade de comando, a qual, realizando-se, aliena-a de quem é por ela conduzido.

O exercício do poder também se dá, segundo o pensamento político ocidental, pelo uso da malícia, da "astúcia da razão" que engana o outro. Força e manipulação são vistos como elementos necessários ao exercício da dominação; seguem, porém, caminhos diferentes para a obtenção do mesmo fim, como observa G. Balandier (1997:120-121): "a força coage diretamente, a esperteza coage por um contorno, muitas vezes trazendo junto o consentimento ou a convicção. [...] Entre a pura violência e a pura racionalidade abre-se um espaço onde governa a Esperteza aliada à força legitimada".

Se a esperteza representa a manipulação do outro, a violência representa a sua negação. O exercício do poder, como é visto no pensamento político ocidental, implica sempre a negação da alteridade. Já segundo os princípios do taoísmo, a alteridade deve ser conservada: a política seria a arte de convivência com o outro. Destruir o outro implica a autodestruição. O equilíbrio entre opostos é o caminho (*tao*) para se alcançar o fim supremo: *Tai Chi*.

Na série cinematográfica, o Jedi representa um tipo de poder distinto do modelo político ocidental. Quando o budismo chegou à China, produziu, junto com o taoísmo, a filosofia zen. O personagem Yoda (termo sânscrito cujo significado é guerreiro) representa um filósofo zen, treinando seu discípulo. O termo Jedi deriva dos chamados *Jidai geki* (Robinson, W., 2005:48), os samurais japoneses, criados após a introdução do budismo no Japão, onde predominava o xintoísmo. Na série cinematográfica, o Jedi usa uma túnica em estilo de quimono que "se baseia, informalmente, nas vestimentas dos samurais, com o acréscimo de um capuz medieval para dar um toque mais monástico. O capacete e a armadura de Vader também se baseiam naqueles usados pelos samurais" (Robinson, W., 2005:48-49). Em especial, o Jedi possui sua espada, construída por ele mesmo. No filme, ela é substituída por um sabre de luz – objeto que fascinou o público.

O treinamento de Luke é tanto físico como mental, incluindo aqui conhecimento, ética e autocontrole. No episódio V, Yoda lhe ensina "que a força de um Jedi vem da Força. Mas cuidado com o lado negro. Raiva... medo... agressão". Curiosamente, Yoda fala mais das características negativas do lado negro do que das virtudes. É como se não fosse necessário ensinar a virtude: ela vai fluir naturalmente quando os sentimentos negativos forem contidos, em especial o medo. Quando Luke lhe pergunta como diferenciar o lado bom do ruim, Yoda responde: "Você saberá. Quando estiver calmo, em paz, passivo". Como um mestre zen, Yoda não fornece respostas conceituais. A missão de Yoda é sintetizada na frase que ele dirige a Luke: "Você deve desaprender o que aprendeu" (*Guerra nas Estrelas*, episódio V). Como explica W. Robinson (2005:51),

> uma das principais pressuposições do pensamento ocidental é a de que o homem pode usar o intelecto para entender a mente e a realidade. O Zen afirma que isso não é verdade. A verdadeira compreensão está além de toda conceituação. A mente é infinitamente ativa no esforço de alcançar aquilo que é impossível para ela. Zen é uma filosofia para se desfazer da filosofia, estudar a mente e a realidade com a não-mente. Quando Luke faz a "pergunta do por quê", Yoda responde: "Não, não, não há o porquê. Nada mais lhe ensinarei hoje. Limpe sua mente das perguntas".

Logo após esse diálogo, Luke se afasta de um desanimado Yoda e começa a sentir frio – o frio da morte, do Lado Negro, segundo Yoda. Penetra numa caverna repleta de gelo, onde se depara com Darth Vader, em posição de batalha. Eles lutam com seus sabres de luz, e o jovem vence. Só que, então, a máscara de Vader desaparece, e aparece o rosto de Luke em seu lugar. Fica claro para Luke que seu treinamento é uma luta contra si mesmo, pois seus defeitos, apontados por Yoda, podem levá-lo ao Lado Negro.

A visão de sua própria morte no corpo do pai é uma síntese do significado do treinamento de Luke. Os pântanos do planeta Dagobah, com seu aspecto sombrio e nebuloso, são uma representação do momento em que o herói sai do mundo e penetra em seu próprio inconsciente, que deve ser entendido aqui numa dimensão cósmica. Ao olhar o pântano coberto de neblina, com cobras enroladas nos galhos das árvores e um monstro nas águas ao seu redor, Luke confessa ter a impressão de que já esteve ali. Seguindo o pensamento de

Campbell, o pântano seria correspondente à arvore sob a qual Buda adormece ou ao deserto para onde Jesus Cristo se dirige no início de sua missão. Num sentido menor, é a região dos sonhos individuais. É sua fuga do mundo, em busca da Força:

> A introversão voluntária [...] impulsiona as energias psíquicas para as camadas profundas e ativa o continente perdido das imagens infantis e arquetípicas. O resultado, com efeito, pode ser maior ou menos completo da consciência (neurose, psicoce: o destino de Dafne enfeitiçada), mas, por outro lado, se a personalidade for capaz de absorver e integrar as novas forças, experimentará um grau quase sobre-humano de autoconsciência e de autocontrole superiores. Trata-se de um princípio básico das disciplinas indianas da yoga (Campbell, J., 2005:70-71).

Luke, no entanto, não completa o processo. Confirmando o pessimismo inicial de Yoda quanto ao seu aproveitamento, o jovem resolve abandonar os pântanos de Dagobah para ajudar seus amigos, na Cidade das Nuvens, caindo, sem saber, numa armadilha. O jovem Luke termina seu treinamento com um poder maior no que diz respeito a mexer objetos com a força mental, mas mantém as mesmas características de personalidade: ansiedade, impulsividade, presunção, as mesmas características de seu pai. Aliás, é no momento em que Darth Vader revela ser seu pai que o jovem expõe sua fragilidade emocional, mostrando total ausência de autocontrole. Ele está dependurado num mastro e grita, uma imagem que reflete sua condição espiritual: está quase a desabar por completo. Num cenário que mistura luzes e fumaça, Luke está entre o céu e o inferno.[5] O conflito entre pai e filho tem também uma dimensão cósmica: Darth Vader é uma variação de Dark Father, pai das trevas, ao passo que o nome Luke vem de luz.

A figura de Yoda tem também um outro significado na história: o lado infantil de *Guerra nas Estrelas*, cuja história, nas palavras de sua introdução, segue a fórmula dos contos de fadas ("Há muito tempo, numa galáxia muito, muito distante daqui..."). Mestre Jedi, Yoda não possui o aspecto solene que dele se espera – o que, inclusive, confunde Luke. Ele tem a aparência de um sapo misturado com a de um duende, um desses sapos que aparecem nas histórias infantis, ou ainda a de um velhinho, desprezado por sua aparência, que acaba ajudando o herói. Yoda mexe nas mochilas de Luke em busca de comida, rouba

---

5. Segundo Lucas, nos comentários acrescidos à cópia em DVD, é justamente esse o objetivo do cenário, representar tanto o céu como o inferno. Não se deve esquecer que a cena se passa na Cidade das Nuvens, belíssima como um paraíso, mas onde ocorrem uma série de mentiras e traições.

uma lanterna e briga com o robô R2. Ele é uma das razões que levaram o crítico R. Ebert (2004:246) a escrever que o filme "é tão bobo quanto um conto infantil, tão superficial como os seriados de sábado à tarde, tão batido como o milho do Kansas em agosto – e uma obra-prima".

Segundo J. Campbell (1995:61), "o repugnante e rejeitado sapo do conto de fadas traz a bola do sol na boca; pois o sapo, a serpente, o rejeitado, é o representante daquela profunda camada inconsciente [...] onde são guardados todos os fatores, leis e elementos da existência rejeitados, não admitidos [...]". Mas são eles que levam aos tesouros.

Além de Yoda, outros personagens são típicos de histórias infantis: os animais híbridos que contêm características humanas como Chewbacca, companheiro de Han Solo, o gângster Jabba e sua incrível gordura, a princesa que se apaixona por um contrabandista que depois demonstra ser um homem honrado, e, principalmente, os Ewos da lua florestal de Endor, que se parecem com ursos de pelúcia vivos, cheios de esperteza e humor.

Para Campbell (1995:35), o desprezo ao conto de fadas e à comédia e a conseqüente exaltação da tragédia em nossa civilização é o resultado de seu apego à realidade presente com todo o seu sofrimento e poder destruidor. Citando as palavras de Tolstói no início de Ana Karenina – "Todas as famílias felizes se parecem entre si; já as infelizes são infelizes cada uma à sua maneira" –, J. Campbell (1995:32) escreve que a sociedade burguesa prefere as histórias dos infelizes, enquanto o "final feliz é desprezado, com justa razão, como falsa representação; pois o mundo – tal como o conhecemos e o temos encarado – produz apenas um final: morte, desintegração, desmembramento e crucifixão do nosso coração com a passagem das formas que amamos".

Diferente da tragédia, a mitologia, como o conto de fadas, nos mostra os perigos do sombrio mundo interior e a técnicas para superá-los, por meio dos triunfos da natureza psicológica sobre a natureza física. "Assim, as horrorosas mutilações são vistas, tão-somente, como sombra de uma eternidade imanente e imperecível" (Campbell, J., 1995:35). E completa: "tal como as famílias felizes, os mitos e os mundos redimidos se parecem entre si" (Campbell, J., 1995:36).

Cinema, New Age e carnavalização

O lado infantil da série é coerente com a caracterização que L. Amaral (2000:206) faz da espiritualidade Nova Era, como uma "carnavalização" do mundo, "um jogo combinatório de completa liberdade em estabelecer relações não usuais". Após participar de uma série de eventos, como *workshops* e festivais voltados para o desenvolvimento dessa cultura religiosa, L. Amaral (2000:138) observa que mesmo os rituais de cura mantêm um "clima de brincadeira, de descontração, de risos e de graças" num espetáculo que convive com expressões de dor. "As imagens visam englobar os dois pólos do devir na sua unidade contraditória." O sofrimento deve ser enfrentado e vencido, e isso se dá com uma identificação e participação no Todo, o que expulsa o medo – o grande adversário.

Além disso, em muitos programas *new age* de cura que envolvem o enfrentamento com o "lado negro" de cada participante, as brincadeiras e a jocosidade são comuns. No entanto, "a gozação não perturba, porque apresenta-se como 'engraçar' – 'dar graça', 'tornar gracioso', 'realçar' as atitudes do outro. A troça [...] é a expressão da aceitação do outro como 'pessoa engraçada', 'espirituosa', 'que tem graça'"(Amaral, L., 2000:77-78).

George Lucas explorou ao máximo os recursos dos meios de produção e recepção do cinema para expor essa concepção da vida como um ritual de passagem, onde a sala escura proporciona um ambiente de sonho para o indivíduo, um lugar de fuga do mundo. E, dentro desse mundo, o riso também tem seu valor como encantamento, como forma de relaxar tensões.

O cinema proporciona ao espectador um estado afetivo-intelectual semelhante, em muitos aspectos, aos dos ritos mágicos e do sonho, segundo a visão de E. Morin (1970:59) – um pensador holista como J. Campbell – que fala do cinema como um "espantoso e complexo afetivo-mágico" pela capacidade de gerar emoções, projeções e identificações que dão ao imaginário um peso de realidade como nunca aconteceu antes na história da cultura. As idéias que compõem o pensamento mágico sobre a existência de um duplo do homem, a sua "sombra" viva que habita o mundo sobrenatural, encontraria aqui a sua realização material. Mais do que uma arte, o cinema seria o herdeiro da magia no reino da técnica. A sala do cinema, por exemplo, reencarna, em sua escuridão, o encanto das antigas cavernas em que o homem, possivelmente, realizou os primeiros ritos mágicos, nos quais as suas projeções ganhavam vida. Assim como nos ritos mágicos, as potências psíquicas mais primitivas do ser humano seriam libertadas pela imagem, formando um duplo do mundo real. Passivo, impotente, diante de uma forma de ficção que não lhe permite nenhuma participação efetiva, o espectador passaria, na sala escura do cinema, por um processo regressivo, em que as mais primitivas forças psíquicas seriam libertadas do jugo da razão: são emoções, pulsões e desejos reprimidos no cotidiano. É a hora, segundo Morin, em que o soldado pode chorar ao ver uma vítima da tortura e que o médico sente toda a violência de uma intervenção cirúrgica e se comove.

Ao libertar essas pulsões primeiras, o cinema realizaria uma participação afetiva do público com o filme, semelhante ao que acontece em ritos mágicos. "O universo do cinema deriva genética e estruturalmente da magia, sem que isso seja magia; deriva da afetividade sem também ser subjetividade" (E. Morin, 1970:104)". Magia e cinema, mito e sonho, expressariam estruturas elementares do espírito, ou a *alma*, definida por E. Morin (1970:133) como a

> zona imprecisa do psiquismo em seu estado nascente, no seu estado transformador, esta embriogênese mental em que tudo o que é confundido se encontra no âmago da participação subjetiva num processo de distinção. [...] A alma nada mais é do que uma metáfora para designar as necessidades indeterminadas, os processos psíquicos na sua materialidade nascente ou residualmente decadente. O homem não tem uma alma: tem alma...

Em outra parte, Morin completa sua identificação do cinema com o pensamento mágico dizendo que, assim como acontece nas sociedades primitivas, o animismo domina nas telas do cinema, na qual o objeto teria alma. E acrescenta a isso a complexa noção de *mana* como uma qualidade das coisas na tela, onde "os objetos tornam-se irradiantes, mercê duma espantosa presença, duma espécie de *mana* que, simultânea ou alternadamente, é riqueza subjetiva, potência emotiva, vida autônoma e alma particular" (1970:87). As coisas adquirem forma humana, e o homem adquire presença cósmica.

Em *Guerra nas Estrelas* George Lucas soube manejar símbolos, imagens e temas correntes de uma espiritualidade difusa em nossos dias, utilizando os recursos cinematográficos para levar o público a uma forma de arrebatamento similar àquele descrito por E. Morin. Daí a sintomática referência à palavra êxtase ou outras semelhantes para descrever a reação do público diante de *Guerra nas Estrelas*. O já citado crítico R. Ebert (2004:250), por exemplo, ao mesmo tempo que chama o filme de "tolo", como foi visto, confessa, ao colocá-lo entre os cem maiores filmes da história do cinema, que "vendo o filme pela primeira vez, eu fiquei arrebatado, e assim continuo até hoje".

Um sentimento de fervor religioso transparece também no texto de um filósofo americano sobre a série:

> Com *Guerra nas Estrelas*, George Lucas criou o mito de nosso tempo; o embrião, de fato, de uma nova religião – uma religião com as vestes do futuro e do antigo espírito de busca do herói. Na medida em que as civilizações atuais disputam tecnologias herdadas do passado, a humanidade precisa de uma crença fortalecedora para nossos tempos; uma crença que propicie uma destilação unificadora de todas as religiões do mundo. Para entendermos como *Guerra nas Estrelas*, com seu drama heróico da Força, responde a essa necessidade, precisamos em

> primeiro lugar abrir mão de nossas mentes conscientes e de toda a dependência da evidência empírica, e seguir nossos sentimentos e imaginação. Precisamos nos deixar ser capturados pelo encantamento da magia (J. Lawer, 2005:147).

A nova era da simbólica do mal no cinema

As palavras de J. Lawer trazem à lembrança uma das cenas mais famosas da série. No quarto episódio há uma seqüência em que Luke Skywalker pilota uma pequena nave espacial, na periferia da Estrela da Morte, sendo perseguido pelas forças do Império. Ele vê seus companheiros sendo abatidos e sabe que sua situação é de alto risco: precisa encontrar o único ponto vulnerável da máquina de destruição. Nesse momento, ele escuta a voz do seu falecido mestre Kenobi: "Desligue o computador e confie em seus sentimentos". Luke obedece e consegue destruir a nave inimiga.

Luke chega assim à condição de herói sem ter completado seu treinamento como Jedi. Confia, porém, no poder da Força presente em seu *self* e que está em comunicação direta com seu cérebro, o que faz com que seu instinto seja mais útil que as máquinas. O herói é o oposto do vilão Darth Vader, um homem-máquina. Quando Vader aparece na história pela primeira vez, no início do episódio IV, ele está no meio de robôs. Sua máscara é semelhante às deles. Se não fosse por sua melhor desenvoltura no andar, Darth seria tomado por um andróide, pois sua própria voz, mecanizada, parece sair de uma máquina e não de um homem. Nas cenas seguintes, as imagens deixam claro que ele não é uma máquina, mas não especificam o que ele realmente é, enigma que só será desvendado no episódio três, o último filme da série a ser lançado no mercado. Assim o mal é representado em *Guerra nas Estrelas* por um personagem cuja natureza está coberta pela máquina. Sobre ele, J. Campbell (Campbell, J. e Moyers. B., 1990:153) comenta:

> Darth Vader não desenvolveu a própria humanidade. É um robô. É um burocrata, vive não nos seus próprios termos, mas nos termos de um sistema imposto. Este é o perigo que enfrentamos hoje, como ameaça às nossas vidas. O sistema vai conseguir achatá-lo e negar sua própria humanidade, ou você conseguirá utilizar-se dele para atingir propósitos humanos?

Luke, ao contrário, chega à vitória usando a intuição, o oposto da racionalidade técnica. O valor dado à intuição é um elemento básico para se entender o que é o divino no universo da história. Para J. Campbell (2002:43), na tradição ocidental Deus está fora do homem; sua relação com ele é intermediada por instituições, enquanto no oriente cada um é um fragmento de Deus, e a intuição é uma forma de manifestação do Deus que está em nós. A intuição é mais apta a vencer os "programas" externos que as instituições impõem ao indivíduo. "O reino de Deus está dentro de você" (Campbell, J., 2002:37).

J. Lynden (2000) comparou Luke a mais uma versão do herói messiânico, comum no cinema americano clássico. Embora a comparação possa ter um certo nível de coerência, deve-se levar em conta que o herói de Lucas pertence a um universo mitológico distinto da cosmologia judaica-cristã. Depois do lançamento da série completa, o público vê que a figura do "Enviado" é representada pelo personagem Anakin Skywalker, e não por Luke. É Anakin que nasce de uma mãe virgem com uma missão profetizada. E realmente é ele quem mata o Imperador. Mas sua passagem para o lado negro impossibilita maiores comparações com Cristo. Anakin une em sua imagem os maiores representantes do Bem e do Mal no cristianismo: Cristo e Lúcifer, o anjo caído, o que é um ataque ao universo cristão.

A representação da divindade no cristianismo não suporta tal ambigüidade. Em um de seus trabalhos sobre o tema, P. Ricouer (1998) observa que a existência do mal é um enigma que a filosofia e a teologia cristãs não conseguem resolver por completo porque trabalham com uma concepção de Deus como um ser totalmente amoroso e bom, sem nenhuma relação com o mal. Como o Deus cristão também é visto como onipotente, fica difícil entender logicamente o surgimento do mal.

Já J. Campbell (2002:62) escreve que expiação, culpa e pecado são tratados no cristianismo como se fossem negociações bancárias: o Demônio se apoderou do Homem, e o Homem foi redimido por Cristo com a expiação.

Diferentemente do que acontece na teologia cristã, no universo de *Guerra nas Estrelas* o próprio amor revela um lado maligno quando levado ao extremo. O que levou Anakin Skywalker à queda foi seu grande amor por uma mulher, Padmé Amidala, e o conseqüente medo de perdê-la. Quando ainda era um Jedi, Anakin teve visões da morte de sua mulher. Atormentado, ele acabou cedendo à pressão do imperador Palpatine, que lhe prometeu um poder capaz de reverter a morte, caso ele passasse para o Lado Negro. Nesse aspecto, a série de George Lucas se distingue do romantismo vulgar dominante[6] no cinema americano, pois exibe um vilão que passou para o lado negro por causa de seu amor,

6. Chamo de romantismo vulgar o desenvolvimento tardio do movimento romântico na sociedade de consumo, tal como foi descrito por C. Campbell (2001).

o que significa dizer que o amor é um sentimento perigoso, quando rompe o equilíbrio e traz consigo o medo de perder o ser amado. A condição ascética dos outros Jedi reforça essa idéia.

Também em outros aspectos Darth Vader é um símbolo que une o lado negro com a luz, as duas faces da Força. Ele não deixou de ser um Jedi, o que significa uma alma desenvolvida. Isso seria uma contradição, se não fosse o tipo de razão que move a história, onde lados opostos não se excluem. Por isso, Luke aposta que ainda existe bondade no pai. Ao matar o Imperador, Darth Vader demonstra que o filho está certo, num ato inusitado dentro do mundo cinematográfico americano: o que até então aparecia como encarnação do Mal Absoluto (entidade tão presente nas telas dos anos 70)[7], salva o filho e a galáxia.

A ambigüidade de Darth Vader seria também o principal motivo que levou George Lucas a contar, na segunda trilogia, a origem da história dos principais personagens presentes na trilogia original, em vez de prosseguir com a narrativa, como geralmente acontece nos filmes que dão continuidade aos grandes sucessos do cinema. Graças à decisão do seu criador, quando os seis episódios estão reunidos segundo a ordem cronológica da história contada, *Guerra nas Estrelas* se transforma numa narrativa onde a trajetória de Darth Vader – seu nascimento, queda e recuperação – é o grande tema.[8]

Outra coisa que faz de Darth Vader uma raridade dentro da história do cinema é o fato de que não existe por trás dele a *perfomance* de um ator. Sabe-se que por trás de suas roupas estava um ator desconhecido chamado David Prowse, e que sua voz veio de James Earl Jones, mas nenhum dos dois de fato representa Darth Vader no imaginário popular. Até nesse aspecto, trata-se de um personagem desumanizado, que mostrou que a previsão de W. Benjamin (1994), de que a tecnologia cinematográfica tornava o ator um elemento dispensável tal como o operário numa fábrica moderna, estava certa. Anakin Skywalker tem uma face, pois foi interpretado por Hayden Christensen, no episódio três, *A Vingança dos Sith* (*Star Wars: episode III – revenge of The Sith*, EUA, 2005, George

7. Ver N. Carrol (1999).

8. George Lucas declarou numa entrevista: "Não gosto de contar origens, o começo das coisas, gosto de começar pelo meio, quando todos os elementos já estão em seu lugar. Fiz assim com *Indiana Jones*, com *Loucuras de Verão* e com o *Star Wars* original. A decisão de voltar ao passado e explicar todos os fatos se deve à minha vontade de mostrar a história de Darth Vader, do começo ao fim. Quando você assistir aos filmes na ordem crescente, tudo fará sentido" (reproduzido na revista *Set, cinema, DVD, entretenimento*, ano 18, número 215, maio/2005, p.28).

Lucas). Mas Vader não. Da mesma forma que o E.T. de Steven Spielberg, o personagem Darth Vader entrou para a história do cinema sem ter seu nome associado ao trabalho de um ator.

Se, visto na pespectiva da cosmologia cristã, Darth Vader é um paradoxo ou mesmo uma blasfêmia, dentro do universo Nova Era ele aparece como um símbolo eficaz do mal, o doentio. Falando sobre os rituais de cura xamânica processados por adeptos da cosmovisão nova-era, L. Amaral (2000:68) mostra que seu objetivo é fazer com que o indivíduo perca a "couraça", ou seja, supere os padrões e programas que lhe foram impostos pela vida social, que impedem sua comunicação com o universo. Durante o rito, a "história contraditória do indivíduo é [...] percebida como tendo sua morada no corpo. O esforço ritual dirige-se, conseqüentemente, no sentido de "desprogramar" os carimbos, seja através de toques desbloqueadores ou pelo fluir da meditação" (Amaral, L., 1995:68).

Darth Vader é, física e espiritualmente, um encouraçado. Por dentro da couraça em que seu corpo se transformou, ainda há, no entanto, amor e bondade, como diz Luke, que, na última luta com o pai, ao mesmo tempo que se defende dos golpes, tenta por meio de palavras como que "desbloqueá-lo", objetivo por fim alcançado. A liberação de Anakin é representada, fisicamente, pela perda da máscara. Sem ela, ele retorna ao lado da luz, e cumpre sua missão. Morre, mas seu espírito aparece, no final do sexto episódio, ao lado de seus mestres Yoda e Kenobi. De certa maneira, ele alcança o que seria, segundo L.S. Soares (1994), a cura dentro da cosmologia Nova Era: a recuperação de uma origem.

Darth Vader se torna, dessa maneira, uma raridade dentro da história do cinema americano: ele é um vilão que se recupera no final. Dentre os personagens de *Guerra nas Estrelas*, ele não é, entretanto, o único a se redimir. Han Solo era um contrabandista, no início do episódio quatro, um típico "malandro" perseguido por um gângster por causa de uma dívida. Pressionado pelo bandido, Han aceita prestar serviços a Kenobi e Luke em troca do dinheiro, mas faz questão de deixar claro seu ceticismo: "Eu voei de um lado a outro da galáxia. Já vi uma porção de coisas estranhas, mas jamais vi coisa alguma que me fizesse acreditar que existe uma força todo-poderosa controlando tudo. Nenhum campo místico de energia controla meu destino. Tudo não passa de um amontoado de truques e baboseiras". Mais tarde, no entanto, ele é convertido à religião e se alia aos rebeldes.

A mesma ausência de rigidez aparece no que diz respeito è definição do que é a verdade e como ela deve ser usada. Uma professora norte-americana de filosofia, Shanti Fader, confessa que ficou confusa quando um namorado criticou os Jedi porque eles mentiam muito, ao contrário dos seus inimigos (Fader,

S., 2005:189). Essa confusão é compreensível, porque, segundo os padrões do cinema americano, o herói deve sempre dizer a verdade. Em *Guerra nas Estrelas*, no entanto, os Jedi mentem. Obi-Wan Kenobi diz para Luke que Darth Vader matou seu pai. Yoda, além de esconder a verdade sobre o pai de Luke, esconde sua própria identidade. Quando o rapaz, chegando a Dagobah, confessa estar procurando um grande guerreiro, Yoda, em vez de se identificar, prefere transmitir um ensinamento: "A guerra não faz ninguém grande" (*Guerra nas Estrelas*: episódio V). Durante algum tempo, em vez de se comportar como um cavaleiro Jedi, Yoda prefere iludir o rapaz, revelando, com seu procedimento, os defeitos de Luke.

Depois que Luke descobre a verdade, revelada de forma dramática pelo pai, no meio de um combate, ele questiona o espírito de Obi-Wan Kenobi, que responde: "Luke, você descobrirá que muitas das verdades às quais nos apegamos dependem em grande parte do nosso próprio ponto de vista" (*Guerra nas Estrelas*, episódio VI).

S. Fader (2005:196)) vê nessa relação verdade-mentira no filme uma influência do budismo, junto com a rejeição da perspectiva ocidental. Ela conta a *Parábola da Casa em Chamas*, narrada por Buda a um de seus discípulos. Na história, a casa de um homem rico pega fogo. Ele tenta afastar os filhos que brincam perto da área em chamas. Sem conseguir convencê-los do perigo, o pai profere uma mentira, dizendo para os filhos que existem lindas charretes ao redor da propriedade, e as crianças correm para fora, sendo salvas.

Para o budista, o engano usado para atingir objetivos nobres não é um engano (Faber, S., 2005:196). É o que Yoda fez quando, com suas brincadeiras, revelou as deficiências de Luke. Também Obi-Wan Kenobi, ao esconder do rapaz a verdade sobre seu pai, agiu por compaixão, ocultando o que ele não estava preparado para saber, no início de sua jornada como Jedi.

A explicação de S. Faber, buscando no budismo uma justificativa para o comportamento aparentemente contraditório dos Jedi, aponta para a presença de uma nova consciência que não se prende às tradições ocidentais quando precisa definir o que é legítimo na prática religiosa. Por outro lado, independente da explicação dada por ela, a flexibilidade no uso do verdadeiro e do enganoso demonstra que, também nesse aspecto, o universo regido pela Força está muito próximo do cosmos Nova Era. Em ambos os mundos, os conceitos não usam couraça e abrem o caminho para os jogos de combinação de elementos díspares.

Para J. Campbell, o judaísmo e o cristianismo são responsáveis pela introdução de um "culto da verdade" que hoje se mostra fatal à própria vida religiosa. O mundo ocidental, segundo ele (Campbell, J., 2002:28), não sabe, por exemplo, separar o mito da mentira: as metáforas religiosas são vistas como mentiras, pois as pessoas não foram ensinadas a pensar a religião como um conjunto de metáforas. Deus e o homem são vistos como fatos, e isso implica um bloqueio no entendimento das dimensões do universo.

> Como é entendido particularmente na tradição judaico-cristã, Deus é termo final. [...] Se o deus se abre à transcendência, você é uno com o que chama de "Deus". Assim, a imagem do deus introduz você na própria transcendência. [...] Mas quando o deus fecha a si mesmo e diz "Eu sou Deus", ele fecha você também, porque isso expressa que você é apenas um fato e, assim, a relação, nesses termos, é entre você e o fato que não é fato algum (Campbell, J., 2002:54 e 56).

Isso não aconteceria fora das religiões monoteístas. "Em quase todos os outros sistemas, os deuses são agentes, manifestações ou funcionários imaginados de uma energia que transcende a toda conceituação" (Campbell, J., 2002:54). Daí o domínio de uma razão que trabalha com metáforas e imagens, e onde as mensagens transcendentes são mais importantes do que os fatos concretos.

Conclusão

A primeira trilogia de *Guerra nas Estrelas* lançada no mercado é uma história que começa com pessoas sendo perseguidas por robôs nos corredores de uma nave espacial e termina numa floresta, com a cena de uma festa onde estão presentes seres humanos e representantes de outras espécies animais, que celebram, acompanhados dos espíritos dos Jedi Kenobi, Yoga e Anakin Skywalker, a volta do universo a um estado de equilíbrio.

Quando o primeiro filme da série foi exibido, em 1977, o cinema-catástrofe contava histórias que tinham por tema a relação problemática entre o homem e a natureza. De um lado, via-se a humanidade representada por homens ambiciosos que, na busca do lucro e do domínio, desprezavam os limites impostos pela natureza. Agredida, a natureza respondia com violência, transformando em objeto aquele que pretendia ser seu senhor. Na opinião de J. Cabrera (2006:114-115), filmes como *Tubarão* (*Jaws*, EUA, 1975), de Steven Spielberg, atacam diretamente a concepção do homem como sujeito dominador, tal como foi construída no ocidente moderno, exibindo imagens de indivíduos impotentes frente à fúria dos elementos da natureza. Dessa forma,

> o cinema de Spielberg mostra como podemos ser *digeridos* pela natureza sem que sejamos conhecidos por ela; ao contrário, sendo tratados como absolutamente

> "qualquer coisa". A natureza pode nos devorar sem nos conhecer, de forma anônima e impessoal [...] Em vez de mostrar o homem como sujeito (de conhecimento, de controle), ele é mostrado como um objeto necessitado, como algo submetido a um processo que o supera e desenreda, transformando-o em outra coisa (alimento, resíduo), quer aceite isso ou não.

Ao popularizar a figura do Jedi, *Guerra nas Estrelas* lança uma imagem diferente do homem, o qual, em lugar do conflito, entra numa relação de reconciliação tanto com a sua natureza interior como também com as forças ocultas que movem o universo. O Jedi é o guerreiro que proclama que "a guerra não torna ninguém grande" e um místico que acredita ser o poder da Força superior ao das armas mais desenvolvidas.

Entendo que se o herói Jedi ganha a simpatia do público é porque ele, na verdade, representa nas telas uma forma de misticismo que ganha espaço dentro da sociedade contemporânea, embora seja difícil demarcar sua área de atuação. A "religião da Força" segue os passos de um certo tipo de sagrado que G. Balandier (1999:159) caracteriza como "difuso","invisível"e "informal", mas que, apesar disso, se torna

> o provedor do que se constitui um novo agenciamento de signos e símbolos, convicções e crenças que os outros sistemas de interpretação e de ação não podem propor. [...] O sagrado, hoje, *ilumina* e *extravia* tudo ao mesmo tempo, pela profusão daquilo que derrama sobre a experiência de cada um. Essa superabundância levou a caracterizar o sagrado e o religioso, em suas expressões atuais, pelo aparecimento de um *neopoliteísmo* que se prende a "forças", a potências, mais do que a entidades divinizadas claramente identificadas.

Mentor da "Religião da Força", J. Campbell (2002:43) vê nesse misticismo difuso uma reação contra a institucionalização do sagrado promovido pelo judaísmo-cristianismo. Aqui, a relação entre a pessoa e Deus "é realizada pela instituição, o que podemos chamar de "primeira dissociação mística", na medida em que dissocia a pessoa do princípio divino". O que representa uma forma de alienação: "por força desse sistema, fomos despojados do sentido de nossa própria divindade. Fomos confinados a uma organização social ou instituição hierárquica que formula uma asserção para si mesma. E agora nossa própria asserção está em questão" (Campbell, J., 2002:44).

Nessa luta contra "o deus da Instituição", os artistas teriam uma função especial:

> Artistas partilham da vocação [...] de fundir as novas imagens da mitologia, ou seja, eles produzem as metáforas contemporâneas que nos permitem compreender a natureza transcendente, infinita e abundante do ser como ele é. Suas metáforas

> constituem os elementos essenciais dos símbolos que tornam manifesto o esplendor do mundo como este é, isto em lugar de argumentar que este deveria ser de um modo ou de outro. Eles o revelam como é (Campbell, J., 2002:36).

Nessa perspectiva fica mais fácil entender a parceria de J. Campbell e um artista como George Lucas e o resultado dessa reunião, a saber, a Religião da Força dentro do filme – uma representação simbólica do cosmos como a vida religiosa deve ser, no entender do ensaísta americano. Além disso, essa união pode ser uma das causas responsáveis pelo sucesso do filme: ele atende à expectativa de indivíduos que se afastaram da religião institucionalizada, mas continuam a ser, de alguma forma, caçadores do sagrado.

REFERÊNCIAS BIBLIOGRÁFICAS

AMARAL, l. Carnaval da alma. Comunidade, essência e sincretismo na Nova Era. Petrópolis: Vozes, 1991.

BALANDIER, G. *O contorno*: poder e modernidade. Rio de Janeiro: Betrand Brasil, 1997.

____________. *O Dédalo*: para finalizar o século XX. Rio de Janeiro: Betrand Brasil, 1999.

BENJAMIN, W. A obra de arte na era de sua reprodutibilidade técnica. In: *Magia e técnica, arte e política*: ensaios sobre literatura e história da cultura. São Paulo: Brasiliense, 1994.

CABRERA, J. O cinema pensa. Uma introducção à Filosofia através dos filmes. Rio de Janeiro: Rocco, 2006.

CAMPBELL, C. A ética romântica e o espírito do consumismo moderno. Rio de Janeiro: rocco, 2001.

CAMPBELL, J. *O herói de mil faces*. São Paulo: Cultrix, 1995.

____________. Isto é tu. Redimensionando a metáfora religiosa. São Paulo: Landy, 2002.

CAMPBELL, J. e MOYERS, B. *O poder do mito*. São Paulo: Pala Athena, 1990.

CARROL, N. *A filosofia do horror*. Campinas: Papirus, 1999.

DEULEZE, G. *Cinema 1 A imagem-movimento*. São Paulo: Brasiliense, 1985.

DURKHEIM, E. As formas elementares de vida religiosa. São Paulo: Paulinas, 1989.

EBERT, R. *A magia do cinema*. Rio de Janeiro: Ediouro, 2004.

EISNER, L. H. *Tela demoníaca*: as influências de Max Reinhardt e do Expressionismo. Rio de Janeiro: Paz e Terra, 1985.

IRWIN, W (org.). *Star Wars e a filosofia*. São Paulo: Madras, 2005.

FADER, S. Um determinado ponto-de-vista: Jedi meniroso, Sith honesto e os espectadores que os amam. In: IRWIN, W (org.). *Star Wars e a filosofia*. Op. cit.

LABAKI, A. Os caçadores da arca perdida. In: LABAKI, A. (org), *O cinema dos anos 80*. São Paulo: Brasiliense, 1991.

LAWER, J. A Força está *conosco*: a Filosofia do Espírito de Hegel contra-ataca o império. In: IRWIN, W. (org.), op. cit.

LYNDEN, J. The Apocalyptic Cosmology of Star Wars. The Journal of Religion & Film, v.4, n.1, april 2000. Disponível em http://www.unomaha.edu/jrf/LydenStWars.htm.

MORIN, E. *O cinema ou o homem imaginário*. Lisboa: Moraes Editores, 1970.

NAZÁRIO, L. *Da natureza dos monstros*. São Paulo: Editora Arte e Ciência, 1998.

RICOUER, P. O Mal: um desafio à filosofia e à teologia. Campinas: Papirus, 1998.

ROBINSON, W. O Extremo-Oriente de *Guerra nas Estrelas*. In: IRWIN, W (org.). *Star Wars e a filosofia*.

SAHLINS, M. *Cultura na prática*. Rio de Janeiro: Editora UFRJ, 2004.

SOARES, L. S. *O rigor da indisciplina*: ensaios de Antropologia Interpretativa. Rio de Janeiro: Relume-Dumará, 1994.

____________. *Violência e política no Rio de Janeiro*. Rio de Janeiro: Relume-Dumará/ Iser, 1996.

TRUFFAUT, F. *O prazer dos olhos*. Rio: Jorge Zahar, 2005.

WEBER, M. *Economia e sociedade*: Fundamentos da sociologia compreensiva. Brasília: Editora Universidade de Brasília, 1994, v.1.

Ficha técnica da trilogia original de Guerra nas estrelas

GUERRA NAS ESTRELAS: EPISÓDIO IV – UMA NOVA ESPERANÇA
(STAR WARS: A NEW HOPE)

ROTEIRO E DIREÇÃO: George Lucas
PRODUÇÃO: Gary Kurtz
MÚSICA: John Williams
ATORES PRINCIPAIS: Mark Hamill, Harrison Ford, Carrie Fisher, Peter Cushing e Alec Guiness
PAÍS: EUA
ANO: 1977
SINOPSE:[9] "Os Cavaleiros Jedi foram exterminados e o Império comanda a galáxia com punho de aço. Um pequeno grupo de rebeldes ousou desafiar a potência roubando os planos secretos da mais poderosa arma do Império, a estrela da morte. O servo de maior confiança do Imperador, Darth Vader,

9. As sinopses reproduzem o texto original divulgado pela distribuidora do DVD.

precisa encontrar os planos e localizar o esconderijo dos rebeldes. A líder dos rebeldes aprisionada, Princesa Leia, envia um pedido de socorro que é interceptado por um simples fazendeiro, Luke Skywalker. Seguindo seu destino, Luke aceita o desafio de resgatar a princesa e e ajudar a rebelião a enfrentar o Império, contanto com alguns aliados inesquecíveis, como o sábio Obi-Wan Kenobi, o presunçoso Han Solo, o fiel Chewbacca e os dróides R2-D2 e C-3PO"

GUERRA NAS ESTRELAS: EPISÓDIO V – O IMPÉRIO CONTRA-ATACA.
(STAR WARS: THE EMPIRE STRIKES AGAIN)
HISTÓRIA: George Lucas
DIREÇÃO: Irvin Kershner
PRODUÇÃO: Gary Kurtz
PRODUTOR EXECUTIVO: George Lucas
MÚSICA: John Williams
ATORES PRINCIPAIS: Mark Hamill, Harrison Ford, Carrie Fisher, Bily Dee Willians, Franz Oz (Yoda)
PAÍS: EUA
ANO DE LANÇAMENTO: 1980
SINOPSE: "É um tempo difícil para a Rebelião. Após um ataque devastador à sua base no planeta gelado de Roth, os Rebeldes se desagregam para fugir da perseguição imperial. Luke Skywalker procura o misterioso Mestre Jedi Yoda nos pântanos de Dagobah, enquanto Han Solo e a Princesa Leia conseguem escapar da frota imperial para a bela Cidade das Nuvens de Bespin. Em sua tentativa de converter Luke ao lado negro da Força, Darth Vader atrai o jovem Skywalker a uma armadilha. Em meio a um violento duelo de sabres de luz contra o Lorde Sith, Luke descobre a angustiante verdade sobre a herança dos Skywalkers."

GUERRA NAS ESTRELAS: EPISÓDIO VI – O RETORNO DO JEDI
(STAR WARS: RETURN OF JEDI)
HISTÓRIA: George Lucas
DIREÇÃO: Richard Marquand
PRODUTOR EXECUTIVO: George Lucas
PRODUÇÃO: Howard Kajanjan
ESCRITO POR: George Lucas e Lawrwnce Kasdan

MÚSICA: John Williams
ATORES PRINCIPAIS: Mark Hamill, Harrison Ford, Carrie Fisher, Bily Dee Willians
PAÍS: EUA
ANO DE LANÇAMENTO: 1983
SINOPSE: "No espetacular capítulo final da saga, Luke Skywalker e a Princesa Leia precisam viajar a Tatooine para libertar Han Solo, e para tanto precisam se infiltrar na corte de Jabba, The Hutt, o gângster mais desprezível da galáxia. Juntos novamente, os rebeldes aliam-se às tribos dos Ewoks para combater as forças imperiais na lua florestal de Endor. Enquanto isso, o Imperador e Darth Vader conspiram sobre como atrair Luke para o lado negro, e o jovem Skywalker está disposto a reviver o espírito Jedi em seu pai. A Guerra Civil Galáctica prepara-se para o confronto final, quando as Forças Rebeldes se unem para atacar a segunda Estrela da Morte, aparentemente indefesa e incompleta, na batalha que determinará o destino da galáxia."

Personagens na chuva:

dois ensaios a partir do filme *Blade Runner*

"*Finished*". "Terminou". Esta será a primeira fala de Deckard após a morte de Roy. O outro detetive, para quem Deckard diz o seu "*finished*", havia lhe dito em tom irônico: "Fez um trabalho de homem". Terminar o trabalho de homem, essa foi a tarefa de Deckard?

Vigiar, observar, desvendar, policiar, proteger, isolar, perseguir, destruir, matar, retirar. Estes verbos resumem o "trabalho de homem" do detetive e matador profissional. Eis o centro da narrativa épica que acompanhamos no filme *Blade Runner*!

O homem é o parâmetro e o critério de eficiência e perfeição. Não será deus algum a dar o parâmetro. O resultado do trabalho não ficou "dos deuses", como dizemos às vezes, mas "de homem", como também costumamos dizer. Esta última expressão serve, na linguagem comum, para dizer de um trabalho de Homem e de um trabalho do ser humano do sexo masculino. Há uma ambigüidade em seu sentido.

Também no filme é ambígua a fala do detetive. Desta vez, não por indicar a presença tanto do gênero homem e do Homem como espécie. A ambigüidade da frase se liga à ambigüidade do personagem Deckard: Homem ou Replicante?

O objetivo maior do trabalho de homem é dado por uma palavra vinda da medicina: retirada. A precisão deve ser cirúrgica-científica, não ética. O que estará sendo retirado – os replicantes – são órgãos doentes que trazem ameaças de desestabilização e morte a todo o organismo-sociedade.

A ordem social é pensada como orgânica. Não mecânica, nem eletrônica. Para uma sociedade pensada como organismo, os perigos de destruição são pensados como vindos de fora: *off-world*. Da mesma forma, uma vez identificado o agente causador do Mal, ele deve ser expulso daquele Mundo, retirado.

Acompanhamos também uma história de amor. Como em qualquer narrativa romântica, o centro está no verbo amar. Deckard ama Rachael? "Você me ama?", pergunta ele a ela. "Eu amo você", ela responde, olhos nos olhos. Mas do amor dele não teremos confirmação em palavras. Intuímos este sentimento em suas expressões de dor e alívio na seqüência final do filme. Ele sente que este amor se construiu paralelamente à perseguição e destruição daqueles que "ameaçavam" a Ordem social existente. Ele sabe que Rachael está na mira dos garantidores dessa Ordem. Por isso ele, que conhece por dentro a maneira como essa Ordem se defende, terá que proteger sua amada. Com a pergunta que se segue à confirmação do amor mútuo, ele nos diz isto: "Você confia em mim?" Ao que Rachael responde: "Eu confio em você". Ele, que a fez sofrer por ter-lhe revelado a verdade de sua condição não-humana, a protegerá da realidade que se inicia: ela está ameaçada de ser "retirada".

Será o mesmo detetive dos olhos azuis envidraçados quem dirá as frases reveladoras e ambíguas, ainda no topo do prédio onde Roy morre. Debaixo da forte chuva que cai, antes de entrar na nave, ele se volta para Deckard: "Pena que ela não viverá". Por fim, completa: "Mas quem vive?" Serão essas frases, a angústia provocada por elas e que transparece no rosto do detetive-herói, que o transportarão, após um corte seco, do alto daquele prédio à porta de entrada de seu apartamento, onde Rachael dorme. Minutos depois a projeção chega ao final.

Narrativa um

"Finished."
"Terminou."
[fala do personagem Deckard
para Gaff, após a morte de Roy]

No lugar oposto ao do Homem – cuja tarefa foi a de construir um ambiente humanizado e moderno onde estava a "floresta" – a tarefa de Deckard será a de proteger os homens que vivem no ambiente da Cidade contra o perigo do desconhecido que se instalou em seu interior.

O mundo urbano sonha-se como o domínio dos instrumentos técnicos, onde a previsibilidade é absoluta, de onde foi expulso todo desconhecido. No entanto, em nossas cidades, a penetração de elementos que ainda guardam em si as qualidades da imprevisibilidade – tais como a chuva, o vento ou os desejos humanos – se dá com freqüência. Apesar do maior controle e conhecimento acerca desses "desconhecidos", a geração deles, sua origem primeira, ainda escapa das mãos humanas. No espaço concreto e vivido por nós, este ambiente ideal, liberto da "floresta", está por realizar-se no porvir.

O Cinema já seria este ambiente ideal – A Cidade, A Civilização Tecnológica –, apresentando-se para os homens e mulheres. Antecipando-se à realização concreta, é no cinema que a Previsibilidade atua com desenvoltura. Não há "peças" fora do lugar. Imagens e sons são montados deliberadamente pelos produtores e diretores, para dizer e mostrar a glória das técnicas – discursiva, imagética, sonora, química, ótica, teórica.

A Natureza, com sua imprevisibilidade aos olhos da Ciência, não penetra neste ambiente. Ou melhor, a Natureza, para entrar nesta Cidade Cinematográfica, primeiro passa por uma depuração, por uma retirada dos seus aspectos indesejados e incompatíveis com o mundo no qual ela está adentrando.

No Cinema, os personagens humanos não antecedem ao ambiente em que vivem. São criados concomitantemente, uns para os outros. Os fenômenos naturais presentes nesses ambientes são, portanto, parte da criação do próprio personagem.

O personagem central que dá origem e coerência ao ambiente que vemos no filme *Blade Runner* é um policial, um detetive.

Nelson Brissac Peixoto diz que o detetive cinematográfico vive em ambientes úmidos e escuros.

> O detetive se vê sempre em locais estranhos e desconfortáveis [...] Está sempre esperando, escondido, suando ou molhado. Nunca à vontade. Estranhamento reforçado pelo exterior, tomado por névoa ou chuva torrencial constante. O tempo todo à noite (1987, p.12).

Esta chuva do filme *Blade Runner* não é "natural", mas a-chuva-do-detetive-cinematográfico. Sem ele, ela não teria tomado existência. Sem ela, ele deixa de sê-lo, perde parte de seu charme e ambigüidade, da sua destreza em encontrar o criminoso neste emaranhado confuso e líquido que são as cidades onde atua. Essa chuva não é imprevista ou imprevisível. Cai onde e quando tem de cair.

> A chuva constante e as ruas sempre molhadas, cheias de lama, são uma metáfora desse mundo dissoluto (PEIXOTO, 1987, p.15).

A chuva que cai sobre a cidade onde se desenrola a história do filme é a imagem da dissolução, antes de ser Natureza. No mundo da Cidade, a chuva é imagem de algo, além de fenômeno do real. É mais sentido e forma que materialidade. É cinema (movimento), antes de ser água.

Na Los Angeles de 2019 a chuva é onipresente. Nas seqüências externas – ruas e topos de edifícios – a imagem e o som da chuva oscilam entre o primeiro e os demais planos fílmicos. Apenas em curtos momentos ela pára: quando Pris atravessa a rua, antes de sentar-se em meio ao lixo próximo à entrada do prédio onde mora J.F. Sebastian; também quando Deckard estaciona o carro e "videofona" para o apartamento de J.F. Sebastian, onde está Pris; e quando Zhora cai morta sobre os vidros de uma vitrine. Neste momento neva, pequenos flocos depositam-se levemente sobre os ombros de Deckard, como a lhe oferecer carinho e reconhecimento pela brutalidade que acabou de cometer. Nas duas cenas fronteiriças a esta são pesados fios de chuva que assistimos cair sobre os ombros do personagem.

Nas muitas cenas interiores em que a chuva não se faz presente, seu som e imagem são intuídos por nós. Estão "lá fora", a manter a cidade escoando de si própria.

Em outras cenas de interior – notadamente as da seqüência final de "perseguição" – a água escorre pelas paredes em primeiro plano. Ouvimos o som desse escorrer eterno prédio abaixo, ao mais fundo do solo. A água da chuva infiltra-se nos assoalhos, apodrece madeiras, enferruja pregos. Pinga dos tetos e forma poças no chão. Poças que nunca se esvaziam. Enchem e vazam. Caem feito torrente.

O barulho da chuva caindo é o som do mundo natural distante. Inaudível aos habitantes desta cidade do futuro. Esta chuva não é mais reconhecida como Natureza. Esta última só tem existência no mundo fora da Terra. As colônias *off-world* são as "terras de ouro". Elas voltam no Tempo para realizar a imaginária época dourada dos mitos, onde homens e natureza viveram em harmonia e paz. Sua realização faz-se com a eliminação do trabalho humano, uma vez que nelas é onde estão os replicantes "geneticamente projetados, feitos para suas [dos humanos] necessidades".[1] Nostalgia mítica. Realização tecnológica. Fora deste planeta, com outra Natureza.

Sob as pesadas camadas de poluição que cobrem aquela cidade, nenhuma Natureza floresce, à exceção da natureza humana. As demais foram perdidas. Não há mais luz suficiente para que a vida se revele.

> A perda constitui um dos eventos centrais da vida no escuro (Peixoto, 1987, p.13).

---

1. *Caçador de andróides*, 8min 18seg. Na versão do diretor, estas frases, pronunciadas pela "nave" de propaganda da vida *off-world*, não são colocadas na legenda.

Escuros serão os lugares por onde passará Deckard. Não só os lugares marginais e degradados onde se escondem os "criminosos" procurados. Os escritórios de polícia, as instalações da Tyrell Corporation e seu próprio apartamento têm iluminação difusa e escassa. Seus instrumentos só são utilizáveis onde a luz é fraca. "É muito claro aqui",[2] diz Deckard para Tyrell, pedindo que se escureça um pouco mais o crepúsculo no grande adro onde estão, para que possa aplicar o teste em Rachael.

O fundo escuro de uma noite que não tem contrário é o que vemos no filme *Blade Runner*. Sobre este fundo a chuva tornou-se iluminação e brilho. Luz difusa e salpicada, flutuante. Fios prateados em meio ao fundo negro e acinzentado. Recurso técnico para tornar o fundo visível e dar profundidade ao bidimensional. A película cinematográfica imprime a luz que lhe chega. As gotas d'água refletem a luz lateralmente recebida. Esta iluminação não atinge o fundo do cenário, mas o salienta, por ser antecipado pelos brilhos fugidios da chuva iluminada.

Noite e iluminação artificial. *Blade Runner* seria a realização na tela da cidade noturna de que nos fala Milton José de Almeida?

> As luzes que se acendem na noite urbana não são extensões luminosas da vida solar diurna. São focos, fogos, extraídos da própria noite que iluminam momentos do espaço que aí aparecem quando a alma solar abandona a cidade.
>
> A imagem da cidade à noite é uma mancha escura penetrável somente pela memória da experiência diurna e pelas projeções da nossa noite interior (1999a, p.159).

Nesta cidade onde cada grupo de homens e mulheres vive e enxerga somente a si próprio, não há mais a luz única e igualitária do Sol. Não há conhecimento comum. Cada um vai à busca de encontrar seus iguais. A diferença assusta. Viver – ser feliz, ter prazer, desenvolver-se – e sobreviver – manter-se vivo e atento – aproximam-se. Misturam-se de tal modo no emaranhado urbano noturno que distingui-los com nitidez tornou-se impossível. Nossos receios impedem de nos lançarmos com mais força neste mundo oferecido pela noite, pelas sombras, pelo escuro do outro. É por isto que Nelson Brissac Peixoto afirma que

> o detetive vive num mundo onde a frustração tomou conta das pessoas, onde cinismo e frieza se tornaram táticas de sobrevivência (1987, p.14).

Na escuridão do cinema, como na "escuridão" da cidade, estamos tentando descobrir para onde vai a história. Quem é o culpado? Quem o vilão e quem

---

2. *Caçador de andróides* e *Versão do diretor*, 18min 35seg.

o mocinho? Com quem está a verdade? O olhar do espectador vai à busca de pistas. O viver na cidade nos armou o olhar. Estamos sempre atentos. Nas cidades nunca se sabe quem é este que está ao nosso lado.

> No mundo da escuridão, todos são detetives (PEIXOTO, 1987, p.13).
>
> o detetive é um *voyeur*, como o espectador de cinema (PEIXOTO, 1987, p.16).

Há uma grande similaridade do olhar do policial-detetive com o olhar de quem assiste a um filme. Buscam-se detalhes, antecipações, descobertas naquele único foco claro do que ficou escondido na escuridão ao seu redor. Pistas. Indícios para ir ao encalço.

> O detetive acaba encontrando o que procura. A cidade de ruas tortuosas e muitas esquinas, de multidões, é um lugar próprio para encontros (PEIXOTO, 1987, p.18).

Neste filme, ele persegue os seres conhecidos como replicantes. Réplicas feitas à imagem e semelhança dos homens e mulheres. Difíceis de encontrar na multidão.

Blade Runner aponta para a dessacralização de tudo. Aquilo que há de mais sagrado para o homem, ou seja, o próprio homem, já é criado por meios técnicos. A chuva que cai é produzida pela Cidade, não vem das nuvens.

A nave, ao subir, escapa da chuva. Serão os prédios mais altos que as nuvens? Ou serão as "nuvens da técnica" que estão mais baixas?

A chuva que cai naquelas ruas foi posta ali para realizar uma tarefa: dissolver. Ela lembra a chuva que cai no terceiro círculo do Inferno de Dante Alighieri.

No Canto VI, este autor escreve:

> Os dois poetas percorrem o Círculo terceiro, onde penam os pecadores por intemperança, os que abusaram da mesa, fustigados por uma chuva eterna e dilacerados pelas garras de Cérbero; [...]
>
> Ao despertar da mente, sucumbida
> ante a amarga visão dos dois cunhados,
> tendo a alma de tristeza inda envolvida,
>
> eis que outras penas, outros torturados
> vi ao redor de mim, por onde eu ia,
> aqui e ali, com olhos perturbados.
>
> Era o terceiro Círculo, a que fria,
> maldita e eterna chuva circunscreve,
> a qual regra alguma obedecia.

> Granizo grosso, água viscosa e neve
> soltavam-se do espaço tenebroso,
> apodrecendo a terra frouxa e leve (1958, p.63).

Apenas em parte as duas imagens se coadunam.

Um detetive poderia ser acusado do pecado de intemperança ou da gula, que levariam os homens a serem lançados neste círculo infernal? Normalmente os detetives são calmos e pacientes. Homens treinados para serem frios, eles tiram muitas de suas vitórias e descobertas dessa contenção e respeito ao outro.

Nelson Brissac Peixoto diz mesmo que

> o detetive se condena ao maior isolamento. Sua integridade e independência só são possíveis graças a um total afastamento do meio em que vive (1987, p.15).

A chuva que cai sobre os detetives cinematográficos indica a dissolução do mundo em que eles agem. Este mundo é que foi lançado no Inferno por Intemperança e Gula. É ele que está circunscrito por esta chuva sem regras a apodrecer seu chão. Nele, o detetive busca salvar aqueles que o procuram. Ele é o último dos homens que mantém o olhar atento aos detalhes, que "tempera" seu olhar. Nelson Brissac Peixoto (1987, p.11-13) aponta o detetive cinematográfico, o *private*, como uma espécie de homem em extinção, capaz de ir à busca daquilo que não conhece. De se dispor a procurar, a observar, para conhecer.

Deckard não é um *private*. É um profissional do Estado, "protege" a população e não apenas seu cliente. Suas ações, no entanto, aproximam-se das deste tipo de detetive. As ações do protagonista do filme *Blade Runner* dividem-se em dois momentos: mapear e procurar. No primeiro momento, ele agirá como homem do Estado. No segundo, como detetive particular.

Por mapear entendo a utilização dos arquivos públicos e instrumentos oficiais para se tomar conhecimento do maior número de informações acerca daquilo que se irá perseguir. Neste filme, incluir-se-ia aí a seqüência em que, diante do computador, conversa com o "Chefe" de polícia Bryant, que vai lhe informando o número, o nome e os rostos dos replicantes rebelados. Também a seqüência em que Deckard "entrevista" Rachael na Tyrell Corporation, utilizando-se dos equipamentos Voight-Kampff. Outra das seqüências em que sua ação assemelha-se à dos homens da polícia oficial é aquela em que "invade" a fotografia encontrada no hotel onde o replicante Leon morava. Coloca a foto em um equipamento ampliador das imagens (*esper machine*) e a perscruta em seus mínimos detalhes. Faz na foto o que está acostumado a fazer na cidade, nos lugares desta por onde vasculha e observa.

Na última frase do parágrafo acima está indicada a ação de procurar. Ela é realizada com o envolvimento do próprio corpo do detetive. Ele arrisca-se a ir aos locais por onde passou o replicante rebelado. É preciso fazê-lo, pois neste momento serão os sentidos físicos que lhe trarão pistas e respostas. Principalmente o olhar será seu instrumento. Com ele, observa os detalhes, perscruta os lugares.

Enquanto os detalhes captados pelos olhos atentos dão indícios que o farão continuar no caminho, os resultados dos testes com equipamentos dão a ele uma resposta final, o sim ou o não.

O primeiro destes momentos, mapear, ele o cumprirá diligentemente, com perfeição e prudência. No segundo, procurar, estará engajado pessoalmente e o fará com garra, coração e cérebro acelerados. Cada nova pista encontrada o incentivará a continuar rumo a mais uma descoberta. As ações realizadas por Deckard, nos locais em que vai encontrando as pistas que o levam até os replicantes procurados, são por demais semelhantes às ações desenvolvidas pelos *privates* dos muitos filmes do que ficou conhecido por cinema *noir*. Daí a aproximação inevitável.

Esta aproximação faz-se ainda mais forte ao reconhecermos, na Los Angeles de 2019, o ambiente úmido e escurecido, cheio de sombras, que caracteriza a típica ambientação desses filmes: noite, lugares estreitos e degradados, chuva contínua.

A primeira pista, conseguida por Deckard, são as escamas encontradas na banheira do hotel em que Leon morava. "Aquilo que estava na banheira não era humano. Replicantes não têm escamas",[3] pensa o caçador de andróides. E vai em busca de descobrir de onde saíram elas.

É importante salientar que, no momento em que Deckard e Gaff postam-se em frente ao hotel Yukon, onde estarão as pistas iniciais que levarão Deckard à replicante Zhora – a primeira a ser encontrada e retirada –, a tomada de imagem é feita em *plongée* e o único som que ouvimos é o da chuva caindo. Construiu-se imageticamente o ambiente onde vive o *private* de que nos fala Nelson Brissac Peixoto, ligando Deckard a esta tradição dos detetives cinematográficos. Ele surge com o barulho da chuva que sempre o acompanha.

Até ir àquele hotel, Deckard era um "testador". A partir das teorias e de respostas dadas pelos equipamentos é que ele mapeava sua investigação. No hotel, serão os olhos e a intuição que o guiarão em sua procura.

3. *Caçador de andróides*, 24min 37seg.

A segunda pista vem com a tecnologia de observar uma imagem. Mais precisamente, ao "penetrar" uma fotografia por meio de aparato tecnológico.

"E estas fotos de família?! Replicantes não têm família",[4] pensa o caçador de andróides. "Não sei por que replicantes guardam fotos. Talvez fossem como para Rachael. Precisam de lembranças", conclui.[5] "Você pegou as preciosas fotos?",[6] foi a única pergunta de Roy a Leon, indicando a importância delas.

As fotografias são como sínteses da realidade. Ao fotografar algo, busca-se retirá-lo do fluxo indiferenciado do tempo, da profusão de objetos dos lugares. Busca-se captar naquele retângulo o sentido daquele momento, daquele lugar, concentrar na imagem fixada no papel a densidade e a intensidade da vida ali presenciada.

Ampliar a foto, ver mais de perto aquilo que foi retratado ao longe, é driblar a realidade, é enxergar mais que o olho, é apropriar-se daquilo que estava escondido, imperceptível devido ao seu diminuto tamanho.

Pois Deckard faz isto. Insere uma das fotos encontradas no hotel em um aparelho que permite "passear" por ela, ampliá-la. À medida que as ordens vão sendo dadas, acompanhamos na tela a pequena imagem ser aumentada e aproximada. Passamos a ver detalhes: copos sobre um móvel ao fundo, objetos refletidos no espelho, roupas brilhantes, bracelete em braço feminino, corpo de mulher que repousa, tatuagem de serpente do lado esquerdo do pescoço desta mulher. Será desta última imagem, "raptada" do "álbum de família", que Deckard pedirá a impressão.

Conhecimento adquirido por aproximação, tal qual é anunciado no início do filme, quando as imagens nos mostram, a cada corte, as duas pirâmides da Tyrell Corporation cada vez mais próximas, até penetrarmos em seu interior, onde está Holden a iniciar o teste Voigh-Kampff em Leon.

Também por meio da ampliação feita com aparelhos para tornar visíveis aos olhos informações minúsculas, Deckard descobrirá que a escama encontrada não é de peixe, mas de cobra. Neste mesmo olhar mais de perto lhe é revelado que se trata de uma escama artificialmente produzida. O número de série do fabricante e a excepcional qualidade da escama o fará encontrar o árabe que a produziu e por intermédio deste chegar até a casa de *shows* onde se utilizam esses animais artificiais.

---

4. *Caçador de andróides*, 24min 50seg.

5. *Caçador de andróides*, 35min e 43seg.

6. *Caçador de andróides* e *Versão do diretor*, 25min 28seg.

O proprietário da casa diz desconhecer a mulher tatuada da foto mostrada por Deckard. As cenas seguintes mostram inúmeras mulheres. Rostos femininos entre muitos outros, falando, gesticulando, vestindo adereços. As seqüências de imagens "comentam" a dificuldade do detetive em encontrar aquela mulher em meio a tantas. Caso ele não tivesse imprimido sua imagem no papel, também ele a teria esquecido, perdido seu rosto na enorme quantidade e diversidade de rostos com os quais cruzara naquele dia?!

Somente um rosto inserido na memória por um sentimento não será esquecido. Para Deckard, este rosto será o de Rachael. Ele a reconhecerá no meio do amontoado de pessoas que circulam pelas ruas. Irá em direção a ela.

Ao dispor-se inteira e "apaixonadamente" a descortinar o mistério, a encontrar o malfeitor, o detetive, testa a si mesmo.

> Aquele que passa a vida a desvendar o mistério dos outros teme ver ameaçado o seu anonimato, seus próprios segredos (PEIXOTO, 1987, p.17).

Após a saída de Rachael de seu apartamento, o caçador de andróides pensa: "Replicantes não deviam ter emoções. Tampouco *blade runners*. O que havia comigo?"[7]

Deckard sente que se aproximar de si mesmo. Observa as fotos sobre o piano. Há nostalgia em seu olhar. Neste filme acompanhamos o envolvimento deste personagem com o amor por Rachael. Se no *Caçador de andróides* será esta a maior de suas descobertas, na versão do diretor ela se equiparará à descoberta do replicante que ele próprio é. Ele experimentará o conhecimento de si mesmo através dos olhos do outro, da aproximação do outro.

O trecho da história deste personagem que acompanhamos durante a projeção confirmará a visão, destacada no filme, do que vem a ser o método de descoberta e conhecimento: aquele que se dá por aproximação visual. Descoberta feita com a lupa – objeto que se tornou ícone do trabalho detetivesco.

Com a lupa, olha-se uma coisa de cada vez. Colocamos as coisas em primeiríssimo plano. Elas saltam de seu entorno, individualizando-se em nossos olhos e mentes.

Chegar mais perto para poder conhecer. O grande olho do início do filme seria a metáfora do olhar de perto, do reparar?

Olhar muito de perto não seria ver outra coisa?

Neste filme, também da chuva aproximamos o olhar. Ao olharmos a chuva bem de perto, veremos gotas. Cada uma delas será apenas gota, pois só

---

7. *Caçador de andróides*, 35min 23seg.

a união delas em sua queda comum seria chuva? Olhada de perto, a gota já não conteria a visão da chuva, seu frescor e transparência, sua fecundidade.

Em *Blade Runner*, também a chuva seria focalizada bem de perto, tornada gota a escorrer pelo rosto de Rachael, infiltrando-se na "terra seca" do matador. A aproximação da chuva, o olhar mais de perto, é a gota d'água, a lágrima. Lágrima solitária que desce pela face de Rachael ao lhe ser revelado ser ela própria uma replicante. É naquele momento que Deckard inverte sua posição ofensiva, que passa a ser acolhedora. Esta a imagem que lhe será fixada na memória, que ele passará a perseguir, que lhe criará emoções. Esta a experiência jamais esquecida. Não se perderá na "chuva" de rostos da multidão urbana.

Serão as experiências e imagens vistas por Roy que "se perderão no tempo, feito lágrimas na chuva".[8] Jamais foram esquecidas por ele. Elas que lhe deram sensibilidade, as sensações e sentimentos de estar vivo no mundo.

No imenso caminhar da sociedade, muito do que é lembrança individual se perde. No entanto, ao nos perpetuarmos em livros, filhos, fotos ou filmes, contamos nossas lembranças. Conseguimos que elas sigam no tempo. A Roy e aos demais replicantes rebelados, essas possibilidades foram negadas.

Ao impedir que Deckard caia em direção à morte, Roy deixa de ser mais um bandido perseguido nos filmes policiais. Grava-se em nossas memórias, de todos os que assistimos à sua morte.

Diante de Roy, seu perseguidor e salvador, Deckard chora? Seu rosto exprime uma emoção intensa e em certo momento vemos descer pela sua face esquerda uma gota. Uma lágrima? Não o sabemos. Com a chuva a escorrer pelo seu rosto, as lágrimas tornaram-se, elas próprias, chuva a escoar.

O cineasta realiza em imagem aquilo que foi pronunciado com palavras.

Narrativa dois

> No início do século XXI a Corporação Tyrell aprimorou os robôs à fase Nexus – ser virtualmente idêntico a um humano – chamado replicante
>
> [Primeiro parágrafo do texto inicial do filme *Blade Runner*]

Esta história de proteção do mundo existente pode ser narrada de um outro ponto de vista. Não mais a narrativa de um dos heróis que protegeu nosso mundo de sua derrocada, mas a narrativa do mito fundador de um novo mundo, de

8. *Caçador de andróides*, 1h 45min 45seg. *Versão do diretor*, 1h 45min 52seg.

uma outra ordem social que tem origem – como tantas narrativas míticas existentes o demonstram – em material aquoso, escuro e sem forma definida: o oceano ou um monstro marinho, o interior úmido da floresta, o barro.

Assim como no barro estão presentes os oito elementos químicos mais abundantes da crosta terrestre,[9] e que provavelmente deram origem à vida biológica e humana, segundo as crenças científicas atuais, é da realidade material preexistente no ambiente daquela cidade – Los Angeles de 2019 – que se constituirão as novas formas de vida no mundo que surge.

Se, numa simplificação para fins comparativos, a civilização de Tyrell cria um lugar livre das influências "negativas" da Natureza mas a mantém presente em seus aspectos "positivos", no mundo deckardiano[10] – no qual Deckard vive – a Natureza já estará totalmente domada e consistirá apenas de seus aspectos tidos como positivos na opinião dos homens do mundo de Tyrell.

Duzentos anos depois de excluídas todas as "negatividades" da Natureza, ela será pensada apenas como coisa positiva. A chuva será tida como uma coisa boa que limpa o ar e traz a água para as pessoas e indústrias, sem a possibilidade de causar transtornos e chateações, muito menos destruição, inundação e mortes. A chuva dantesca – fria, maldita e eterna – teria sido expulsa do novo meio-ambiente elaborado por Tyrell.

No filme *Blade Runner* as construções arruinadas, a escuridão e o caos urbanos indicariam a decrepitude deste modelo tecnológico de ambiente? Se assim for aceito por nós, a onipresença e a constância da chuva poderiam indicar a falência do modelo tecnológico de relação com a Natureza. Estaríamos, então, diante do retorno da chuva do Canto VI da Divina Comédia? Ou da chuva diluviana, não eterna, mas suficiente para afogar os pecados e pecadores, limpando do mundo o mal, permitindo que se construa uma nova ordem sobre a Terra?

> Deus disse a Noé: Chegou o fim de toda carne, eu o decidi, pois a terra está cheia de violência por causa dos homens e eu os farei desaparecer da terra (Bíblia de Jerusalém, p. 40).
>
> A chuva caiu sobre a terra durante quarenta dias e quarenta noites. [...] As águas subiram cada vez mais sobre a terra e as mais altas montanhas que estão sob todo o céu foram cobertas.
>
> [...]

9. Silício, oxigênio, nitrogênio, carbono, potássio, ferro, alumínio e manganês.

10. A semelhança de pronúncia com "descartiano" seria proposital?

> Deus fez passar um vento sobre a terra e as águas baixaram. Fecharam-se as fontes do abismo e as comportas do céu: – deteve-se a chuva do céu e as águas pouco a pouco se retiraram da terra; – as águas baixaram ao cabo de cento e oitenta dias. (Bíblia de Jerusalém, p. 41).

> Estabeleço minha aliança convosco: tudo o que existe não será mais destruído pelas águas do dilúvio; não haverá mais dilúvio para devastar a terra (Bíblia de Jerusalém, p. 43).

Se, no ensaio anterior, tomei a chuva dantesca como a que mais se aproximaria daquela que cai insistentemente durante o filme, agora tomarei a chuva bíblica como inspiradora de minha imaginação. Será com esta chuva purificadora em meus pensamentos que encontrarei outros elos de aproximação entre os escritos do Gênese,[11] bem como outros "capítulos" bíblicos, e a narrativa de *Blade Runner.*

Tomo aquela chuva constante como indicação do dilúvio sobre o mundo, da transformação daquilo que tem forma em algo amorfo, não só disponível, mas também pedinte de nova forma. Só então apresento Deckard[12] e Rachael como heróis fundadores da ordem futura, aqueles que lhe darão sua forma. Arrasadoramente tecnológica, nela a vida biológica não terá necessidade de ser protegida, pois a continuidade deste mundo se sustentará na técnica, nas linhas de produção de novos não-homens e não-mulheres, ou se quisermos pensar como eles mesmos se pensarão: novos homens e mulheres.

Novos homens e mulheres criados à imagem e semelhança de seus criadores, "os replicantes Nexus 6 eram superiores em força e agilidade e igualavam em inteligência aos engenheiros que os projetaram".[13]

---

11. Reforçando minhas intuições, muitos ícones do mito bíblico de criação bíblico estão presentes no filme, além do dilúvio: a serpente que, a partir de uma mulher, permite ao homem a aproximação do "conhecimento"; a descoberta, pelo homem, de sua origem por intermédio da mulher, Rachael, que abandona o Criador; a criação de uma nova mulher pelo homem, sendo ele quem aponta para ela o conhecimento mais inteiro de si mesma, que lhe dá uma "costela", ensinando-lhe o amor e os sentimentos; a mulher como salvadora do homem, que lhe dá a continuidade da vida, senão pela procriação, pelo impedimento de sua morte. Além disso, outras imagens cristãs, tais como a mão trespassada por um prego (que será a mão salvadora do abismo) e a pomba (alma) que alça vôo em direção ao alto e azul, após a morte de Roy.

12. Na versão do diretor, o desenrolar do filme vai criando suspeitas e confirmações de que o próprio Deckard é um replicante. No *Caçador de andróides,* estas suspeitas acerca da replicância do *blade runner* são praticamente nulas, pois nesta versão não aparece o sonho que ele tem com um unicórnio, não existindo, portanto, nenhuma ligação entre essas memórias, os sonhos de Deckard e o origami de unicórnio encontrado à saída de seu apartamento.

13. *Caçador de andróides* e *Versão do diretor,* 1min 46seg.

Foram produtos do aprimoramento dos robôs, com a utilização da engenharia genética para produzir materiais semelhantes aos tecidos e músculos biológicos. No entanto, permanecem tendo como finalidade a mesma utilização que os robôs mecânicos ou eletrônicos. "Replicantes eram usados fora da Terra como escravos em tarefas perigosas e na colonização de outros planetas."[14] A rebelião desses seres contra os humanos não é uma revolta da Natureza, mas se enquadra nas muitas fantásticas histórias que narram a rebelião das máquinas contra seus inventores, os homens. "Após um motim sangrento de um grupo de Nexus 6, os replicantes foram declarados ilegais na Terra, sob pena de morte."[15]

Deckard era um *blade runner*, pertencia a um esquadrão com ordens para matar qualquer replicante que viesse à Terra. Essa tarefa "não se chamava execução. Chamava-se retirada [remoção]".[16] Verbos comuns na Medicina, ciência que trabalha, em sua vertente intervencionista, com a retirada dos "órgãos defeituosos", ou seja, aquilo que passou a funcionar mal, por isso ameaça o "bom" desempenho do corpo, neste paralelo, do corpo social.

"Não entendo. Por que se arriscam a voltar à Terra? É estranho. O que querem da Tyrell Corporation?", pergunta Deckard a Bryant. Obterá a seguinte resposta: "Responda você. Está aqui para isto".[17]

A reposta será dada ao espectador por Roy, no seguinte diálogo com Tyrell, o mais importante de seus criadores, aquele que projetou o seu cérebro.

> – Não é fácil encontrar o Criador.
> – Em que ele pode ajudá-lo?
> – O criador pode consertar o que fez.
> – Você quer ser modificado? Ficar aqui?
> – Pensei em algo mais radical.
> – Qual o problema?
> – A morte.
> – Temo esteja fora de minha jurisdição.
> – Eu quero viver mais... Pai.
> – Coisas da vida... alterar a evolução de um sistema orgânico é fatal. Uma seqüência codificada não pode ser mudada.
> [...]

14. *Caçador de andróides* e *Versão do diretor*, 1min 55seg.

15. Caçador de andróides e *Versão do diretor*, 2min 02seg.

16. *Caçador de andróides* e *Versão do diretor*, 2min 20seg.

17. *Caçador de andróides* e *Versão do diretor*, 13min 56seg.

– Fizemos o melhor com você.
– Mas não para durar...
– A luz que brilha demais consome-se rápido. E você brilhou muito, muito mesmo, Roy. Olhe só o filho pródigo. Você é uma obra e tanto.
– Fiz coisas... duvidosas.
– E coisas extraordinárias. Aproveite a vida.
– Nada que o impeça de entrar no céu da biomecânica.[18]

Ao final dessa conversa Roy aproxima-se de Tyrell, toma seu rosto nas mãos, beija-o na boca e aperta o crânio de Tyrell até estourá-lo. O Criador não pôde salvar a criatura, tendo então sua morte decretada por ela. Para a criatura Roy, seu criador Tyrell tornou-se o responsável pelo sofrimento da sua própria criatura.

Os replicantes vieram em busca de vida mais longa, de conhecimento para prorrogá-la, do conhecimento que permitiria a eles mesmos darem continuidade à vida de sua "espécie", de sua "série". Buscavam a autonomia perante seu criador.

Numa interpretação simples do mito bíblico da criação do homem, foi a conquista dessa autonomia que nos expulsou do Paraíso. Foi o conhecimento do sexo e da reprodução de outros seres humanos a partir dele que fez o homem cair do Paraíso. A queda para a morte carnal. O tempo limitado de vida seria o castigo de Deus aos homens, por estes terem descoberto um jeito de se perpetuar sem a ação de seu criador.

Bryant fala a Deckard que "há um dispositivo infalível [mecanismo de proteção]. [...] Quatro anos de vida".[19] Este é o meio que os inventores dos replicantes encontraram para evitar que alcançassem o conhecimento das emoções e tomassem para si a semelhança total com seus criadores humanos.

Tyrell e sua civilização, como o Saturno da *Teogonia*, de Hesíodo, consumia seus próprios filhos antes que eles ameaçassem seu poder.

Enquanto estes seres, réplicas da parte física do homem, mantiveram-se limitados ao trabalho repetitivo e preciso dos aparatos mecânico-eletrônicos, puderam ser controlados com tranqüilidade, pois esta experiência exígua de contato com o mundo não os fazia refletir ou questionar, ou sentir qualquer outra coisa senão a vontade de realizar seu trabalho repetitivo e preciso.

Assim que os trabalhos desenvolvidos por estes seres criados pelos homens foram tornando-se mais diversificados e complexos, exigindo deles tomadas de decisão frente a fatos novos, pensamentos e sentimentos começaram a

18. *Caçador de andróides*, 1h 22min 04seg. *Versão do diretor*, 1h 22min 18seg.

19. *Caçador de andróides* e *Versão do diretor*, 15min 07seg.

encontrar caminhos outros que não o da obediência industrial e programada? Ao colocar-se a dúvida, as incertezas e as responsabilidades acentuam-se no dia-a-dia, levando-os a recorrer a valores para as tomadas de decisões que extrapolam a atividade a ser realizada.

É o encontro com o impreciso dos sentimentos e desejos humanos, com as descontinuidades entre o dizer e o fazer daqueles que os rodeiam e dão ordens, que levou os replicantes a fazerem-se perguntas, a entender a condição de vida que seria a deles?

Roy diz "Perguntas [*questions*]"[20] e mais à frente repete "Perguntas [*questions*]"[21] e pára, com o olhar fixo no oriental à sua frente. Só alguns segundos depois é que fará a pergunta específica daquele momento. Tal o peso das perguntas, que ele calava-se por um breve momento. Seriam elas as mesmas para as quais nós, humanos, também gostaríamos de obter respostas? "Morfologia, longevidade, ativação",[22] inquire Roy ao oriental especializado em olhos artificiais.

Buscou repostas naquele que lhe dera a possibilidade de ver bem. Queria pistas e as buscava naqueles que tinham o contato mais íntimo com o universo que era o seu: cibernético.

Todas as pistas encontradas por Deckard no encalço dos replicantes são integrantes do mesmo mundo deles, ou seja, objetos e seres criados pelos homens. Os materiais para a criação de um mundo que fosse deles já estavam lá, dispersos e disponíveis. Faltava romper com o Criador... Assim foi com a Queda dos homens do paraíso divino, realizada por meio de objetos e seres do próprio mundo divino: cobra, árvore e maçã. Foi desses elementos e seres, colocados no mundo por Deus, que os homens constituíram seu mundo.

Será dos elementos e seres colocados no mundo pelo Homem que os replicantes Deckard e Rachael constituirão o seu.

Deckard e Rachael seriam uma fusão entre Adão e Eva e Noé e sua esposa, invertidos temporalmente. Primeiro salvar-se-iam da inundação diluviana, para depois se tornarem o casal original da nova espécie e do novo mundo. Será neste Novo Mundo que se contará a história a que assistimos no filme como mito fundador, aquela saga que deu origem ao mundo onde viverão seus descendentes.

Seu grande herói será Roy. Ele será o primeiro deus do novo tempo vindouro, pois foi ele que, com suas atitudes e inquietações violentas, proporcionou

20. *Caçador de andróides* e *Versão do diretor*, 27min 56seg.

21. *Caçador de andróides* e *Versão do diretor*, 28min 56seg.

22. *Caçador de andróides* e *Versão do diretor*, 28min 22seg.

a descoberta de Deckard e Rachael de suas respectivas "replicâncias". Ele lhes proporcionou o Conhecimento de suas origens, além de ter salvado a vida de Deckard. Este salvamento foi sua perpetuação. De Roy em Deckard.

À semelhança do herói Wilard, do filme *Apocalipse now*, de Francis Ford Coppola, que ao final de sua missão leva consigo os diários (as memórias) do Capitão Kurtz, a quem perseguiu em nome da lei, Deckard levará consigo as experiências (as memórias) relatadas por Roy.

Nos dois filmes, ao final da seqüência em que estes dois pares de homens se embatem, há a fusão de duas imagens. Dois rostos são fundidos, duas "pessoas" tornadas uma só. Wilard, um deus de pedra. Deckard, um deus loiro, Roy.

A "loucura" de Roy pode também ser aproximada à do Capitão Kurtz do filme de Coppola e do livro de Joseph Conrad, *O coração das trevas*. Desentendimento da faina colonizadora, sacrificadora de homens e produtos, causadora do horror inexplicável. "Eu fiz coisas... duvidosas",[23] diz Roy a Tyrell. Neste silêncio reticente encontramos o sentido da dor enraizada nas entranhas.

Há, no entanto, uma diferença brutal entre Kurtz e Roy que realça, reforça ainda mais as semelhanças: estão em lados opostos do projeto colonizador. Kurtz o chefia, Roy é um escravo dele. No encontro de suas ganas e loucuras, o horror. As palavras finais do Capitão Kutrz, interpretado por Marlon Brando, no filme *Apocalipse now*, ouvidas como um surdo a marcar o passo da marcha fúnebre: "O horror... o horror...".

A ausência de sentidos. A iminência de sentidos outros no "dentro" de cada um.

Ao final de sua vida, Roy entende a irracionalidade da existência e dá às suas muitas visões e experiências um caráter poético com forte nostalgia antecipada. Ele vai dizer a Deckard:

> Eu vi coisas que vocês não acreditariam. Naves de ataque em chamas perto da borda de Orion. Vi a luz do farol cintilar no escuro da Comporta Tannhäuser. Todos estes momentos se perderão no tempo, como lágrimas na chuva.[24]

O início, concomitante ao início desta fala de Roy, da música-tema do filme, suave e enternecedora, bem como o barulho contínuo do cair da chuva, nos dá a impressão de que esta breve cena na qual revelam-se a Deckard algumas das lembranças de Roy durou muito mais tempo na "vida" daqueles personagens, de modo que fosse possível a Roy relatar todas as suas experiências a Deckard

---

23. *Caçador de andróides*, 1h 24min 24seg. *Versão do diretor*, 1h 24min 36seg.

24. *Caçador de andróides*, 1h 45min 15seg. *Versão do diretor*, 1h 45min 28seg.

e não só as que o ouvimos dizer. A câmera lenta utilizada para fazer a cena da morte de Roy, o pender de sua cabeça para frente e o esvoaçar da pomba ampliam a sensação de que aquela breve seqüência teria tido uma duração bem maior na "vida real" da Los Angeles de 2019.

Roy finalizará este relato como um deus, antecipando a hora da sua morte. *Hora de morrer,*[25] pronuncia ele com um doce sorriso a mirar Deckard. A cabeça pende levemente para frente. Sobre ela, a chuva cai.

Será o aprendizado trazido a Roy pela junção emoção-reflexão que salvará Deckard?

Enquanto o mundo a que assistimos no filme é embasado na expulsão da emoção (entendida como força descontrolada da Natureza, impregnada nos corpos humanos) – proposta de conquista de novos mundos e de conhecimento e relação com o outro –, o mundo de Deckard será fundado sobre uma "emoção salvadora", aquela que transforma uma coisa em outra, que, ao se inserir no corpo-réplica de Roy, lhe permitiu olhar para o mundo de muitas maneiras diferentes, encontrando nele, a cada visada, novas coisas verdadeiras. Deste mundo será dispensada a busca da verdade única e eterna, encontrada por meio do movimento egoísta da razão científico-tecnológica? Perguntas. Questões.

Mas Roy é produto deste mundo que faz previsões, que utiliza teorias e instrumentos para antever o futuro, para melhor programar-se para ele ou alterar o seu rumo. Posso então supor que ele programou tudo para dar exemplos a Deckard de como agir no mundo que será fundado por este e que foi antevisto por Roy? Salvou Deckard para salvar a si mesmo, suas memórias, crenças e ensinamentos? Para que um mundo à sua imagem e semelhança fosse criado? Não foi assim, segundo os cristãos, quando da vinda de Cristo à Terra? Deus já sabia de tudo o que ele iria passar, mas ele precisava viver todos aqueles episódios para que estes fossem tomados como modelos exemplares para as atitudes dos homens.

Assim também no cinema, tomamos os personagens como modelos de homens e mulheres a serem seguidos.

Roy, durante a última seqüência de que participa, passará de perseguido a perseguidor. Ao final da caçada ele segura sua caça, sustenta-a pelo braço sobre o abismo. Depois a coloca diante dele e morre após poucas palavras.

Como não sucumbir ao final da tarefa? Este é o nosso desafio... e de Deckard. Nessa história que acompanhamos, assistimos à tomada de consciência

---

25. *Caçador de andróides,* 1h 46min 01seg. *Versão do diretor,* 1h 46min 14seg.

de Deckard quanto à sua própria existência e daquele mundo em que ele vive. Também realiza uma tomada do inconsciente, ao deparar-se com suas próprias memórias e sonhos implantados. Ele adquire o conhecimento de si próprio. Compreende o horror interno àquela sociedade. Por isso ele se torna capaz – e se crê capaz – de fundar algo de novo, para evitar que tudo se acabe. Ou simplesmente para salvar-se e dar continuidade ao amor que sente por Rachael.

Retraça seu destino ao colocar-se a tarefa de construir um outro mundo. Ao final do filme ele iniciará a sua tarefa de construir. Antes, ele defendeu o já construído.

Em direção ao fundo escuro e molhado da "pós-metrópole" ou rumo à natureza natural, o casal originado nesta história está diante de uma situação semelhante à de Adão e Eva. Eles foram expulsos do seu lugar original e se encaminham para iniciar um mundo novo em outro lugar.

Ao final da versão original do filme, quando eles rumam de volta ao mundo natural, temos um casal híbrido homem-replicante viajando em um veículo técnico que estabelece um paralelismo com a condição deles: o biológico-natural-humano-homem se junta ao mecânico-artificial-replicante-mulher para dar origem a um mundo idílico, apesar de tenso e isolado. Uma utopia, dentro do melhor dos moldes destes sonhos: ilhas isoladas e distantes em que o espiritual-humano caminha em total harmonia com o material-humano, dando origem a um mundo paradisíaco onde reina a felicidade do amor mútuo.

No final da *Versão do diretor*, em que eles mergulham na escuridão da própria cidade, temos um casal de andróides em um elevador. Aqui não há aproximação de mundos distintos, mas a radicalização de um só mundo, a saber, o construído-artificial, cibernético. Estamos, então, diante de um paralelismo mais direto com o casal bíblico original. Feitos do mesmo barro, tornados impuros pelo mesmo pecado de conhecer a sua origem, expulsos pelo próprio Criador-Homem, eles deverão dar início a um novo mundo em meio às demais criaturas feitas por este mesmo Homem-Criador.

Adão e Eva foram viver em meio à Natureza, conhecendo-a, coletando e cultivando, pastoreando. A chuva fecundando, com seus ciclos, a terra que os alimentava. Dominando-a, intervindo nela, modificando-a até se tornar Cidade, meio-ambiente humanizado, os descendentes do casal original cristão expulsaram as leis naturais, elaborando outras leis que passarão a ser reguladoras da vida na Cidade.

Deckard e Rachael irão viver em meio à Cidade. Esta será seu ambiente "natural". Com suas ações futuras construirão outro ambiente.

Na Cidade onde eles foram viver assistimos ao acúmulo do humano, assim como no mundo herdado de Deus pelos humanos havia um acúmulo do divino. Na Cidade é que as coisas inventadas e construídas se vão juntando. Adensam aquele lugar de tal modo que recriam a "floresta", onde o obscuro e o desconhecido podem estar escondidos. Se ela entra em decadência e é "devolvida" aos tempos da Natureza, suas ruínas não conseguem conter o inexorável retorno daquele lugar à condição de "deserto". A presença das ruínas até mesmo anuncia um retorno da Natureza, do não-habitado pelo homem. As ruínas seriam a marca da retomada que a Natureza fez da Cidade? Será Natureza o que virá após a Cidade? Algum tipo de chuva cairá ainda no mundo de Deckard e Rachael, ou após o dilúvio purificador ela cessará para sempre, uma vez que sua existência só se faz necessária na continuidade da vida biológica? Após a Cidade virá outra coisa que não a Natureza? A Ruína, entendida como ambiente ideal para um certo tipo de vida pós-humana?

Iniciar a tarefa do pós-humano, mais-que-humano, não-humano. Este seria o destino de Deckard e sua companheira Rachael.

BIBLIOGRAFIA

ALIGHIERI, Dante. *A divina comédia*. São Paulo: Cultrix, 1958.

ALMEIDA, Milton José de. Cinema: arte da cidade. *Revista Pro-Posições*, v.10, n.1[28]. Faculdade de Educação/Unicamp, março 1999a.

BÍBLIA DE JERUSALÉM. São Paulo: Paulus, 1995.

CONRAD, Joseph. *O coração das trevas*. São Paulo: Global, 1984.

HESÍODO. *Teogonia*: a origem dos deuses. 3.ed. São Paulo: Iluminuras, 1995.

PEIXOTO, Nelson Brissac. *Cenários em ruínas*. São Paulo: Brasiliense, 1987.

FILMOGRAFIA

APOCALYPSE NOW (*Apocalypse Now*). Francis Ford Coppola, EUA, 1979.

BLADE RUNNER, O CAÇADOR DE ANDRÓIDES (*Blade Runner*). Ridley Scott, EUA, 1982.

BLADE RUNNER: VERSÃO DO DIRETOR (*Blade Runner: The Director's Cut*). Ridley Scott, EUA, 1982.

ADRIANA AMARAL

A dualidade mente e corpo na ficção científica:

de Philip K. Dick ao movimento *cyberpunk*

A ficção científica e a transcendência mente/corpo

> A história da ficção científica é uma história de mortes ambivalentes. Os vários movimentos dentro do gênero – a Nova Onda, a ficção científica feminista, *cyberpunk* – são marcados tanto como mortes-como-nascimento transcendentes, finalmente demolindo as barreiras do "gueto", quanto como nascimentos-como-mortes-degeneradas, pervertendo a especificidade do gênero (Landon, 1997, p.147).

O autor norte-americano de ficção científica Philip K. Dick (1928-1982) morreu pobre e praticamente desconhecido, sem ter sequer assistido à estréia de *Blade Runner* – até agora o filme adaptado de sua obra que faz mais sucesso – nas telas de cinema. No entanto, a redescoberta da importância de seus escritos aconteceu principalmente nos anos 80, tendo florescido a partir da repercussão das adaptações cinematográficas de seus textos em filmes. O mito Philip K. Dick foi sendo constituído a partir da recepção e da repercussão de sua obra. O presente artigo propõe uma leitura da temática do dualismo mente e corpo a partir da obra de Dick e de sua posterior influência nas temáticas do *cyberpunk* como subgênero de ficção científica nos anos 80.

Pensamos em dualidade mente/corpo como uma categoria tecnológica-comunicacional-religiosa que tem origens na filosofia medieval dualista e que, a partir de uma radicalização do pensamento cartesiano, parece tomar – tanto na ficção científica *cyberpunk* quanto no discurso dos chamados *digerati*[1] e nas descobertas tecno-científicas dos transhumanos[2]/extropianos[3] – uma forma

1. Segundo a Wikipedia, "os digerati são a elite da indústria da informática e das comunidades online. O termo é uma palavra-ônibus, derivado de *digital* e de *literati* [literatos], e que lembra o termo inicialmente cunhado, *glitterati* (glitter ['brilho'] + literati). Cientistas famosos do ramo da computação, escritores de revistas de tecnologia e bloggers conhecidos estão incluidos entre os digerati. A palavra é usada em vários sentidos conexos porém diferentes. Pode significar: formadores de opinião que, através de seus escritos, promoveram uma visão da tecnologia digital e da internet como elemento transformador da sociedade; pessoas consideradas celebridades na subcultura da informática, no Vale do Silício, especialmente durante o boom do ponto-com [no original: *dot-com* – os sites e empresas provedoras de acesso à internet]; qualquer pessoa considerada influente na comunidade da tecnologia digital." Disponível em http://en.wikipedia.org/wiki/Digerati. Mais informações sobre os digerati em Who are the digerati? Disponível em http://www.edge.org/digerati/ e em BROCKMAN, John. *Digerati*: Encounters With the Cyber Elite. Hardwired, 1996.

2. Transhumanismo é um movimento intelectual e cultural internacional que reúne artistas, cientistas e pensadores, e que apóia a utilização de novas tecnologias e ciências para aumentar as capacidades e possibilidades cognitivas humanas, assim como minimizar os aspectos indesejáveis da condição humana, como doenças e envelhecimento. Os transhumanistas também se preocupam com os perigos e os benefícios decorrentes dos poderes das novas tecnologias, que podem alterar radicalmente a vida humana. Os pensadores transhumanistas postulam que com o tempo os seres humanos se transformarão em seres com capacidades e habilidades expandidas e que serão nomeados pós-humanos. Para um entendimento mais aprofundado ver o Website oficial do movimento transhumanista, disponível em http://www.transhumanism.org/index.php/WTA/index/.

3. Os extropianos definem-se como transhumanistas libertários, num misto de religiosidade e movimento cultural e científico. De acordo com o ex-editor da Revista *Mondo 2000*, Ken Goffman (mais conhecido como R.U. Sirius), "O extropanismo é um sistema de crenças que propõe o desenvolvimento do conhecimento humano e da tecnologia para derrotar a entropia. Uma tecnologia extropiana pode ser qualquer desenvolvimento que ajude as pessoas a viver melhor e por mais tempo. Entre as principais áreas visadas pelos extropianistas [ou extropianos; em inglês: extropians] estão as drogas, técnicas e tecnologias de reforço ou intensificação do próprio self [self-enhancement], criônica e outras estratégias de imortalidade, colonização do espaço sideral, nanotecnologia (manipulação e fabricação em escala submolecular) e tecnologias médicas"(Goffman, 2004). Num conceito mais ampliado, "os extropianos podem ser considerados um grupo adicional na subcultura *cyberpunk* por acreditarem no uso de métodos de alta tecnologia para tentar salvar a sua carne do envelhecimento e da morte. Alguns exemplos dessas tecnologias seriam o desenvolvimento espacial, criogenia, extensão de vida, inteligência artificial e drogas inteligentes". Disponível em http://project.cyberpunk.ru/idb/extropians.html. Mais informações sobre os extropianos no *site* oficial do Extropy Institute, disponível em http://www.extropy.org/. Também recomenda-se a leitura do artigo de Ed Regis, "Meet the extropians", publicado na Revista Wired, outubro de 1994, disponível em http://www.wired.com/wired/archive/2.10/extropians.html.

monista (Wertheim, 2001), na qual a mente parece adquirir uma importância maior do que o corpo.

A historiadora da física, Margareth Wertheim (2001, p.184), em contraposição ao materialismo[4] e aos modelos neurológicos materialistas, considera

> que cada um de nós "ocupa" um "volume" de algum tipo de "espaço do eu", um espaço que nos "abrange" tão profundamente quanto o espaço físico descrito pela ciência moderna. Esse "espaço do eu" coletivo, esse oceano comunal dos eus vazantes, nos interliga como seres psicossociais. [...] Mas sugiro que algo semelhante é precisamente o que experimentamos como seres pensantes, emotivos. Exatamente essa idéia está codificada em muitos sistemas religiosos e mitológicos (Wertheim, 2001, p.184).

Já Erik Davis (2003) sugere, em sua análise, que o *cogito* cartesiano e sua proposta de corpo como máquina continua presente, mesmo que inconscientemente na tecnocultura:[5]

> Nos planos sociocultural, metodológico e filosófico, o ciberespaço e seus aliados (inteligência artificial, realidade virtual, robótica) estão perpassados de um profundo cartesianismo, ainda que, não raro, inconsciente. Antes de mais nada, esse cartesianismo poderia ser chamado de 'técnico': a suposição operativa de que a recodificação matemática da realidade é a via régia para a dominação da natureza. Mas tal suposição também tem poderosas ramificações socioculturais. Como veremos, algumas fantasias tecnopop arquetípicas – *download de mentes, demiurgos tecnológicos manipuladores, o colapso entre realidade virtual e vida real* – derivam em parte da imaginação cartesiana. (Davis, 2003, Online – grifo meu).

Por outro lado, apesar de toda a ênfase discursiva na mente e/ou espírito como instância superior ao corpo físico, embutido na ficção científica de Philip K. Dick, e em seu legado no movimento *cyberpunk*, a carne continua sendo uma figura constante mesmo em meio aos implantes metálicos, sendo apresentada como uma espécie de imanentização do divino mediante uma certa interiorização (ou seja, corporificação) ou subjetivação do divino.[6]

---

4. Segundo a visão materialista: "Descartes achava que mente e matéria são duas coisas fundamentalmente diferentes. A mente é uma coisa pensante, enquanto os objetos materiais se estendem no espaço. Eles têm dimensão. O reino físico é mecanicista, governado por leis físicas enquanto a mente é sujeita a diferentes princípios, leis de pensamento, e é – literalmente – um espírito livre, um fantasma na máquina" (HOLT, 2005, p.100).

5. O presente artigo não pretende explorar a imaginação cartesiana em suas nuances, mas apenas apresentar sua utlização como mais um dos elementos presentes no discurso narrativo da ficção científica contemporânea.

6. Mais adiante, quando tratarmos da relação da ficção científica com a gnose, veremos essa questão do "divino" como habitante do corpo do indivíduo terreno, ou seja, o personagem cotidiano e simples que protagoniza a maior parte das novelas dickianas.

Como afirma Mark Dery (1999), o corpo continua na pauta do dia na cibercultura devido a uma série de movimentos (sejam movimentos sociais como as ciberfeministas, ou fenômenos culturais de cunho ritualístico como *modificação corporal*[7] – tatuagens, *piercings*, implantes metálicos, escarificação,[8] suspensão,[9] entre outros) que reafirmam o estatuto do corpo e de sua subjetividade[10] na cultura tecnológica, apontando para o conhecimento e o exercício de poder sobre a carne também como uma forma de divinização do "mundano" muito ligada às espiritualidades contemporâneas. No entanto, esse é um *insight* que merece um maior aprofundamento e que sairia do foco de nosso texto.

Neste artigo, um breve desdobramento de nossos estudos sobre a ficção científica *cyberpunk*, apresentamos uma mapeamento preliminar da dualidade mente/corpo como um elo comunicacional entre as instâncias tecnológica e a religiosa. Partimos da obra de Dick, e das temáticas centrais apresentadas pelo movimento New Wave[11] (nascido da contracultura dos anos 60), discutimos os constituidores da ficção científica, para enfim analisar sua influência no *cyber-*

7. Do inglês, Body Modification. Para referências bibliográficas ver FEATHERSTONE, Mike. *Body modification. Theory, culture and society*. London: Sage, 2000. Para compreensão imagética ver *Body Modification Ezine*, disponível em: http://www.bmezine.com/.

8. "Aplicação artística e criativa de cicatrizes". http://wiki.bmezine.com/index.php/Category:Scarification.

9. A "suspensão consiste em um ritual ou forma de jogo corporal onde uma pessoa utiliza ganchos, que são piercings temporários que atravessam a pele e a carne". Disponível em http://wiki.bmezine.com/index.php/Category:Suspensions (05/08/2006).

10. Felinto (2005, p.50) comenta que existem três tipos de fantasias relativas à cibercultura que se revelam capazes de atrair significações espirituais e religiosas. "A desmaterialização, a expansão e a construção apontam para o impulso gnóstico de divinizar o self. O gnosticismo, seja em que variante for, parece ser a religiosidade por excelência da tecnocultura contemporânea".

11. *A New Wave of Science Fiction* teve sua divulgação principalmente por meio da revista britânica *New Worlds*, na figura do seu editor durante o período, Michael Moorcock (que é também escritor de FC e de horror). Entre os principais autores dessa tendência temos os ingleses: Moorcock, J.G. Ballard, Brian Aldiss, John Brunner, Pamela Zoline, John Sladek, Christopher Priest, Thomas Disch e Samuel Delany; e os norte-americanos: Harlan Ellison, Philip K. Dick, Norman Spinrad, Robert Silverberg e Roger Zelazny. Para Wolfe (1986, p.82), a *New Wave* propôs novas estratégias narrativas na FC. Landon (1997, p.150) aponta algumas das questões culturais tratadas pela NW: o compartilhamento de uma atitude pessimista em relação à tecnologia e à ciência; o tratamento em relação ao sexo (coisa que pouco aparecia nas gerações anteriores de ficção científica) e a preocupação com as ciências humanas e sociais como psicologia, sociologia e antropologia.

punk da década de 1980, tanto como movimento literário dos anos 80 quanto em fenômenos sociológicos relativos a uma subcultura de estilo híbrido.[12]

Philip K. Dick – O mundo de um autor de ficção científica

Dentro do contexto da *New Wave of Science Fiction*, Philip K. Dick destacou-se como um autor singular tanto pelas temáticas de sua obra como pela sua vida conturbada, que chamou a atenção durante a contracultura dos anos 60. Pesquisadores da ficção *cyberpunk*, tanto McCaffery (1994) como Heuser (2003) apresentam algumas das características e temáticas em comum entre a *New Wave of Science Fiction* e o *cyberpunk*. McCaffery aponta temáticas mais amplas ao passo que Heuser fala de detalhes mais específicos:

MCCAFFERY (1994)	HEUSER (2003)
Paranóia	Estilo: roupas pretas de couro, óculos escuros, maquiagem
Violação psíquica e sexual	Mutilação corporal, cirurgias, piercings, implantes, tatuagens
Manipulação da realidade	Ilusões e alucinações
Desejo de transcendência mental por meio das drogas, da religião ou da dança, e de dados gerados por computador.	Urbanismo: Luzes de néon Chuva incessante
Decadentismo	Decadência
Linguagem: das ruas e jargões técnicos	Barulho: *rock* e música eletrônica industrial

FONTE: AMARAL, 2005.

É interessante reparar que temáticas como a paranóia, as ilusões e alucinações, a manipulação da realidade e o desejo da mente sobre o corpo por meio das drogas ou da religião são temas dickianos clássicos.

Philip K. Dick sempre transitou por diversas escolas de pensamento filosófico,[13] tendo afinidade com os pré-socráticos (Pitágoras, Parmênides, He-

12. Sobre as questões relativas à formação da subcultura *cyberpunk* ver Amaral, 2005.

13. Os autores citados aqui são apresentados como influências representativas na obra de PKD, e, em um outro momento, tais conexões devem ser analisadas criteriosamente. No presente momento nos ateremos apenas à questão da gnose, por fazer parte da tese central deste artigo.

ráclito), gnósticos,[14] Hume, Spinoza, Leibnitz, Bergson e outros. Também nesse período, ele é apresentado a algumas das suas principais influências, como Goethe, Heine e os poetas metafísicos como Yeats e Wordsworth.

Seu primeiro conto (*short story*) é publicado em novembro de 1951 e sua produção nesse período é intensa. Muitos de seus contos e novelas foram escritos sob efeito de anfetaminas que ele tomava para não dormir e produzir mais e mais. É nessa primeira fase que Dick estabelece suas principais temáticas, das quais destacamos as relações de poder entre as instituições — apresentadas como um totalitarismo tanto por parte do Estado como por parte das grandes empresas que oprimem o cidadão comum — e os seres humanos: o humanismo, com sua vontade de valorizar o sujeito individual (Palmer, 2003), as políticas fabricadas e principalmente a indistinção entre realidade e ilusão, entre sonho e o real,[15] inserindo a figura do que ele chama de *fake-fake*[16] (Dick apud Sutin, 1989), ou simulacro, apresentado como um andróide, robô ou não-humano.

Para Slavoj Zizek (2006), essa idéia de simulação tão em voga nos filmes hollywoodianos como *O Show de Truman* (1998) e na própria trilogia *Matrix* (1999-2003) é antecedida pela obra de Dick, *Time Out of Joint* (1959), pois "a verdade última do universo desencantado utilitarista-capitalista é a *desmaterialização*[17] da 'vida real' mesma, sua conversão em um espetáculo espectral" (Zizek, p.177).

O personagem dickiano é o homem comum que inevitavelmente se envolve em algum tipo de investigação, na qual uma série de pistas aparecem (ou são plantadas), seja para encobrir algum complô de determinado grupo que luta pelo poder ou mesmo desvendando trechos da memória e reconstruindo uma tentativa de caminho que aponta para as diferenças entre o que é real e o que é construído ou simulado. O herói dickiano pode ser descrito como herói anti-heróico, que tenta escapar da tarefa que lhe é proposta, mas que "ao final aceita

---

14. De acordo com Sutin (1989, p.128), os sistemas gnósticos foram de grande influência na obra de Phil, pois para ele "era extremamente atraente a visão gnóstica de que nosso mundo é uma realidade ilusória criada por uma divindade inferior e má [...] Não quer dizer que Phil teria convictamente rotulado a si próprio como gnóstico. Mas, como escritor de ficção científica, ele naturalmente gravitava em torno de teorias que incitavam sua imaginação e forneciam um quadro que ele podia utilizar para as suas experiências – e o gnosticismo lhe servia otimamente, quanto a isso".

15. Essa indistinção entre real e ilusão aponta para o surgimento de uma possível "vontade de virtualidade", da qual nos falam Kroker & Weinstein (1995).

16. *Fake-fake* é como Dick gostava de chamar a alteridade tecnológica, ou os ciborgues e andróides que criava em suas narrativas.

17. Grifo da autora. Zizek critica a desmaterialização da vida.

o peso de sua liberdade existencial" (Warrick, 1987, p.196). Dick crê no poder da empatia[18] para com os outros seres humanos, e é nesse sentido que reside a principal diferença entre homens e máquinas ou entre humanos e não-humanos. A investigação normalmente transforma o personagem em um herói — mesmo que apenas em seus sonhos ou delírios e alucinações esquizóides — seguindo a fórmula de salvar "o mundo" e resgatar a "mocinha".[19]

Uma vez que Philip K. Dick não se importa com a terminologia utilizada para designar os não-humanos, apropriamo-nos então do conceito de ciborgue de Donna Haraway ([1985] 1994) para apresentar as ciborgues do autor. Haraway define o ciborgue como um organismo cibernético híbrido, ligado tanto à realidade social quanto à ficção. Ele se apresenta como uma mistura entre homem e máquina tanto quanto entre os gêneros masculino e feminino, mudando o eixo nas relações de poder de gênero. Ele/ela aparece como uma fabulação[20] que mostra a emanação do poder do corpo, descentralizado de uma raça, um gênero, uma classe social, servindo tanto como uma figura da ficção que explica a realidade social quanto como uma paródia política por meio da arte, como propõe o ciberfeminismo.[21] A figura do ciborgue está presente nos mais variados campos do conhecimento, como a medicina, a biologia, a engenharia genética, a comunicação, entre outros, além de ter sido apropriado pelas narrativas de ficção científica assim como na própria vida real. "Os *cyborgs* são um mapeamento ficcional da nossa realidade social e corporal, além de uma fonte imaginativa que sugere algumas associações muito frutíferas" (Haraway, 1994, p.245). Não é por acaso que a fabulação do ciborgue entra fortemente em cena na contemporaneidade no momento em que se percebe uma crise no pensamento humanista, talvez herdeira do gênio maldoso de Descartes.

---

18. Segundo o biógrafo Sutin (1989), essa empatia, que ele chamava pelo nome latino Caritas, revela o lado cristão de Dick.

19. Um dado interessante a respeito dos personagens femininos de PKD é que elas nunca são as protagonistas da trama. A única exceção encontra-se na pastora Angel Archer, protagonista da novela *The Transmigration of Timothy Archer* (1982). Durante essa primeira fase (anos 50), em geral, os personagens femininos restringem-se ao papel de esposas, namoradas, noivas. Embora nas estórias elas apareçam como aquelas que aguardam ser salvas nos braços do herói, sua personalidade não é estereotipada. Entre seus personagens femininos há uma variada gama de andróides.

20. Nossa crítica a Haraway se dá por entendermos fabulação no sentido de simulacro e não como uma narrativa moral.

21. A respeito do ciberfeminismo, ver Springer (1997), Kennedy (2002) e Braidotti (2004), entre outras.

A questão da fabulação também aparece na filosofia nietzscheana em sua crítica à metafísica platônica em *O crepúsculo dos ídolos (ou como filosofar com o martelo)*. Nessa obra, Nietzsche aponta o que, segundo ele, é um erro, ou seja, a trajetória da metafísica no pensamento ocidental que implica a crença da existência de uma verdade única que pode ser alcançada pelos sábios e é prometida pelo cristianismo. Para o filósofo, essa é a grande fábula da humanidade, pois há sempre mais e mais "realidades" e "verdades" encobertas. "O "mundo verdadeiro" — uma idéia que já não serve mais para nada, que não obriga mesmo a mais nada — uma idéia que se tornou inútil, supérflua; conseqüentemente, uma idéia refutada: suprimamo-la!" (Nietzsche, 2000, §5, p.32). Essa fábula cabe para a idéia do ciborgue/andróide e nos remete à questão das múltiplas realidades da obra dickiana, onde nunca sabemos quando um mundo ficcional começa e outro termina, de certa forma inviabilizando a noção de "mundo verdadeiro" dos personagens.[22]

Durante a década de 1960, a casa de PKD em Haight-Ashbury era ponto de encontro dos *hippies*, *freaks* (apesar do sentido da palavra ser "estranho", esquisito, *freak* era um termo pejorativo usado para designar os viciados em drogas), *heads* (outro subgrupo, o dos considerados "viajandões", loucos) e *outsiders*. Em meio à alucinação coletiva da contracultura sessentista, Dick escreveu a maioria de suas novelas e a temática das drogas passa a ser uma constante (inclusive houve uma passagem de PKD por uma clínica de desintoxicação), principalmente em *Clans of the Alphane Moon* (1964), *The three stigmata of Palmer Eldricht* (1965), *Ubik* (1969), entre outros.

Na fase dos anos 60, além das drogas — que aparecem como uma das estruturas químicas dominantes influenciadoras do humor e das decisões dos personagens —, a política, em um sentido relacionado às questões de lutas pelo poder, aparece de forma acentuada. A presença das megacorporações na vida do indivíduo comum, os complôs entre elas e o governo na luta pelo controle da mente e das informações adquiridas pelos sujeitos fazem parte dessa rede de relações sociais e políticas nas quais os personagens se encontram envolvidos (e influenciaram a geração *cyberpunk* em seu discurso de oposição às grandes corporações assim como a própria cultura *hacker* em sua forte oposição à IBM e outras grandes empresas que dominavam o mercado informático). A visão humanista de PKD, aliada a doses de pessimismo em relação à impossibilidade

22. Essa idéia de "mundos alternativos" pode ser fortemente percebida na narrativa *cyberpunk*, principalmente em William Gibson, em sua criação de ciberespaço como "alucinação consensual" e nos primeiros estudos sobre realidade virtual.

de descoberta de uma "verdade última" — tanto a da existência humana quanto a da verdade de controle ideológico das sociedades por ele descritas — ressalta o caráter distópico[23] de seus textos.

Após uma fase de intensa produção e publicação de suas obras, os anos 70 são marcados por lançamentos mais espaçados. Quatro eventos muito importantes na carreira do escritor marcaram esse período e contribuíram para a construção de um imaginário midiático de loucura e misticismo em torno de sua figura pública. O primeiro deles foi a sua viagem para o Canadá na Vancouver Science Fiction Convention, em 1972. Avesso a viagens, PKD concordou em participar da convenção; ficou mais dias do que o previsto no local. Ele conta que se perdeu e ficou sem memória durante alguns dias. Há uma grande lacuna nos registros e documentos a respeito dessa viagem, o que só aumentou a lenda em torno da sua pessoa. Apesar disso, o acontecimento central de sua vida nessa década ocorreu entre fevereiro e março de 1974 e o atormentou até os seus últimos dias. Ele afirma ter tido uma série de sonhos ou visões e ouvido vozes que inundaram a sua consciência e passaram a fazer parte da trilogia *VALIS* (1981), *The Divine Invasion* (1981) e *The transmigration of Timothy Archer* (1982). Essa experiência, que acabou por despertar um interesse místico/religioso e gnóstico[24] ainda maior em Phil, é referida por ele com o código 2-3-74. Até a data de sua morte, PKD tentou sistematizar e encontrar uma explicação para o acontecido, deixando milhares de páginas escritas sob o nome de *Exegesis*.[25] Até hoje suas divagações filosófico-religiosas a respeito dessa experiência não foram publicadas por completo. Alguns trechos podem ser encontrados na coletânea de escritos *The shifting realities of Philip K. Dick*, editada por seu biógrafo Lawrence Sutin em 1995.

> Em março de 1974, quando havia encontrado Deus (mais propriamente, Zebra) ele teve a experiência de sonhos vividos sobre as pessoas com três olhos – foi o

---

23. Em relação ao conceito de distopia aplicado à ficção científica ver WILLIAMS, Raymond. Utopia and science fiction. In: PARRINDER, Patrick (ed). *Science Fiction*: a critical guide. Nova York: Longman, 1979.

24. De acordo com Otávio Velho (1998), o teórico Harold Bloom estabelece uma relação entre a gnose e a ficção científica, onde o próprio futuro, sempre e necessariamente, já não é o mesmo, sendo coetâneo de todos os presentes.

25. No livro, Phil criou um alter-ego chamado Horselover Fat para escrever sobre tais acontecimentos com a dose de senso de humor que lhe era peculiar. Em nosso entendimento, seria interessante rever os conceitos de exegese como interpretação da verdade e compará-los aos escritos finais de Dick; no entanto, esse seria um estudo à parte, pois este artigo pretende apenas traçar um panorama geral da obra de Dick em relação às dualidades de mente e corpo e sua influência na ficção *cyberpunk*.

> que ele me contou. Elas se manifestavam como entidades ciborgues: envoltas em bolhas de vidro, cambaleando sob massas de acessórios tecnológicos. Um aspecto estranho se insinuou e intrigou a Fat e a mim: às vezes, nesses sonhos que eram como visões, podiam-se ver técnicos soviéticos, que se apressavam em consertar defeitos dos sofisticados dispositivos tecnológicos de comunicação que encerravam as pessoas de três olhos (Sutin [falando de P.K.Dick], 1995, p.220).

Doutrinas, dogmas, cultos como o budismo e o cristianismo e livros como o *I Ching*[26] sempre estiveram presentes na obra dickiana. No entanto, nessa década aparecem com mais freqüência e intensidade. A experiência acontecida em 1974 converte-se em uma fonte de intensos questionamentos internos e discussões para o escritor, e sua figura carismática (Sutin, 1989, 1995) desperta o interesse de vários jovens escritores da época. Devido a sua influência nesse período de contracultura, a revista *Rolling Stone* publica uma longa entrevista com Phil, em novembro de 1975, em que ele fala sobre o envolvimento com drogas, sobre suas visões e sobre o fato de estar fichado no FBI e de ter recebido várias visitas dos agentes federais, dizendo-se sentir parte de uma espécie de conspiração. Como afirma o também escritor de FC, Norman Spinrad, amigo pessoal de Dick, os comentários dele soavam pertinentes, devido ao caso Watergate, com todas as paranóias e investigações, e ao ambiente social e histórico da época. Por fim, PKD é convidado de honra em uma convenção de FC na França (em setembro de 1977, na cidade de Metz), e deixou a audiência perplexa com seu discurso sobre religiosidade na FC. O somatório desses acontecimentos faz com que a figura midiática de Philip K. Dick seja alvo de controvérsias e de polêmicas, e sua visão de mundo acaba, de certa forma, impregnando e influenciando a produção de FC na época.

Os últimos anos de vida marcam ainda mais a reclusão intencional de PKD; ao mesmo tempo, suas obras começam a ser traduzidas para as mais diversas línguas, como turco, croata e outras. Atualmente, há traduções de Phil em vinte e cinco línguas, entre elas, o português. Em 1981, o projeto do filme[27] baseado em sua novela *Do androids dream of electric sheep?* (1968) começa a ser produzido. Segundo Rickman (1984, 1991), PKD inicialmente se opõe à primeira versão do roteiro, mas à medida que assiste às primeiras cenas percebe que, apesar da dificuldade em transpor a sua escrita peculiar

26. O livro *The man in the High Castle* [O homem do castelo alto] (1962) foi escrito com consultas periódicas ao *I Ching*, segundo comentam seus biógrafos e o próprio Dick.

27. A princípio, o nome do filme seria *Dangerous Days* (*Dias Perigosos*), mas depois foi alterado para *Blade Runner*.

para o cinema, o detalhamento aprofundado do filme compensa o resultado e é fiel a sua visão de mundo impregnada de dualidades humano/não-humano.

Phil nem sequer chega a assistir à estréia de *Blade Runner* nos cinemas. Em 17 de fevereiro de 1982, ele tem o primeiro de uma série de enfartos e é hospitalizado, sendo o último acompanhado de uma parada cardíaca que o levou à morte em 2 de março de 1982. Nesse mesmo ano foi criado o Prêmio Philip K. Dick,[28] para livros de ficção científica publicados pela primeira vez em *paperback*. O prêmio foi concebido por Thomas M. Disch e é patrocinado pela Philadephia Science Fiction Society. Em 1984, o ganhador desse prêmio foi William Gibson com sua novela de estréia *Neuromancer*.

Landon (1997) resume em três itens os principais e mais constantes temas da obra de Dick, comentando que eles estão inter-relacionados: 1) a múltipla e subjetiva natureza da realidade; 2) a distinção entre original e simulacro, ou homem e máquina; 3) *a explícita busca por Deus e por religiosidades diversas* (principalmente na última fase). Além dos filmes, a obra de PKD foi adaptada para outras mídias como *games*, histórias em quadrinhos etc.

Dualidades dickianas e dualidades *cyberpunks*

Embora existam muitas diferenças entre as conceituações do que seja ficção científica e de suas transformações e rupturas ao longo do tempo, ela se apresenta como um gênero relacionado à questão das diferentes utopias (e/ou distopias) das sociedades, no qual há "uma dupla dimensão dos tempos, ao mesmo tempo destrutiva e criativa" (Thomas, 1988, p.24), funcionando como um revelador do tempo presente e não como apenas uma simples predição do futuro.[29] Onde houver especulação e extrapolação de idéias e conceitos teóricos e/ou científicos, tangenciados por modos utópicos ou distópicos de reflexão sobre a sociedade, haverá um elemento potencial para o florescimento da narrativa da FC.

Para Thomas (1988), a utopia fica à frente de toda a produção do imaginário social, sendo composta por uma combinação de fatores de tipo sociológico tais como: a não adaptação à sociedade atual, a angústia diante do devir, a tentativa de prolongar e/ou retardar o envelhecimento e evitar a morte, entre outros.

---

28. Disponível em http://www.philipkdickaward.org/

29. Nesse sentido, a idéia de Bloom sobre uma correlação entre a narrativa da ficção científica e a gnose nos parece plausível uma vez que, assim como a gnose, a FC também aceita que "a sua essência é aquilo que o olhar de cada época enxerga" (VELHO, 1998, p.37).

Tradicionalmente conceituadas como oposições ao melhor dos mundos, proposto pela utopia, as distopias são a faceta obscura do pensamento tecnológico e aparecem com muita freqüência na FC.

As temáticas *cyberpunks* são, ao menos em seu momento mais radical nos anos 80, distópicas. No futuro obscuro e catastrófico proposto pela geração *cyberpunk*, uma constante é o domínio do ciberespaço pelas mega-corporações e a luta dos "cowboys solitários"[30] que tentam furar esse bloqueio; outra é a presença das nanotecnologias e da engenharia genética interferindo nas escolhas de vida da população por meio de "alter-egos biologicamente concebidos"[31] (McHale, 1992, p.255), além das questões ecológicas da destruição dos ambientes. A estética *cyberpunk* apresenta assim uma versão drasticamente exagerada dos "perigos tecnológicos" da sociedade contemporânea, entre elas a fusão homem-máquina. Em um de seus ensaios filosóficos, Dick reflete criticamente sobre as indistinções entre humanos e máquinas, sugerindo a perda de definição nas fronteiras dos seres maquínicos e humanos. "Nós não temos mais categorias puras de vivos versus não-vivos [...] um dia teremos milhões de entidades híbridas cujos pés encontram-se ao mesmo tempo em ambos os mundos" (Dick apud Umland & Wessel, 2002, p.111). A herança da chamada New Wave na estética *cyberpunk* encontra-se justamente nesse questionamento das fronteiras humano/não-humano herança da qual faz parte a questão da dualidade mente e corpo (uma vez que ambos os movimentos literários compartilham essas temáticas centrais em suas narrativas).

Afinal, se os *cyberpunks* "pregam" que tudo pode ser codificado a partir do código binário, dos bits, e que tudo pode ser informação, logo, por esse ângulo, mente e memória também podem ser encaradas a partir dessa perspectiva materialista. Mas, se "a informação quer ser livre",[32] jargão que constituía o mote da cultura do computador – nascida com a criação e ascensão dos *hackers* nos porões do MIT e nas garagens do Vale do Silício –, isso significa que ela deve transcender? Que devemos nos livrar da "carne" como preconizava Gibson em *Neuromancer*, em 1984? Percepção e sensações podem ser meros *inputs* e *outputs* do processo informativo.

---

30. Além do Western, McHale (1992, p.247) indica uma mitologia mais antiga como influência da FC e, em conseqüência, do *cyberpunk*: a figura do cavaleiro errante que aparece nos romances medievais.

31. Eis a figura do corpo em sua afirmação de construção, da qual fala Felinto (2005).

32. A informação dever ser livre ou a informação querer ser livre é o primeiro princípio da chamada ética *hacker* dos anos 60, explicitada pelo autor Steven Levy (1984).

O movimento *cyberpunk* surge na literatura de ficção científica na década de 1980 por intermédio de um grupo de escritores – William Gibson, Rudy Rucker, Lewis Shiner, John Shirley, Bruce Sterlingnos – decididos a retomarem as experimentações na linguagem e nas temáticas clássicas da FC. Em sua concepção de fusão homem-máquina como algo apavorante, que causa horror e espanto, o *cyberpunk* apresenta-se como parte desse aparato de engenharia do ser humano maquínico, como um eu eletrônico, um devir-máquina que será a próxima etapa do processo de digitalização. Hayles (1999), em sua teoria sobre o pós-humano, fala das indistinções e oposições entre humanos e andróides na obra de Dick, mostrando os questionamentos do autor em relação a essas hierarquias, pois, várias vezes, ele apresenta andróides humanizados e humanos maquinizados, fato que continua a se repetir nos filmes. A análise de Hayles aponta a geração *cyberpunk* como "devedora" dos questionamentos dickianos por levar a dualidade mente/corpo ao extremo, a partir do *upload* de informações cerebrais para o ciberespaço.

Diversos críticos traçam uma associação entre Gibson e Dick e muitas dessas ligações acontecem devido ao estilo de ambos, devedores de um imaginário *pulp*[33] e *noir*. Outro assunto explorado intensamente tanto por Dick como por Gibson são os implantes. Dick usava a sátira e Gibson utiliza o lirismo para tratar do mesmo tema, relacionado à fusão homem-máquina através de suas extensões, sejam elas de memória, sejam "próteses, procedimentos cirúrgicos (cosméticos e radicais), alterações na mente por meio de *plugs*. Todos eles são elementos figurativos recorrentes que expressam a visão dos autores sobre a direção para a qual a tecnologia nos está levando" (McGuirk, 1992, p.114).

Temáticas como a paranóia, as ilusões e alucinações, a manipulação da realidade e o desejo de transcendência por meio das drogas ou da religião são temas dickianos clássicos e reaparecem nas narrativas *cyberpunks*, tanto na introdução do ciberespaço, entendido como lugar de trocas tecno-informacionais, quanto no cotidiano das personagens que se deparam com drogas sintéticas, implantes e religiosidades tecnológicas. O próprio conceito de ciberespaço como

33. Wolfe (1986, p.96) explica que a origem do termo *pulp* é o tipo de papel barato usado nessas revistas. Ele afirma que, nos anos 30, essas revistas atingiam uma circulação de 10 milhões por edição. "Mais amplamente, o termo veio caracterizar a ficção e as ilustrações publicadas nessas revistas e, finalmente, qualquer ficção e ilustrações que fazem uso das convenções das formas *pulp*. A invenção da revista *pulp* é geralmente creditada a Frank Munsey, que, em 1896, decidiu converter sua revista infantil *Golden Argosy* para uma revista de todo tipo de ficção popular com o título de *Argosy*, e trocou para um papel de uma madeira barata [*pulp*] com o objetivo de manter o preço baixo."

"alucinação consensual"[34] nos dá algumas pistas dessa relação, pois se pensarmos nas múltiplas realidades que se dissolvem e se sobrepõem na obra dickiana, elas podem perfeitamente ser vistas como "realidades virtuais"[35] anteriores à associação do termo com algum tipo determinado de aparelho ou tecnologia, inovação trazida, aí sim, pela geração *cyberpunk*.

Fischer (1996) afirma que a aspiração medieval de vida eterna reaparece como temática na literatura *cyberpunk*, apresentando o corpo como elemento negativo a partir do desejo dos personagens de se transformarem em dados, a fim de não mais habitarem as cidades, mas sim o ciberespaço. Apesar de tentarem se livrar do "estorvo" no qual a carne teria se convertido, o corpo ainda é a fronteira final dos autores *cyberpunks*, que, em um primeiro momento de radicalismo, tentaram abdicar dele; mas em seus escritos mais recentes – e inclusive na chamada geração pós-*cyberpunk*[36] – parecem ter refreado um pouco esse desejo, recorporificando algumas personagens.

> Contrapondo-se a retórica *cyberpunk* de eterealização, com suas evocações rapsódicas de consciência corporificada superada pelo descarnado, existência "downloadeada" em memória de computador, o Novo Grotesco nos confronta com o fato inelutável de nossa mortalidade, lembrando-nos de que (pelo menos por agora) as políticas do fim do século XX aparecem em realidades físicas e não virtuais (Dery, 1999, p.166).

Apesar dessas mudanças de perspectivas nas narrativas na ficção científica a partir dos anos 2000, o imaginário *cyberpunk* da descorporificação e de uma possível ciberimortalidade e onisciência é herdeiro da tradição materialista e gnóstica, e permanece em muitos dos domínios ficcionais (narrativas como *games*, cinema, quadrinhos etc.), assim como nas próprias discursividades tecno-científicas.

Nos mundos obscuros e futuristas de Gibson, Sterling e outros, os objetivos de descorporificação foram atingidos, embora no "Resto da Vida"[37] o caminho da ciência queira também enveredar por essas brechas dualísticas, conforme nos alertam autores como Davis (1998), Noble (1999) e Wertheim ([1999] 2001).

34. Conceito gibsoniano de ciberespaço (Gibson, 1984)

35. Em certo sentido, as "realidades virtuais" dickianas têm uma estreita relação com os estados de consciência (seja pelo lado psicológico ou pela questão do uso de drogas, sendo que estas também aparecem no *cyberpunk*).

36. Especialmente Cori Doctorow.

37. Conceito utilizado por Sherry Turkle (1997) para fazer oposição à "realidade virtual", em vez de simplesmente usar o termo "Vida Real", uma vez que real e virtual não são opostos, mas complementares.

> Para que não se imagine que as fantasias de ciberimortalidade estão apenas nas mentes dos autores de ficção científica, deveríamos notar que grande parte da filosofia subjacente a essa ficção está emergindo do domínio da ciência, de campos como a ciência cognitiva, a robótica e a teoria da informação. Tudo isso faz parte do mesmo fluxo imaginativo que produz o sonho da "inteligência artificial" (IA). O que é a atividade mental, dizem esses adeptos, senão um padrão de sinais elétricos numa rede de neurônios? Por que não se poderia construir um padrão semelhante em silício?(Wertheim, 2001, p.192).

Davis (2003) comenta que tais sonhos de imaginação ciber-religiosa reforçam as noções dualísticas de corpo como entidade negativa.

> A conseqüência última, fantasiada, dessa linha de pensamento, notoriamente caracterizada em detalhes arrepiantes pelo estudioso da robótica, Hans Moravec, [da Universidade] de Carnegie Mellon, *é a capacidade de fazer o upload da mente para o silício, efetivamente imortalizando o sujeito.* Afinal, uma vez que *nada há de mágico nos processos que trazem a mente para fora da matéria neural,* então nada em teoria impede que um computador venha a simular um cérebro humano a tal ponto que o eu originalmente inicializado pelo cérebro físico ressurja no interior do simulacrum (Davis, 2003, Online – grifo meu).

Considerações finais – Dualidade mente e corpo: elo comunicacional entre a tecnologia e a religiosidade?

Após um breve resgate da figura controversa e mítica de Philip K. Dick e da importância da dualidade mente/corpo, de aspiração nitidamente religiosa – que está notadamente inserida em um contexto gnóstico conforme discorrem variados autores como Davis (1998), Noble (1999), Wertheim (2001) e Felinto (2005) – em sua obra e sua posterior influência no subgênero *cyberpunk* dos anos 80, observamos que a dualidade mente/corpo nos fornece algumas questões vibrantes e pistas para futuras pesquisas no multifacetado campo da cibercultura.[38]

Inferimos assim que a dualidade mente/corpo é uma das forças impulsionantes nas narrativas de ficção científica, aparecendo de forma explícita na New Wave e na geração *cyberpunk*. Apesar da afirmação de Dick (apud Sutin, 1989) de

---

38. A cibercultura, que está aqui pensada como uma espécie de sinônimo de uma cultura contemporânea é, por si só, uma espécie de modo científico-ficcional, ou seja, vivemos em um mundo de FC, experienciamos nossas relações sociais, econômicas, amorosas, lúdicas, religiosas etc. por meio de máquinas.

que a "ficção científica é um meio no qual a totalidade da imaginação humana pode operar, ordenada, é claro, pela razão e pelo desenvolvimento consistente", o caráter gnóstico apresenta-se um de seus elementos fundadores. Entendemos esse caráter como "conhecimento de Deus no interior do self e na natureza fluída das fronteiras entre o humano e o divino" (Bloom apud Velho, 1998, p.37). Essa busca de Deus no interior do self acaba encontrando nas narrativas sobre a tecnologia mais uma forma de expressão e de relação. A busca do conhecimento sobre as fronteiras difusas entre homem e máquina não deixa de ser uma espécie de reedição tecnologizada das indistinções entre humano e divino.

O gênero da FC é muito mais do que um modo literário ou cinematográfico, mas uma discursividade que alimenta outros meios e que influencia a própria vida contemporânea, bem como é influenciado por ela – em seus questionamentos cotidianos. E, nesse sentido a dualidade mente/corpo, tem fornecido bastante munição para ele, desde seus primórdios até o movimento *cyberpunk*, que radicalizou a concepção ao decretar uma perseguição maquínica ao corpo.

Paralelamente a isso, o quadro teórico-científico que vem se configurando desde o final do século XX, com as extensões, a engenharia genética, as biotecnologias, as próteses e a inteligência artificial somados aos fenômenos sócio-culturais como a modificação corporal, o transhumanismo, entre outros, indicam que as dualidades mente e corpo funcionam como uma espécie de *link* entre tecnologia e religiosidade. Em um sentido meramente especulativo, talvez a estética *Die Mensch-Maschine*[39] que inunda as imagens *cyberpunks* proporcine ao pensamento sobre a ficção científica um legado comunicacional no qual as dualidades mente e corpo possam ser analisadas em um contigüidade entre bytes e DNA.

---

39. Refiro-me aqui ao precursor álbum *The man-machine* (*Die Mensch-Maschine*, no original) da banda eletrônica alemã Kraftwerk, lançado em 1978, cuja temática é a relação homem/máquina na música.

REFERÊNCIAS BIBLIOGRÁFICAS

ALKON, Paul. Deus Ex Machina in William Gibson´s Cyberpunk Trilogy. In: SLUSSER, George, SHIPPEY, Tom. *Fiction 2000*: cyberpunk and the future of narrative. Athens: University of Georgia Press, 1992.

AMARAL, Adriana. *Visões Perigosas*: uma arque-genealogia do cyberpunk. Porto Alegre: Editora Sulina, 2006.

AMARAL, Adriana O imaginário gótico da cibercultura: notas randômicas e iniciais sobre o lado obscuro das tecnologias de comunicação. *Revista Sessões do Imaginário*, n.15, Porto Alegre, agosto de 2006.

AMARAL, Adriana. Uma breve introdução à subcultura cyberpunk: estilo, alteridade, transformações e hibridismo na cibercultura. *Revista E-compós*, Brasília, agosto de 2005. Disponível em http://www.compos.org.br/e-compos.

BRAIDOTTI, Rosi. *Cyberfeminism with a difference*. Disponível em: http://www.let.uu.nl/womens_studies/rosi/cyberfem.htm (10/04/2004).

BROCKMAN, John. *Digerati*: Encounters With the Cyber Elite. Hardwired, 1996.

DAVIS, Erik. Synthetic Meditations. Cogito in the Matrix. In: TOFTS, Darren, JONSON, Annemarie, CAVALLARO, Alessio (ed). *Prefiguring cyberculture*: an intellectual history. Cambridge: The MIT Press, 2002.

CARRÈRE, Emmanuel. *I am alive and you are dead*: A journey into the mind of Philip K. Dick. New York: Metropolitan Books, [1993], 2004.

DAVIS, Erik. *Techgnosis*: Myth, Magic + Mysticism in the age of information. New York: Three Rivers Press, 1998.

DERY, Mark. *The pyrotechnic insanitarium*: American culture on the brink. NY: Grove Press, 1999.

FEATHERSTONE, Mike (ed). *Body modification*: Theory, culture and society. London: Sage, 2000.

FEATHERSTONE, Mike; BURROWS, Roger (ed.). *Cyberspace Cyberbodies Cyberpunk*. London: Sage, 1996.

FELINTO, Eric. *A religião das máquinas*: ensaios sobre o imaginário da cibercultura. Porto Alegre: Sulina, 2005.

FISCHER, Jeffrey. The postmodern paradiso. Dante, cyberpunk and technosophy of cyberspace. In: PORTER, David. *Internet Culture*. London: Routledge, 1996.

HARAWAY, Donna. Um manifesto para os ciborgs: ciência, tecnologia e feminismo socialista na década de 80. In: HOLLANDA, Heloisa Buarque de (org.). *Tendências e impasses*: o feminismo como crítica da cultura. Rio de Janeiro: Rocco, 1994.

HAYLES, N. Katherine. *How we became posthuman*: virtual bodies in cybernetics, literature and informatics. Chicago: The University of Chicago Press, 1999.

HEUSER, Sabine. *Virtual geographies*: Cyberpunk at the interesection of the postmodern and science fiction. Amsterdam: Rodopi, 2003.

HOLT, Jason. O fantasma feito pela máquina; ou a filosofia da mente, estilo Matrix. In: IRWIN, William. *Matrix*: bem vindo ao deserto do real. São Paulo: Madras, 2005.

KENNEDY, Bárbara. Introduction to cyberfeminisms. In: BELL, David, KENNEDY, Bárbara M (ed). *The cybercultures reader*. New York: Routledge, 2002.

KROKER, Arthur, WEINSTEIN, Michael. *Data trash. The theory of the virtual class*. New York: St. Martin's Press, 1995.

LANDON, Brooks. *Science Fiction after 1900*: From the steam man to the stars. NY: Twayne Publishers, 1997.

McGUIRK, Carol. "New" Romancers: Science Fiction Innovators from Gernsback to Gibson. In: SLUSSER, George, SHIPPEY, Tom. *Fiction 2000*: cyberpunk and the future of narrative. Athens: University of Georgia Press, 1992.

McHALE, Brian. *Constructing postmodernism*. New York: Routledge, 1992.

NIETZSCHE, Friedrich. *Crepúsculo dos ídolos (ou como filosofar com o martelo)*. Rio de Janeiro: Relume Dumará, 2000.

NOBLE, David. The religion of technology: The Divinity of Man and the Spirit of Invention. London: Penguin Books, 1999.

PALMER, Christopher. *Philip K. Dick*: exhilaration and terror of the postmodern. Liverpool: Liverpool University Press, 2003.

RICKMAN, Gregg. *Philip K. Dick in his own words*. NY: Beach Valentine Press, 1984.

RICKMANN, Greg. A Science Fiction Author's Last Testament – an interview with Philip K. Dick. *Share International Magazine*. Jul-ago, 1985. Disponível em http://www.philipkdick.com (13/05/2002).

SPRINGER, Claudia. *The electronic eros*. Dallas: Texas University Press, 1997.

SUTIN, Lawrence (ed.). *The shifting realities of Philip K. Dick*. New York: Pantheon Books, 1995.

SUTIN, Lawrence. *Divine Invasions*: A life of Philip K. Dick. New York: Harmony Books, 1989.

THOMAS, Louis Vincent. *Anthropologie des obsessions*. Paris: L'Harmattan, 1988.

TURKLE, Sherry. *Life on the screen*: identity in the age of Internet. New York: Touchstone, 1997.

UMLAND, Samuel J., WESSEL, Karl. Cassandra among the cyborgs or, the silicon termination notice. In: TOFTS, Darren, JONSON, Annemarie, CAVALLARO, Alessio. *Prefiguring cyberculture*: an intellectual history. Cambridge: The MIT Press, 2002.

VELHO, Otávio. Ensaio herético sobre a atualidade da gnose. *Revista Horizontes Antropológicos*, Porto Alegre, ano 4, junho 1998, p.34-52.

WARRICK, Patricia S. *Mind in motion*: the fiction of Philip K. Dick. Chicago: Illinois University Press, 1987.

WERTHEIM, Margaret. *Uma história do espaço*: de Dante à Internet. Rio de Janeiro: Jorge Zahar Editor, 2001.

WOLFE, Gary K. *Critical terms for science fiction and fantasy*: A glossary and guide to scholarship. NY: Greenwood Press, 1986.

ZIZEK, Slavoj. *Lacrimae Rerum*: ensayos sobre cine moderno y ciberespacio. Barcelona: Debate, 2006.

AIRTON LUIZ JUNGBLUT

As máquinas que nos tornam deuses:

ensaio antropológico sobre o gnosticismo ciberespacial

O estabelecimento de relações, objetivas ou metafóricas, entre tecnologia maquinal e o sobrenatural (religião e/ou magia) é algo bastante recorrente na história do Ocidente, não sendo, portanto, nenhuma novidade. No próprio processo de desenvolvimento das máquinas como instrumentos de potencialização humana, que acompanha a revolução industrial, elas muitas vezes foram olhadas com a desconfiança própria daqueles que pensam estar lidando com entes do "além". Como sofisticados instrumentos e ferramentas a serviço da produção otimizada, elas magicamente escondem dos sentidos humanos o esforço necessário ao labor (cf. Arendt, 2001:137). Não terá sido por alguma percepção um tanto encantada da natureza das máquinas que os *luddistas* as atacavam tão furiosamente no século XIX, como se elas fossem verdadeiros demônios?

Essa percepção encantada das máquinas, no mais das vezes, é tão-somente o enfrentamento, possível em certos contextos históricos, da inexplicabilidade do novo que elas instituem. E como elas nunca param de surpreender, muitos buscam compreendê-las por meio de recursos cognitivos encontráveis nas profundezas dos porões culturais, ou seja, nos imaginários mágico-religiosos, mitos, medos, superstições etc. Recursos intelectuais estes que sempre estão disponíveis em culturas que, como a nossa, relutam em ceder ao desencantamento técnico-científico que acompanha a modernidade. Percepções assim, mormente, requerem exercícios cognitivos animados por aquilo que Marshall Sahlins chama de "mitopraxis", entendida como a capacidade de compreender um evento atual a partir de estruturas míticas que integram um dado esquema simbólico estabelecido, de longa duração histórica. Produzida a cognição, essas estruturas míticas são constrangidas a se modificarem para acolher a nova compreensão (Sahlins, 1999:172-194). Isso ocorre, segundo o autor, pela "possibilidade do presente vir a transcender o passado e ao mesmo tempo lhe permanecer fiel" (idem, p.189).

A análise da relação entre o maquínico ciberespaço[1] emergido da Internet e a teodicéia gnóstica, pretendida nesse ensaio, só pode ser feita com uma atitude cognitiva semelhante a essa. Não se trata, obviamente, de buscar explicações mágico-religiosas para a existência e funcionamento do aparato maquínico que possibilita o ciberespaço, mas, sim, de utilizar metaforicamente alguns aspectos míticos da teodicéia gnóstica como instrumentos heurísticos, quiçá úteis, para prospectar analogicamente alguns dos princípios que animam o ciberespaço. Concordando com a afirmação de Luiz Eduardo Soares de que "a razão precisa da imaginação e da erótica da interrogação para fecundar a recepção e realizar sua potência comunicativa" (Soares, 1994:233), trata-se aqui de fazer um jogo de contrastes metafóricos entre os aspectos "graves e banais, profundos e cotidianos" (idem, p.243) que caracterizam alternadamente a teodicéia gnóstica e os usos do ciberspaço, indagando das imagens que surgem nesse jogo de espelhos, algo desconexos, a respeito de suas potências heurísticas.

Em relação a essas estratégias analíticas, contudo, existem autores que recomendam precauções para se evitar quedas em "ciladas epistemológicas". Erick Felinto nos chama atenção, por exemplo, para alguns dos riscos de se comparar "fenômenos distantes no tempo e/ou no espaço, buscando encontrar semelhanças em cada detalhe", algo que pode levar ao esquecimento da "singularidade histórico-cultural peculiar a cada fenômeno" (Felinto, 2005:59). Outro perigo apontado por esse autor diz respeito à suposição da "suprema unidade do mundo" pregada pela "doutrina das analogias", o que, comumente, levaria o analista a crer que "tudo está em tudo", impossibilitando-o, por

1. Pierre Lévy define "ciberespaço" como: "[...] o espaço de comunicação aberto pela interconexão mundial dos computadores e das memórias dos computadores. Essa definição inclui o conjunto dos sistemas de comunicação eletrônicos (aí incluídos os conjuntos de rede hertzianas e telefônicas clássicas), na medida em que transmitem informações provenientes de fontes digitais ou destinadas à digitalização. Insisto na codificação digital, pois ela condiciona o caráter plástico, fluido, calculável com precisão e tratável em tempo real, hipertextual, interativo e, resumindo, virtual da informação que é, parece-me, a marca distintiva do ciberespaço. Esse novo meio tem a vocação de colocar em sinergia e interfacear todos os dispositivos de criação de informação, de gravação, de comunicação e de simulação. A perspectiva da digitalização geral das informações provavelmente tornará o ciberespaço o principal canal de comunicação e suporte de memória da humanidade a partir do próximo século". (Lévy, 1999:92-93)

conseqüência, de produzir definições e recortes de "qualquer fenômeno em sua especificidade singular" (idem, p.60).

Por não se desconsiderar os riscos de deformidade representacional que podem advir das estratégias cognitivas adotadas neste ensaio, recorreremos aqui a algumas atitudes epistemologicamente defensivas: a proposição de analogias entre situações que satisfaçam minimamente as exigências da comparabilidade; a atenção prioritária para as "lógicas" e "princípios de funcionamento" daquilo que será contraposto, em detrimento das formas e fórmulas substancias que lhe dão existência; privilégio insistente, na análise, do caráter metafórico das analogias; recusa em assumir aquelas totalidades analógicas que se insinuem artificiais no confronto entre as partes examinadas.

O gnosticismo

O gnosticismo é um conjunto de crenças religiosas historicamente difusas e desinstitucionalizadas que teriam surgido sob várias formas na Antiguidade. Inspiradas em algumas correntes filosófico-religiosas do paganismo tardio, do cabalismo judaico, do cristianismo e do sufismo mulçumano, o gnosticismo foi considerado uma perigosa heresia nos primeiros séculos da era cristã, sendo bastante combatido pelos primeiros padres da Igreja. Teria subsistido subterraneamente na Idade Média, renascido na filosofia moderna por meio das obras de pensadores como Espinosa, Leibnitz, Schelling etc. e se revitalizado em movimentos esotéricos mais recentes, como a Nova Era.

Basicamente, o que os gnósticos pregam é a libertação do "eu" do cativeiro em que se encontra encerrado, ou seja, do corpo e do mundo material. Essa libertação se dá por meio de um conhecimento que é revelado pela interferência de um salvador (um "mensageiro da luz") ou obtido por uma postura de negação deste mundo. Esse conhecimento libertador, chamado de "gnose", nada mais é do que o ato de recordar uma situação anterior, de comunhão completa com Deus, antes de uma imemorial queda no mundo da matéria. Todo ser humano, na verdade, seria uma parte fragmentada de Deus na forma de uma "centelha divina". Recuperar a lembrança dessa unidade perdida é, então, reassumir mitologicamente uma divindade perdida na queda e se traduz simbolicamente numa viagem da alma para além do mundo da matéria. Para os gnósticos, segundo Rosalie Pereira, o objetivo último é reconhecer-se "como parte da essência divina e livrar-se da parte material que aprisiona a luz" (Pereira, 2002:189). E uma vez alcançada essa liberdade, "o intelecto se converte em potência e entra em Deus, 'pois esse é o fim bem-aventurado para aqueles que possuem o conhecimento: tornar-se Deus' (*Poimandres*[2] I, §26)". (Pereira, 2002:191).

Subjaz na maior parte das diversas formulações dessa teodicéia um dualismo que opõe o mundo terreno (o aqui e agora) ao além (o universo transcendente). O mundo terreno é descrito pelos gnósticos como um mundo essencialmente mau onde ocorre, sem que se saiba por que, um ciclo indefinido de nascimento e morte, onde seus habitantes se encontram submetidos aos constrangimentos da matéria que é identificada simbolicamente com as trevas. Já o além, o mundo oposto a este, é apresentado como "a verdade" por excelência, como o "universo da vida, que é perene, imutável e incorruptível; é espiritual, inacessível aos sentidos e sem limites". Esse mundo é definido pelo conceito de "luz" e nele reinaria a harmonia (Zilles, 1997:111).

Diante de tal dualismo os gnósticos podem adotar dois tipos de posicionamento. O primeiro deles se constitui numa postura transcendente, manifestada por meio de um "anticosmismo" que rejeita radicalmente este mundo desvalorizando as sensorialidades que o revelam. Segundo a lógica que anima essa posição, não sendo este mundo nada além de um cativeiro, de uma prisão materialista da alma, o único esforço humano válido é a busca da transcendência. Essa busca é entendida como fuga deste mundo e não há nada produtivo a se fazer aqui senão tramá-la.

Já na segunda posição tem-se uma postura menos transcendente: uma relação mais harmoniosa com o mundo envolvente. Segundo essa postura, o homem é chamado "a refletir sobre o *logos* imanente ao cosmo para chegar, mediante o pensamento, à razão universal" (Pereira, 2002:196). Assim, o mundo material que nos envolve, nos aprisiona e nos mantém longe da luz não é rejeitado como mau e inútil mas como algo que nos auxiliaria a compreender a razão última das coisas: Deus. O fascínio pelo cosmos exterior ao planeta, por exemplo, foi a matéria que animou muitas investigações gnósticas dessa natureza no passado:

> Submetidos ao *logos* ordenador, os astros apontam para a possibilidade de conhecer a razão universal. Esta não podendo ser aprendida com a percepção sensível, poderia ser conhecida apenas por analogia, e o mundo passaria a servir de instrumento para atingir seu criador (Pereira, 2002:196).

---

2. *Poimandres* é um dos livros fundamentais do hermetismo, uma das formulações do gnosticismo clássico.

Ora, é esse gnosticismo imanentista que interessa para uso heurístico em nosso exame do ciberespaço. Interessa sobretudo essa busca ordinária do eu, no interior da mundanidade, por sua essência divina, pela gnose libertadora, pela restauração da unidade cósmica com Deus. Se o mundo que o adepto do gnosticismo tem diante de si oferece-se como chave reveladora dos elementos lógicos que explicam a sua essência divina, sua ação no mundo torna-se esperançosa e eis que podemos, quem sabe, vê-lo aqui e acolá tentando, objetiva ou subjetivamente, restaurar sua divindade.

Além disso o gnosticismo – que aqui será tomado como uma matriz mitológica a ser analogicamente contraposta ao ciberespaço – precisa ser metaforicamente circunscrito dentro de um campo básico de referências contemporâneas; nesse sentido, vêm em nosso socorro dois autores, Otávio Velho e Harold Bloom, convictos da atualidade da gnose e de sua capacidade heurística de explicar muitas das sensações objetivas e subjetivas do sujeito atual.

A gnose, segundo Otávio Velho, manifesta-se difusamente por toda parte, tende a emergir "de maneira selvagem e inovadora" tal como um "produto de um 'espírito de época'" que se estaria gestando no mundo contemporâneo (Velho, 1998:47). O amplo quadro que Velho vislumbra das diversas manifestações atuais da gnose e que o autoriza a fazer esse diagnóstico é, em grande parte, fornecido pelas considerações de Harold Bloom. Segundo esse autor, que trata especificamente da paisagem cultural norte-americana, o gnosticismo estaria entranhado, sem que para a maioria isso seja visível, no interior de praticamente todas as formas americanas de religião. Eis o quadro que o autor descreve:

> [...] o gnosticismo está vivo e passando bem (talvez não tão bem) em nosso país, e não apenas nas paródias da Nova Era [...] Nossos gnosticismos autênticos acham-se espalhados onde quer que nossos caudilhos republicanos sulistas ou do Oeste façam culto [...] e onde mais que espiras de templos mórmons e Primeiras Igrejas Batistas perfurem os céus. Nossa Religião Americana, de fabricação caseira ou ostensivamente católica romana e protestante dominante, é mais um amálgama gnóstico que um tipo europeu de cristianismo histórico e doutrinal, embora muito poucos possam ver isso, ou talvez a maioria não queira ver. Alguns assustados padres católicos [...] tomaram consciência de seu perigo, e um punhado de ministros protestantes agora compreende que sua neo-ortodoxia está cedendo a um neognosticismo populista. Mas as grandes manifestações transcendem as igrejas, e são muito maiores até que as legiões de companheiros de viagem da Nova Era. Nossas indústrias em desenfreado florescimento de culto aos anjos, "experiências de quase morte" e astrologia – redes de adivinhação de sonhos – são versões em massa de um gnosticismo adulterado ou travestido." (Bloom, 1996:32).

A situação que Bloom descreve parece não se restringir exclusivamente ao campo religioso norte-americano, pois é possível assistir a um quadro semelhante no Brasil, sendo detectado por alguns observadores, por exemplo no interior das religiões tradicionais cristãs (catolicismo, protestantismo histórico, pentecostalismo etc.), nas novas religiões esotéricas da Nova Era e também por toda a sociedade de um modo geral. Pode-se, outrossim, notar suas lógicas sendo absorvidas pela literatura de auto-ajuda (Rudiger, 1996), pelas terapias psi, por algumas das cosmovisões que animam o ideário ecologista (Campbell, 1997:14-16), por técnicas motivacionais para administradores etc.

A disseminação da gnose de caraterística imanentista, ou de uma "teodicéia oriental" (idem, p.5-9) – termos que, em essência, nomeiam uma mesma tendência atual de busca de uma receita para a "auto-deificação" neste mundo – pode também ser identificada nas percepções de muitos observadores a respeito do ciberespaço. Peter Lamborn Wilson, um desses observadores, já afirmou que, se quisermos ouvir as mais maravilhosas preleções gnósticas, só precisamos escutar os entusiastas da Internet (Wilson, 1996). Esses entusiastas, atentos a um suposto empoderamento a que os indivíduos que se utilizam dessa tecnologia estariam sujeitos, tendem, muitas vezes, a perceber uma certa redivinização do sujeito contemporâneo que ali habita. Alain Finkielkraut, um destes entusiastas, assim se refere a esse processo:

> Graças à anulação da topologia pela tecnologia, a experiência humana, por demais humana, da vizinhança cede lugar à embriaguez olímpica de uma eqüidistância universal. O homem não é mais vernacular, ele é planetário. Seu círculo imediato não é mais local, mas digital. Ele estava ligado a um território, agora está conectado à rede e doravante só tem de fazer autoctonias. A inerência ao mundo era o seu destino, o espetáculo e o chamamento do mundo marcam sua acessão à liberdade. Cibernauta e orgulhoso de o ser, ele abandona a obscena materialidade das coisas pelas delícias infinitas de um espaço insubstancial. Ele era geográfico e histórico, ei-lo *angélico*, livre, como os anjos, das fadigas de sua vida na terra e da ordem da encarnação, dotado, como eles, do dom da ubiqüidade e da imponderabilidade (Finkielkraut, 1998:112).

Finkienlkraut consegue dizer explicitamente neste trecho algo que está nas entrelinhas de muitas descrições sobre os poderes do indivíduo no ciberespaço: o fato de que esses poderes guardariam em si uma metaforizável semelhança com poderes divinos, espirituais, da ordem do sobrenatural, atribuídos mormente a seres espirituais em imaginários ou cosmovisões religiosas.

O que seriam, senão poderes em algum sentido "mágicos", a possibilidade da ubiqüidade ciberespacial, a possibilidade de "viver outras vidas nesta vida" mediante múltiplas e até simultâneas identidades experimentadas na Internet, a possibilidade de localizar praticamente qualquer informação sobre qualquer assunto no ciberespaço e fazer maquinicamente operações que mentalmente são impraticáveis ou bastante árduas? Não seriam poderes que carregam em si uma certa pretensão de se fazerem idênticos àqueles das divindades espirituais portadoras dos poderes de onipresença, onipotência e onisciência? Esse indivíduo que habita o ciberespaço, enfim, não pode ser visto como alguém que estaria a dramatizar uma certa inveja de Deus?

Referências às características gnósticas das aventuras humanas vividas nesse novo território sócio-informacional propiciado pelo avassalador crescimento da rede mundial de computadores (Internet), a que chamamos de ciberespaço, têm sido cada vez mais freqüentes como metáforas elucidativas das lógicas que ali operam.

É o caso, por exemplo, da utilização do termo "gnosticismo tecnológico", que Hermínio Martins toma emprestado de Victor Ferkis para designar conceitualmente "o casamento das realizações, projetos e aspirações tecnológicos com os sonhos caracteristicamente gnósticos de transcender radicalmente a condição humana" (1996:172). Esse autor vê, assim, "uma afinidade eletiva entre o espírito da tecno-ciência moderna e o *ethos* deste gnosticismo mundanal e imanentizado (em vez de transcendente, à maneira clássica)" (idem, p.178). As considerações deste sociólogo português acabaram por inspirar Gustavo Lins Ribeiro na construção de uma paisagem fenomênica para a qual essa associação conceitual pode ser dirigida:

> O colapso da fronteira homem/tecnologia, a idéia de habitar mundos vibrantes de potencialidades mis, sem perigo, manipuláveis, cínica e sedutoramente à disposição dos desejos do sujeito, informam tanto as utopias quanto as distopias que falam de "identidades terminais" (Bukatmam, 1993), vida maquínica, vida virtual, onde corpos virtuais, robôs e ciborgs mais evoluídos que os homens tornam-se positiva ou negativamente seus mestres (tópicos altamente tematizados pela ficção científica contemporânea), manejando universos ascéticos, sem trabalho e dor, verdadeiros paraísos ou infernos tornados possíveis graças à tecnologia com suas diatribes prometéicas. Na realidade, durante mais uma rodada de tudo que é sólido desmancha no ar, o desejo de transcender a condição humana, o asco à viscosidade, fluidos e odores corporais, o gnosticismo tecnológico (Martins, 1994), enfim, resplandece com toda força (Ribeiro, 2000:196).

Eric Davis também parece ter em mente um quadro semelhante a esse quando afirma:

> O mito gnóstico antecipa os sonhos mais extremos dos mutantes mecânicos e dos *cowboys* do ciberespaço de hoje, especialmente sua pulsão libertária rumo à libertação e autodivinização, bem como sua rejeição dualística da matéria para as possibilidades incorporais da mente (apud Felinto, 2005:39).

Essas percepções, como se vê, informam sobre a não novidade da utilização do mito gnóstico como metáfora elucidatória da moderna tecnologia, em geral, e do ciberespaço, em particular. Já existe, portanto, uma literatura que vem tratando desse tema, mas ela o faz com certa parcimônia no detalhamento das diversas dobraduras do ciberespaço e dos movimentos possíveis de seus habitantes, detalhamento esse desejável para bem fundamentar a pertinência da utilização desse instrumento heurístico. De um modo geral, a sensação que fica é a de uma certa ausência daquilo que Malinowsky chama de "a carne e o sangue da vida real" que "preenchem o esqueleto vazio das construções abstratas" (1976:33). Alguns desses "preenchimentos", como se verá adiante, demonstram a fecundidade dessa associação entre gosticismo e ciberespaço e atestam sua potência elucidativa.

A cratera do saber: gnosticismo informacional e ciberespaço

O ciberespaço é muito freqüentemente descrito como uma gigantesca e fantástica "ferramenta de conhecimento" que é construída cotidianamente a partir de uma ação ao mesmo tempo individual, de cada um de seus usuários, e coletiva, como resultado de uma ação articulada, mesmo que inconscientemente, desses usuários. O termo "árvore de conhecimentos" como uma imagem para designar este aspecto do ciberespaço tem sido popularizado no meio acadêmico por Pierre Lévy. Este autor compreende que muito das formas de trânsito dos indivíduos pelo ciberespaço e de sua utilização instituem uma "nova relação com o saber", onde "cada membro de uma comunidade pode fazer com que toda a diversidade de suas competências seja reconhecida, mesmo as que não foram validadas pelos sistemas escolares e universitários clássicos" (Lévy, 1999:177). As vantagens deste sistema para o saber, em geral, e para a otimização dos desempenhos individuais, em particular, parecem inquestionáveis, segundo Lévy:

> Ao permitir que todos os tipos de dispositivos de aprendizagem desemboquem em uma qualificação, o dispositivo das "árvores" permite um melhor gerenciamento das competências. De forma complementar, ao avaliar os sinais de competência em tempo real, o gerenciamento das competências contribui para validar a qualificação. Cada pessoa que se autodefiniu ao obter um certo número de

> sinais de competência torna-se, ao mesmo tempo, acessível à rede. Ela está indexada no espaço de navegação e pode, portanto, ser contatada para trocas de saberes ou demandas de competências. Uma melhoria do processo de qualificação possui, portanto, efeitos positivos sobre a sociabilidade. Esse instrumento torna visível em tempo real a evolução rápida de competências muito diversas. Ao permitir a expressão da diversidade das competências, não restringe os indivíduos a uma profissão ou categoria, favorecendo assim o desenvolvimento pessoal contínuo (Lévy, 1999:179).

É em razão desse impacto informacional da Internet, e do ciberespaço por ela possibilitado, que muitos passaram hoje a falar de "sociedade de informações" como um dos diagnósticos pertinentes para o mundo contemporâneo. E foi mirar nalgumas das práticas sociais que fazem a sociedade atual assumir essa feição o que levou o famoso crítico literário Harold Bloom a notar no gnosticismo traços de uma "teoria da informação". Ele faz essa associação lembrando que aqueles *experts* que dizem coisas como "nosso futuro econômico depende inteiramente da informação" estão, na verdade, dizendo algo que lhe lembra os antigos gnósticos que "negavam a matéria e a energia, e optavam em vez disso pela informação acima de tudo" (Bloom, 1996:29).

Tem razão Bloom, pois em vários textos gnósticos clássicos, que têm sido lidos com muita criatividade nos dias atuais, há abundantes exaltações à importância – em algum sentido, sagrada – da "informação". Um texto gnóstico bastante interessante e que pode ser trazido aqui para bem ilustrar isso é o chamado "Tratado da Cratera", que integra o *Corpus Hermeticum*, conjunto de obras gnósticas do hermetismo. Nesta obra estaria dito, segundo Rosalie Pereira, o seguinte:

> Deus preencheu de intelecto uma grande cratera, e todos os que mergulham nela regressarão aos céus e a quem enviou a cratera. O mergulho na cratera simboliza a aquisição do conhecimento. Na realidade todos possuem o intelecto, porém apenas alguns conhecem a presença desse intelecto mediador para o uso do intelecto divino. [...] No hermetismo, o intelecto humano é uma emanação do intelecto divino. Basta, portanto, pô-lo em ato para escapar da *heimarméne* [destino cósmico] (Pereira, 2002:190).

Ora, o ciberespaço também é percebido com um lugar onde o intelecto estaria armazenado e no qual é preciso mergulhar para a obtenção de uma certa liberdade. As imagens guardadas nessa metáfora da "cratera" gnóstica estão em sintonia estética com o imaginário ciberespacial em sua natureza de universo informacional a ser penetrado, a ser percorrido no afã da acumulação ilimitada de um saber libertador.

Também o entendimento do intelecto humano como "emanação" de um "intelecto divino", trazendo consigo a idéia de que as inteligências particulares são como centelhas de uma inteligência superior, é muito apropriado para dar conta dessa ação construtora do conhecimento em rede, uma ação ao mesmo tempo individual e coletiva, que anima o ciberespaço.

A desnormatização ciberespacial e a libertinagem gnóstica

É muito comum que as pessoas que se entregam aos prazeres da Internet descrevam o ciberespaço nela estruturado como perigosamente sedutor, dado o fato de que ali seria uma libertária "terra sem lei". A imagem freqüentemente acionada para sugerir este quadro de desnormatização generalizada atribuído ao ciberespaço é a da analogia ao Velho Oeste norte-americano do século XIX. Isso muito se deve ao uso do termo *cowboy* como um invasor de sistemas computadorizados (*hacker*) no livro de ficção científica *Neuromancer* (1991), de William Gibson, que inaugura o termo "ciberespaço" para designar o ambiente cibernético das informações de uma futurista rede global de computadores.

Nesse Velho Oeste cibernético, vasto, cultural e legalmente ambíguo, os indivíduos que por ali transitam são descritos como solitários, independentes, livres. Liberdade esta que em muitos casos não deixaria de encorajar tanto os comportamentos "sociopáticos" dos "malfeitores" que querem viver virtualmente desvios impossíveis ou perigosos demais para a vida *offline*, como também fomentar experiências libertárias de "mocinhos" interessados em colonizar estas novas fronteiras ainda não deterioradas pela cobiça monopolista de exploradores inescrupulosos (Ruedenberg, Danet & Rosenbaum-Tamari, 1995).

Outrossim, alguns dos domínios ou zonas do ciberespaço merecem analogias com o universo de significados e comportamentos da infância ou da adolescência, particularmente naquelas características relacionadas ao lúdico e à resistência ao comportamento responsável. Tem-se, então, zonas que são vistas como verdadeiros "playgrounds" (Reid, 1991) já que permitem a adultos jogos de trocas de identidades, outrora próprios da infância, como, por exemplo, apresentar-se como tendo o sexo oposto numa conversa em um canal de bate-papo (*chat*) sem que isso tenha maiores conseqüências. Por esta razão é que o ciberespaço é descrito como um lugar próprio para se experimentar, um tanto adolescentemente, atos "livres de conseqüências", fazendo-se uso de uma espécie de "moratória" com a realidade *offline* (Turkle, 1997:265).

Há também quem perceba no ciberespaço certa abolição da propriedade privada, que ali só existe como propriedade intelectual. Ela ocorreria sob forma de desrespeito generalizado aos direitos de *copyright*, da ocultação de créditos, de apropriação desautorizada etc. Com isso, tem-se um indivíduo efetivamente poderoso, uma vez que quase tudo que há no ciberespaço (textos, *softwares*, fotos, músicas digitalizadas etc.) é tido como de todos e, potencialmente, pode pertencer isoladamente a qualquer um sem que se tenha necessariamente que pagar por isso ou reconhecer a existência de seu criador original.[3]

O ciberespaço, assim visto, parecerá estar estruturado (ou desestruturado?) ao gosto gnóstico se levarmos em consideração a profunda indiferença que os adeptos dessa crença religiosa historicamente manifestaram em relação aos sistemas de valores morais humanos, assumindo o chamado "antinominalismo gnóstico" (Hoeller, 2005:36). Segundo ensina Hans Jonas, como no gnosticismo há a desvalorização do mundo, por ser este interpretado como a prisão da alma, duas posturas comportamentais podem resultar disso: o "ascetismo" e a "libertinagem" (Jonas, 2003:80).[4] Essa "libertinagem" gnóstica, que é o que interessa aqui explorar como situação metaforicamente análoga à "irresponsabilidade ciberespacial" a que nos referimos antes, é "fruto de uma indiferença moral dos gnósticos" que se expressava na "ausência de uma doutrina da virtude" e de "omissão dos limites morais na vida real" (Jonas, 2003:289). A razão de tal amoralidade gnóstica está numa percepção de que as normas morais desempenhariam no plano psíquico uma função restritiva da liberdade análoga àquela atribuída ao destino cósmico (os constrangimentos materiais da natureza) no lado físico (idem, p.292). Essa amoralidade era amparada, também, na percepção de alguns gnóstico clássicos, pela convicção da inexistência de uma comunicação de esferas entre o terreno e a salvação, e entre o espiritual e a ação mundana. Para estes gnósticos, segundo Jonas, "do mesmo modo que o terreno não pode participar da salvação, porque não é capaz de recebê-la, assim também o espiritual, quer dizer, eles mesmos, não podem receber corrupção, quaisquer que sejam as obras a que se entreguem" (idem, p.290).

É possível notar que a desnormatização, a "irresponsabilidade", a "moratória" com o mundo *offline*, valorizados em muitos quadrantes do ciberespaço

3. Só para se ter uma idéia de quão real é essa situação de desprezo aos direitos de propriedade intelectual e autoral na Internet, segundo o instituto de pesquisas IPSOS, o Brasil contabilizou cerca de 1 bilhão de *downloads* ilegais de músicas em 2005. Fonte: Portal WNews (http://wnews.uol.com.br/site/noticias/ materia.php?id_secao=4&id_conteudo=5773).

4. Ver também: ULLMANN, 1996:130.

e o "antinominalismo" e a "libertinagem" gnóstica, baseiam-se no mesmo desprezo pelos constrangimentos morais operantes na vida real. Tanto no ciberespaço, entre aqueles que se entregam a praticar prazerosamente ilícitos atos "livres de conseqüências", como entre alguns daqueles adeptos do gnosticismo que se entregam à "libertinagem", a liberdade valorizada é aquela que promete livrar o homem dos constrangimentos dos costumes e moralidades, ao contrário da concorrente formulação ascética, que pretende libertar o homem da escravidão da sensualidade mundana. O ciberespaço definitivamente não é lugar apropriado para a prática da ascese. Mundanos como os gnósticos libertinos, os indivíduos que por ali transitam demonstram o gosto por uma certa transgressão libertadora.

O interessante, além disso, é notar, operando nesses dois casos de protesto libertário anti-norma, percepções que tomam por desconectadas as realidades em questão. No caso do antinominalismo gnóstico, como se viu, o plano da existência terrena aparece desconectado do plano da salvação –, o que se faz neste mundo não tem nenhuma importância para a existência pós-salvação – e o plano espiritual, também, desconectado do plano da ação mundana. No caso do ciberespaço, a desconexão que anima a liberdade moral ali existente é entre a existência *online* e *offline* – o que é feito na Internet sob a proteção do anonimato, por exemplo, na maioria das vezes não tem nenhuma conseqüência fora desse meio. São essas desconexões, estruturalmente análogas, que fornecem a segurança necessária para aquelas atitudes despreocupadas com a moralidade da vida real. Por serem mundos estruturalmente desencaixados, o espiritual do material e o *offline* do *online*, a ação produzida num ponto não tem conseqüência no outro.

O "eu" fragmentado e a autenticidade buscada

A desconexão *online/offline* que anima a liberdade (ou será "libertinagem"?) ciberespacial produz conseqüências práticas que também merecem atenção, já que permitem prospectar algumas analogias interessantes entre ciberespaço e gnosticismo, tal qual é o propósito desse ensaio.

Como observa Judith S. Donath, uma certa disjunção (já que não há uma disjunção total) que ocorre entre o mundo *online* e *offline* faz com que o corpo não seja mais uma "âncora" para a identidade individual experimentada no ciberespaço. No mundo *offline*, embora o "eu" possa ser complexo e mutável, tem-se um corpo equivalendo a uma identidade, mas o mesmo não ocorre no ciberespaço, onde seus habitantes são difusos pois estão livres da "âncora" corpo, ou seja, onde suas manifestações se dão sob a forma de "informação", algo que não possui "nenhuma lei de conservação". Assim, segundo esta autora, "uma única pessoa pode criar identidades eletrônicas múltiplas que só são unidas em seu progenitor comum" (Donath, 1998). Tem-se, então, no ciberespaço, uma situação de liberdade absoluta para criar vários personagens que podem expressar, segundo Elizabeth Reid, "alguém que você não é, ou ser mais você do que normalmente seria aceitável" (Reid, 1991). Tem-se no ciberespaço, outrossim, poderes um tanto "mágicos" que permitem gerenciar simultaneamente aspectos diversos do "eu" em segmentos distintos de interação *online*, como sugere Turkle:

> Cada vez mais, vivemos em um mundo no qual você acorda como amante, toma café da manhã como mãe e dirige seu carro para o trabalho como advogada. Em um mesmo dia, as pessoas passam por transições drásticas, e é evidente que desempenham múltiplas funções [...] Na Internet, você se vê atuando em sete janelas abertas na tela, assumindo literalmente diferentes personalidades em cada uma dessas sete janelas, tendo todos os tipos de relacionamentos, alternando e desempenhando todas estas funções simultaneamente, deixando partes de si mesmo nessas diferentes janelas, nos programas que escreveu e que o representam enquanto você está em outra janela. Sua identidade é distribuída em uma série de janelas. Cada vez mais, a vida na tela também oferece uma janela para o que somos na vida fora da tela: somos pessoas que alternamos aspectos do eu (Turkle, 1997:264).

O que se percebe com isso é que uma certa fragmentação do "eu", que já é um fenômeno constatado no mundo *offline* em geral, parece se potencializar bastante no ciberespaço por uma série de recursos computacionais que permitem a interação com vários interlocutores simultaneamente. Em decorrência disso, uma série de interessantes jogos de interação entre esses indivíduos personalizados surgem neste processo. Ao permitir múltiplas identidades, o ciberespaço permite a auto-expressão descomprometida com as conseqüências, e isso favorece tanto uma série de revelações do "eu", úteis para a reflexividade harmoniosa dos sujeitos envolvidos nas interações, como, por outro lado, estimula, entre outras coisas, ações gratuitas de violência verbal, indissimulados enfrentamentos pelo puro prazer de competir pelo reconhecimento de competências discursivas (situação que no ciberespaço é denominada *flamed*), de agonismo retórico etc. (cf. Reid, 1991; Ruedenberg, Danet & Rosenbaum-Tamari, 1995). Quando trocar de identidade exige apenas alguns poucos toques no teclado do computador e a identidade-personagem que foi deixada para trás desintegra-se rapidamente no ar ciberespacial, o "eu" está definitivamente, para o bem ou para mal, livre para expressar autenticamente seus desejos mais secretos.

Mas não é só isso: este "eu" pode visitar "outros eus" que lhe causem curiosidade como alteridades identitárias. Como uma espécie de turista virtual, este sujeito pode "visitar" aqueles lugares no ciberespaço que correspondem a terras distantes, num tipo de curiosidade pelo outro, pelo exótico, característica dos turistas *offline*. Esse comportamento foi bem captado por Gustavo Cardoso em um estudo sobre um grupo português de discussão via *e-mail*. Havia ali alguns brasileiros participando deste grupo e como percebeu este autor eles ali estavam como se fossem turistas, "tal como se a sua presença virtual se assemelhasse a uma deslocação (sic) em viagem a um qualquer país", ou seja, numa "atitude que normalmente um turista poderá desenvolver perante um destino turístico em que o objetivo seja a realização de amizades e onde se procura conhecer os usos e costumes locais" (Cardoso, 1998).

Assim, o turismo virtual acaba por se constituir num tipo de exercício de curiosidade, de observação do outro, que não deixa de ser natural nestes tempos em que a globalização acelerada em quase todas as esferas sociais torna a todos tão avizinhados. Este exercício, outrossim, parece favorecer algo como uma intensa reflexividade identitária do indivíduo em "viagem" no ciberespaço, já que pressupõe o exame contrastivo e necessariamente algum tipo de ponderação sobre as alteridades identitárias com que se depara. Daí que a identidade deste turista ou viajante virtual está sempre, e muito mais intensamente do que no mundo *offline*, condenada à perpétua reconstrução. Luis Baggiolini compartilha, em parte, desta percepção ao escrever:

> A relação do viajante da rede, daquele que navega no espaço "global", com os textos que ela contém, muitos deles de forte conteúdo identitário, não implica necessariamente uma alienação, entendida esta como perda, nem se quer como adoção de, ou identificação com, um destes *sites*, destes "lugares", espaços virtuais que têm, não obstante, a mesma força simbólica que qualquer outro território cultural, materialmente localizado no espaço e no tempo.
>
> O nomadismo da rede e o modo de construir subjetividades no ciberespaço se parecem mais com uma identidade baseada na possibilidade, no poder ser, que na diferença e no dever ser. A "construção de si" deixa de ser opositiva e disjuntiva (este ou aquele), e se funda nas possíveis conjunções (este e aquele), o que permite a constituição de identidades simultâneas, em contínuo movimento de reconstrução (Baggiolini, 1997).

Visitar "o outro", observá-lo, refletir sobre a sua alteridade, recusar ou assimilar suas feições identitárias, são algumas atitudes muito comuns no ciberespaço, decorrentes de ações que podem ser consideradas, segundo o entendimento de Hermano Vianna (2002), "estratégias antiguetos", ou seja, o experienciar da condição e/ou presença daquele que se situa num universo identitário radicalmente outro. Isso se dá basicamente de duas formas: interagindo abertamente com ele – utilizando-se da própria identidade ou de uma identidade simulada (um disfarce identitário) – ou observando-o invisivelmente, assumindo uma atitude *lurker* (de espreitador). Essa invisibilidade propicia grandes prazeres àqueles que apreciam o voyeurismo ciberespacial. Espreitar o outro invisivelmente é um desses fluxos desejantes que, inegavelmente, revelam essa gnóstica vontade que é pairar desmaterializado e onisciente sobre o mundo.

Uma das "estratégias antiguetos" que interessa apreciar aqui é a mudança virtual de gênero, que mereceu o seguinte comentário de Hermano Vianna:

> Uma das mais populares estratégias antiguetos é a mudança de gênero virtual. São incontáveis as narrativas de experiências de homens que se dizem mulheres no cyberspace e vice-versa. Como a comunicação na Internet é ainda feita basicamente pela escrita, o corpo não interfere decisivamente nas simulações transgênero que são criadas todo dia na rede. E essas simulações pegam carona em outros "fluxos desejantes": pode-se transformar em qualquer coisa ou membro de qualquer minoria dentro de, por exemplo, espaços radicais de convivência eletrônica como os MUDs, ambientes virtuais ficcionalizados de conversas ao vivo (Vianna, 2002).

Algumas formulações do gnosticismo se mostram interessantes como instrumentos para se prospectar analogicamente as lógicas por trás de questões identitárias que envolvem o "eu" no ciberespaço, como aquelas acima expostas. Afinal, são algumas indagações primordiais a respeito dos nossos "eus" que deflagraram a busca gnóstica pelo saber último: "quem somos?", "o que nos tornamos?" etc. (Hoeller, 2005:24).

Essa fragmentação do eu, que tanto se vivifica no ciberespaço, como se ali estivessem reunidas as melhores condições ambientais para seu exacerbamento, encontra em algumas formulações gnósticas, que dão conta da ambígua unidade do "eu" humano, algo como um mito explicativo com grande capacidade alegórica. Segundo as leituras que Bloom faz de algumas dessas formulações, nossas individualidades não estariam de modo algum definidas, pois cada um de nós possui "várias almas (*neshamah*) da mesma raiz" sem que nenhuma delas deva ser considerada, necessariamente, "a mais autêntica" (Bloom, 1996:158).

O gnosticismo clássico, portanto, acolhe em sua cosmovisão a constatação de uma fragmentação do "eu" – o que, para nós, habitantes da contemporaneidade, só parece ter se tornado desconcertantemente evidente com o advento do ciberespaço.

Mas se o gnosticismo reconhece a fratura do "eu" também reconhece a necessidade do esforço terapêutico para a sua superação. Segundo Bloom o gnosticismo também é a "busca do eu verdadeiro", visto que "a questão de toda a gnose (e de todo o gnosticismo) é de fato "a pessoa verdadeira" (idem, p.137). Assim, insistindo na integração das partes fraturadas do "eu", o gnosticismo propõe, como cura, a reunificação, a colagem de todos os "fragmentos dispersos" da pessoa (Singer, 2002:170).

Já em relação ao ciberespaço tem-se normalmente, entre seus entusiastas, um discurso que reconhece como positiva, do ponto de vista da ludicidade, a livre manifestação, nesse espaço comunicacional, dos vários "eus" existentes em cada indivíduo. Esse discurso quase sempre vem acompanhado do reconhecimento de um certo valor terapêutico do expressar-se como "alguém que você não é, ou ser mais você do que normalmente seria aceitável" (Reid, 1991). A sensação que parece dominar é que o esfacelamento ciberespacial do "eu" pode, paradoxalmente, ser positivo para produzir a sua autenticidade, ou seja, afirmar o "verdadeiro eu". Isso talvez explique o valor atribuído ao anonimato identitário no ciberespaço, condição necessária para viver existências paralelas em comunidades virtuais de todo tipo.

A possibilidade de viver anonimamente, sem maiores conseqüências no mundo *offline*, experiências de "transgênero" ou "mudança de gênero virtual", por sua vez, é um desses jogos ciberespaciais que possui uma forte ligação com um tema interessante do gnosticismo clássico: a androginia interior humana, tema do chamado "mistério da Câmara das Núpcias". Trata-se de uma espécie de mito gnóstico que tematiza os aspectos andróginos do ego humano e que prescreve que:

> [...] os homens devem se tornar unidos com seus seres femininos, e quando o fizerem, poderão vivenciar a imagem sexual oposta somente de modo vicário em uma mulher; as mulheres devem se casar com seus "noivos celestiais", seu oposto interno masculino de maneira similar (Hoeller, 2005:95-96).

O que está em questão nesse mito é um dos aspectos do processo de "individuação" postulado por determinadas formulações do gnosticismo clássico, processo que se daria numa "restauração" do "eu verdadeiro" por meio de um "'casamento sagrado' dos opostos interiores, atingindo dessa forma a gnose última e verdadeira" (idem, p.96). Isso vem a demonstrar, no mínimo, uma incrível afinidade temática entre as preocupações salvacionistas do gnosticismo e os jogos identitários a que se entregam os habitantes do ciberespaço no afã de experimentar subjetividades alternativas. O que, num caso, é prescrição ritual restauradora e salvacionista, no outro é experienciamento aventureiro da subjetividade alheia.

Ciborguização e autodivinização maquínica

A fragmentação do eu ciberespacial, como se viu, dá-se muito em função dos recursos computacionais que possibilitam múltiplas interações simultâneas. Estes recursos valem-se da compressão espaço-tempo implícita no processo de transferência de dados digitalizados mediante redes de computadores. Assim, só é possível interagir com várias pessoas, simultaneamente, porque o espaço e o tempo sofrem como que uma suspensão, o que permite que informações cheguem e partam para vários locais ao mesmo tempo. Não que tempo e espaço inexistam no ciberespaço, obviamente existem; mas nesse ambiente eles se tornam dados irrelevantes pois, afinal, não faz diferença saber se demora 3 ou 6 segundos para acessar um *site* que está alojado num computador na Ásia, como também não faz diferença saber se esse computador encontra-se a dez mil ou onze mil quilômetros de distância de onde se está. Na verdade, em muitos casos, é irrelevante saber se o *site* está alojado num computador na Ásia ou na Europa. Importa somente saber que ele existe num lugar do ciberespaço onde se pode acessá-lo quase que instantaneamente quando necessário. São os endereços eletrônicos que, em última análise, fazem sentido no ciberespaço (cf. Negroponte, 1995:160).

Ora, toda essa maquinaria, que, num certo sentido, aniquila o tempo e o espaço e permite a onipresença desmaterializada do "eu" ciberespacial, deve ser entendida num contexto mais amplo que é o do "empoderamento" deste ente. O ciberespaço é decididamente o lugar onde o individuo atual, enredado pelos computadores, toma posse de novos poderes, de novas formas de autonomias, de liberdades. Dentre estes poderes maquínicos, a possibilidade dos grandes deslocamentos espaço-temporais instantâneos, cotidianamente vivenciados por milhões de pessoas através da Internet, parece ser o que mais fascina a muitos dos que assistem entre atônitos e maravilhados a emergência deste fenômeno tecnológico.

Uma metáfora que diz respeito ao caráter *maquínico* assumido pelo sujeito em sua interação, primeiro com o computador, e depois num desdobramento disso, com o ciberespaço, merece aqui algum exame.

Segundo Alejandro Piscitelli, há, por causa de nossa interação com os computadores e com o ciberespaço – por ele entendida como uma "simbiose homem-máquina" ou como uma "fusão com nosso outro-maquinal" –, um borramento "entre nós (orgânicos) e os outros (artificiais, artificiosos)" que institui uma nova dúvida antropológica sobre quem somos:

> Máquinas/homens como as que fazem possível as [realidades virtuais] tornam ambígua a diferença entre natural e artificial, entre mente e corpo, entre autonomia e heteronomia e tantas outras distinções que buscam fraturar a continuidade humano/maquinal. Nossas máquinas estão demasiado vivas para chamá-las máquinas, e nós mesmos somos demasiado heterodirigidos para considerar-nos abstratamente humanos (Piscitelli, 1995:221).

Muitas coisas estão imbricadas neste processo de borramento de fronteiras entre homem e máquina. Uma delas, e que tem merecido muita atenção de vários estudiosos do assunto, é a imaterialidade do "corpo" do sujeito que transita no ciberespaço. Piscitelli, no transcorrer da sua análise, enuncia o problema da seguinte forma:

> Ser um corpo constitui o princípio que sanciona nossa separação dos outros e nossa presença pessoal. O computador põe entre parênteses a presença física dos participantes ao omitir ou simular a imediatez corporal. O lado obscuro desta alternativa se vincula à fusão entre homem e máquina. A mente consciente orienta nossa vida orgânica. A vida orgânica deixa iniciar nossos gestos mentais: podemos estar presentes por inteiro quando vivemos através de um corpo vicário que nos suplanta? Quanto mais nos confundimos com nossos cibercorpos, mais a máquina converte nossos eus nas próteses que estamos usando; na interface computacional, o espírito migra do corpo a um mundo de representação total (idem, p.222).

Este eu maquínico instalado num "cibercorpo" que se faz nos trajetos possibilitados pelas interfaces computacionais já tem até um nome metafórico. Foi nomeado *cyborg* e muitos características dos poderes fornecidos ao indivíduo no ciberespaço são como que traços identitários desse ente cibernético.[5] *Cyborg*

5. Foi Donna Haraway, no seu clásssico "Manifesto ciborgue: ciência, tecnologia e feminismo socialista no final do século XX", quem originalmente instituiu esse debate sobre a ciborguização do ser humano (Haraway, 2000)

é, entre outras coisas, senhor do tempo e do espaço (do ciberespaço, ao menos), pois pode deslocar-se pelo planeta a velocidades nunca antes imaginadas. *Cyborg* é senhor da ubiqüidade, pois pode estar em muitos lugares simultaneamente. *Cyborg* é um ser multipessoal, já que dispõe de infinitas possibilidades de se manifestar identitariamente, ou seja, pode "viver outras vidas nesta vida" (Borges, 1998) e, por isso, pode também viver situações de "transgênero", ser homem ou mulher de acordo com as conveniências. *Cyborg* é homem e máquina ao mesmo tempo, pois pode realizar desejos humanos valendo-se da exatidão das operações maquínicas e das incalculáveis informações de que dispõe em sua memória. Há quem sugira, como Allucquère R. Stone (1991), que, uma vez no ciberespaço, somos tentados a sentir o que ela denomina "inveja *cyborg*", ou seja, uma espécie de desejo de cruzar o limite que nos separa da máquina para nela penetrar e a ela nos fundir.

Seres "ciborguizados" que são, os habitantes do ciberespaço dramatizam, por meio dos fluxos desejantes que ali experimentam, um metafórico abandono do corpo, uma fuga do mundo material, da *heimarméne* de que falam os gnósticos. Com a fascinação que desenvolvem pela imaterialidade da existência ciberespacial, manifestam gnosticamente seu desapego ao mundo dos átomos e "à viscosidade, fluidos e odores corporais" (Ribeiro, 2000:196).

À guisa de conclusão

Uma convicção emerge bastante imperativa do exercício de confrontação analógica entre ciberespaço e gnosticismo, realizado neste ensaio: está-se falando, tanto aqui como ali, de "empoderamento", de potencialização humana, de rompimento dos limites impostos ao homem nas dimensões cognitivas, psíquicas, morais, sociais, espaciais, temporais e materiais da sua existência. Se as ambições de alguém que adere ao gnosticismo são autodivinizar-se pelo conhecimento das lógicas últimas da existência e libertar-se dos constrangimentos materiais impostos à existência humana – ambições de poder, portanto –, o ciberespaço apresenta-se como um cenário onde anseios dessa natureza podem ser alegoricamente dramatizados. Assim, o ciberespaço pode ser visto como uma espécie de *hardware* capacitado a rodar um *software* de uma versão atualizada da milenar teodicéia gnóstica. E essa compatibilidade nos informa, então, tanto da profundeza histórica da lógica que anima o ciberespaço quanto da atualidade do gnosticismo.

REFERÊNCIAS BIBLIOGRÁFICAS

ARENDT, Hannah. *A condição humana*. São Paulo: Editora Forense Universitária, 2001.

BAGGIOLINI, Luis. *Desterritorialización y globalización*: la constitución de las nuevas redes virtuales. Trabalho apresentado nas "III Jornadas Nacionales de Investigadores en Comunicación", Mendoza, Argentina, 1997. Disponível em http://www.geocities.com/CollegePark/5025/ mesa3d.htm (11/03/99).

BERMEJO RUBIO, Fernando. *La escisióm imposible*: lectura del gnosticismo valentiniano. Salamanca: Univ. Pontificia de Salamanca, 1998.

BLOOM, Harold. *Presságios do milênio*: anjos, sonhos e imortalidade. Rio de Janeiro: Objetiva, 1996.

BORGES, Luciana Nunes. *A possibilidade de viver outras vidas, nesta vida*: abordagem clínica. Trabalho apresentado no "I Seminário Nacional de Psicologia e Informática", São Paulo, 1998. Disponível em http://www.psicologia-online.org.br/ trabpsicoinfo.html (23/04/99).

CAMPBELL, Colin. A orientalização do Ocidente: reflexões sobre uma nova teodicéia para um novo milênio. *Religião e Sociedade*. v.18, n.1, 1997, p.5-22.

CARDOSO, Gustavo. Contributos para uma sociologia do ciberespaço. *Revista Sociologia, Problemas e Práticas*, n.25, Lisboa: CIES, 1998, p.51-80 Disponível em: http://www.cav.iscte.pt/~gustavo/texto sociologia/pp.htm (02/03/99).

DONATH, Judith S. Identity and deception in the virtual community. In: KOLLOCK, P. & SMITH, M. (eds). *Communities in Cyberspace*. London: Routledge, 1998. Disponível em: http://judith.www.media.mit.edu/Judith/Identity/IdentityDeception.html (08/03/99).

FELINTO, Erick. *A religião das máquinas*: ensaios sobre o imaginário da cibercultura. Porto Alegre: Sulina, 2005.

FINKIELKRAUT, Alain. *A humanidade perdida*: ensaio sobre o século XX. São Paulo, Ática, 1998.

GIBSON, William. *Neuromancer*. São Paulo: Aleph, 1991.

HARAWAY, Donna. Manifesto ciborgue: ciência, tecnologia e feminismo-socialista no final do século XX. In: SILVA, Tomaz Tadeu da. (org.) *Antropologia do ciborgue*: as vertigens do pós-humano. Belo Horizonte: Autêntica, 2000, p.37-129.

HOELLER, Stephan A. *Gnosticismo*: uma nova interpretação da tradição oculta para os tempos modernos. Rio de Janeiro: Nova Era, 2005.

________________. *A gnose de Jung e os sete sermões aos mortos*. São Paulo: Cultrix, 1995.

JONAS, Hans. *La religión gnóstica*: el mensaje del dios extraño y los comienzos del cristianismo. Madrid: Editorial Siruela, 2003.

LÉVY, Pierre. *Cibercultura*. São Paulo: Editora 34, 1999.

MALINOWSKI, Bronislaw. *Os Argonautas do pacífico ocidental*. São Paulo: Abril, 1976.

MARTINS, Hermílio. *Hegel, Texas e outros ensaios de teoria social*. Lisboa: Século XXI, 1996.

NEGROPONTE, Nicholas. *A vida digital*. São Paulo: Companhia. das Letras, 1995.

PEREIRA, Rosalie H. de S. *Avicena – a viagem da alma*: uma leitura gnóstico-hermética de Hayy Ibn Yaqzan. São Paulo: Perspectiva, 2002.

PISCITELLI, Alejandro. *Ciberculturas*: em la era de las máquinas inteligentes. Buenos Aires/Barcelona/México: Paidós, 1995.

REID, Elizabeth M. *Electropolis*: communication and community on internet relay chat. Tese apresentada na University of Melbourne, Austrália, 1991. Disponível em http://people.we.mediaone.net/elizrs/electropolis.txt (23/03/ 99).

RIBEIRO, Gustavo Lins. *Cultura e política no mundo contemporâneo*: paisagens e passagens. Brasília: Editora UnB, 2000.

RUDIGER, Francisco R. *Literatura de auto-ajuda e individualismo*: contribuição ao estudo da subjetividade na cultura de massa contemporânea. Porto Alegre: Ed. Universidade / UFRGS, 1996.

RUEDENBERG, Lucia; DANET, Brenda & ROSENBAUM-TAMARI, Yehudit. *Virtual virtuosos*: play and performance at the computer keyboard. Trabalho apresentado na "Israel Anthropological Association", Ein Gedi, Israel, 1995. Disponível em http://atar.mscc.huji.ac.il/~msdanet/ virt.htm (06/03/99).

RUIER, Raymond. *A gnose de Princeton*. São Paulo: Cultrix, 1995.

SAHLINS, Marshall. *Ilhas de história*. Rio de Janeiro: Jorge Zahar Editor, 1999.

SEGATO, Rita Laura. La economía del deseo em el espacio virtual: conversando cristianismo en el Internet. In: MASFERRER KAN, Elio (org.). *Sectas o iglesias*: viejos o nuevos movimentos religiosos. México: ALER / Plaza J. Valdes Editores, 1998.

SINGER, June. *A mulher moderna em busca da alma*: guia junguiano do mundo visível e do mundo invisível. São Paulo: Paulus, 2002.

SOARES, Luiz Eduardo. *O rigor da indisciplina*. Rio de Janeiro: Relume-Dumará, 1994.

STONE, Allucquère Rosane. Will the real body please stand up? In: BENEDIKT, Michael (ed.) *Cyberspace*: first steps. Cambridge: MIT Press, 1991, p.81-118, Disponível em http://www.rochester.edu/College/FS/Publications/ StoneBody.html (15/03/99).

TURKLE, Sherry. Depoimento a John Brockman. In: BROCKMAN, John. *Digerati*: encontros com a elite digital. Rio de Janeiro: Campus, 1997, p.259-68.

ULLMANN, Reinholdo A. *Plotino e os gnósticos*: teocomunicações. Porto Alegre, v.26, n.111, 1997, p.121-143.

VELHO, Otávio. Ensaio herético sobre a atualidade da gnose. *Horizontes Antropológicos*. Porto Alegre: UFRGS; PPGAS, n.8, 1998, p.34-52.

VIANNA, Hermano. *As Tribos da Internet*. Disponível em http://www.alternex.com.br/~esocius/t-herman.html (26/04/2002).

WILSON, Peter Lamborn. *Cybernetics & entheogenics*: from cyberspace to neurospace. Trabalho apresentado na "Conference on Tactical Media", Amsterdam, 1996.

ZILLES, Urbano. *Que é gnosticismo? Teocomunicações*. Porto Alegre, v.27, n.115, 1997, p.119-113.

TATIANA BACAL

Como uma "estrutura biológica":

a relação dos DJs de música eletrônica e do público na pista de dança[1]

A relação DJ-platéia é como uma *simbiose; é uma estrutura biológica.* Você está emitindo informação e pulsações que o público de algum modo devolve para você. Você é como um ponto convergente de energia das pessoas espalhadas. Eu amo a idéia de um *sampling* contínuo, de remixar enquanto você vai fazendo. Tudo é uma mistura. Todo DJ é um escritor. Você está usando a linguagem verbal como livro, como narrativa, como texto. Você faz isso com a linguagem. Você está sempre escolhendo o modo como vai dizer as palavras.

DJ Spooky

O mais legal da música eletrônica é que baixou o palco. A platéia é sempre mais importante, e o DJ é só o condutor.

Calbuque (DJ e jornalista)

O *disc jóckey* surge inicialmente no cenário musical como locutor de rádio e "mero colecionador de discos" nos anos 50, cresce a sua importância a partir do *rock* nos anos 60 e 70 e atualmente é considerado um artista, principalmente no cenário dos clubes e *raves.* Apesar da ampla atuação dos DJs em várias esferas musicais, escolheremos como tema deste artigo unicamente os DJs de música eletrônica (especialmente de *house, techno, drum'n'bass* e eletro) por tratar-se de um gênero musical em que são os criadores principais; esta seria a música do DJ *per se* e atualiza um fenômeno mais amplo e global,

1. Parte das idéias deste artigo saem da minha dissertação de mestrado. Para a versão atual gostaria de agradecer especialmente a Octavio Bonet por sua leitura atenciosa, a Leila Amaral por seus comentários e sugestões e a Luiza Leite pela tradução das citações.

conhecido como a "cultura da música eletrônica" ou "cena eletrônica" que integra *estilos de vida*, clubes noturnos e gosto musical.[2] As músicas eletrônicas dançantes têm como um dos seus mitos de origem a cultura dos clubes noturnos e do *acid house* em Londres durante os anos 80, com uma subseqüente abertura para as *raves* (a transposição dos elementos dos clubes para espaços ao ar livre). A partir de então, caminha em direção a várias releituras em diversas partes do mundo, abrindo-se a numerosos segmentos ao longo das décadas de 1990 e 2000. Mas há eventos específicos de celebração que unificam, como as *Love Parades* (espécies de carnavais de rua com trios elétricos tocando música eletrônica) e afins, assim como diversos grandes festivais.

A entrada do DJ na esfera artística marca uma série de descontinuidades e continuidades com outras tradições musicais. Por um lado, rompe-se com um modelo de apresentação marcado por uma separação entre um "artista-estrela" e um "público", evidenciado nos cenário do *rock* e *pop*. E, por outro lado, constroem-se afinidades com alguns elementos do *punk-rock*, como a diluição da distância entre público e *performer* a partir de uma atitude "faça você mesmo" (indicando que entre quem faz e quem escuta não há diferença de status nem de criação). A partir desses elementos de ruptura e de continuidade, este artigo pretende sugerir um modelo para pensar-se a relação entre os DJs de música eletrônica e o público nas festas. Mais estritamente, trata-se de realizar, com a noção de "sistema" empregada por Gregory Bateson, uma análise da relação movediça entre palco e platéia nessas esferas musicais.

Regras de comportamento

A relação entre palco e platéia tem se mostrado interessante para entender "a estrutura da obra arte", pois nessa relação está explícito "o padrão de criação artística" (Elias, 1995). Estritamente no campo da música, a análise histórica dessas

2. A concepção de artista relacionada ao DJ também aparece em outros universos sociais. Os DJs de *hip-hop* são fundamentais por terem criado um gênero musical utilizando experimentações com as *pick ups*, volume e vinis. Mesmo que também entrem na categoria de música eletrônica, a história social do *hip-hop* e suas manifestações locais globalmente já dispõem de uma extensa bibliografia específica. Hoje em dia, no que se refere a *performance*, fala-se mais da relação entre o DJ de *hip-hop* com o *rapper*, ao contrário dos DJs a que me refiro, que majoritariamente se "apresentam" sozinhos no palco ou na cabine dos clubes. A recriação carioca do *funk* no fim dos anos 80, proveniente de um gênero que ficou conhecido como *Miami bass* nos EUA, também tem importantes DJs, mas estes, segundo Vianna (1988), são postos em segundo plano em relação aos MCs (Masters of Ceremonies) ou *rappers* e ainda às "equipes" de organização.

duas esferas mostra a mudança da relação entre pessoas na qualidade de artistas e de público (Elias, 1995; Sennet, 1988). E os séculos XVIII e XIX são delineados como fundamentais por demarcarem o caminho da consolidação do artista como "autor" (ver Foucault, 1979; Elias, 1995; Sennet, 1988; Warnke, 2001).

Em sua análise de Mozart, Norbert Elias afirma que o "desenvolvimento do concerto musical aconteceu em três estágios bem nítidos: concertos para uma audiência de convidados, depois por subscrição, e finalmente para um público pagante não conhecido" (Elias, 1995:33-n/r16). Esse desenvolvimento está diretamente relacionado ao que ele denomina de o caminho da "arte de artesão", subordinado ao seu público – no caso, a corte – para a "arte de artista", em que impera a imaginação do artista sobre o público.

Essa passagem de "arte de artesão" para a "arte de artista" se desenvolveu de uma maneira singular na esfera musical. Para Elias, enquanto o mercado de produtos literários e pictóricos ganhava autonomia com a proliferação de pequenos Estados, no século XVIII o mercado de música e suas instituições correspondentes estava apenas surgindo, principalmente na corte de Viena, onde Mozart se estabeleceu como compositor. Nesse período ainda imperava o gosto da Corte como referencial para os modos de produção musical. Somente ao longo do século XVIII essa *estrutura* foi se modificando para uma produção de arte baseada em padrões "do autoquestionamento dos indivíduos sobre o que lhes agrada particularmente em suas fantasias e experimentos materializados e de sua capacidade para, mais cedo ou mais tarde, despertar um eco em outras pessoas por meio de tais estruturas simbólicas; crescem os autocondicionamentos, impostos pela consciência do produtor de arte individual" (Elias, 1995:50). Martin Warnke (2001) questiona indiretamente essa análise, alegando que já na Idade Média existem músicos considerados e tratados como excepcionais, e acentua o papel da Corte em elevar a fama e ajudar os artistas a ganharem autonomia e autoria ao deixar que exerçam "liberdade de expressão" em relação às corporações burguesas. Apesar dessas divergências, ambos autores concordam que a concepção da autonomia da consciência do artista e da arte só se torna corriqueira no século XIX.

Por outro lado, Richard Sennet aponta para o fato de que durante os séculos XVIII e XIX houve progressivo silenciar do público diante do artista. Cada vez mais o comportamento do público foi se direcionando para a disciplina do silêncio, e, por sua vez, as *performances* começaram a ganhar força por si próprias.

O século XX se abre com uma multiplicidade de modos de apresentação e conseqüentemente de relação palco/platéia. Em seu clássico ensaio "Por que os índios Suya cantam para suas irmãs" (1977), Anthony Seeger marca as diferenças entre o que ele chama de "dois produtos da cultura européia": a música erudita e o *rock*. Um dos aspectos analisados por Seeger quanto às distinções entre os dois estilos musicais é o das convenções seguidas pelos artistas e pelo público nos variados tipos de *performance*. Eis como ele descreve as convenções em um concerto de música erudita:

> Uma vez no interior da sala de concertos, projetada em função da acústica, o público senta-se silenciosamente em poltronas confortáveis, de frente para os concertistas. As luzes da platéia são apagadas e as que permanecem acesas focalizam os músicos. Como a atenção do público deve se concentrar nos sons vindos dos concertistas, e o volume dos sons dos instrumentos é relativamente fraco, tenta-se evitar qualquer outro som. Os músicos entram e saem do palco de maneira estilizada, tocam segundo partituras escritas e não falam com o público. Este, por sua vez, só se comunica abertamente com eles em determinados momentos da apresentação, especialmente no final (Seeger, 1977:44).

Seeger contrasta a relação público-platéia desse tipo de concerto com a que se estabeleceu nos concertos de *rock* do final dos anos 60, como é o caso do festival de Woodstock, que toma como exemplo paradigmático. Ele lembra que para um evento de tal proporção foi necessário um vasto equipamento de amplificação, pois os locais dos *shows* não eram escolhidos pelas suas qualidades acústicas, ao contrário de um recital de música erudita.

> Durante a apresentação, o público nem sempre permanecia sentado ou se mantinha em silêncio. Dançava-se, conversava-se, comia-se, tomavam-se drogas, fazia-se amor. Isso só era possível porque o volume da música era suficientemente forte, fazendo-se ouvir apesar de todas aquelas atividades que, por sua vez, eram consideradas como parte do prazer tirado da música. Os artistas utilizavam formas extra-musicais de comunicação, moviam-se com gestos exagerados e extáticos e falavam diretamente com o público. A música não obedecia a uma partitura mas incluía uma grande parte de improvisação (idem, p.44-45).

Ruth Finnegan (1992), ao formular um modelo de relações palco-platéia em geral, forneceu-me sugestões para aprofundar a comparação efetuada por Seeger entre diferentes universos musicais.[3] Com relação ao concerto de música de câmara, por exemplo, a demarcação das distâncias entre artista e público, se comparada aos outros exemplos, é mais delimitada. Os instantes de aplauso e silêncio são estilizados de acordo com um momento apropriado. De maneira semelhante, os

---

3. Segundo Finnegan, tanto um concerto de música *erudita* quanto um *show* de *rock*, ainda que apresentem variações entre si, se inserem no mesmo tipo de relação, que ele nomeia relação 1, e que vigora nos casos em que há "clara distinção entre audiência e *performers*" (Finnegan,1992:97).

executantes seguem um "modo de concepção" e de "formulação do texto" segundo normas também fixas. Já no caso dos *shows* de *rock* descritos por H. Stith Bennet (1980), a preparação do sistema de amplificação sonora e das caixas de som deve levar em conta o volume das vozes humanas (som das conversas, dos gritos, da cantoria da platéia) presentes nesses eventos ao longo da *performance.*

É importante notar que os *shows* de *rock* ao modo de Woodstock são específicos de uma época e geração, e não seguem os modelos mais estabelecidos de *performances* de *rock*. Por isso, seguimos as descrições de Bennet sobre *shows* de *rock* em escala local no fim dos anos 70, no interior dos Estados Unidos. Sobre o que vimos discutindo, ele afirma:

> A platéia impõe constrangimentos à qualidade do som devido ao fato de ela própria ser uma entidade produtora de som. Num ambiente lotado, a conversação e os movimentos corporais produzem um nível de som ambiente que os presentes devem considerar o nível de silêncio da *performance.* Um evento de *rock* é então muito diferente de um concerto de música clássica: quando é convenção a platéia faz silêncio, e, portanto, produz um nível artificialmente baixo de som ambiente. No lugar da resposta formalizada de outros gêneros musicais, os eventos de *rock* são calcados na liberdade informal que a platéia tem de fazer sons e agir. Portanto, a qualidade do som de uma *performance* (aos ouvidos das pessoas presentes) não é inteiramente dependente do som que estas fazem. [Um de seus informantes diz]: "Quando você pára de tocar, deve haver a música da platéia para você ouvir. Quando eles não estão se movimentando, ou dançando ou fazendo barulho você se sente como se estivesse na hora de ir para casa" (Bennet, 1980:173-4).

Seguindo Finnegan, é possível dizer que o público, neste caso, afeta o "modo de concepção" mas não altera a "formulação do texto". Mesmo havendo improvisações, o texto de uma composição faz parte de um repertório escolhido pelo próprio músico. Como também diz Hermano Vianna "O *rock* [...] é prisioneiro de uma tradição da canção popular que segue certas regras imutáveis: aqui tem que ser um refrão, ali outro etc". (Vianna, 1997b:05). Se estendermos essa comparação aos ambientes dos *clubs* e *raves,* vemos que, por mais que o lugar geográfico do DJ seja sempre marcado em relação ao do público, este último "influencia [o *performer*] através de sua presença e de suas reações o suficiente para afetar não apenas a maneira de ele se apresentar, mas também a formulação do próprio texto" (Finnegan, 1992:97).[4]

4. Finnegan nomeia esse tipo de relação palco/platéia como de tipo 2: "Público e *performers* relativamente separados, mas sem uma clara demarcação do tipo 1" (Finnegan, 1992:97). Mas se pode notar outros tipos de relação público-*performer* em festas de música eletrônica. Além dos dois tipos já descritos pela autora, ela menciona as seguintes possibilidades de

Assim, as experiências dos concertos de música erudita e de *rock* estariam presas ao modelo da primazia da posição da *performance* em detrimento do papel da audiência (Finnegan, 1992). Isso não quer dizer que se trata de públicos passivos. Sem o público não há apresentação possível. Hans-Georg Gadamer (1985) ilustra bem essa questão da participação em seu exemplo sobre os jogos de tênis, em que a platéia na arquibancada participa ativamente do jogo acompanhando a bola de um lado para o outro. Mas o público pode ser mais passivo ou ativo, dependendo das circunstâncias, e as festas de música eletrônica têm rompido com a demarcação dessas esferas típicas de grande parte da arte ocidental.[5] Sobre as relações palco-platéia que venho discutindo, o DJ de *house* Gil Bárbara acredita que:

> A massificação da cultura, principalmente a partir dos anos 70, tornou muito impessoal as coisas. *Show* de *rock* é muito impessoal. Se você pegar um bom DJ e colocá-lo tocando dez noites, as dez noites vão ser diferentes. Vai sempre ter um clima diferente de acordo com a pista, de acordo com o público, seja de três mil ou de duzentos. Música *pop* já não. Ficou *standard*.

Remixando regimes estéticos

A relação entre DJ e público que vem sendo estabelecida nos últimos anos no cenário da música eletrônica é bem movediça. Isto tem a ver inicialmente com os espaços onde se fomentaram originariamente as práticas dos *disc jockeys*. Diferentemente de músicos ou cantores convencionais que sempre tiveram o palco como lócus de *performance*, o espetáculo, no caso das discotecas,

---

relação: tipo 3: separação total entre o público e os *performers*, mas com algumas contribuições ativas por parte da platéia; tipo 4: contribuição ativa de diferentes participantes alternando papéis em momentos diferentes; tipo 5: pouca ou nenhuma separação entre público e *performers*; tipo 6: *performance* solitária sem nenhum público (idem). É possível verificar também os tipos 3 e 4, nestas festas, como veremos mais adiante.

5. A experiência dos *shows* ao estilo Woodstock e de *punk-rock* já evidenciam uma tensão provocada pela distância entre público e *performer*. Sobre esta questão, Janice Caiafa afirma sobre os punks cariocas dos anos 80: "A sala pequena e abarrotada, os punks estão dançando em grande número e bem perto do palco – entre palco e platéia, pouca diferença. Todos cantam as letras e dançam e de alguma forma estão ali atuando, *a banda está entre eles, além de qualquer um saber que poderia estar tocando também*. Essa é uma novidade que o *punk* trouxe para o *rock* em todo o mundo: você pode fazer o som que a sua banda favorita faz. *Entre curtir o som e fazer o som não há uma grande distância*" (Caiafa, 1985:31 - grifo meu).

tem sido historicamente os próprios freqüentadores.[6] Sarah Thornton (1996) afirma que, na ausência de *performances* visuais nas discotecas, os olhares da audiência voltam-se sobre si mesmos. Olhar e ser visto, para a autora, têm sido a maior fonte de prazer desses espaços. Mesmo com o novo *status* ou *hype* do DJ na última década, ela assegura que:

> O que confere autenticidade às culturas *club* não é tanto uma *performance* inédita de um DJ mas a "eletricidade", a "vibração", o *"clima" ou a "atmosfera" criada a partir da interação do DJ e do público naquele lugar.* São como orquestradores dessa experiência "viva" compartilhada que os DJs são importantes para a cultura da música. *Os DJs respondem à platéia por meio da escolha e seqüência de discos,* procuram *direcionar as energias do público.* Os DJs devem monitorar a pulsação do evento para dar ao público dançante "o que eles precisam em vez do que eles querem" (Thornton, 1996:65 - grifo meu).

Os DJs percorreram um caminho do anonimato à evidência ao longo dos últimos 30 anos. Em ambientes em que sua função é fazer as pessoas dançarem, em que elas são a atração principal, as boates sempre mantiveram o DJ num lugar estratégico para que ele pudesse ver os dançantes/freqüentadores ao mesmo tempo que estivesse relativamente escondido. Os olhares vinham do DJ em direção à pista, enquanto nesta os olhares dos dançantes se perdiam uns nos outros. O jogo claro-escuro das luzes estroboscópicas e a fumaça acentuam a ambientação efusiva desses espaços, não havendo uma direção única de concentração de olhares. Esta relação foi mudando com a incorporação de elementos estéticos de apresentações ao vivo, em seus métodos de *DJ-ing.*[7]

Assim, é possível dizer que atualmente os DJs integram duas tradições de valor estético: as de apresentações ao vivo e as de material gravado, ao mesmo tempo reinventando convergências e marcando divergências. Thornton argumenta que os eventos que utilizam material gravado foram integrando cada vez mais

---

6. É interessante notar que dentro de um universo inteiramente diverso em que operam músicos (no sentido convencional) ocorre um movimento contrário. Sobre o "movimento de forró universitário", Roberta Ceva ressalta o ressentimento de alguns músicos "justamente [por causa] da pouca importância que a *performance* musical parece ter para os freqüentadores dos eventos. Quase ninguém pára de dançar para ver os *shows* ao vivo; além disso, quase não há aplausos após o término de cada música. Nas palavras de Eduardo Krieger: "'o foco está na platéia e não no palco', o que importa definitivamente é o baile" (Ceva, 2001:78).

7. Essa expressão – *DJ-ing* – se refere aos métodos específicos empregados pelo DJ em sua *performance,* desde as técnicas específicas como o *scratch,* a manipulação do volume, o método que emprega para passar de uma faixa a outra sem realizar um corte abrupto, entre outras, até elementos mais subjetivos, como a escolha do repertório musical e sua presença no palco.

o toque humano, especialmente na figura do DJ, e gerando novas formas de aparição pública que dão "vida" aos espaços dançantes (Thornton, 1996:84-85).

A autora aponta para um deslocamento da autenticidade atribuída às *performances* ao vivo para a autenticidade designada a discos e eventos gravados, desde os anos 50, passando pela institucionalização das discotecas e o declínio da música ao vivo para um público dançante nos anos 60 e 70, até as recentes *raves* de meados dos anos 90. Esse deslocamento, para a autora, seria indicado pela criação de *disc cultures* (culturas do disco), para as quais os discos são o acontecimento original, enquanto as *performances* ao vivo se tornariam um exercício de reprodução. Desse modo, as culturas dos clubes noturnos têm privilegiado progressivamente os discos e os eventos gravados como acontecimentos originais, em detrimento das *performances* ao vivo. Assim, nos cenários dos gêneros dançantes haveria um deslocamento para novas estéticas e julgamentos de valor em que formas tradicionais de criação musical seriam consideradas obsoletas e em que os produtores, engenheiros de som, remixers e DJs seriam os criadores valorizados (cf. Thornton, 1996:4-5).

Desde os anos 80, as características próprias das apresentações ao vivo têm sido cada vez mais atribuídas a eventos gravados. Análogo a esse processo, as *performances* musicais "ao vivo" têm adquirido o que Bennet (1980) chama de uma "consciência da gravação", isto é, cada vez mais usam efeitos no palco para que soem tão perfeitamente quanto o material gravado. Essas novas práticas, evidentemente, põem em xeque a suposta originalidade e "pureza" das *performances* ao vivo.

> A tentativa de obter a quantidade e a complexidade de controle do som de um estúdio eletrônico fora do ambiente de estúdio gerou novos instrumentos musicais e estes, em contrapartida, criaram novas técnicas ao ampliar as fronteiras de *performance* dos músicos. Além disso, nas últimas décadas, surgiram alternativas de imagens de controle de som geradas em estúdio – através de equipamentos de concepção e fabricação própria, e, ainda mais importante, por meio da inovação constante dos fabricantes de equipamentos comerciais. Da mesma maneira que os novos modos de classificar as experiências de som provocaram o advento de profissões de música não tradicionais, as novas possibilidades de controle do som permitiram o surgimento de um modo não-tradicional de fazer música (Bennet, 1980:192-193).

Bennet afirma que desde os anos 70 percebia a tendência de os eventos sintéticos dominarem cada vez mais as nossas percepções, pelo fato de serem tão disponíveis em todas as esferas da vida. E, por isso, os eventos sintéticos tornam-se cada vez mais intimamente associados com os próprios eventos ao vivo para os quais serviam como ferramenta de reprodução. As músicas feitas por máquinas vêm determinando há algum tempo as relações que se estabelecem entre os *performers* e o público (Bennet, 1980:207).

No caso das músicas eletrônicas dançantes, essa relação é especialmente interessante, como veremos adiante. Mas gostaria de ressaltar neste momento a qualidade rítmica e repetitiva das batidas percussivas privilegiadas pelos DJs. Os ritmos dos estilos musicais eletrônicos estão sempre sujeitos ao pulso das batidas de percussão, como ferramenta hipnótica. As bpms (batidas por minuto) são importantes a ponto de marcarem diferenças entre um gênero e outro, além de se criarem eletronicamente sonoridades impossíveis de fazer com instrumentos convencionais.[8]

A prioridade outorgada ao ritmo subordina qualquer pretensão de "linguagem" às batidas e efeitos eletrônicos sonoros e assim é esvaziada de qualquer aspiração a ter um *sentido*. É uma música feita para o corpo e não para a mente, e por isso impera a potencialidade musical das *sensações* sobre os *significados* (Reynolds, 1996 e Hughes, 1994). Quase não há a linguagem no sentido semântico, ficando reduzida a uma repetição seqüencial, um mero eco vocal da própria batida. E é a partir do ritmo que se constrói a sintaxe, o que propicia, na pista de dança, aquilo que anteriormente chamei da "produtividade da repetição rítmica" (Bacal, 2003).

Uma estrutura orgânica ou a dança dos pontos de seqüência

Com a disseminação da música eletrônica dançante, os clubes, *raves* e festivais foram integrando um circuito em que os DJs se apresentam como principais atrações. Mas nesta relação ainda impera a ambigüidade. Mesmo com essa nova idéia de apresentação a que me referi anteriormente, não se perdeu a idéia de que o evento onde o DJ toca é a festa, independente do lugar geográfico ou do que trata o evento. E na noção de festa já está imbricada a idéia de que não há posições bem definidas entre palco e platéia, como ocorre num *show* ou concerto.[9]

---

8. Uma das diferenças entre a *disco music* e o *techno* é que a primeira tem em média 70 bpms e a segunda pode chegar a 170 bpms, com alguma variação.

9. Enquanto outras subculturas jovens focaram nas *performances* de rua, ou escolheram as *performances* de *rock* ao vivo por fornecerem uma oportunidade emblemática para se fazer uma demonstração de estilo, nas *raves* [e nos *clubs*] tudo acontece no espaço da festa (McRobie apud Kruger & Richard, 1998).

Por outro lado, a experiência dessas festas faria parte do que Appadurai (1997) chamou de "fluxos globais contemporâneos", em que tanto espectadores como imagens vivem em simultânea circulação, não havendo mais como encaixar imagens e espectadores em circuitos ou audiências facilmente circunscritos em espaços. Esta idéia é boa para pensar que os espaços das festas são construídos para que todos ali presentes sejam imagens e espectadores ao mesmo tempo. Os DJs são ao mesmo tempo imagem do público e espectador deste. O público, por sua vez, é espectador do DJ, das imagens nos telões, dos raios-laser, dos outros dentro da pista de dança.

Percebemos ao longo do artigo que tanto o DJ Spooky quanto Sarah Thornton destacam a troca de "informações" entre o DJ e o público, mas cada um mantém opiniões diferentes sobre quem de fato "dirige" o evento musical. Sarah Thornton afirma que os DJs "respondem à platéia por meio da escolha e seqüência de discos"; Spooky, por sua vez, acentua que o DJ "está emitindo informação e pulsações que o público de algum modo manda de volta para ele". Não se trata de um antagonismo e sim de duas partes de um mesmo movimento retroalimentar. A partir da série "estímulo-resposta-reforço" proposta por Bateson (1972) poderíamos sugerir que, num processo circular, observamos, respectivamente, uma troca de mensagens de *estímulo* do DJ, *resposta* do público e *reforço* do DJ.

Ao colocar uma faixa de um LP, o DJ manda um estímulo para o público. Dependendo do impacto desse estímulo, o público tem uma reação como resposta, podendo ser positiva ou negativa. Podemos dizer de maneira geral que mostrar desinteresse e não dançar indicam uma resposta negativa, ao passo que o aumento do número de pessoas na pista de dança e alguns olhares de aprovação em direção ao DJ indicam uma reação positiva. Essas mensagens mandam informação sobre a resposta do público para o DJ que, por sua vez, manda um reforço com uma próxima escolha musical em cima dessa resposta. O acúmulo de intercâmbio dessas mensagens vai sendo incorporado ao contexto, no caso, o acréscimo de "energia" do ambiente da festa. É nesse sentido que a relação público-DJ funciona como um sistema de simbiose orgânico, como dizia Spooky.

Deve ser deixado claro que esse processo circular que descrevo depende da "pontuação de seqüência de eventos" (Bateson, 1972). Da mesma forma com que o DJ manda uma informação, a audiência uma resposta e o DJ um reforço, pode-se começar a pontuação do lado da audiência. E, neste caso, inversamente a audiência começaria mandando uma informação, o DJ uma resposta e a audiência um reforço. Para completar a discussão em torno de Spooky e Sarah

Thornton, é como se cada um começasse a pontuação da seqüência de pontos diferentes: Spooky, desde o DJ, e Thornton, desde os dançantes.

Gostaria de ilustrar essa "ambigüidade expressa" a partir de três exemplos. O primeiro se manifesta na fala do DJ de *techno*, Maurício Lopes, quando ele se põe a definir o lugar do DJ na festa:

> Para mim, o DJ é aquele que bota música para as pessoas dançarem. *Disc-jockey*, discotecário, que está lá animando a festa. Meu trabalho é fazer as pessoas dançarem, manter a pista animada. Os recursos que se podem usar para isso, hoje em dia, são vários. Tem gente que vai fazer isso "tocando ao vivo", gente que vai estar misturando disco com equipamento eletrônico. Então, hoje o trabalho do DJ está mais aberto. Mas, de um modo geral, o trabalho do DJ é fazer as pessoas dançarem. A diferença entre o DJ de música eletrônica e de outros tipos? Por exemplo, entre um DJ de casamento: os dois são DJs, os dois estão ali para animar aquela pista que foi contratado para animar. Mas enquanto o DJ de casamento se molda a partir do evento, eu sou chamado para tocar o som que eu faço. Então, eu estou dando *cara* para o evento. Pode-se dizer que, em vez de eu me adaptar ao casamento, o casamento se adapta a mim. Hoje em dia um DJ pode ser considerado um artista.[10] Para mim, um bom DJ é aquele que não deixa a pista cair, que tem um estilo próprio e que sabe manter a pista. Não adianta ser ótimo nas mixagens e a pista não acontecer por ter um som meio *frio*. Pode ter supertécnica e não ter repertório muito animado. O DJ tem que misturar técnica e repertório. Odeio tocar em lugar em que não vejo a pista direito, ou num lugar muito alto em que não consigo me comunicar. Gosto muito dessa interação. Você tem que ficar observando a pista, porque às vezes você está tocando uma seqüência que você está achando maravilhosa. "Vou colocar essa música e vai arrebentar!". *Aí tem o efeito contrário e as pessoas não gostam e saem da pista. Você tem que ficar de olho na pista para tocar uma outra música depois e resgatar o público para a pista, caso você perca.* Acho que tem gente que toca fechado ali nele, nas músicas, e não presta atenção. Gosto

---

10. É interessante lembrar do desânimo de Hermano Vianna, há quase duas décadas, em relação à percepção que se tinha do DJ. É possível dizer que no universo do *funk* carioca, os DJs continuam não tendo a mesma evidência que já aparece em outras esferas do *eletrônico*. Vianna diz em sua etnografia: "[DJ] Malboro fez demonstrações de bateria eletrônica e de *scratch* em vários bailes. Pensei que aquilo poderia ser o início de um novo tempo para o DJ carioca, que deixaria de ser *animador de baile* para ser a *estrela de um espetáculo que depende muito do virtuosismo técnico individual*. Um processo parecido com o que aconteceu em NY, quando os DJs subiram com toca-discos e tudo para os mais famosos palcos da cidade. Mas no Rio só uma minoria presta realmente atenção ao que o DJ está fazendo. O resto do público continua dançando. O baile carioca não permite que o DJ se transforme num "artista". O DJ está sempre submetido à "ditadura" de um público que quer apenas se divertir, e não admirar a *performance* de um indivíduo especial" (cf. Vianna, 1988 – meus grifos).

muito de ficar vendo quem saiu da pista, quem voltou, ficar acompanhando. O bom DJ é aquele que *sente o clima da pista* e toca. É uma troca.

A partir dessa fala que intercala as temáticas da identidade de um DJ de música eletrônica com a sua atuação na festa, vemos bem expressa a ambigüidade de uma relação que tende a flexibilizar-se de acordo com a ambientação. Talvez essa fala sintetize todo o argumento que tenho tentado apresentar até aqui. O trabalho do *disc jockey* em geral é fazer as pessoas dançarem, mas o DJ de música eletrônica incorpora novos elementos de apresentação ao vivo, tornando-se a atração principal. Ele é aquele que "dá cara ao evento musical". Quanto à relação com o público, deve estar sempre atento à resposta de seu estímulo, para poder entrar em seguida com um reforço. Isso é o que Maurício Lopes chama de "sentir o clima da pista". Na verdade, o DJ ideal é aquele que "consegue fazer as pessoas gostarem [do seu som] mesmo sem conhecê-lo"; é aquele que "traz informação nova e diferente e com isso consegue uma resposta positiva", explica também o DJ de *techno* Camilo Rocha.

Para o segundo exemplo, gostaria de recuperar as anotações que fiz sobre a vinda de um DJ estrangeiro que, segundo uma revista carioca, veio "dar a sua cara a um evento", de acordo com a designação indicada por Mauricio Lopes acerca do "bom" DJ.

> A vinda ao Rio do badalado DJ inglês Carl Cox, de *techno* e *house*, durante o carnaval de 2002, mostrou uma interessante reflexão sobre esta temática. Sua vinda estava ligada aos eventos "alternativos" às comemorações carnavalescas da cidade. Além do Rio, tocou em Búzios e São Paulo. Mesmo com a chuva típica de verão, contou-se com a presença de várias figuras da cena, inclusive dos paulistas, assim como de jornalistas e até mesmo de alguns quantos turistas.
>
> A festa foi montada num galpão na Av. das Américas, um espaço fechado, grande, em formato retangular, com um bar interno. Havia também um espaço aberto com mesas e bar, que quase não foi usado por causa da chuva. Na estrutura montada havia um grande palco. Cheguei "cedo" a uma e meia da manhã e fui bem para perto do palco. O lugar estava vazio. Algumas pessoas circulando, outras perto do bar. Ricardinho NS (conhecido DJ de *techno* no Rio) que já estava tocando, quase não se via debaixo do palco e da mesa de som. Havia mais dois telões ao lado de cada canto do palco, assim como unicamente duas grandes e poderosas caixas de som, cada uma, também em cada lado do palco. Assim visto, é como se a organização da festa tivesse imaginado esse evento como tendendo mais para um *show*. O único detalhe que mudava era a iluminação a raio-laser que caía somente em cima da pista.

Ricardinho tocou durante várias horas o seu *techno* bem pesado até umas quatro e meia da manhã. A festa foi enchendo durante esse tempo, a pista principalmente. Nesse período, o público dançava para todos os lados, não havendo uma única direção dos olhares. Por isso foi interessante ver, desde a perspectiva da pista, quando Ricardinho trocou com Carl Cox, como houve uma grande concentração do público. Este ficou mais compacto, os olhares todos virados para frente, aplausos. DJ levantando o vinil, saudando o público. Este, de fato, tocou durante mais umas três horas com três *pick-ups* e ainda com CD-player. Várias vezes apareciam nos telões imagens de sua técnica perfeita da mesma forma com que se aprecia e se avalia o desempenho técnico de um músico num *show*.

No meio da festa dois amigos freqüentadores mostraram irritação porque as caixas de som não estavam dispostas em torno dos quatro cantos de todo o ambiente. Com toda a cara de um *show*, eles não aceitaram aquele evento enquanto tal. Disseram explicitamente que aquilo não era um *show*. E, enquanto Carl Cox tocava, o público voltou visivelmente a se espalhar pelo espaço. E a direção dos corpos tornou a se soltar. Havia mais pessoas paradas, olhando em direção ao DJ, comparado à disposição dos corpos enquanto tocava Ricardinho, mas esse não era o comportamento predominante.

Por outro lado, ocorreu algo como o que venho discutindo: Carl Cox, quando toca normalmente, passeia por várias nuanças de *techno* e *house*. Mas um dos comentários que circularam no fim daquela noite e nos próximos dias subseqüentes foi que o Ricardinho NS, que abrira aquela festa, havia "levado o público" para um *techno* bem pesado durante umas três ou quatro horas. O público ficou tão dentro daquele ritmo que Carl Cox, por mais que se tratasse de uma espécie de *pop star* entre os DJs, não conseguiu "abaixar a bola" do ritmo e teve que se manter no *techno* e não passar para os ritmos mais leves do *house* para "não perder pista". Assim, o público respondeu ao estimulo de Ricardinho e, quando entrou Carl Cox, este último teve que mandar um reforço de acordo com o que estava já inserido no ambiente. Pelo que ouvi depois, ele preferiu tocar em Búzios, onde esteve mais à vontade para tocar o que queria.

O terceiro exemplo se apresenta na fala do produtor e DJ Marcelo Schild. Entrevistei Schild depois da noite "Interferências", na Bunker, em que ele realizava interferências sonoras com um sintetizador em cima das músicas colocadas por Maurício Lopes. Nesse dia acompanhei a apresentação desde dentro da cabine e pude ver bem do que tratava a apresentação. É interessante como nasceu a idéia da *performance* e como esta ocorreu de fato:

> No inicio, nossa idéia era fazer uma coisa bem "viajante": uma coisa mais calma, mais hipnótica, com umas perturbações que eu faria por cima. Mas depois a gente pensou que se daria no meio da noite, tipo três da manhã, quando as pessoas

> estão começando a ficar mais animadas. Pensamos que não poderíamos interromper uma coisa que já estaria bem animada para uma coisa meio viagem e percebemos que teria que ser uma coisa animada não é um *show* em que as pessoas estão sentadas; é uma pista de dança. Eu acho que o objetivo principal de quem está tocando é fazer as pessoas dançarem, é entreter as pessoas. Por conta disso, não funcionaria o conceito que tínhamos pensado inicialmente. Então começamos a pesquisar músicas que fossem mais animadas e cruas. A gente pesquisou e fechou um pouco naquele repertório. Mas não foi ordenado, tipo: "primeiro vai vir essa música, depois essa, depois essa". Eu sabia quais músicas iam ser tocadas mas eu não sabia quando elas seriam tocadas. Eu também tinha pensado anteriormente sobre como fazer as interferências, mas na hora ficou uma coisa completamente diferente do que havíamos ensaiado. Ficamos super satisfeitos, mais foi muito mais pesado, muito mais radical do que a gente imaginava. Na hora, com o público é diferente. No momento em que eu fiz um barulho ali que eu vi que funcionou, comecei a experimentar mais em função disso, em cima do que estava agradando. Não é que mudei o que eu faria, não é isso. Mas acho que eu empreendi mais numa coisa diferente do que havia imaginado. Acabei me prendendo mais no momento em vez de em algo que eu tinha imaginado na minha cabeça. Porque eu vi que estava funcionando e fui explorando a coisa: variações em cima de uma coisa que estava dando certo. Quando a gente começou, a pista ficou mais animada, mais gente entrou pra pista, e, quando eu vi que aquilo estava funcionando, fui explorando por aí.

Vemos nos três exemplos essa atenção em não "perder pista". O DJ, ao contrário de um astro "distante", é alguém que trabalha funcionalmente de "perto", "orientando as energias dos dançantes". Ou, no dizer de Spooky, como aquele que catalisa a energia de todas as pessoas espalhadas no ambiente. Quanto a essa idéia de "energia", ao tratar do tema da música eletrônica em "Tecnologia do transe" (1997b), Hermano Vianna utiliza um registro diferente de festa daquele que orienta os bailes *funk* do Rio de Janeiro. O autor chama a atenção, inicialmente, para o exótico das *raves*, e diz que, "quando as imagens da pista de dança entram em foco, qualquer observador poderá sentir a energia 'durkheimniana'" das *Formas Elementares da Vida Religiosa*, "gerada por tamanho esforço coletivo para se entrar em transe. Do movimento robótico das luzes aos estimulantes (alguns ilegais, outros não) consumidos pelos dançarinos, tudo parece estar ali com a 'função' de facilitar a produção de um estado que [...] poderia ser chamado de extático" (1997b:5).

Esta seria uma experiência diferente daquela por ele analisada nos bailes *funk* cariocas no final dos anos 80. Organizados para os jovens dançarem, se divertirem e namorarem, os bailes *funk* são orientados por uma idéia de risco iminente, de que a qualquer momento pode eclodir violência. A "massa" de dançarinos que participam da festa caminha num desenho tênue em que a linha da diversão pode explodir numa manifestação de violência e voltar à diversão em poucos minutos. O autor acentua essa idéia ao argumentar que "a festa é um jogo com a violência. Um jogo imprescindível para a existência da sociedade" (Vianna, 1988:55).

Os próprios DJs, nesses universos, mesmo sendo secundários relativamente às "equipes" de organização e também em relação ao público, normalmente operando de costas para este, seriam figuras-chave a se relacionar com a violência de modo regulamentar.

> O DJ é a peça mais importante para o bom funcionamento do baile [funk]. Ele sabe, e isso é consciente, como *controlar a intensidade da festa*, aumentando ou diminuindo a animação dos dançarinos. [...] O DJ pode apressar o momento de descarga, dependendo da densidade populacional da pista de dança. Isso é feito sutilmente. *É possível observar melhor o poder do DJ nos momentos em que o baile ameaça sair do controle, quando estoura alguma briga mais violenta. O DJ muda a música, toca algo desconhecido ou mais calmo* (Vianna, 1988:80 – meus grifos).

O mesmo autor nos coloca nesses dois momentos diante de uma oposição: a energia da "massa", que pode tornar-se violenta nos bailes *funk*, *versus* a "energia extática" das festas, sejam elas em clubes ou *raves*, em que se tocam os estilos *techno*, *house*, *drum'n'bass*, entre outros que seguem a rubrica do eletrônico. É importante ressaltar esta oposição, já que nos discursos relativos às festas de música eletrônica sempre é destacado o seu caráter "pacífico", mesmo em situações de grande concentração.[11]

Mas, apesar das diferenças, nas duas festas abordadas por Vianna o DJ atuaria de modo que conduzisse as energias. Conversei sobre isso com Calbuque e ele me falou sobre a função do DJ na festa:

---

11. Gil Bárbara enfatiza essa posição: "Festa de música eletrônica tem muito menos confusão. Já fui a festas com mil pessoas e não tem nenhum empurrãozinho, e até com caras fortes". Essa idéia de serem eventos pacíficos se desdobrou a partir do *acid house*, do *ecstasy* (conhecida como droga do amor), intensificado no clima das *raves*, com os ideais do "PLUR" (Peace. Love. Unity. Respect.), sigla que engloba um certo arsenal de regras de comportamento e de sensibilidade desejadas por todos os *ravers*. Isso não impede que alguns grupos jovens de tendências "mais agressivas" – como algumas vertentes neonazistas no norte da Europa e alguns *pit-boys* (jovens de classe média, em sua maioria lutadores de jiu-jitsu) no Rio de Janeiro – tenham se identificado com o *techno* e *hardcore*. A partir disso, abre-se um leque de questões para pensar a relação entre identidade e música; como a música só se realiza dentro de um contexto específico e como é aberta a diversas (re)leituras (Ver, por exemplo, Vila, 1999; e Semán e Vila, 2001).

> O bom DJ é aquele que anima a festa, faz as pessoas felizes. Por mais que você pense que mixar é maneiro e tal, uma pista dançando feliz, está ótimo. O bom DJ é esse. Isso num plano mais básico, seja CD, vinil, MD, fita [...] Botou as pessoas para dançar, está ótimo. Agora, é lógico que um bom DJ em um outro patamar é aquele que faz aquilo se transformar em uma experiência, aquela coisa da "missa", do cara botar todo mundo junto, acompanhando. Acho que o DJ não tem que ser estrela. Quem é estrela é a pista. O DJ é o "padre". A música está passando por ele, ele é um canal, um mixer que passa isso para as pessoas. O bom DJ é aquele que faz a ligação com o público, que faz as músicas que passam por ele virarem uma só. Você não sente quando está parando uma e começando outra, você fecha o olho e vai embora. Ele cria uma atmosfera para você sentir que você é a estrela, você está viajando, você e a música. A música é a estrela.

Mas essa criação de "energia", de "atmosfera", a idéia de Calbuque de que o DJ é um "canal" por onde passa a música, são noções difusas do que significa esta relação funcionar como uma "estrutura biológica". Nos discursos sobre as festas de música eletrônica está fortemente presente a idéia de que a festa é algo a mais do que o somatório de elementos que a compõem. Ou seja, a "estrutura biológica" é algo que ultrapassa a soma da relação DJ/público. As festas funcionariam assim como um sistema, dependendo especificamente do modo em que se unem os componentes numa organização/estrutura determinada. Por isso, nenhuma noite, segundo numerosos depoimentos, é igual a outra, mesmo não havendo muita variação entre os atores e os espaços. É a criação de um circuito sistêmico que está em jogo.[12] Assim, a festa é um sistema que pode ser considerado uma obra de arte, uma espécie de obra coletiva. Hans-Georg Gadamer introduz a idéia de que entre as bases antropológicas de nossa experiência de arte estariam o jogo, o símbolo e a festa. Nestes três elementos as idéias recorrentes são as de movimento, redundância, ritmo e temporalidade. Sobre a festa, diz o autor:

> Se há algo relacionado com toda a experiência da festa, este algo é o que impede todo isolamento de alguém frente a outrem. A festa é coletividade e é a representação da própria coletividade, em sua forma acabada. Uma festa é sempre para todos [...] ao mesmo tempo que o festejar não é algo senão para aquele que participa dele (Gadamer, 1985:61,75).

---

12. Essa idéia de circuito sistêmico é exemplificada por Bateson na relação do cego com a sua bengala: "se você perguntar a qualquer pessoa acerca da localização das fronteiras do *self*, essas confusões ficam imediatamente evidentes. Ou considere um cego com a sua bengala. Onde se inicia o *self* do cego? [...] a bengala é um transcurso através do qual diferenças são transmitidas sob transformação, e, nesse sentido, delimitar uma linha que corte esse transcurso significa cortar parte do circuito sistêmico que determina a locomoção do cego" (Bateson, 1972:318).

O que o autor mais ressalta é a noção de tempo próprio como característico de qualquer experiência artística. Para o autor, o tempo próprio da festa se oporia à experiência pragmática do tempo, "o tempo de que se dispõe, que se divide, que se tem ou não se tem ou que se pensa que não se tem" (Gadamer, 1985:64-65). Nos dois extremos dessa concepção estariam o "vazio da monotonia" e o "vazio da atividade". O tempo da festa, por sua vez, já é preenchido, ali "o tempo não é contado, e não se agrega uma lenta seqüência de momentos vazios". Há, sim, uma "continuidade do mesmo fluir do tempo". E esse levar o tempo a demorar-se é o que caracteriza para o autor o ato de festejar, algo presente também em toda experiência de obra de arte. Esta noção está bem próxima daquela lembrada por Stanley Tambiah em relação ao trabalho de Huizinga sobre a noção de "jogo" na Grécia antiga:

> Huizinga enumera muitos atributos que caracterizam "o jogo" no período grego clássico, entre os quais os seguintes exemplos: o jogo constitui uma pausa na vida real para dar lugar a uma esfera temporária de atividade com uma disposição própria ("limitação de tempo"); também ocorre num espaço demarcado, o terreno e o palco ritual compartilham dessa "limitação de espaço"; assume uma forma fixa e culturalmente ordenada, constituída de elementos de repetição e alternância [...] num mundo imperfeito, o jogo oferece uma *perfeição temporária* (Tambiah, 1985:129 – meus grifos).

As festas, seguindo esta perspectiva de busca de "temporária perfeição" num mundo imperfeito, seriam parte "da busca do homem pela Graça" (Bateson, 1972:129).[13] Segundo Bateson, a experiência artística (assim como a religiosa) é possível de ser experimentada quando se atinge uma sensação de *integração*. Um estado distanciado do *processo consciente*, ou seja, das noções de tempo contado e de espaço circunscrito que configuram a nossa percepção dualista. Assim o DJ de *techno* Maurício Lopes resume esta idéia:

> O meu trabalho é esse: criar clima através da música, gosto de levar as pessoas numa viagem. É o que gosto enquanto público também: um DJ que sabe ir tocando, tocando e quando você vê [...] Começou com uma música muito calminha, e sem perceber você já está lá, foi levando as pessoas àquele momento, como é que diz? Grandioso.

---

13. "Meu argumento é de que a arte faz parte da busca do homem pela Graça [...] O problema da Graça é fundamentalmente um problema de integração e aquilo que deve ser integrado são as diversas partes da mente, especialmente aqueles níveis múltiplos dos quais um dos extremos é denominado a 'consciência' e o outro o 'inconsciente'" (Bateson, 1972:129).

Não gostaria que o leitor fizesse uma leitura desse "lugar grandioso" que diz Maurício como clímax. A "efervescência coletiva" como descrita por Durkheim (1996), leva, necessariamente, a um tal estado de superexcitação que culmina num clímax sucedido, também necessariamente, pela queda dos personagens exaustos no chão (cf. 1996:223). E esse "tumulto", mesmo que "regulado" ao som de batuques e dança, se confunde com uma experimentação do "sagrado" (idem). Esse "retrato" não seria correto ao se relatar a criação do clima por parte do DJ; o "lugar grandioso" se realiza por meio de uma idéia, análoga à de Durkheim, de que a visão ou a experiência do "todo" é maior do que a soma das partes. Mas, enquanto essa experiência se desdobra em um clímax para Durkheim, o jogo de intensidades que auto-regulam a festa se desdobram num sentido de nunca se chegar a um clímax. Como num platô de altos e baixos, o DJ conduz essa "viagem" em que excessos efervescentes são evitados pelo próprio contínuo ininterrupto da música que parece estender-se no tempo e no espaço com gradações de intensidade. A integração a que se refere Bateson para descrever a experiência artística e a experiência do sagrado ocorre na própria experiência do platô (do não-clímax).[14] Da mesma forma que a música se regula de modo que nunca atinja um clímax, o dançar ininterrupto se regula com roupas e sapatos confortáveis e o consumo de substâncias psicoativas se controla com grandes quantidades de água. Os excessos não devem ultrapassar as barreiras da "harmonia" da festa, um certo comportamento que Eugênio (2006) chama de "hedonismo competente".

Por outro lado, é possível verificar uma transformação em jogo durante a festa: de um momento inicial mais "consciente", diretamente relacionado ao início da festa – eis a razão "das músicas mais calminhas" –, até um estado em que, "sem perceber", a pessoa perde esse processo consciente e atinge um outro estado – um estado em que todos os componentes parecem estar numa comunicação perfeita. O DJ vai colocando as músicas "certas" a cada instante, quase sem sentir (conscientemente), enquanto os corpos dos dançantes vão simplesmente respondendo à música com a contínua movimentação dos corpos.[15]

---

14. Bateson desenvolve a sua idéia do platô ao tratar dos modelos de comportamento em Bali. Ele afirma que a experiência da infância adestra a criança a evitar situações de clímax na interação pessoal, como, por exemplo, quando o bebê se aproxima do peito da mãe, esta última o afasta (cf. Bateson, 1976:152).

15. Busca-se nas festas que venho descrevendo uma "perfeita integração" entre os elementos mesmo quando não há sucesso nesse empreendimento. Parte das discussões que se seguiram à vinda do DJ Carl Cox foi motivada pela "falta" que participantes da festa perceberam na organização desta – segundo eles, um evento de música eletrônica deveria ser construído para propiciar aquela perfeita integração.

A "busca da Graça" para Bateson se traduz nas esferas da estética e do sagrado, experiências estreitamente vinculadas. Em sua concepção, essas esferas se afastariam do "propósito consciente" que é sempre seletivo e tende a focar as partes e termina por subtrair a totalidade (cf. Bateson, 1993:378). Nesse sentido, a experiência estética ou sagrada se realiza quando para além das partes percebemos as relações, e com isso, a totalidade. Em suas palavras, "o sagrado é a união. O sagrado é a conexão, a conexão total e não o produto da divisão [...] A diferença entre pensar nas coisas e pensar nas relações entre as coisas. Isso tem muito a ver com o sagrado" (Bateson, 1993:380-1 – meus grifos). É possível dizer, finalmente, que quando se realiza a perfeita integração entre todos os componentes na festa em uma "estrutura orgânica", perde-se o propósito consciente e, assim, vivencia-se uma experiência estética ou mesmo sagrada.

REFERÊNCIAS BIBLIOGRÁFICAS:

APPADURAI, Arjun. *Modernity at Large*: Cultural Dimensions of Globalization. University of Minnesota Press, 1997.

BACAL, Tatiana. Músicas, máquinas e humanos: os DJs no cenário da música eletrônica. Dissertação de mestrado defendida no PPGAS/MN/UFRJ, março de 2003.

BATESON, Gregory. *Steps to na Ecology of Mind*. New York: Ballantine Books, 1972.

________________. El nacimiento de una matriz, o doble vínculo y epistemología. In: *Una unidad sagrada*: pasos ulteriores hacia una ecología de la mente. Barcelona: Gedisa, 1993.

BENNETT, H. Stith. *On becoming a rock musician*. Amherst: The University of Massachusetts Press, 1980.

CAIAFA, Janice Pereira e Silva. *A invasão dos bandos sub*: o movimento punk na cidade. Rio de Janeiro, 1985.

CEVA, Roberta L. de A. *Na Batida da zabumba*: uma análise antropológica do forró universitário. Rio de Janeiro: UFRJ/MN/PPGAS, 2001.

ELIAS, Norbert. *Mozart*: sociologia de um Gênio. Rio de Janeiro: Jorge Zahar Editor, 1995.

EUGENIO, Fernanda. Hedonismo Competente. Antropologia de Urbanos Afetos, 2006, Tese.

FINNEGAN, Ruth, Observing and analyzing performance. In: FINNEGAN, R. *Oral traditions and the verbal arts*. London: Routledge, 1992.

FOUCAULT. Michel. What is an Author? In: HARARI, Josué V. *Textual Strategies*: perspectives in post-structuralist criticism. New York: Cornell University Press, 1979.

GADAMER, Hans-Georg. *A atualidade do Belo*: a arte como jogo, símbolo e festa. Coleção Diagrama, n.14. Rio de Janeiro: Tempo Brasileiro, 1985.

KRUGER, Heinz Herman & RICHARD, Birgit. Ravers' Paradise? German youth cultures in the 1990s. In: SKELTON, T. & VALENTINE, G. (eds.). *Cool Places*: geographies of youth cultures. London and New York: Routledge, 1998.

SEEGER, Anthony. Por que os índios Suya cantam para as suas irmãs? In: VELHO, Gilberto (org.) *Arte e Sociedade*: ensaios de sociologia da arte. Rio de Janeiro: Zahar editores, 1977.

SEMÁN, Pablo e VILA, Pablo. Rock chabón e identidad juvenil en la argentina neoliberal". In: FILMUS, D. (comp.). *Los Noventa*: política, sociedad y cultura en América Latina y Argentina de fin de siglo. Argentina: Eudeba e FLACSO, 1999.

SENNETT, Richard. Os homens públicos do século XIX. In: SENNETT, R. *O declínio do homem público*: as tiranias da intimidade. São Paulo: Companhia das Letras, 1988.

TAMBIAH, Stanley. *Culture, Thought and Social action*: An anthropological Perspective. Cambridge: Harvard University Press, 1985.

THORNTON, Sarah. *Club cultures*: music, media and subcultural capital. Hanover & London: Wesleyan University Press, 1996.

VIANNA, Hermano. *O mundo funk carioca*. Rio de Janeiro: Jorge Zahar Editor, 1988.

________________. Introdução. In: VIANNA, H. (org.). *Galeras cariocas*: territórios de conflitos e encontros culturais. Rio de Janeiro: Editora UFRJ, 1997.

________________. Tecnologia do transe. *Folha de S.Paulo*. Caderno mais!. Domingo, 6 de abril de 1997b, p.5.

VILA, Pablo. Música e identidad: la capacidad interpeladora y narrativa de los sonidos, las letras y las actuaciones musicales. *Revista Transcultural de Música*, 2, 1999.

WARNKE, Martin. *O artista da Corte*: os antecedentes dos artistas modernos. São Paulo: Edusp, 2001.

LEILA AMARAL

Do espiritual na arte abstrata e na arte do informe em particular*[1]

Visando a oferecer uma abordagem analiticamente integrada em que a criação cultural, especialmente a artística, e a criação religiosa apresentam-se como práticas constitutivas da vida moderna, tomarei como referência, neste ensaio, algumas tentativas de enfrentamento do que possa vir a ser sentido, em certos momentos da história da arte moderna e contemporânea, como a condição humana, no âmbito das artes plásticas em confluência com a ciência moderna. Interessa-me perceber como os artistas cujos trabalhos estarão representados neste ensaio vêm reagindo aos paradigmas e às descobertas científicas modernas, apreendendo sua perspectiva, seu vocabulário e as questões sobre o mundo e o universo que daí emergem para construir, no âmbito da arte, um pensamento sobre a condição humana, em geral, e a moderna, em particular.

Tentarei argumentar que, no caso dos artistas analisados, sua arte não se coloca à parte do mundo moderno, racional, científico e secular – como uma maneira de perceber o mundo paralela ou marginal àquela que é propriamente moderna – nem se apresenta, no momento de uma hegemonia da ciência e da tecnologia, como uma transcrição literal de seus paradigmas. Reagem a esse mundo do seu próprio interior, apropriando-se de sua perspectiva para ativar,

1. Para visualizar as figuras indicadas neste capítulo, o leitor deverá acessar o CD que acompanha esta coletânea.

* Agradeço aos colegas e amigos Pe. João Justino de Medeiros e Carlos Steil pelo incentivo inicial a esta pesquisa e a Guilherme Amaral Luz e Marcelo do Amaral Penna-Forte pelas leituras atenciosas deste artigo

contudo, um tipo de pensamento distinto do pensamento científico e hegemônico, porque desencadeado por eventos emocionais. Inspirando-me na Antropologia de Maurice Leenhardt,[2] eu diria que se trata de um tipo de pensamento que tem necessidade de recorrer ao mito para interpretar realidades inacessíveis para os sentidos como simples objetos, isto é, para captar realidades que não podem ser narradas nem formuladas de forma racional embora sejam experimentadas de maneira muito viva em eventos existenciais cuja configuração total ainda não foi nem pode ser alcançada.

Parto da premissa de que a modernidade apresenta para si mesma um problema epistemológico que lhe é característico: a dúvida em relação à possibilidade de se chegar à verdadeira interpretação do real. Trata-se de uma dúvida relativa à existência de uma estrutura metafísica absoluta do real. Esse é um problema que vem impulsionando e colocando desafios para a ordem do sentido em uma configuração social que se instaura na esfera do questionável virtual, constituindo-se, portanto, como uma sociedade da incerteza. Com isto, não se está falando, necessariamente, do fracasso da modernidade, mas que a incerteza é parte constituinte da natureza dessa configuração social e do pensamento que a instaura. Sua constituição não se faz nem se refaz a partir de verdades recebidas ou reveladas, nem mesmo da idéia daí decorrente relativa à afirmação de um fundamento último, pairando como presença sobre as coisas à espera de sua captura. Esta é uma configuração social que se faz e se refaz, por meio da experiência vivida – eu diria, na profundeza das emoções – da desconstrução e da reconstrução permanentes daquilo que se tem, num dado momento, como evidências de verdade e, portanto, da existência de uma área de interpretação em aberto que nunca é inteiramente dominada por nenhum poder.

Eis aqui o terreno específico em que o religioso aparece no mundo atual: a experiência muito viva da desconstrução, isto é, a experiência muito viva da dúvida em relação à possibilidade de reconciliação da existência com o ideal de uma certeza absoluta. Dessa própria dúvida que caracteriza a vida moderna emergem eventos emocionais que lhe são próprios, mas que não são nem podem ser descritos ou mapeados; não são representáveis, mas vividos.

Formulado o problema da dúvida moderna em relação à estrutura metafísica absoluta do real, tento observar como essa dúvida impulsiona e desafia a experiência artística mais recente, ativando diferentes imaginações do

2. LEENHARDT, Maurice. *Do Kamo*. Buenos Aires: Eudeba, 1961.

sagrado e exprimindo em suas obras tipos distintos de experiência espiritual – ou mítica, na terminologia de Leenhardt – fora do campo religioso estrito senso e/ou em confluência com ele. Minha intenção é considerar as reações artísticas que estarão em foco nesse ensaio nos termos de uma reformulação secular de questões teológicas, míticas e místicas para compreender, a partir daí, a emergência de novas imaginações do espiritual e do sagrado numa era marcadamente secular e científica.

Com esse objetivo, busco indicar a passagem de uma reação moderna para uma reação propriamente contemporânea em relação ao paradoxo da modernidade. Inicio esse ensaio com uma apresentação da arte abstrat – reação propriamente moderna ao problema da dúvida em relação à estrutura metafísica absoluta do real, no princípio do século XX – para, a seguir, focalizar o expressionismo abstrato de meados do século XX.[3] Finalmente, concentro minha atenção nos trabalhos da artista brasileira Karin Lambrecht, em diálogo com os artistas Arthur Barrio e Nuno Ramos, com o objetivo de lançar hipóteses interpretativas sobre outras reações possíveis ao mesmo problema da dúvida em relação a um saber totalmente fundamentado, a partir de uma Estética do Informe em contraposição ao formalismo moderno no final do século XX.[4]

A arte abstrata na primeira metade do século XX

No final do século XIX, artistas em Munique e em Moscou criavam os primórdios da arte abstrat nos moldes de uma nova imagem de natureza. Na biologia, chegam ao ocaso as pressuposições, presentes na idéia da "grande cadeia do ser", de uma inteligibilidade completa do mundo calcada em transições graduais sobre um *continuum* de possibilidades. Seu lugar foi preenchido por uma visão de mundo natural que percebe que as ligações na cadeia do ser não se organizam hierarquicamente, mas evoluem segundo um processo que não

3. Ofereço uma interpretação panorâmica da arte abstrata no séc. XX. Para cobrir a extensão do período selecionado, valho-me de informações fornecidas por uma historiografia da arte, em especial, a dos autores: James Elkins, Lynn Gamwell, Brian O'Doherty, Mark Taylor e Paul Wood.

4. Para essa interpretação, lanço mão da observação que fiz das imagens resultantes do processo específico de criação do objeto artístico da arte do informe, considerando, conjuntamente a essas imagens, as diversas "falas" sobre o objeto artístico focalizado, no interior do próprio circuito de arte.

apresenta um fim determinado. Também a física newtoniana começava a perder sua hegemonia no âmbito científico e cultural. A partir de 1890, com a descoberta do raio X, abriu-se um cenário propício para a busca de um mundo invisível e em escalas cada vez menores. Nas primeiras décadas do século XX, com a descoberta dos constituintes do átomo e com os modelos da estrutura dos átomos que dela se originaram, concluiu-se que o que era básico na construção do mundo, ao contrário da visão mecanicista dos blocos sólidos de matéria indivisível, eram espaços cuja integridade é mantida por interações eletromagnéticas e nucleares. A análise da matéria é acompanhada por uma revolução cosmológica principiada em 1915, quando Einstein aplica sua teoria da relatividade para o cosmo como um todo – e a faz substituir a idéia newtoniana de espaço e tempo absolutos –, e continuada na década de 1920, quando as descobertas astronômicas – do afastamento das galáxias em quaisquer direções – levarão à concepção de um universo dinâmico.

No período entre guerras, enfim, as descobertas astronômicas, os estudos de cosmologia e de física atômica tiveram grande penetração na sociedade. Sua consistência e integração foram os principais fatores que motivaram uma mudança na concepção do cosmo, de um universo estático e regido por processos familiares para uma percepção de que o cosmo tem uma história governada por interações sutis e talvez indetermináveis. Apesar das incertezas e dúvidas que essa nova visão poderia provocar no público intelectualizado da época, o sentimento otimista de Einstein de maravilhar-se frente a esse cosmo, motivado pela crença de que o universo era compreensível, foi compartilhado por muitos cientistas e artistas.

Neste ambiente intelectual emerge uma arte verdadeiramente não representacional – uma revolução artística que aconteceu paralelamente à revolução que se deu na biologia e na física e que levantou questões sobre a extensão para a qual o artista poderia visualizar os reinos invisíveis revelados pela ciência – exatamente quando se "assiste ao desmoronamento de todo um sistema baseado na exatidão de nossa visão".[5]

A coincidência entre valor e realidade começa a desabar na consciência intelectual européia, quando se desconfia, mais abertamente, de que o mundo desvendado pelos sentidos pouco tem a ver com a aparência das coisas, cuja

---

5. Comentário feito por Sers a respeito de Kandinsky, mas que acredito passível de ser generalizada como um sentimento difuso no cenário intelectual do período. Vide, SERS, Philippe. Apresentação. In: KANDINSKY, Wassily. *Do espiritual na arte e na pintura em particular.* São Paulo: Martins Fontes, 2000.

materialidade é, agora, colocada em dúvida pelas novas pesquisas científicas sobre o reino subatômico. Tal descoberta fornece as principais referências de visão de mundo, de vocabulário e de símbolos para o trabalho de pintores que, já no período entre guerras, se colocavam numa posição de descontentamento frente à decadência moral de uma sociedade dominada pelo materialismo, o hedonismo e o utilitarismo.

Neste contexto marcado pela nostalgia de uma unidade que poderia vir a ser rompida ou perdida, surgem os mais importantes pioneiros da revolução artística levada a cabo pela arte abstrat: Wassily Kandinsky, Piet Mondrian e Kasimir Malevich. Todos eles – estendendo-se aos três aquilo que Sers disse sobre Kandinsky[6] – quiseram responder à angústia com a certeza. Mesmo após a perda da hegemonia da visão newtoniana do universo e depois que o interesse popular migra-se da biologia evolucionista para a física quântica, imaginava-se ainda se o Absoluto – noção central no panteísmo adotado pelos artistas e cientistas românticos – poderia existir. A idéia de um Absoluto continuava significativa "tanto para o ateliê como para o laboratório".[7]

KANDINSKY: DO ESPIRITUAL NA ARTE E NA PINTURA EM PARTICULAR

Em 1910, Kandinsky anuncia e prepara o mais desenfreado modernismo ao escrever o texto fundador da arte abstrata no ocidente: "Do Espiritual na Arte e na Pintura em Particular". Recomendava a "arte abstrata" como um caminho para se atingir uma "arte mais profundamente espiritual". Porque, segundo Kandinsky, "quando a religião, a ciência e a moral (esta última pela mão rude de Nietzsche) são abaladas, e quando os apoios exteriores ameaçam ruir, o

---

6. SERS. Op. cit.

7. GAMWELL, Lynn. *Exploring the Invisible*: art, science, and the spiritual. Princeton & Oxford: Princeton University Press, 2002, p.205. Para Gamwell, o que é básico no estilo modernista, na sua versão paradigmática que é a arte abstrata, originou-se na Alemanha e nos países de cultura alemã a partir das bases conceituais que foram oferecidas de Kant a Einstein e que sustentavam uma poderosa visão da unidade da natureza proclamada pelos filósofos do idealismo alemão. Todavia, não se pode deixar de citar a grande influência de Spinoza já confessada por Einstein cuja noção de "unidade" é por ele atribuída à proposição panteísta deste filósofo para quem além de Deus nenhuma substância pode ser dada ou concebida, dando a entender que tudo que existe no universo sob qualquer forma é parte de Deus. Spinoza era, contudo, um racionalista que proclamava que o universo expressava uma ordem que é possível de ser descoberta pela mente humana e que, portanto, a natureza, apesar de sagrada, não se escondia por detrás de segredos inalcançáveis.

homem desvia o olhar das contingências exteriores e dirige-se para si mesmo".[8] Em vez de continuar adorando a um mundo materialista e decadente, o pintor deveria voltar-se para dentro de si mesmo, para a única fonte de conhecimento que lhe restava: ele próprio. Posição que faz eco com as teorias científicas do momento, quando se postulava que a essência da natureza vinha "de dentro", como forças de energia e dissolução da matéria, e com a imaginação de Einstein – que veio a ser apresentada em seu ensaio sobre religião e ciência de 1930 para a New York Times Magazine – sobre um terceiro estágio da experiência humana religiosa – o de um sentimento religioso cósmico.[9] Nesse estágio, o indivíduo sentiria a futilidade dos desejos e objetivos humanos e a sublimidade de uma ordem maravilhosa que se lhe revela tanto na natureza quanto no mundo do pensamento.

Kandinsky, no seu desejo de criar uma arte com conteúdo espiritual, em reação ao desconforto que sentia perante a atitude "ver-para-crer" de certos filósofos e cientistas como, por exemplo, o biólogo Rudolf Virchow, para ele um materialista sem espírito, vê-se atraído por um outro tipo de cientista que considerava espiritualista. Admirava William Crooks, físico inglês cujas experiências levaram outros físicos a descobrir partículas ainda menores que o átomo. Sua descrição da existência de forças invisíveis da matéria, numa fronteira em que matéria e força misturam-se uma na outra – em sua própria expressão, no reino obscuro entre o conhecido e o desconhecido – levou Kandinky a visualizar um amálgama do material com o espiritual.

Por volta dos anos 30, Kandinsky, simpático à abordagem panteísta de Arp, declara: "o espírito oculto em todas as coisas, visto a olho nu ou através de microscópio ou binóculo, é o que eu chamo de 'olho interno'".[10] Por isto, sua pintura deveria tornar-se abstrata. A mudança de rumo espiritual exigia, segundo ele, o desaparecimento do objeto. Para tornar-se espiritual, a arte deveria corresponder a uma necessidade interior. Somente a necessidade interior poderia inspirar a "verdadeira arte", aquela que se afasta da representação da imagem para fazer nascer a "arte autêntica": quando a composição entra em

---

8. SERS. Op. cit., p.100.

9. O primeiro estágio seria o de uma religião do medo, aquela do homem primitivo, e o segundo relativo ao período em que os homens socializados desenvolveram uma concepção social e moral de Deus.

10. Carta ao editor de *Times* (Londres, 28 de novembro de 1919); citada em Gamwell. Op. cit., p.219.

contato eficaz com a alma humana e estabelece-se uma ressonância espiritual, uma ação direta da cor sobre a alma (fig.01 e fig.02).[11]

A emergente arte abstrata do início do século XX, por meio desse "olhar interno" de Kandinky, parece ser uma reação ao desconforto do artista tanto com o que ele considerava e sentia desesperadamente como um mundo decadente – um mundo em que o espírito estaria sendo abolido pela matéria – quanto com as certezas em relação ao paradigma que fornecia uma visão de mundo mecânica e dualista que começava a dissolver-se. Mas demonstrava também desconfianças com o que poderia ser provocado pela nova ciência ao abalar a crença em um Absoluto. Todavia, é a ruptura realizada pela física quântica com o dualismo de um universo mecânico e a afirmação, provinda do âmbito da ciência, de que a essência da natureza vem de "dentro" – de um reino subatômico invisível –, além da confirmação da teoria da relatividade de Einstein – na qual matéria e energia, espaço e tempo estão inextricavelmente ligados –, que reavivam a antiga procura para definir a matéria como um todo unificado, como uma síntese do microcosmo e do macrocosmo e reforçar no artista o desejo de expressar a "unidade cósmica" e fornecer a ele um vocabulário capaz de fazer surgir uma verdadeira arte não representacional.

Seu contato com o suprematismo e o construtivismo e seu envolvimento com a Bauhaus levaram-no a adotar cada vez mais a abstração geométrica (fig.03), sempre espiritualmente dirigida. Nessa nova fase, tenta combinar o emocional e o mecânico; o intuitivo e o racional; o místico e o construído. Fica fascinado pelo círculo, pelas suas potencialidades interiores, porque, para ele, se esta era a forma mais modesta, afirmava-se incondicionalmente: era uma forma precisa, mas extremamente variada, simultaneamente estável e instável, barulhenta e suave, e possuía uma única tensão que carregava nela incontáveis tensões. Por isso, elege o círculo como a síntese das maiores oposições; o elemento geométrico que apontaria mais claramente para a 4ª dimensão – aquele que possuiria uma força interior e variações incontáveis.

ABSTRAÇÃO GEOMÉTRICA: MONDRIAN E MALEVICH

Aliada às novas descobertas na biologia e na física, já vinha sendo gerada, desde o início século XIX, uma geometria não-euclidiana orientada a dar à

11. KANDINSKY. Op. cit.

matemática uma fundação lógica que pudesse assegurar-lhe uma linguagem universalmente válida.[12]

Motivados por procura semelhante, artistas e *designers*, no período entre guerras, mostravam-se interessados em desenvolver uma linguagem universal para a arte e buscaram inspiração na geometria do momento.[13] Ansiavam por uma linguagem comum que pudesse expressar a "unidade cósmica" com a intenção de oferecer, com essa referência simbólica provinda da matemática moderna, um pensamento que pudesse unir nações separadas pela guerra. É o momento da emergência de uma versão da arte abstrata cujo esforço dava-se na direção de uma "geometria pura", como foi o caso do purismo, da *De Stijl*,[14] do suprematismo e do construtivismo. No conjunto, esses movimentos procuravam juntar idéias místicas com interesses científicos, cujo objetivo era encontrar uma linguagem elementar para uma arte que pudesse representar um papel construtivo para a humanidade. Dentre os artistas mais representativos dessa fase, aponto Piet Mondrian e sua arte baseada quase que exclusivamente no poder da razão da mente.

Mondrian formula, em 1920, a teoria do neo-plasticismo, na sua procura da realidade pura, em contraposição à realidade ilusória, que o leva à criação de uma abstração geométrica radical: uma estrutura de linhas pretas verticais e horizontais que delimitam blocos de puro branco, vermelho, amarelo e azul (as cores primárias), apresentando arranjos assimétricos de retângulos (fig.04, fig.05 e fig.06). Todavia, tudo isso é apresentado com harmonia e beleza, porque seu objetivo é promover a relação dinâmica entre esses elementos que compõem sua pintura. Mondrian buscava uma linguagem universal capaz de exprimir a experiência por meio da relação dinâmica entre seus elementos ou forças opostas que se relacionam em harmonia, porque, para ele, a tarefa da arte era desenvolver na humanidade o seu potencial para a verdadeira harmonia e não para promover a ganância, a cobiça, o patriotismo ou a agitação de desejos insaciáveis.

Sob a influência do misticismo teosófico e da teologia calvinista do século XVI, puritana e iconoclasta, encontrou na geometria uma perspectiva secular que lhe permitiu, paradoxalmente, elevar os princípios do neo-plasticismo a um *status* quase religioso, porque acreditava que os trabalhos puros e contidos eram

---

12. A expressão máxima dessa nova matemática foi a publicação de "Principia Mathematica" de Bertrand Russell e Alfred North Whitehead, na primeira década do século XX.

13. É interessante observar que este é um momento que coincide com o sucesso de Einstein em obter, matematicamente, a "geometria do cosmo", aplicando sua teoria da relatividade ao Universo como um todo.

14. Revista holandesa de arte do período de 1917 a 1932, e o grupo de artistas a ela ligados.

para refletir as leis do universo: verdades atemporais e universais.[15] A partir de 1920, com a formulação do neo-plasticismo, suas pinturas passam a expressar mais claramente uma visão pitagórica e neoplatônica do universo, segundo a qual existiria uma unidade cósmica baseada em formas matemáticas. A pureza neoplástica era, assim, para visualizar uma ordem cósmica subjacente à matéria, por meio do equilíbrio dinâmico entre forças opostas. O estilo geométrico livra a cena de qualquer associação específica com o mundo externo, porque o que sua pintura tenta capturar é a dinâmica estrutural por detrás do arranjo apresentado. Por isso, sua pintura não contava com nenhum toque pessoal ou expressão individual. Nesse sentido, ela é antiexpressionista. O estilo de Mondrian é o de uma máquina precisa, baseado em um rigor estético e em um formalismo extremado, porém, ligados a um desejo específico: o de encontrar a harmonia e a ordem em todas as áreas do ambiente mais vasto.

Nesta mesma onda de reação ao paradoxo modernista apresenta-se o suprematismo proposto por Kasimir Malevich: não pintar pinturas de objetos do mundo, mas pintar abstrações que expressassem a energia dinâmica e a energia cósmica. Para tanto, em suas pinturas, não há objetos, apenas formas geométricas. A energia, para Malevich, está toda na idéia: nós a sentimos, mas não a vemos. O que Malevich queria atingir com sua arte era a supremacia do sentimento puro: uma sensação pura na arte, no sentido de não elevar nenhuma percepção externa a objeto de arte. Todo resíduo anedótico, ainda existente após o ato abstrativo, deveria ser eliminado a favor de uma plasmação absoluta das harmonias.[16] Daí, as características principais de sua arte: pintar formas puramente abstratas, usando cores primárias, o branco e o preto, e, mais radicalmente, as pinturas monocromáticas (fig.07 e fig.08). *Black Square*, de 1915 (fig.09), é exemplar, tanto em relação à sua proposta de não objetividade e redução da pintura a elementos puros e simplificados quanto apresentar uma forma de realismo cósmico que avança do nada ao infinito e expressar, assim, seu sentimento de que o mundo da pintura estava conectado a uma grande vastidão espiritual e às profundezas cósmicas.

---

15. Além de sua rígida formação numa família calvinista e de seu grande interesse por tópicos espirituais que vieram a reforçar sua adesão à Sociedade Teosófica em 1909, Mondrian foi um ávido leitor de filosofia clássica e de religião oriental. Sofreu grande influência de Spinoza (vide nota 6) que proclamou a universalidade em suas teorias, por meio de um método geométrico.

16. CAMPOS, Jorge Lucio de. *A Vertigem da Maneira*: pintura e pós-vanguarda na década de 80. Rio de Janeiro: Revan: FAPERJ, 2002, p.24.

Partindo desses exemplos paradigmáticos, pode-se dizer que a arte moderna dedicou-se a apresentar o inapresentável – um sentimento de sublime, na linguagem da estética, ou uma percepção mítica, na terminologia de Leenhardt: alguma coisa que pode ser concebida ou mesmo experimentada, mas que não pode ser vista nem feita visível, neste caso específico, uma unidade oculta que governaria o mundo na sua aparente contradição. Eu diria, em consonância com a teoria de Lyotard,[17] que a forma, em razão de sua consistência, oferecia a esses pintores, frente aos desafios da ordem do sentido que se lhes apresentavam na primeira metade do século XX, a matéria para o consolo e o prazer do sujeito perante o sentimento de uma satisfação que poderia se perder, isto é, de uma ordem ou unidade do mundo que poderia tornar-se ausente ou desaparecer. O sagrado apresenta-se à imaginação desses artistas como pertencente à ordem de uma harmonia cósmica, quando se buscava experimentar, nas profundezas da emoção ou do sentimento puro, a unidade oculta que governaria o mundo, exprimindo, conseqüentemente, em sua arte, uma espiritualidade de tipo cósmica. Uma arte sobre o Absoluto que tenta expressar, sem o uso de imagens, de perspectiva ou de narrativas, o conceito de uma consciência suprema em expansão: uma Idéia Absoluta.

A arte abstrata na era atômica

A partir da segunda metade do século XX, se seguirmos a sugestão de Couchot, a indagação sobre o paradoxo modernista poderia ser colocada da seguinte maneira: em meio a uma confusão de sentidos, após a explosão das tecnologias comunicacionais, responsáveis pela inflação de imagens e de sons que mergulha a sociedade num turbilhão de signos, como operar, no domínio reservado da arte, uma reunificação simbólica? Segundo Couchot, a solução artística para esse paradoxo vem se dando na direção de uma abertura do campo do sentido e do significado, fazendo emergir propostas estéticas cada vez mais embasadas em uma lógica da polissemia.[18]

Assim, diz Couchot, a reação no alto modernismo é fazer a obra abrir-se "indefinidamente, multiplicando as significações, multiplicando os pontos de vista, sem nenhum ponto de referência, sem nenhum limite que seja invocado

17. LYOTARD, Jean.-François. What is Postmodernism? In: HARRISON, Charles e WOOD, Paul. *Art in Theory (1900-1990)*. Oxford, UK: Blackwell, 1992, p.1008-15.

18. COUCHOT, Edmond. *A tecnologia na arte*: da fotografia à realidade virtual. Porto Alegre: Editora da UFRGS, 2003, p.140.

fora da arte em si mesma, a qual se torna a sua própria referência".[19] O momento originário ao qual a obra de arte passa a remeter-se é o da figuração em si mesma. O ato artístico remete-se a uma presença real: a presença do artista, soberana e expandida. A *persona* do artista confunde-se com a obra de arte e esta adquire dimensões sagradas.[20]

Nesse sentido, encontra-se a arte de vanguarda de um modo geral e, mais especificamente, o expressionismo abstrato. Segundo os princípios preconizados por Clement Greenberg[21] e, de acordo com a hipótese de Couchot, essa vertente da arte abstrat caracteriza-se: primeiro, por suas preocupações com a autonomização da arte ou a arte pela arte quando a experiência estética é tomada como um fim em si mesma; segundo, pelo rompimento com os aspectos narrativos que banalizariam a arte, quando esta deveria encarnar sua própria essência, tanger a essência das coisas, fosse pela verticalidade intuitiva, fosse pelo caminho do êxtase ou da pura especulação,[22] sempre por meio da expressão artística de um sujeito individual, e, terceiro, por uma pureza formal que encerra a arte numa discussão sobre suas próprias necessidades formais e construtivas – sua materialidade, o gesto que a formalizou, as peculiaridades de sua volumetria etc. O espaço da galeria, asséptico e atemporal, é paradigmático desta concepção estética com seu ambiente distanciado do mundo, cujo princípio fundamental é expurgar a consciência do mundo exterior, para que a arte tornada livre possa assumir vida própria afastada das coisas do cotidiano.

Além da explosão comunicacional a que nos alertava Couchot e que, é certo, vem desafiando a imaginação dos artistas até os dias de hoje, chamo a atenção para uma outra linha de força que incitou essa que foi a terceira e derradeira onda da arte abstrat, na segunda metade do século XX. Por um lado, observa-se a forte influência do surrealismo europeu, inspirado nas teorias do

---

19. Ibidem, p.141.

20. Apesar de partir da questão colocada por Couchot e desta sua constatação inicial, o argumento que apresento neste artigo distancia-se da tese deste autor na medida em que ele considera que a posição central da "desconstrução" na cultura moderna gera uma perda de sentido e, portanto, segundo ele, a ruptura com o postulado do sagrado. Para Couchot, a arte moderna, ao eleger o ato da figuração em si mesmo, desprezando todo ato sacrificial que funda a unidade simbólica da comunidade, nada mais apresentaria de divino, de mítico, de mitológico, de histórico (Couchot, op. cit., p.145).

21. GREENBERG, Clement. Pintura "à americana" e pintura modernista. In: FERREIRA, Glória e MELLO, Cecília Cotrim de (org.). *Clement Greenberg e o debate crítico*. Rio de Janeiro: Funarte / Jorge Zahar, 1997.

22. CAMPOS, Jorge Lucio de. Op. cit., p.29.

inconsciente de Jean-Martin Charcot e de Pierre Janet, de Freud e de Jung, que determinou a perspectiva psicológica de artistas que queriam exprimir a irracionalidade da mente inconsciente. Por outro lado, os artistas mais representativos do expressionismo abstrato tentavam, também, reagir à mais temida descoberta da época: a energia nuclear e sua primeira aplicação bélica, a bomba atômica. Um espanto e um horror assaltaram a imaginação desses artistas frente aos perigos a que a condição humana viu-se exposta, fazendo-os recolher-se, por introspecção, no interior de suas subjetividades.

Jung foi contemporâneo do surrealismo europeu, mas sua influência foi mais sentida nos EUA do que na Europa. Sua teoria sobre o rejuvenescimento da intuição, em *Modern Man in Search of a Soul*, de 1933 – em que argumenta que a saúde mental é alcançada quando se restaura, na mente do indivíduo, o equilíbrio entre razão e intuição, trazendo à consciência os arquétipos que estão enterrados ou esquecidos na parte do cérebro intuitivo e selvagem –, teve grande aceitação em solo americano, sugerindo, em termos artísticos, que o papel do artista é expressar esses arquétipos. Sua abordagem, que prometia um renascimento espiritual por meio do mito de uma unidade *cross cultural* da humanidade, veio a ter igual apelo entre os artistas americanos dos anos 30 e 40, durante a formação do expressionismo abstrato, quando os artistas americanos usavam os arquétipos junguianos na busca das partes selvagens e intuitivas de suas mentes. Entre eles, destacam-se, Mark Rothko e Jackson Pollock.

Todavia, quando a primeira bomba atômica é detonada no Japão, os artistas que contemplavam os sonhos freudianos ou os arquétipos de Jung foram abalados e colocados frente a um mundo no qual a vida estava ameaçada e poderia vir a perecer sob um inferno nuclear. As pesquisas de decomposição do átomo, que se iniciaram em solo europeu por volta de 1901, vieram a confirmar a existência de uma força nuclear e foram concluídas nos EUA, no início dos anos 40, culminando com a construção da bomba atômica e sua subseqüente explosão em 1945. Abrem-se as portas para uma era atômica sob a hegemonia da ciência americana, dominada pela corrida armamentista e pela exploração espacial. Coincidentemente, a capital da arte ocidental transfere-se para solo americano. Após 1945, a arte americana foi tocada por uma mistura de reverência e temor mítico, por uma mistura de horror e de espanto frente a um poder primordial que os físicos tinham desatado do reino subatômico – "um atômico sublime", para usar uma expressão de Gamwell.[23]

---

23. Op. cit., p.259-79.

Barnet Newman, Mark Rothko e Jackson Pollock passaram a associar seus temas com as novas dificuldades e com os imponderáveis da existência contemporânea, com essas coisas impensáveis que lhes eram apresentadas na era atômica. A ciência tinha mudado a compreensão do artista sobre a natureza. Rothko, Newman e Pollock, diferentemente dos românticos, já sabiam que as forças mais poderosas da natureza estavam no interior de partículas invisíveis, no coração da matéria, e esse aterrorizante, terrificante e onipotente novo Absoluto fora desatado pelas mãos de cientistas. Os novos artistas não sentiam mais a humilhação romântica frente à força majestosa e divina da Mãe Natureza, pois se encontravam tomados pelo terror e pela ansiedade de saber que tais poderes estavam nas mãos dos homens. Era a humanidade, portanto, que, para esses artistas, precisava reexaminar seus valores morais e espirituais frente ao mistério e à tragédia sombria da vida na era atômica. Vinha daí a devoção de Newman e Rothko aos estilos não representativos, sem nenhuma perspectiva espacial ou temporal. Newman, por exemplo, dizia que pintava o "vazio pagão" (fig.10) – um buraco negro no meio de uma forma que tanto sugeria uma ameba microscópica quanto uma nuvem massiva, para expressar, segundo ele, não o abismo encontrado depois de uma viagem espiritual, o Abismo de Boehme[24], mas uma não-existência, um vazio produzido pela ciência pagã. Criava uma arte para expressar a tragédia moderna – a condição humana depois da bomba. Rothko, também no final dos anos 40, sentiu que o conteúdo do seu trabalho eram as emoções humanas básicas – a tragédia, o êxtase e a destruição (fig.11, fig.12 e fig.13). Pollock, por sua vez, apaga, em suas pinturas, os símbolos e as histórias explícitos e os substitui por uma incomunicabilidade privada e por gestos não verbais: um sofrimento sem fala causado pela bomba e por seus tormentos emocionais (fig.14 e fig.15).

Frente ao sofrimento sem fala, causado pela tragédia moderna, e à certeza, confirmada pelos físicos, de que a natureza era fundamentalmente indeterminada, o que se tinha a temer, na imaginação desses artistas, era a própria natureza do homem. Exigia-se, nessa era atômica, uma reação que pudesse levar o homem para dentro de sua subjetividade, para que ele fosse capaz de engendrar sentimentos de autoconsciência no sentido de manter-se humilde diante do mistério inerente das coisas e retomar a dimensão moral do livre desejo humano, da eterna liberdade humana de escolha – tão mais solicitada quanto o universo se afigura, agora, como indeterminado.

---

24. Jacob Boehme (1575-1624), místico alemão. (N.E.)

Paradigmática dessa postura moral-espiritual é a consciência de Newman com relação à sua arte. Em sua visão, ela deveria provocar nas pessoas o que provocava nele: um forte sentimento de autoconsciência da persistente vontade humana de criação. Suas pinturas envolvendo "tiras de luz" evocam metáforas presentes na tradição literária do Gênese e na Cabala – da luz como símbolo da criação – como também em outras tradições que apresentam Deus e o homem como um único emissor de luz: o criador e a criatura formando uma só unidade, a sublime experiência da Unidade – *Onement*, título da série que começou a pintar em 1948 (fig.16).[25] Nessas pinturas, o primeiro movimento de Newman é um ato de divisão, as tiras, criando daí uma imagem pictórica. Mas a imagem não expressa apenas o primeiro gesto de Deus; ela anuncia o gesto em si mesmo – o *zip*, nome dado por Newman às tiras de luz – como uma forma independente, uma forma independente que é o homem, o único animal que anda ereto: o Adão, ereto e viril (fig.17).

A arte de Newman, como ele mesmo afirma no ensaio *The Plastic Image*,[26] focaliza os mistérios da criação. Concentra a atenção nos mistérios da vida e da morte cavando em direção ao caos. Mas, afirma Newnam, é justamente isto que faz dele um artista. Porque o Criador, ao criar o mundo, começou com o mesmo material do artista o qual, segundo ele, compartilha da angústia do homem comum frente à indeterminação do mundo, tentando desesperadamente arrancar força e verdade do vazio.

Assim, além do problema epistemológico com o qual iniciei este artigo, estamos frente a um problema ontológico que acrescento ao panorama apresentado: "por que algo ao invés do nada?". Como observa Lyotard, em sua interpretação do ensaio de Newman, *The Sublime is Now*,[27] que ele traduz para *Agora, tal é o Sublime*, "[o sublime] não existe noutro lugar, nem para cima, nem além, nem mais cedo, nem mais tarde, nem outrora. Aqui, agora, acontece que..., e eis o quadro. O que é sublime é que exista esse quadro, em vez de

25. Newman, de formação judaica, inspirou-se na filosofia de Spinoza para buscar uma união mística do *self* com o Criador, remontando à relação Deus/Natureza – "o Um" de Spinoza. Foi também o misticismo judaico que forneceu as bases para o pensamento de Spinoza, que proclamava que tudo era manifestação de uma única substância, uma mônada chamada Deus/Natureza.

26. BARNETT, Newman. *Selected Writings and Interviews*. Edited by John P. O'Neill. Text, notes and commentary by Mollie McNickle. Introduction by Richard Schiff. Berkeley and Los Angeles: University of California Press, 1992

27. Artigo publicado em Harrison & Wood, op. cit., p.572-4.

nada".[28] Ante a indeterminação do "Ocorrerá?", "o choque supremo é que ocorra (algo) em vez do nada, a privação suprema".[29]

É com esse sentimento de sublime, daquilo que é irrepresentável – no caso, a relação com o Absoluto – que Newman apresenta a série de 14 telas, realizadas no período de 1958 a 1966, intitulada *Stations of the Cross* (fig.18). Trata-se de uma série de pinturas "zip" em telas de grande escala, o que impossibilita o observador de apropriar-se delas de uma só vez. Sem utilizar-se de cores, apenas do preto sombrio e do branco sobre telas rústicas, Newman tematiza a tragédia da existência humana[30] frente a frente com um Deus todo-poderoso. A partir do tema da paixão de Cristo, o objetivo de Newman é apresentar o momento mais dramático do suspiro desesperado de Jesus – "*lamma sabachtani*?" – mergulhado em seu sofrimento e no abandono pelo Pai, para associá-lo à pergunta universalmente feita pelos homens naquele momento da era atômica, momento de aguda e torturante angústia física e mental. Para Newman, a pergunta "por quê?", a pergunta original, é sem resposta, devido ao sofrimento sem fala que se experimentava naquele momento no qual a reconciliação da existência e da morte com a verdade parecia não acontecer, em ressonância com a versão hebraica da paixão, em que a espera do Messias, o portador da verdade, continuava a ser esperada e incessantemente adiada. A reação de Newman a esse intratável da existência moderna encontra-se, em suas pinturas, no uso do "zip". Nessa série, as tiras de luz são apresentadas na versão "feixe de espinhos" cravados nas telas de *Stations of the Cross*. Se a resposta à pergunta do abandono jamais será ouvida – e esta é a tragédia moderna, a de um homem que, em seu sofrimento sem fala, perde a inocência da espera pelo Pai –, a atitude humana não estaria na busca de uma resposta do "por quê?", mas numa ação positiva: "Sê", que é o arrancar de força e de verdade do vazio, do caos e das trevas.[31] Se a resposta original ao "por quê?" é sempre adiada, a união com o Um transcendente é possível de ser realizada se, e somente se, por meio dessa atitude: "Sê" (do homem criador, ereto e viril). É essa atitude que

28. LYOTARD, Jean-François. *O Inumano*: considerações sobre o tempo. Lisboa: Editorial Estampa, 1997, p.98.

29. Op. cit., p.105

30. Não é por coincidência que Rothko, no mesmo período, criou as pinturas que compõem *Chapel* (1965-66), para uma capela ecumênica em Houston, usando cores fúnebres e formas sombrias.

31. Para uma interpretação da obra de Newman, nesse sentido, remeto o leitor aos inspiradores textos de Lyotard: "O Instante, Newman" e "O Sublime e a Vanguarda", op. cit., 1997.

tornaria possível a união do *self* com o criador – da criatura com o criador – quando o Absoluto é o Um no qual ser é presença plenamente realizada no presente frente ao indeterminado "Ocorrerá?".[32]

No modernismo, representado neste ensaio pela arte abstrat que veio se constituindo no decorrer do século XX, tornar visível o inapresentável era, enfim, a finalidade que orientava a busca de uma pureza estética ou formal que pudesse transcender a mera representação,[33] motivada, por sua vez, por uma ambição espiritual específica: atingir, por via negativa em relação à vida cotidiana, uma transcendência, o "Outro Ausente", e alcançar a universalidade do "ser", quer seja pelo caminho de uma conexão da pintura com as profundezas cósmicas, como no início do século XX, quer seja, no alto modernismo, em meados do século XX, pelo caminho da expressividade do artista, após a experiência, nas profundezas da emoção, de sua própria subjetividade e da dimensão moral da eterna liberdade de escolha. A partir dessa experiência, aliada à pureza formal de uma arte tornada livre, buscava-se exprimir, por meio dessa última vertente, o sentido mais geral da liberdade e força do espírito humano em um universo indeterminado.

A arte do informe e o abandono da busca de uma unidade cósmica

A busca otimista pela unidade cósmica e a ampla aceitação dos princípios do idealismo alemão, que já vinham sendo ameaçadas desde o período entre guerras, passaram por um período de descrença e incerteza a ponto de ter sido abandonadas a partir da 2ª Grande Guerra, após Auschwitz e após a explosão da

32. Pode-se, com isto, fazer um paralelo das pinturas de Newman com a teologia dialética ou neo-ortodoxa de Karl Barth, reformulador da teologia calvinista, rigorosamente iconoclasta, para a qual o Deus transcendente não pode ser representado por imagens. Barth reinterpreta essa iconoclastia calvinista afirmando que a única maneira de se relacionar com Deus, o Totalmente Outro, é negativamente, isto é, negando a validade religiosa de todas as formas naturais e culturais. Assim, tanto para Barth como para Newman, a negação da representação é a afirmação do irrepresentável. No entanto, para Barth, o desejo de pureza não significa desejo de imediatidade. Para esse teólogo, a união com o Um transcendente nunca é possível porque é para sempre adiada.

33. Todavia, falar de ausência de formas, para o caso da arte moderna abstrata, não significa dizer que ela se caracteriza como uma arte do "informe". Ao contrário, a arte moderna é essencialmente formal, devido a uma preocupação com os aspectos formais da obra de arte, para libertá-la de quaisquer questões externas a ela e, assim, alcançar a autonomia da forma. Ter-se-ia, enfim, uma obra de arte possuidora de um valor *per se*, suficiente por suas características visíveis, táteis ou auditivas, isto é, por suas características formais e construtivas.

bomba atômica, responsáveis pelo medo e pelo cinismo público nesse novo período, culminando com a morte de Einstein, em 1955, sem que se obtivesse sucesso na formulação da grande teoria unificada do Universo. Lidar com essa perda é o desafio que se coloca no período pós-guerra, provocando o surgimento de duas reações, de certa forma contrastantes, no cenário artístico.

Uma delas seria a de alarme, crítica e cinismo.[34] É aquela que se expressa em trabalhos de artistas que apresentam uma visão por vezes satírica diante da sociedade e da racionalidade dominante – como foi o caso das "novas vanguardas" dos anos 70 e 80, por exemplo, os trabalhos e *performances* de Joseph Beuys (fig.19 e fig.20) e do grupo Fluxos (fig.21), do qual fez parte, e também de Martin Kippenberger (fig.22), herdeiros das "vanguardas da desordem", baseadas, segundo Annatereza Fabris, na transgressão[35] –, por vezes deprimente e melancólica frente ao pessimismo desencadeado após Auschwitz – como é o grito desesperado das pinturas de Kiefer (fig.23) – e em confronto com as conseqüências políticas da guerra fria, os rumos da ciência na era atômica e as implicações do "princípio da incerteza" formulado pela física e transposto para o mundo social. Essa é a reação que veio apresentando-se como hegemônica durante todo o século XX, mantendo-se como força orientadora do que se entende como o estatuto da arte, especialmente a contemporânea, marcada por seu interesse na ironia, na ambigüidade e na incerteza.

Ambigüidade e crítica tornam-se consubstanciais ao trabalho de arte de forma ainda mais radical do que foram no período modernista. A morte da visão otimista da moderna unidade cósmica provoca na imaginação dos novos artistas o desfalecimento daquela idéia de Absoluto que fornecia a base espiritual da arte abstrat, no ápice do modernismo, fazendo com que sua perspectiva transcendental se transformasse em um dos focos de crítica desses novos artistas. Assim aconteceu com o minimalismo, que se constituiu como uma nova

34. Refiro-me aos sentidos de sinceridade e de não convencionalidade dos cínicos gregos de meados do século IV a.C., tendo Diógenes como figura paradigmática, que reaparecem entre artistas do século XIX, quando da introdução da estatística e da probabilidade na ciência e, posteriormente, no século XX, quando Duchamp, no âmbito das artes, apresentou-se como figura paradigmática.

35. Segundo a distinção de Fabris, as "vanguardas da desordem" foram representadas pelo dadaísmo, pelo surrealismo e, num certo sentido, pelo futurismo, em contraposição às "vanguardas da ordem", representadas pelas vertentes da "linha analítica", aplicadas e vazadas na racionalidade, que vão do cubismo à Bauhaus, passando pelo construtivismo, pelo suprematismo e pelo neoplasticismo. Vide, FABRIS, Annatereza. Arte Moderna: algumas considerações". In: FABRIS, Annatereza e ZIMMERMANN, Silvana B. *Arte Moderna.* São Paulo: Experimento, 2001, p.27.

arte abstrata no pós-guerra, por meio dos trabalhos de Frank Stella, Carl André, SolWitt, Robert Morris e Donal Judd, entre os principais artistas dessa vertente, que proclamavam uma arte sem conteúdo algum, segundo eles, afastada de qualquer idéia de absoluto ou intenção religiosa ou espiritual.

Observando pelo viés dessa reação, a religião parece ter desaparecido da visão hegemônica no mundo das artes. É certo que os artistas consagrados no modernismo também foram rigorosos e explícitos sobre essa distância em relação à religião. Mesmo os artistas que se colocavam no sentido da tradição romântica, que persistiu como força cultural, até meados do século XX, tinham a intenção de livrar-se das aparências externas de uma Igreja ou religião estabelecida, para alcançar o que imaginavam ser uma religião interior e vívida. Mas é no período que se convencionou chamar de pós-moderno que essa distância vem mostrando-se mais decisiva. Desde os movimentos ligados à *pop art*, ao minimalismo e à arte conceitual, vem reinando um silêncio absoluto sobre a relação da arte com a religião, a menos que ela se apresente como uma crítica ou numa distância irônica.

Todavia, essa reação, alarmista ou cínica, não vigora de forma absoluta. Entrecruzam-se com ela outras reações que compartilham o mesmo sentimento de colapso dos princípios deterministas e de uma visão pautada na existência de um absoluto – seja na forma da unidade da natureza ou do universo, seja na forma de verdades fixas e determinadas – mas que, ainda assim, dedicam-se à criação de novos sistemas de significados. Eu diria que o fazem na forma de uma arte sem absolutos, apresentando algumas diferenças em relação às tendências místicas que predominaram até meados do século XX. Enquanto a produção artística modernista destacou-se pela procura da pureza da forma e da autonomia da estética, pressupondo a existência de um reino metafísico superior, algumas tendências contemporâneas, em vez de experimentarem por meio de sua arte uma Unidade do Universo em direção a um reino transcendental, vêm se referindo à vida concreta neste mundo, às suas mudanças, à passagem do tempo, e, conseqüentemente, às suas diferenças, paradoxos, contradições, construções e desconstruções. Coloca-se em foco aquilo que está em suas mãos: a imanência.[36] Ressalto, também, que grande parte dos artistas que

36. É importante ressaltar que este é o momento, a partir dos anos 60, em que a Nova Teologia começa a apresentar-se com influência no cenário intelectual contemporâneo, como observa Colin Campbell, principalmente por meio do "relocamento tillichiano do divino de 'lá em cima' para 'cá em baixo', isto é, de um lá transcendente para um aqui imanente – descrito de outro modo como 'a profundeza do nosso ser'. Além disso,"tanto o movimento da

amadureceram após a 2ª Guerra Mundial sentiram-se atraídos por filósofos e teólogos que foram críticos de uma visão científica da natureza apresentada como um todo unificado e cognoscível. Esse foi o caso do existencialismo, da teoria crítica, da Nova Teologia e da teoria da desconstrução. Tais pensamentos, que vêm se impondo no cenário intelectual do final do século XX ao início desse século, apresentam fortes similaridades com o misticismo da via negativa, por meio do qual experimenta-se o cosmo apenas indiretamente, caracterizado por suas falhas e por ser incompreensível, indescritível e, em última instância, incognoscível.

No meio dessas tendências, destaco uma das vertentes da arte contemporânea, a arte do informe, que, frente ao mesmo desafio da ordem da unificação simbólica do mundo e da condição humana, vem apresentando uma reação contrária à do formalismo moderno, no caso atual, pela negação do consolo das boas formas. Busca-se, por meio de uma arte do informe, apresentar o inapresentável como tal, sem nostalgia pelo inatingível, ou, como diz Maria Amélia de Bulhões, uma arte que pensa ativamente o real como segredo, como enigma, sendo, nesse caso, um pensamento irreligioso do sagrado,[37] o que não deixa de ser, segundo minha interpretação, uma aceitação definitiva do mistério inexorável do mundo.

Neste artigo, dirijo a atenção especialmente para os trabalhos da artista brasileira Karin Lambrecht, relacionando-os, de forma sintética, com as propostas de Arthur Barrio e Nuno Ramos, para situá-los como parte de uma variante possível da Arte do Informe com visibilidade nacional.[38]

Nova Teologia quanto o movimento da Morte de Deus constituem um ataque ao dogma, ao literalismo e à religião organizada; efetivamente, armam um ataque à teologia objetiva a partir da perspectiva de uma filosofia da religião subjetiva. Ao fazerem isso, formaram a base tardia para o surgimento do domínio de uma religião de misticismo no estilo troeltschiano". Essas idéias não eram novas, mas como enfatiza Campbell "os anos 60 marcaram sua introdução ao grande público, quando, em 1963, John Robinson, um bispo da Igreja da Inglaterra causou grande furor público ao publicar *Honest to God*". Vide, CAMPBEL, Collin. A Orientalização do Ocidente: reflexões sobre uma nova teodicéa para um novo milênio. *Religião e Sociedade*, v.18, n.1, 1997, p.17.

37. BULHÕES, Maria Amélia de. O Pensamento Irreligioso do Sagrado. In: BULHÕES, Maria Amélia e KERN, Maria Lúcia Bastos (org). *As questões do sagrado na arte contemporânea da América Latina.* Porto Alegre: Editora da UFRGS, 1997.

38. Fazem parte de minhas observações os trabalhos de Karin Lambrecht expostos em "Violência e Paixão" – MAM, RJ, abril a junho de 2002, sob curadoria de Ligia Canongia – da qual participaram, entre outros artistas, Arthur Barrio e Nuno Ramos, e em "Pele, Alma" – CCBB, SP, 25 de janeiro a 16 de março de 2003, sob curadoria de Kátia Canton. Além de visitar outras

Por meio da fragilidade e da incongruência dos materiais empregados e combinados por esses artistas e do emprego de significados ora polissêmicos ora equívocos, eles buscam provocar, neles próprios e em sua audiência, a sensação de fluidez do sentido, de incompreensões, de desentendimentos, de impermanências, de instabilidade e de insegurança no mundo ao expor os intratáveis da existência: a morte, a vida, a violência, a dor, a perda e o sacrifício cotidiano. As imagens do corpo e da matéria, na forma como são tratadas por esses artistas, apresentam-se relacionadas a experiências extremadas do corpo que vão desde a crueza da matéria, por meio da apropriação de dejetos, de resíduos corporais e de lixos que provêm das entranhas do humano – como se vê especialmente nos trabalhos de Barrio (fig.24 e fig.25)–, até o dilaceramento do corpo, quando a morte é uma presença constante como tema, metáfora e experiência – discernível, por exemplo, nos trabalhos de Karin Lambrecht, com a sua poética do sacrifício (fig.26).

Também nos trabalhos de Nuno Ramos é possível captar um sentimento de mistério do mundo, dramaticamente enfrentado em sua obra exuberante, ameaçadora e excessiva, a partir do sentido que ele dá à matéria: aquilo que não pode ser nomeado, mas que, no entanto, pretende apresentar. A materialidade, diz Nuno Ramos, não é exatamente visualidade, porque ela é muito tátil, tem nela "alguma coisa da matéria estar no limite de um descontrole, talvez". Mas reafirma: "Eu não gosto de perder o controle [...] Acho que eu quero é o momento em que a matéria está quase solta [...] Esse momento em que a matéria está um pouco descontrolada".[39] (fig.27 e fig.28) Poder-se-ia dizer que os trabalhos de Nuno Ramos performatizam o absurdo da existência – as coisas convivendo por força do absurdo, ou o informe como fatalidade (fig. 29). Por outro lado, apesar dessa desagregação iminente presente em sua obra, uma infinidade de elementos

---

exposições de que a artista participou no Brasil, durante o período de minha pesquisa (2002-2003), valho-me de fontes secundárias como cursos e palestras ministrados por especialistas, textos de catálogos de exposições, entrevistas com a artista, críticas de analistas de arte e depoimentos de participantes do processo artístico que foram publicados em jornais e revistas especializados, para realizar uma leitura antropológica de um certo circuito formado pela crítica, obras da artista e depoimento de especialistas, amigos da artista e iniciados no processo artístico em questão. No atual ensaio, apresento uma interpretação modificada daquela oferecida no artigo de minha autoria "*IN ARENA*: o sagrado 'demasiadamente humano' na arte contemporânea", *ILHA: Revista de Antropologia*. Florianópolis, v.5, n.2, dezembro de 2003, p.57-75, onde os trabalhos de Arthur Barrio e Nuno Ramos ganham maior destaque.

39. Entrevista concedida a Juliana Monachesi para jornal *Folha de S.Paulo* de 18 de janeiro de 2000.

díspares e prolixos que a compõem apontam não para uma falta radical de sentido, mas "para sentidos difusos que não percebemos com a razão, mas que nos abatem como um raio", isto é, como "faíscas de sentido".[40] Ao apresentar o lado amorfo e magmático do mundo, enfrenta, em sua obra, o absurdo da existência como tal, sem rodeios, recusas ou negações, para, numa expressão de Mammi, expor "a fenda entre as coisas e o significado".[41] O próprio Nuno Ramos, ao falar de seus trabalhos, comenta que seu tema é o do fracasso e do luto, sem deixar de ser, paradoxalmente, uma arte afirmativa: "um elogio à sobrevivência em condições absurdas",[42] comparando-os com a expedição do capitão Shackelton, que lhe serviu de inspiração para a série de mesmo nome (fig.30).

Em relação a Karin Lambrecht, tomemos como exemplo seu trabalho *Morte eu sou teu*.[43] (fig.31) Nele, o tema da troca de energia faz-se presente com os fios de cobre usados como condutores de energia, numa alusão às veias, artérias e cordões umbilicais. Um paralelismo entre o corpo humano e o corpo da pintura. Os fios de cobre atam-se a um tecido adamascado – toalhas de mesa, usadas no ato diário da alimentação e que foram manuseadas e conservadas desde o período anterior à imigração de sua família da Letônia para o Brasil, pelo trabalho de sua avó – e vão até o chão, onde passam pelo buraco de uma agulha freqüentemente relacionada ao trabalho minucioso e paciente de mulheres. É uma agulha frágil feita de argila, mas como é pontuda pode ferir e fazer sangrar. A tela – o tecido adamascado de toalhas da história familiar de Karin Lambrecht, na forma de um avental ou veste feminina – foi pintada com o jorrar abundante do sangue de carneiro, durante uma experiência compartilhada, numa fazenda de abate (fig.32 e fig. 33). A intensidade dramática do depoimento de Maria Helena Bernardes, uma das testemunhas do abate para a pintura-instalação *Eu e Você*, também aponta para essa aproximação entre vida, morte e criação:

---

40. CANONGIA, L. Alegorias do Informe. *Revista Bravo*. Ano 3, n.25, outubro de 1999, p.124.

41. MAMMI, Lorenzo. Trajetória de Nuno Ramos. In: TASSINARI, A., MAMMI, L. e NAVES, R. *Nuno Ramos*. Ática, s/data, p.201.

42. Entrevista a Juliana Monachesi (ver nota 39).

43. "Morte eu sou teu", assim como o trabalho "Eu e Você", é parte de um projeto maior chamado "Registros de Sangue". "Morte eu sou teu" (1997) foi apresentado na exposição Pele, Alma, em 2003 no CCBB. "Eu e Você" (2000) foi apresentado na 25ª Bienal de São Paulo, em 2002. Também faz parte desse projeto o trabalho "Desmembramento" (2000), exibido na exposição "Violência e Paixão", no MAM- RJ, em 2002.

> O desaparecimento do corpo preso à árvore deixa um vazio, mas não produz alívio, pois o lugar fica tomado por um estranhamento que não o tinha comprometido antes [...]. Essa alteração logo irá passar, embora o dia fique impregnado dela até o final.

E, antes, dizia que

> o fluxo e o cheiro orgânico e intenso do sangue são o marco inegável da morte, um odor que acompanhará todas as partes envolvidas: o ar, a grama, a casa, onde serão guardados os utensílios, o carro em que as pessoas transportarão a carne para a cidade e, mais intensamente ainda, o cheiro forte estará impregnado nos desenhos e pinturas, pois estes não serão lavados, nem consumidos.[44]

A tela, assim, passa a conter também parte da energia do carneiro. Essa energia torna-se corpo e é conduzida para a terra por meio dos fios de cobre. A agulha faz uma alusão ao feminino que, junto às toalhas ensangüentadas, em forma de avental e vestes femininas, evoca, paralelamente, o parto, a renovação do ciclo da criação e o fluxo da vida. Doação, dádiva e troca ficam assim em evidência nesse trabalho. Troca de energia que se faz como transmutação é o sentido que vai potencializando-se no decorrer da experiência, quando, enfim, a energia em forma de sangue passa do corpo para o mundo, no instante mesmo em que o corpo abatido do carneiro morre. Doação, dádiva e troca, intrínsecas ao processo de criação do corpo, da pintura e da vida, seguem juntas como sacrifício, dor e morte.[45]

Observem que nessa descrição do trabalho de Karin Lambrecht não levo em conta apenas a imagem percebida pelo olhar. Incluo, além da imagem resultante do processo artístico, elementos do processo em si e "falas" sobre a imagem e o processo que puderam me oferecer outros elementos da ordem do significado da imagem, mas que nela encontram-se silenciados. Neste tipo de estética, a do informe, o sentido não se encontra domesticado na forma oferecida pelo artista na imagem em si. A obra deixa-se levar pela conversa que se dá a partir dela. Além de sua visualidade, ela depende da "conversa" para fazer com que sentidos, novos e casuais, dela aflorem. A produção de sentido depende, pois, do grau de informação de que se dispõe a respeito do processo artístico, de um circuito que promove a "conversa" e, portanto, de uma iniciação no meio. Todavia, mesmo que essa iniciação não exista ou faça parte de um outro

---

44. SEVERO, André e BERNARDES, Maria Helena (org). *Eu e Você - Karin Lambrecht.* Santa Cruz do Sul, EDUNISC, 2001, p.74-5.

45. Vide outras informações, imagens e artigos no Catálogo da exposição Karin Lambrecht, no Museu de Arte do Rio Grande do Sul – Porto Alegre, 26 de julho a 25 de agosto de 2002.

circuito de "conversas", não é negada a elas a validade na geração de outros sentidos. A obra, não se encontrando domesticada pela forma, apresenta-se aberta, provocadora de sentidos.

Foi, portanto, minha inserção em um determinado circuito entre a crítica, a obra e os depoimentos de especialistas sobre ela que me fez observar o objeto artístico[46] de Karin Lambrecht acompanhando sua presença numa conversação que tende a positivar a vida naquilo que lhe é finito, perecível e impermanente. Para além dos ornamentos ideológicos que tendem a esconder os intratáveis da existência humana, o objeto artístico de Karin Lambrecht enfatiza a morte, a vida, o amor, a dor, a perda e o sacrifício cotidianos somente experimentáveis pela corporeidade da matéria viva ou pelo estranhamento que provém da própria matéria viva. Nas palavras de Barrio, "visceralidade é a consciência das coisas, onde o organismo teve que atuar, viver".[47] Viria daí o privilégio dado a certos materiais orgânicos e perecíveis, como os dejetos do corpo – que constituem muitos dos trabalhos contemporâneos, como os de Barrio e em especial os *Registros de Sangue* de Karin Lambrecht – para se apresentarem como resíduos de vida que geram vida e energia em materiais aparentemente mortos e dilacerados, colocando em foco a necessidade de relacionar o mundo humano com as impermanências e fluxos vitais. Nos trabalhos desses dois artistas, os elementos de putrefação garantida são metáforas da dialética vida-morte, inerente à condição humana.

A partir dessa insistência em valorizar o espaço do "estar entre" a agitação da vida e da morte, e da insistência sobre o banal e o visceral, a materialidade do corpo e a do mundo, sua instabilidade, impermanência, fragilidade e efemeridade, busco apresentar uma hipótese interpretativa sobre a relação entre arte e sagrado na Arte do Informe, tomando como referência o objeto artístico de Karin Lambrecht, em diálogo com os de Barrio e Nuno Ramos.

Venho utilizando a categoria de "sagrado" para referir-me a uma experiência-pensamento que, nos trabalhos em foco, parece dar-se fora da autoridade do "dito", tanto das representações religiosas, quanto das representações científicas, filosóficas, éticas ou estéticas, quando o sentido da vida é dado ou é apreendido

46. Chamo de objeto artístico, neste caso, o conjunto da obra, constituído pela imagem, o processo que gera a imagem e a tranforma e as diversas "falas" sobre a imagem e o processo em si.

47. Citado por Paulo Herkenhoff em "Barrio – Liberdade, Igualdade e Ira". In: BARRIO, Artur. *A Metáfora dos fluxos 2000 / 1968*. Coletânea de textos publicados a partir da Exposição "A Metáfora dos Fluxos". Paço das Artes de São Paulo / Museu de Arte Moderna da Bahia / Museu de Arte Moderna do Rio de Janeiro, 2000-2001, p.27.

fora da agitação entre a vida e a morte ou para além dela – isto é, como a realidade do "ser" – com o objetivo de explicá-la e justificá-la e, ao dar-lhe inteligibilidade, acalmá-la. No caso da arte dos três artistas selecionados, ao contrário, o sagrado parece referir-se não ao "ser", mas ao próprio "existir" entre a agitação da vida e da morte, onde todas as determinações finitas se dissolvem e o fracasso aparece na sua forma mais pura a assombrar as constituições simbólicas da linguagem.

Os trabalhos de Karin Lambrecht, em especial, tanto pelos materiais que ela emprega – que "pertencem ao mundo e dele trazem o cheiro, o peso e a textura"[48] (fig.34 e fig.35) – como pelo modo como ela realiza seu projeto *Registros de Sangue* – uma ação compartilhada que envolve a própria artista, o dono do abatedouro, o carneiro a ser abatido e as pessoas que participam da experiência – parecem não apenas relacionar-se com a arte, como foi o caso mais extremado do formalismo moderno, mas dispor dela para relacionar-se diretamente com a vida; para acionar ligações do indivíduo consigo mesmo – com seu corpo, sua história, sua memória, com uma zona obscura de seu pensamento – e com o "outro" – nos embates entre o humano e a força bruta da natureza, nas trocas de suas energias como também pelo advento de "alguma coisa que vem das áreas mais repulsivas da forma humana, do lado que a gente não gosta de ver".[49]

O trabalho é uma experiência compartilhada que, em vez de gerar padrões formais de representações fechadas, mostra-se preocupada com a interação que faz o trabalho acontecer, com a complexidade das relações que envolvem estruturas diversas e fluxos divergentes e com a efemeridade das conexões com os diferentes âmbitos da vida. A ação estética centra-se, portanto, sobre os efeitos diversos que tal conectividade exerce sobre os trabalhos, os quais, mesmo finda a experiência no abatedouro, continuam trabalhando, reagindo ao ambiente, criando vida, sujeitos a imprevisibilidades e mutabilidades e submetidos a diferentes circuitos de conversação.

A arte de Karin Lambrecht é, assim, uma arte encerrada e eternizada na cadeia total do que existe como um inseto no âmbar, para usar as palavras de Nietzsche ao se referir à "verdadeira *imortalidade* que é a do movimento".[50] Uma

---

48. Expressão de Agnaldo Farias referindo-se ao trabalho de Karin Lambrecht exposto na 25ª Bienal de São Paulo. Vide, 25ª Bienal de São Paulo: iconografias urbanas. Disponível em http://www.nararoesler.com.br/artistas_txtlist_p.asp?idartista=47.

49. Entrevista de Karin Lambrecht a Eduardo Vera para o *Jornal Zero Hora*, Segundo Caderno, 2 de março de 2002, p.5.

50. NIETZSCHE, F. *Humano, demasiadamente humano*: um livro para os espíritos livres. São Paulo: Cia das Letras, 2000, p.140-1.

arte eterna, não porque insiste em permanecer tal qual na duração, mas, nos termos de Badiou, precisamente porque conserva o desaparecimento.[51]

Enquanto tal, o sentido que essa arte parece buscar só pode se fazer pressentir na ordem do "vir-a-ser" e não na do "ser", na ordem do "dizer" e não na do "dito", como um "querer dizer" que não é mais discurso. Tampouco a idéia de unidade que essas conexões podem evocar refere-se a uma idéia de totalidade sintética. A religação dos seres e materiais, sociedade e natureza, corpo e pintura, arte e vida, na obra de Karin Lambrecht, parece referir-se mais às suas múltiplas relações e conexões do que à sua reconciliação como um todo orgânico. O próprio recurso à sobreposição de temporalidades, temas, escritas, imagens e materiais contraditórios e à não-hierarquização do olhar para a apreensão da forma pictórica anula qualquer possibilidade de síntese coerente, seja formal, seja nos termos de inscrição de significados.[52] A rudeza de formas, de materiais e de texturas e a ambigüidade de sentidos no "vir-a-ser" constante das múltiplas e efêmeras conexões, no tempo e no espaço, em vez de potencializar identidades, formais ou de sentido, parecem intensificar uma ação de troca e reversibilidade, transmutação, deslocamentos e desaparecimentos.

Ainda que a procura de sentido, de um "querer dizer" manifesto, sua arte, diretamente ligada às diferentes dimensões da vida e da morte, apresenta-se mais como um testemunho do inexprimível, isto é, daquilo que não é para ser "dito" pelo artista por si mesmo e fixado em um objeto acabado, mas de uma experiência que pode ser projetada para outros e com os "outros", cujo efeito é poder provocar um processo alargado de diferentes "evocações que se aninham entre as palavras e os seus significados e estão por assim dizer acocoradas nas lacunas, soterradas e reprimidas, discretamente silenciosas e ocultas, desaparecidas e perdidas".[53] Trata-se de um "querer dizer" mais profundo que, segundo R. Passeron,[54] não é mais discurso, é apresentação do apresentar, isto é, uma apresentação não de um já dito mas do dizer em si.

---

51. BADIOU, Alain. *Pequeno Manual de Inestética.* São Paulo: Estação Liberdade, 2002, p.92.

52. Em "Morte eu sou teu", por exemplo, o percurso do olhar não estabelece hierarquia nem entre alto-baixo, mão-pé, espirito-lama. Karin Lambrecht trabalha investindo o espaço por todos os lados de maneira igual e indiferenciada. Vide, CATTANI, Icleia B. no artigo "O Corpo, a Mão, o Vestígio", no *Catálogo da Exposição Karin Lambrecht.* Porto Alegre, MARGS, 26 de julho a 25 de agosto de 2002, p.21-32.

53. STEMPEL, Karin. Texto em SEVERO, André e BERNARDES, Maria Helena (org). *Eu e Você - Karin Lambrecht.* Santa Cruz do Sul, EDUNISC, 2001, p.24.

54. Vide, PASSERON, R. *Pour une philosophie de la création.* Paris: Klincksieck, 1989, p.210.

Nos trabalhos de Karin Lambrecht, sagrado é essa inexprimível relação de si com o mundo. Sagrado é essa relação do ser com o desaparecer; com o movimento incessante do "vir-a-ser" da criação – não o brotar repentino do perfeito ou do completo, nem o confronto com o sobre-humano, mas o embate do "demasiadamente humano", no mundo, *in arena*:[55] uma atividade de relações complexas do homem real e vivo frente aos intratáveis da existência e a insolubilidade da morte.

O sentimento de "sagrado" que venho observando especialmente na estética do informe, a partir dos trabalhos em destaque nesse ensaio, parece referir-se a um sentimento do inapresentável ou do mistério irrevelável do mundo – daquilo que se pode apreender do real, mas para o qual toda representação falha ou se apresenta dolorosamente inadequada –, a um sentimento que ao aflorar provoca uma emoção ambígua e forte, porque portadora de prazer e dor; de um prazer que deriva da dor; de uma contradição que se desenvolve como um conflito entre a faculdade de conceber alguma coisa e a faculdade de apresentar alguma coisa.

Esse é um dos possíveis usos da noção de "sublime" que provêm da teoria estética de Kant e de sua apropriação por alguns autores contemporâneos. Todavia, nessa vertente do informe, tal sentimento de sublime distingue-se, em parte, desse uso, porque o que se experimenta aí é um sublime que falha, uma experiência do sublime que termina na incerteza. Nas palavras de Elkins:

> [...] o sublime pós-moderno é um lugar onde a mente exaurida cava entre os últimos cacos e fragmentos de significados aqueles que poderiam apontar na direção de algo transcendental, mas que permanece fora da visão, seja a pura transcendência, seja a sublimidade real. É uma experiência que volta nossos pensamentos para trás de nós mesmos em vez de liberá-los para descobrir a si mesmos contra o infinito.[56]

Tendo a reconhecer, nessa experiência do sublime, uma noção de sagrado – de "numinoso", na terminolgia de Rudolf Otto – em um mundo laicizado. Esse teólogo já havia associado, em sua influente teoria sobre o "numinoso", a teoria kantiana do sublime com suas próprias convicções religiosas. Em sua teologia, a idéia de sagrado relaciona-se àquela idéia de que a religião, pela via negativa, tem de ser escavada para que se possa ter acesso ao que realmente importa. Para Otto, o coração da religião é a experiência não verbal, porque aquilo que realmente importa, o que é "verdadeiramente espiritual", provavelmente não pode

55. Expressão sugerida por Karin Lambrecht, escrita sobre o trabalho "Morte eu sou teu".

56. ELKINS, James. *On the Strange Place of Religion in Contemporary Art.* NY. London: Routledge, 2004, p.99.

ser nomeado ou ter um nome adequado.[57] Num processo inverso, mas simétrico ao de Rudofo Otto – o de um sentimento religioso do sublime – presencia-se no âmbito da arte contemporânea um sentimento irreligioso do sagrado num mundo da incerteza e do indeterminado. A imaginação do sagrado apresenta-se como uma vertigem do contingente, do imponderável, do irrepresentável. Parte-se da suspeita de um mundo em que os "deuses" definitivamente nos abandonaram e, conseqüentemente, da suspeita de uma idéia essencialista da verdade e da unicidade do sentido.

Uma vez que essa experiência do sagrado é entendida como vertigem do contingente, do imponderável e da fluidez, então ela se dá na esfera da "existência", não mais na do "ser". Coincide, por causa disso, com uma exposição ao que se deixa encontrar apenas como "faíscas de sentido", mediante um esforço humano para não cessar de "existir" para "ser", porque o imperativo do "ser" não é o do "dizer", mas o do "dito", do calar, portanto.[58] O sagrado, entendido como esse esforço humano para não cessar de "existir", é uma experiência muito diferente de uma tentação mística, a de se alcançar o vazio ou o ser puro com o abandono do dizer. O sagrado é da ordem de um esforço para não partir: não partir da humanidade ou, o que é o mesmo, não partir da existência de uma vez por todas, para alcançar o ser. É da ordem de uma recusa, uma recusa da possibilidade de não "existir" para "ser". Refere-se, segundo minha interpretação, a esse poder de mergulhar na impossibilidade de nosso viver. O que é da ordem do sagrado é esse consentimento à impossibilidade, quando a reconciliação da existência com a verdade não acontece e não é mais esperada e o homem contemporâneo, numa espécie de vazio da imaginação, tem a possibilidade de se abrir para a aceitação, positiva e não nostálgica, do mistério da existência, no espaço indeterminado do estar entre a agitação da vida e da morte que a ambigüidade de nossos corpos sensíveis experimenta e atesta.

O que é sublime ou sagrado não é o ser, a verdade, a unidade, o absoluto, ou a idéia que poderiam oferecer um sentido ao mundo ao restaurar a totalidade perdida na efemeridade do existir, mas o próprio "existir" como receptividade ativa para com o "ocorrerá?", como Lyotard já havia observado nas experiências

---

57. OTTO, Rudolf. *The Idea of the Holy*: an inquiry into the non-rational factor in the idea of the divine and its relation to the rational. New York: Oxford University Press, 1950.

58. Segundo conceituação de Badiou, por mim adotada,"ser em si" é o mesmo que "nada puro", o fracasso absoluto do dizer ou abolição da prescrição do dizer. Seu imperativo é o do calar, ficando, portanto, sob a prescrição do silêncio. Vide, BADIOU, Alain. *Pequeno Manual de Inestética*. São Paulo: Estação Liberdade, 2002.

pictóricas de Newman. Eu diria, em sintonia com Lyotard e Badiou, que os artistas contemporâneos, nessa vertente do insólito e do informe, e Karin Lambrecht, em particular, tentam testemunhar o indeterminado do existente. Nesse caso, a indeterminação continua; apenas suspende-se a ameaça do "nada acontece" pelo imperativo do "existir" e do "dizer": "Exista!", "Sê!", "dizer mais impossível ainda". O resultado é um estado evanescente da mente, quando se recusa tanto o dizível como o indizível, pela renovação constante da dúvida que deve permanecer sempre fresca, quando do embate contínuo com um real que não pode ser imaginado ou captado,[59] mas apenas experimentado.

Os temas relativos ao "vazio" e ao "nada", próprios do misticismo em sua perspectiva clássica, readquirem, nessa vertente da Arte do Informe, um sentido positivo, tanto em comparação com a melancolia moderna decorrente de uma nostalgia por uma totalidade desejada, mesmo depois da consciência de sua irrealização, quanto do sentimento niilista do "vazio" e do "nada" da vertente vanguardista alarmista e cínica. A partir da interpretação que proponho, os sentimentos de "vazio" e do "nada" não desaparecem em um mundo em que os "deuses nos abandonaram". Mas, em vez de uma nostalgia melancólica ou de uma crítica cínica que se submerge num discurso sobre ausências e fracassos da linguagem, é possível perceber, em algumas vertentes da produção artística contemporânea, uma postura alternativa que nos põe "face a face com um deserto, um sofrimento doido, inquietante, que se abre para o milagre do sagrado":[60] esse desejo contínuo de "querer dizer", "dizer mais impossível ainda" ou, como sugeriu Nuno Ramos, esse elogio à sobrevivência nas condições absurdas da existência.

---

59. Vejo nessa experiência do sagrado, de acordo com a interpretação que apresento, uma aproximação com a noção de "real" que Lacan oferece numa entrevista coletiva de 1974, mais tarde traduzida sob o título "O Triunfo da Religião". Vide, *O Triunfo da religião precedido de discurso aos católicos*. Rio de Janeiro: Jorge Zahar Ed, 2005, p.55-83.

60. Comentário de Lúcia Arraes, em correspondência pessoal, sobre meus argumentos para o artigo "In Arena". Op. cit.

REFERÊNCIAS BIBLIOGRÁFICAS:

AMARAL, Leila. *In Arena*: o sagrado 'demasiadamente humano' na arte contemporânea. In: *Ilha: Revista de Antropologia*. Florianópolis, vol.5, nº.2, 2003.

ANNATEREZA, Fabris. Arte Moderna: Algumas Considerações. In: Fabris, Annatereza & Silvana B. Zimmermann. *Arte Moderna*. São Paulo: Experimento, 2001.

BADIOU, Alain. *Pequeno Manual de Inestética*. São Paulo: Estação Liberdade, 2002.

BULHÕES, Maria Amélia de. O Pensamento Irreligioso do Sagrado. In: BULHÕES, Maria Amélia & KERN, Maria Lúcia Bastos (org). *As Questões do Sagrado na Arte Contemporânea da América Latina*. Porto Alegre: Editora UFRGS, 1997.

CAMPOS, Jorge Lucio de. *A Vertigem da Maneira: pintura e pós-vanguarda na década de 80*. Rio de Janeiro: Revan - FAPERJ, 2002, p.24.

CAMPBEL, Collin. A Orientalização do Ocidente: reflexões sobre uma nova teodicéia para um novo milênio. In: *Religião&Sociedade*, vol. 18, nº.1,1997.

CANONGIA, L. Alegorias do Informe. In: *Revista Bravo*. Ano 3, n. 25, out. 1999, p. 124.

CATTANI, Icleia B. O Corpo, a Mão, o Vestígio. Catálogo da Exposição *Karin Lambrecht*. Porto Alegre: MARGS, 26 de julho a 25 de agosto de 2002.

COUCHOT, Edmond. *A tecnologia na arte: da fotografia à realidade virtual*. Porto Alegre: Editora da UFRGS, 2003.

DUARTE, Rodrigo (org). *Belo, Sublime e Kant. Belo Horizonte*: Editora UFMG, 1998.

ELKINS, James. *On the Strange Place of Religion in Contemporary Art*. NewYork & London: Routledge, 2004.

GAMWELL, Lynn. *Exploring the Invisible: art, science, and the spiritual*. Princeton & Oxford: Princeton University Press, 2002.

GREENBERG, Clement. Pintura "à americana" e Pintura modernista. In: FERREIRA, Glória & MELLO, Cecília Cotrim de (org.). *Clement Greenberg e o Debate Crítico*. Rio de Janeiro: Funarte / Jorge Zahar, 1997.

HERKENHOFF Paulo. Barrio – Liberdade, Igualdade e Ira. In: *Artur Barrio A Metáfora dos Fluxos 2000 / 1968*. Coletânea de textos publicados a partir da Exposição "A Metáfora dos Fluxos". Paço das Artes de São Paulo / Museu de Arte Moderna da Bahia / Museu de Arte Moderna do Rio de Janeiro, 2000-2001.

LACAN, Jacques. *O Triunfo da Religião - precedido de discurso aos católicos*. Rio de Janeiro: Jorge Zahar, 2005.

LEENHARDT, Maurice. *Do Kamo*. Buenos Aires: Eudeba, 1961.

LYOTARD, Jean-François. What is Postmodernism? In: HARRISON, Charles &WOOD, Paul. *Art in Theory (1900-1990)*. Oxford, UK: Blackwell, 1992.

______________________. *O Inumando: considerações sobre o tempo*. Lisboa: Editorial Estampa, 1997.

MAMMI, Lorenzo. Trajetória de Nuno Ramos. In: TASSINARI, A., MAMMI, L. & NAVES, R. *Nuno Ramos*. Ática, s/data.

NEWMAN, Barnett: *Selected Writings and Interviews*. Edited by John P. O´Neill. Text, Notes and Commentary by Mollie McNickle. Introduction by Richard Schiff. Berkeley & Los Angeles: University of California Press, 1992.

NIETZSCHE, F. *Humano, demasiadamente humano - um livro para os espíritos livres*. São Paulo: Cia das Letras, 2000.

O'DOHERTY, Brian. *No Interior do Cubo Branco: A ideologia do espaço na arte*. São Paulo: Martins Fontes, 2002.

OTTO, Rudolf. *The Idea of the Holy: an inquiry into the non-rational factor in the idea of the divine and its relation to the rational*. New York: Oxford University Press, 1950.

PASSERON, R. *Pour une philosophie de la création*. Paris: Klincksieck,1989.

SERS, Philippe. Apresentação. In: KANDINSKY, Wassily. *Do espiritual na arte e na pintura em particular*. São Paulo: Martins Fontes, 2000.

SEVERO, André & BERNARDES, Maria Helena (org). *Eu e Você - Karin Lambrecht*. Santa Cruz do Sul: EDUNISC, 2001.

TAYLOR, Mark. Reframing Postmodernisms. In: BERRY, Philippa & WERNICK, Andrew. *Shadow of Spirit – Post Modernism and Religion*. London/ New York: Routledge, 1992.

VAN ALPHEN, Ernest. *Art in Mind: How contemporary images shape thought*. Chicago: The University of Chicago Press, 2005.

WOOD, Paul [et alii]. *Modernismo em Disputa: A arte desde os anos quarenta*. São Paulo: Cosac&Naify, 1998.

KATIA CANTON

Artes visuais:

pele, alma como projeto de reconexão dos sentidos[1]

A pele é o poro do pulso,
o túnel do toque,
a casa dos órgãos,
o abrigo dos sentidos.
É o lar da língua.
A pele é o útero da alma[2]

Este ensaio refere-se à exposição *Pele, Alma*, realizada no Centro Cultural Banco do Brasil em São Paulo, entre janeiro de 2002 e março de 2003. A mostra, uma coletiva, envolvendo 20 artistas contemporâneos brasileiros,[3] recobriu os espaços arquitetônicos do edifício do CCBB como se ele fosse um corpo orgânico. As obras de arte rechearam o espaço, acompanhadas por textos poéticos e de vídeos, buscando investigar as potências da arte como um tecido vivo, em que o prazer e a pulsão estética se conectam de modo indivisível ao pensamento sobre os limites e desejos da vida humana.

Na utilização de suportes variados – pintura, desenho, colagens, fotografia, tecidos, instalações, objetos, escavações na parede, textos, vídeos – os artistas teciam uma grande e porosa pele, misturando poéticas, sensações, visualidades, numa tentativa de resgatar noções sobre a importância simbólica da arte e da espiritualidade através do próprio corpo.

---

1. Para visualizar as figuras indicadas neste capítulo, o leitor deverá acessar o CD que acompanha esta coletânea.

2. Katia Canton, 2002.

3. Artistas participantes da exposição, por ordem alfabética: Adriana Varejão, Albano Afonso, Beth Moysés, Cristina Mutarelli, Débora Muszkat, Del Pilar Sallum, Dora Longo Bahia, Efraim Almeida, Ernesto Neto, Flavio Ribeiro, José Rufino, Karin Lambrecht, Leda Catunda, Paulo Gaiad, Renata Pedrosa, Rosângela Rennó, Sandra Cinto, Sandra Tucci, Solange Pessoa, Sonia Guggisberg. Curadoria: Katia Canton

> A *única* totalidade, o único mundo que existe realmente é aquele que você abraça. Riqueza infinita da vida da alma: só ela existe.[4] (Pierre Lévy)

A pele é a grande membrana que dá contorno e envolve a espécie humana. Memória da experiência vivida, ela abriga os órgãos, as veias e artérias, o sangue, a linfa, o cérebro, a alma.

Calcula-se que 16% do peso do corpo é constituído de pele. Responsável pela proteção dos órgãos do corpo, ela se desdobra em camadas, possui sensores de sensibilidade ao tato, à temperatura, ao prazer e à dor. Em seu exterior, a pele apresenta nuances e diferenças de coloração, apesar de ser feita da mesma matéria e possuir a mesma quantidade de melanina.

Recoberta de porosidades, a pele é complexa e, ao mesmo tempo, básica, uma metonímia da condição humana. Sua superfície liga o interno e o externo, o corpo – a casa – e o universo – a rua. Ela é o elo entre o dentro e o fora, entre o eu e o outro – ou melhor, o eu e os muitos outros que se desdobram numa miríade de reflexos no complexo espelho que compõe a alteridade contemporânea. É a liga entre o sagrado, que envolve a noção de alma, e o profano, mundano, corpóreo, sensual, sensorial.

Todas as identidades são revestidas pela pele e transpiram nela seus desejos, repulsas, dores, alegrias, pulsações. A pele potencializa nossa existência, pois é através dela que o outro nos penetra e nos atravessa.

> Existe um lugar quase pontual que o corpo inteiro assinala na experiência espacial da passagem. Desde meu quase naufrágio, costumo chamar de alma esse lugar. A alma mora no ponto onde o eu se decide (Michel Serres).[5]

Pele, Alma propôs uma maneira particular de abordar o corpo. Não se trata do corpo matizado pela violência que povoou o universo da produção artística dos anos 1990 – o corpo fragmento e estranhamento, o corpo simulacro, distanciado da vida pela virtualização do mundo e das relações, a persona/máscara que habita as grandes e anônimas cidades. Trata-se antes de um corpo/pele/poro, passagem de verdades, túnel tátil do tempo, caminho aberto pelas vias da respiração e da transpiração.

A exposição apresentou modos de construção do sentir através de uma junção de experiências corpóreas e espirituais. Ela investigava as possibilidades de existência de uma nova forma de espiritualidade na arte contemporânea, que

4. *O Fogo Libertador*, São Paulo: Iluminuras. p.95.

5. *Os Cinco Sentidos*, Rio de Janeiro: Bertrand Brasil, 2001. p.14).

se manifesta a partir do corpo. A mostra foi dividida em quatro módulos: *A Pele é Roupagem da Alma, Alma em Dor, Desenhos da Pele* e *Alma Brilhante.*

Cada um dos módulos acompanhava textos poéticos, buscando ecoar seus sentidos, convidando a um percurso pelas entranhas da pele que se transformam em templos da alma.

A pele é roupagem da alma (fig. 01)

> A pele, como uma roupagem contínua e flexível, envolve-nos por completo. É o mais antigo e flexível dos nossos órgãos, nosso primeiro meio de comunicação, nosso mais eficiente protetor. O corpo todo é recoberto pela pele. A pele também se vira para dentro para revestir orifícios como a boca, as narinas e o canal anal (Ashley Montagu.[6]

> NEGRO FORRO
> minha carta de alforria
> não me deu fazendas,
> nem dinheiro no banco,
> nem bigodes retorcidos.
>
> minha carta de alforria
> costurou meus passos
> aos corredores da noite
> de minha pele.
>
> Adão Ventura[7]

A pele é uma superfície de trocas. Entradas e saídas se manifestam pelos poros, pela boca, ouvidos, narinas, órgãos sexuais, ânus. A pele é um vestir-se e um despir-se constantes.

As marcas dessa permeabilidade se inscrevem na derme, no tempo. E esses são desenhos corpóreos que carimbam a existência, desenhando seu estar no mundo em processos que incluem tocar, sentir, cheirar, raspar, abraçar, suar, apertar – tornar-se vivo nos limites desse corpo que abriga a pele.

Pele, Alma propôs discussões sobre uma forma de espiritualidade que não está vinculada à religião. Ao contrário, ela alude à possibilidade – através

---

6. *Tocar*: o significado humano da pele. São Paulo: Summus, 1988.
7. HOLANDA, Heloisa Buarque de (org.) *Esses Poetas*... Rio de Janeiro: Aeroplano, 2000.

das relações mundanas, corpóreas, filtradas pelos poros no movimento cotidiano – de se atingir um refinamento na capacidade de ser e sentir, ecoando assim caminhos consistentes de acesso ao outro, seu corpo-alma, sua íntegra.

Nesse módulo tomavam corpo obras que se tornam peles vivas. São obras construídas em tecidos – veludos, elancas, tules, telas –, emprestando tons e texturas da pele humana com seus possíveis revestimentos.

O artista carioca Ernesto Neto criou um grande espaço de afetividade, numa instalação no centro do edifício do CCBB, com tecidos e enchimentos que se transformam em simulacros de órgãos do corpo (fig. 02).

Lançando-se num processo construtivo orgânico, baseado na movimentação corpórea e na utilização de estratégias que se ligam à sabedoria popular, plena de fisicalidade, o artista materializou esculturas que se tornaram verdadeiros universos biológicos, estruturados ritualisticamente. São templos, santuários da pele.

Em contraponto à grandeza de dimensão da obra de Ernesto Neto, está a pequena forma escultórica de Efrain Almeida (fig. 03). Apropriando-se da tradição popular dos ex-votos – das promessas, das oferendas, dos testemunhos, dos relicários, da fé – o artista exibiu uma mão de cedro segurando uma minúscula camisa. Ela nos oferece a dimensão do espaço ocupado por um corpo, por uma vida, por uma pele. Na pequenez de sua imagem, Efrain nos remete à ínfima presença física de cada ser humano a povoar o universo. Assim, com sua pequena camisa, Efrain Almeida tateava o mundo transcendente da espiritualidade.

Com seu *Retrato* (fig. 04), Leda Catunda juntou pedaços de tecidos em forma de gotas sobrepostas, criando uma forma que lembra o de uma colméia ou o de um rizoma. Ali, cada gota é recostada em tecido cor da pele, com pequenas nuances de tons. Algumas gotas mostram pedaços de corpos – dois olhos da artista, uma boca também dela, duas orelhas e um nariz de seu marido, o artista Sergio Romagnolo.

Nesse retrato fragmentado e ao mesmo tempo orgânico, um casal mistura suas partes, formando peças de um estranho quebra-cabeça, somado a pequenos indícios de memórias compartilhadas pelos dois, como uma árvore que fica à frente de sua casa, uma praia, uma paisagem. Nesses pedaços de corpos misturados, insinua-se uma junção de almas.

Iniciando-se num plano de construção geométrico, que o remeteria à herança construtiva e moderna da arte brasileira, a obra de Sonia Guggisberg, no entanto, apropria-se desse plano para reestruturá-lo e, assim, subvertê-lo.

Sua obra estrutura-se na dobra de feltros, que são pregados às paredes em suas torções. Guggisberg cria corpos de dobras, manipulando planos maleáveis e monocromáticos de feltros que, por sua vez, se submetem a serem dobrados, plissados, esticados (fig. 05 e fig. 06).

Os corpos resultantes dos gestos, compactos no uso de materiais e das cores, são marcados pela vulnerabilidade. Guggisberg incorporou uma gama múltipla de gestos à superfície de seus tecidos para injetar-lhes humanidade. Assim, eles se tornam, na ilusão da arte, peles vivas, cujas sutis entranhas aludiam às próprias rugas e aos desgastes gerados pelo tempo sobre o corpo.

Renata Pedrosa construiu uma série de corpos-receptáculos de experiências, sensações e sentimentos. Seus volumes escultóricos, feitos de tecidos, náilon, cabelos, costuras, são impregnados de corpo e de história. Contam histórias translúcidas, rarefeitas, que escorregam pelas vias do imaginário comentando vida e desejo (fig. 07).

Suas formas lembram órgãos do corpo, sem nunca se afirmarem definitivamente como figurações. Nesse campo magnetizado por um amálgama entre figura e abstração surge, por exemplo, a obra *Casa Dentada* (fig. 08 e fig. 09), um nicho para o corpo entrar, feita com meia de náilon cor da pele, repleto de nódulos que se comportam também como verrugas ou espinhas, aludindo a uma pele marcada ou ainda a uma vagina. Nessa maneira espiralada de criar suas formas, a artista constrói um pensamento feminino e plural sobre a pele.

Solange Pessoa buscou a expressão da memória dos sentimentos, pensamentos e desejos através do corpo. Em suas obras, verdadeiras pesquisas sobre espaço e matéria, a artista utiliza uma variedade de materiais, unindo os inorgânicos, imunes à ação do tempo, e os orgânicos, suscetíveis aos processos de degradação, putrefação, modificação.

Na mostra, Pessoa criou um cordão repleto de protuberâncias que remetem a órgãos do corpo, a bulbos e brotos de plantas, ao mesmo tempo que lembram trouxas de roupas e panos. As formas arredondadas, feitas em algodão cru, têm enchimento de espuma e são tingidas com terra, que sutilmente derrama seus grãos pelos poros dos tecidos. Nessa rede de barrigas ou formas inchadas da natureza, a artista contrapõe características sensoriais como mole e duro, morte e vida, natureza e artifício, fora e dentro (fig. 10 e fig. 11).

Beth Moysés é uma manipuladora de mitos. Particularmente, mitos que tomam corpo nas palavras bordadas ao tecido do universo feminino: casamento, amor, romantismo. Um a um, esses nomes parecem esgarçar, desfiar e ecoar no vazio em cada um de seus trabalhos. Toda a obra da artista é perpassada por uma preocupação desmistificadora, reverberando a iconografia do vestido de noiva ao universo simbólico da política pessoal e de gênero.

Seu vídeo *Gotejando* (fig. 12) mostrava uma mãe – a própria artista – vestida de noiva, ao lado de sua filha de onze anos. O vestido da mãe é repleto de gotas peroladas que, pouco a pouco, no decorrer da obra, vão sendo arrancadas de seu vestido para serem costuradas ao vestido da filha. Os vestidos aqui se tornam peles cujas marcas, alternando dor e prazer, ações e doses de sabedoria, vão sendo transferidas no tempo, de geração a geração. Escrevi um pequeno poema que ficava na parede, ao lado do monitor de vídeo, finalizando esse capítulo da exposição:

Alma Gotejando

Retirar as pérolas.
As experiências do tempo
desgrudam da roupa
carimbam no corpo,
feito uma genética construída.

Costurar as pérolas.
A silenciosa dança dos segredos –
os ensinamentos das entranhas
viram tatuagens das crias.
Pérolas nos vestidos, nos corpos, nas línguas
gotejando vozes, veias, almas de mulheres.

Katia Canton

Alma em Dor (fig. 13)

Sinal
O corpo da pele não reage mais
ao passeio das moscas
ao inseto automático
no seu ir e vir para a picada
mesmo se houvesse ameaça (gesto de mão contra o vôo instintivo
de ataque) que por ser de desejo
todo risco assimila.
Será sempre de rosas, para esses seres
a sensação, a seqüência silenciosa
do sangue que pode aflorar?

Armando Freitas Filho[8]

---

8. *Toma di Tierra*. Barcelona, DVD Poesia, 2002. p. 63.

Nesse módulo seguinte, conceitos como sangue, cortes e feridas eram apresentados como potenciais para um processo de cura, como se pudessem virar rosas. *Alma em Dor* apresentava um corpo de obras de artistas que apontam para rupturas, dores, distorções, testemunhando experiências de vida que podem levar a um aprofundamento da superfície da pele, aproximando corpos e almas, refinando os sentidos, adensando a experiência da vida.

A pintura de Adriana Varejão sempre lateja. No mundo à flor da pele da artista, tudo adquire vida, tudo sente dor e prazer, tudo está prestes a ser convulsionado. Nas duas obras apresentadas na mostra, a parede azulejada intitulada *Azulejaria à Flor da Pele* (fig. 14), e uma paisagem pictórica, *Quadro Ferido* (fig. 15), ela atribui características anímicas às superfícies até então inanimadas, oferece a superfícies vegetais e arquitetônicas aspectos de pulsão de morte e de vida, de sexo e de dor.

Dora Longo Bahia também criou pinturas feridas (fig. 16). Porém em seu caso, a artista partiu de sua memória pessoal, habitada pela figura de seus pais cuja presença é acessada e atenuada como lembrança de um passado. O registro de suas imagens então coloridas ganhou nuances esbranquiçadas, evanescentes, que a artista obteve utilizando camadas de tinta branca, criando assim uma espécie de nuvem translúcida que reproduz a nossa memória. A paisagem do quadro que emoldura seus pais é então atingida pelas marcas de cortes, riscos, rupturas, arranhões que sangram a tela, manifestando-se na própria espessura vermelha com que Dora emoldura seus quadros. Na obra, a artista materializa formas de dor que acompanham inexoravelmente a memória vivida ao lado dos pais, no decorrer da existência, no percurso que se constrói do passado (fig. 17).

Karin Lambrecht examinava os âmagos da existência humana através da prática humana de matar e comer o corpo e o sangue de outros animais. A artista utiliza em *Morte, eu sou Teu* (fig. 18) um universo autobiográfico – duas toalhas de mesa adamascadas, velhas, usadas continuamente nos almoços de domingo de sua família. A toalha é impregnada de sangue de carneiro, servindo como um filtro para o sangue que, por sua vez, se torna pintura, escorrendo pelos limites do tecido. O cordeiro, sacrificado para tornar-se um banquete humano, transforma-se aqui no sangue tintura, que é derramado e escorrido pelos limites do corpo do tecido, testemunhando sua própria penetração. A pintura de Karin Lambrecht é inegavelmente um corpo, um corpo buscando sua alma.

Nos desenhos de Debora Muszkat, retratos de pessoas comuns, pessoas ligadas ao meio da arte, adquirem algo de trágico (fig. 19 e fig. 20). A artista chega perto de acessar, nas imagens do rosto e da pele, uma face obscurecida, um grito sutil, emudecido de dentro da alma, que parece se traduzir nas sutis deformações, nos exageros dos sorrisos, nos olhos arregalados. São também, esses registros de expressões, uma forma de dor.

Paulo Gaiad, por sua vez, mostrava cicatrizes (fig. 21). O artista as construiu, paciente e meditativamente, como um testamento de dores vividas, que são extirpadas num jogo de paciência cujas regras são o tempo e a habilidade das mãos. Com elas, Gaiad recorta papéis e então constrói pacotinhos pequenos, embrulha-os cuidadosamente em arames, que são oxidados, desembrulhados um a um e, finalmente, protegidos num invólucro feito com folhas de chumbo. As cicatrizes-testemunhos da dor são como pequenos livros, diários minúsculos que só podem ser decifrados na transcendência dos processos que os construíram.

Desenhos da Pele (fig. 22)

> Mas para cada epiderme seria preciso uma tatuagem diferente, seria preciso que ela evoluísse com o tempo: cada rosto pede uma máscara tátil original. A pele historiada traz e mostra a própria história; ou visível: desgastes, cicatrizes de feridas, placas endurecidas pelo trabalho, rugas e sulcos de velhas esperanças, manchas, espinhas, eczemas, psoríases, desejos, aí se imprime a memória; por que procurá-la em outro lugar; ou invisível: traços invisíveis de carícias, lembranças de seda, de lã, veludos, pelúcias, grãos de rocha, cascas rugosas, superfícies ásperas, cristais de gelo, chamas, timidez do tato sutil, audácias do contato pugnaz. A um desenho colorido ou abstrato, corresponderia uma tatuagem fiel e sincera, onde se exprimiria o sensível. A pele vira porta-bandeira, quando porta impressões (Michel Serres).[9]

Cicatriz intencional, a tatuagem resgata questões que brotam na alma, materializando-as na superfície da pele, como carimbos que nos definem, nos diferenciam ou nos agrupam segundo códigos pessoais e sociais. São incrustações de sentimentos, mapas de emoções, corporificações de padrões de beleza e de originalidade.

---

9. *Os Cinco Sentidos*, RJ, Bertrand Brasil, 2001, p. 18.

Rosângela Rennó agrupou fotografias de tatuagens feitas no peito de presidiários da penitenciária paulistana do Carandiru. A obra dessa artista, baseada numa profunda pesquisa sobre a natureza e as implicações da formação de imagens no mundo contemporâneo, partiu da apropriação de fotos já existentes, que se tornaram um comentário pictórico poderoso para situar os sentidos desses registros. Uma santa, uma mulher, estrelas, são imagens perfuradas com tinta e agulha no peito desses homens, resgatando a uma vida encarcerada, anônima, cheia de privações, algo de único, algum poder, alguma beleza.

Sandra Cinto tatuou sua própria imagem e expandiu seus desenhos fabulares pelas paredes do edifício, articulando o tempo que flui entre presente, passado e futuro, criando uma música própria, tingindo o espaço com cores.

Sua parede-instalação, intitulada *Dias Felizes, Noites de Esperança* (fig. 23), se iniciava sobre o cinza, cor que transparece uma imobilidade, um vazio que ecoa do momento presente. No auto-retrato da artista, o rosto e o corpo eram desenhados e o olhar, vago. A superfície da parede então ganhava o tom verde-água, cor que alude à clorofila que alimenta as plantas, à cor hospitalar da cura, ao tom de mobília antiga que carrega consigo um repertório ilimitado de memórias.

Ali estavam fotos de infância – a artista na praia com a mãe e o irmão, as mãos dadas, o sorriso franco (fig. 24). Ali, os desenhos que estavam estagnados na pele da artista adulta passam a escorregar pelas paredes e ganhar fluência. Eles se libertam, escorrem, dançam pela superfície do espaço como se fossem notas musicais (fig. 25). De fato, em meio às fotos, a artista utilizou também partituras de obras de Debussy, desenhando também sobre elas, infiltrando-se nesse mundo melódico. Por fim, a porção negra da parede remetia de imediato à noite e à alusão de esperança nas palavras da artista. Tratava-se de uma noite estrelada, tatuada de brilhos.

José Rufino faz da memória uma espécie de enciclopédia de fábulas. No início dos anos 1990, o artista adotou o nome do avô paterno e construiu uma obra capaz de expandir sua história pessoal de vida em pequenos e universais testemunhos sobre solidão, dor, amor, laços familiares.

A partir do final da década de 1990, José Rufino saiu do âmbito da memória particular de uma família para abarcar comentários sobre histórias universais, que dizem respeito ao sentido de vida e de morte. Na instalação apresentada na mostra, intitulada *Memento Mori* (fig. 26), o artista resgatou um livro escrito e ilustrado pelo espírita alemão do século XIX, Justinus Kerner, contendo poemas e comentários sobre a morte, o espírito e a busca de corporificar presenças *post mortem*. Utilizando como estratégia pictórica o princípio de monotipias desenvolvido nos testes de Rorscha, Rufino desenhou sobre folhas de um caderno de obituários, encontrado no Ceará, interferindo nesses registros e criando sobre seus textos desenhos de corpos fictícios, sudários recriados para incorporar uma memória que se confunde e se instala no limiar entre fábula e resgate histórico.

Alma brilhante

> Brilhar pra sempre
> Brilhar como um farol
> Brilhar com brilho eterno
> Gente é pra brilhar
> Que tudo o mais vá pro inferno
> Este é o meu slogan
> E o do sol
>
> Maiakovski[10]

No decorrer do tempo, através das experiências corpóreas, das trocas cotidianas, do entra e sai de ar, de fluidos e de emoções canalizados pelas vias dos poros, nos misturamos com o mundo, nos nutrimos uns dos outros, nos contaminamos por esse(s) outro(s), deixamos nas marcas da alteridade algo de nosso e até nos juntamos e confundimos os limites de nossas peles.

Na experiência dessas trocas humanas tanto quanto no silêncio meditativo que nos conecta ao universo de uma outra forma, é possível vislumbrar uma luz, um brilho. Há brilho nos olhos da pessoa apaixonada, há brilho no rosto das crianças que brincam, brilho no sorriso de quem se encanta com a vida, há brilho na alma de quem aprende com a experiência da passagem do tempo.

Com suas digitais douradas, feitas em bronze banhado a ouro, a artista Del Pilar Sallum construiu uma potente alusão à somatória de identidades que se amontoam e se misturam na vida, adquirindo brilho no processo. Digitais são marcas de identidade. Porém, desprovidas de seus corpos, desgarradas, elas parecem se libertar dos limites de suas peles e se fundir num grande monte de formas douradas e complementares (fig. 27 e fig. 28).

---

10. In: *Maiakovski*. Org. e trad. Boris Schnaiderman, Augusto e Haroldo de Campos. Ed. Perspectiva, SP, 2002, p. 169.

Flávia Ribeiro transformou folhas de papel de arroz em peles, que se tornam unidas, belas e vulneráveis. Na instalação *Corpos Associados* (fig. 29), ela colocou lado a lado desenhos presos com preguinhos apenas nos dois cantos superiores, fazendo com que sua leveza, no vento, produza movimento. Numa dança sutil, em que os papéis se movem e se articulam, transparecem os desenhos dourados que lembram flores, verdadeiras tatuagens de brilho, compartilhadas no diálogo dos corpos feitos com folhas de papel.

Albano Afonso realizou auto-retratos que exploram a luz (fig. 30 e fig. 31). O artista se fotografou à frente de um espelho, de onde se pode ver outros de seus próprios trabalhos se multiplicando numa labiríntica relação temporal. Nesse par de auto-retratos, Albano recriou sua imagem com cores exageradas, estouradas pelo excesso de luz amarela e azul, banhando as regiões de sua cabeça e seu peito, respectivamente. Focando energia luminosa nessas áreas corpóreas, o artista construiu campos de força e faz resplandecer o jogo entre cabeça e coração, entre o pensar e o sentir.

Na obra de Sandra Tucci, quatro corações metálicos pulsavam vida na sinergia das cores. Nessa *Ativação,* título da instalação (fig. 32 e fig. 33), é como se a artista pudesse decompor sentimentos pelas vias das cores do espectro. Eles são organizados, banhados por cores específicas, que os definem e distinguem.

Os quatro corações metálicos, banhados nas cores magenta, verde, azul e amarelo, respectivamente, formavam um potente e belo campo magnético, capaz de decompor uma rede de afetividades. É como se Tucci tentasse harmonizar o labiríntico e instável reino emotivo, através de uma organização dos sentidos pelas vias da cor, fazendo cada coisa brilhar ao seu modo.

ROY ASCOTT

O espiritual na arte: uma perspectiva tecnoética

Tradução: Anthony Lennard

Introdução

Na tecnologia estamos testemunhando a convergência de sistemas computacionais secos e processos biológicos molhados, que envolve a montagem de *bits*, átomos, neurônios e genes em conjunções que fornecerão ao artista um novo tipo de substrato material, para o qual cunhei o termo "mídias úmidas". Desses componentes, o *bit* é o mais familiar aos artistas: sistemas computacionais e mídia digital dominam o cenário da tecno-arte há pelo menos 30 anos. Atualmente, porém, a atenção está voltada para o átomo, para o nível de percepção nano, para o campo molecular e, mais especificamente, para a rede de informações de um organismo, constituída pelos fótons que o DNA emite – tecnologicamente correspondente aos fluxos instantâneos de elétrons e fótons que atravessam o corpo do planeta por meio de redes telemáticas. Com a ciência se aprofundando cada vez mais na matéria, movendo, remontando e coordenando átomos e moléculas no nanocampo, a distância entre o orgânico e o tecnológico torna-se menos nítida. De modo semelhante, nossos conhecimentos moleculares podem nos levar a uma compreensão melhor de mudanças na consciência e na percepção, proporcionadas pela farmacologia. Seja como for, estamos enfocando cada vez mais nossa atenção no muito pequeno, em um nível muito além da miniaturização: um nanômetro é a bilionésima parte de um metro. Esse é um nível de percepção que é, em qualquer sentido retiniano, literalmente invisível, não importa quanto o aumentemos tecnologicamente. Tanto que o microscópio de varredura por tunelamento (STM) precisa do toque, e não da visão, para navegar no nanocampo e manipular átomos individuais. Argumentarei aqui que o nanocampo é um mediador entre a matéria pura e a consciência pura e que seu papel como interface entre dois níveis de realidade é de suma importância.

Nanocampo

Há várias maneiras de considerar o fenômeno nano. A visão popular é aquela proposta por Arthur Dexler,[1] que forneceu uma compreensão mecanicista e materialista do seu potencial. Suas idéias de nanoengenharia e ciência de materiais prometem nanorrobôs que se auto-replicam, estruturas que se auto-renovam e ambientes que se autoconstroem, funcionando dentro do corpo, dentro do seu ambiente e no espaço cósmico. Ao mesmo tempo que a robótica molecular, a organização determinada (*positional assembly*) e a auto-organização sugerem possibilidades fascinantes para a construção de novos materiais, para a manufatura de nanomáquinas e, de modo geral, para a criação dos blocos fundamentais da natureza na configuração que desejarmos, também há o perigo de que os resultados, mesmo quando benéficos em termos sociais, médicos e de engenharia, possam ser ocos espiritualmente, agravando, portanto, o materialismo excessivo de nosso tempo em vez de atenuá-lo. Na medicina, por exemplo, há esperança de que entidades artificiais possam identificar ou prever colapsos em sistemas vivos e prestar auxílio ao organismo combalido. No entanto, alguns acham que essa visão vai de encontro a nosso entendimento do corpo como constituinte de um campo holístico de mente/corpo. Quando o corpo é visto como apenas uma coleção material de átomos, pode parecer lógico aplicarmos uma estratégia materialista de conserto. Mas o organismo vivo é infinitamente mais complexo do que aquele permitido pelo modelo *cyborg*, por mais sofisticado que seja. A evolução da biofísica corrobora essa percepção: átomos e moléculas não podem ser independentes do contexto.

A outra maneira de entender a importância de nossa penetração no mundo nano é considerar essa evolução do ponto de vista da consciência. Isso poderia levar ao que chamaríamos de ontologia tecnoética,[2] já que o nano é o

1. DREXLER, K.E. *Engines of Creation*. Garden City, NY: Anchor Press, 1986.

2. O termo "tecnoética" (em inglês, *technoetic*) foi cunhado pelo autor a partir de "tecnologia" e o grego *noetikos* (mente, consciência), para se referir à consciência acessada, aumentada, distribuída, transformada (dependendo da visão de mundo do usuário) pela tecnologia. Isso pode ter um efeito ontológico no sentido do eu e do mundo.

plano em que a tecnologia e a consciência podem se encontrar. Isso proporciona ao artista um desafio tão metafísico quanto material.

Os materialistas podem ver o trabalho na área nano como a etapa final, mas não é preciso adotar um transcendentalismo radical para ver que o nano se situa entre a densidade material de nosso mundo cotidiano e os espaços numinosos da imaterialidade subatômica. O STM, o microscópio de varredura por tunelamento, corta a densidade complexa da matéria para focalizar o átomo individual – em um nível ao mesmo tempo tangível e intangível, imediato e remoto, conforme mostraram Grimzewski e Vesna.[3] Observar o nano muda a relação dos sentidos: tocar é ver. O sentido da audição também pode estar envolvido. Grimzewski descobriu que tocar o plano atômico é ouvir a voz das moléculas, cujos sons podem indicar tanto sofrimento como harmonia. O microscópio de força atômica (MFA) permite que ele ouça o grito de uma célula de levedura quando esta é imersa em álcool. O átomo individual, em vez de ser empregado simplesmente como um bloco que permite uma construção material mais densa, pode ser considerado um ponto de acesso à complexidade dos campos subatômicos imateriais.

Biofotônica

No contexto do cérebro, o nanocampo fornece o ponto de transição entre *quarks* e partículas elementares, de um lado, e moléculas, células (neurônios) e conjuntos neurais, de outro. No contexto da consciência, situa-se entre a nossa estrutura material e o corpo sutil, entre os órgãos e a aura. É principalmente à aura, e à função dos biofótons nos processos vivos, que este trabalho está voltado. Da perspectiva tanto da metafísica como do misticismo, propõe-se uma reflexão sobre o modo como uma compreensão dos biofótons pode contribuir para um novo prospecto da arte telemática: encontrar inspiração criativa no paralelismo entre a rede interna de informações de luz biofotônica no corpo e as redes externas de comunicação telemática. Masaki Kobayashi descreve o fenômeno como uma "emissão de fótons espontânea, sem nenhuma fotoexcitação externa, através da excitação química dos processos bioquímicos internos que fundamentam o metabolismo celular. [...] A emissão de biofótons origina-se na excitação química de moléculas que estão passando por um

---

3. GIMZEWSKI, J. and VESNA, V. The Nanoneme Syndrome: blurring of fact and fiction in the construction of a new science. In: *Technoetic Arts*: a journal of speculative research. 1.1, 2003. p.7–24

metabolismo oxidativo. É diferente da radiação térmica, que resulta da temperatura corporal. Foram observados fenômenos biofotônicos desde os níveis celulares ou subcelulares até os níveis de organismos individuais".[4]

O termo "biofótons" foi usado pela primeira vez por Fritz Albert Popp[5] em 1976 para descrever o fenômeno quântico de emissão fotônica dos sistemas biológicos. Todos os sistemas vivos emitem biofótons, tanto os que foram inicialmente absorvidos do Sol como os que são emitidos espontaneamente das moléculas.

Partindo das idéias de Alexander Gurwitsch,[6] o biólogo russo que introduziu as idéias do "campo morfogenético" e da "radiação mitogênica", Popp argumenta que toda mudança no estado biológico ou fisiológico do sistema vivo corresponde a uma mudança na emissão biofotônica. Os sinais de biofótons que emanam dos processos quânticos de sistemas vivos são ultrafracos em termos de força. Visto que os processos biológicos fundamentais da replicação de DNA e da síntese de proteína ocorrem continuamente em todos os sistemas vivos, as emissões ocorrem constantemente em toda parte.

> A intensidade de um sinal biofotônico deveria captar mudanças constantes no conteúdo de informações do sistema. Muitas informações são geradas na mitose; portanto, as células que estão se dividindo devem emitir sinais biofotônicos intensos. Do mesmo modo, os processos que destroem abruptamente muitas informações, a exemplo da morte celular, também devem emitir sinais intensos. R.P.Bajpai.[7]

Há fortes indícios, argumenta Popp, de um canal de informações dentro dos sistemas vivos que pode estar relacionado à reatividade química nas células, à comunicação intercelular e aos ritmos biológicos. Cohen e Popp mostram que os padrões normais de emissão são perturbados em pessoas que sofrem de diversas doenças.[8]

---

4. Disponível em: http://www.tohtech.ac.jp/ee/ca/kobayashilab_hp/BiophotonE.htm

5. Diretor do Instituto Internacional de Biofísica, Neuss, Alemanha.

6. BELOUSSOV, L., OPITZ, J., GILBERT, S. *Life of Alexander G. Gurwitsch and his relevant contribution to the theory of morphogenetic fields.* International Journal of Developmental Biology, 1997. 41.6: 771-777; comment 778-779.

7. BAJPAI, R. *Possibility of photon emission in the fundamental biological processes involving quantum search of base pairs and amino acids.* Presented at the International Institute of Biophysics 3/9/2000, 2000. Disponível em: http://www.biophotonen-online.de/abstract/abs2000-13.htm (10/11/2004).

8. COHEN S, and POPP F-A. Biophoton emission of the human body. *Journal of Photochemistry and Photobiology B:Biology* 40, 1997. p.187-189.

Sem esse modelo da transmissão de informações biofotônicas, revertemos à biologia mecanicista, na qual o papel dos genes é enormemente exagerado. Embora mostre que o código genético nas moléculas de DNA determina a seqüência de aminoácidos nas proteínas, ela não consegue mostrar como as proteínas são organizadas em células, as células em tecidos, os tecidos em órgãos e os órgãos em organismos.

Procurar paralelos entre a rede biofotônica e as redes telemáticas, como este trabalho pretende, requer um exame da possibilidade de comportamento quântico no processamento de informações no nível tecnológico. Deixando de lado especulações quanto à realização eventual de um computador quântico[9] como agente nodal em estruturas de rede, o comportamento quântico no contexto de telemática significará o teletransporte de partículas. Já houve teletransporte de fótons e mais recentemente houve êxito com partículas maiores e mais complexas no transporte das propriedades físicas de um átomo, tais como sua energia e *spin*.[10] Isso envolve o "emaranhamento" de dois átomos, de forma que uma alteração em uma partícula afeta instantaneamente a outra, seja qual for a distância entre elas.[11]

As pesquisas em biofotônica, e dos campos eletromagnéticos, são importantes para o desenvolvimento da arte tecnoética. Talvez não seja mais visto como paradoxal o fato de nosso pensamento, movido pelo científico, estar relacionado a modelos de consciência e identidade humana baseados nas tradições espirituais de culturas tidas anteriormente como estranhas ou marginais. A arte pode assumir uma compleição cada vez mais psicoativa, e será considerado útil ligar modelos de consciência arcaicos, tais como encontramos na Amazônia, por exemplo, ou entre os Tsogho do Gabão, a idéias de coerência quântica encontradas em pesquisas em biofísica e biofotônica. Esses modelos arcaicos situam de modo implícito a mente humana dentro de um corpo de consciência, em vez de entender a consciência como um epifenômeno do cérebro, conforme

9. Uma descrição útil de computador quântico encontra-se disponível em: http://www.ph.unimelb.edu.au/~marc/marc_coe/about/whatsaqc.htm (22/05/05).

10. Obtido de forma independente pela Universidade de Innsbruck, Áustria, e o Instituto Nacional de Padrões e Tecnologia em Boulder, EUA. Reportagem na *Nature* 17.06.04.

11. GREENBERGER, D., REITER, L. and ZEILINGER, A. (eds.) *Epistemological and Experimental Perspectives on Quantum Mechanics*. Dordrecht: Kluwer, 1999. Este volume contém muitos trabalhos de pesquisa sobre emaranhamento. Ver também: RESCH, K.J. et al. Distributing entanglement and single photons through an intra-city, free-space quantum channel. In: *Optics Express*. Optical Society of America, 13, 1. 2005. p.202–209.

argumentariam as ortodoxias materialistas ocidentais.[12] Os estados de consciência alteradas podem ser atingidos por meio de formas ritualísticas de respiração, dança, recitação, ou pela ingestão de plantas psicointegradoras.[13] Essa compreensão da consciência como um campo e a nossa capacidade de navegá-lo (e, como afirmam muitos, de sermos navegados nele por outras entidades espirituais) é vista da forma mais nítida na doutrina sincrética da umbanda afro-brasileira,[14] que une a cultura yorubá africana e as crenças espíritas européias à sabedoria e às tradições da floresta. Igualmente, do ponto de vista budista, a mente não é um subproduto do cérebro e sim um campo que é uma entidade independente do corpo e que confere uma conectividade inerente à condição humana. Esse conceito de "conectividade imaterial" é trazido para o discurso científico atual por Hans-Peter Dürr, do Instituto Max-Planck de Física, em Munique; segundo ele, a física quântica revela que a matéria não é composta de matéria, que realidade é meramente potencialidade e que o mundo tem uma estrutura holística, baseada em relações fundamentais e não em objetos materiais, o que admite uma evolução mais aberta e indeterminista.[15]

Teoria de campos

A biofísica é uma ciência baseada na teoria de campos. Recentemente, teorias de campos foram analisadas em suas dimensões biofísicas por Lynne McTaggart no livro *The Field*,[16] exatamente como, vinte anos atrás, Rupert Sheldrake informava em sua obra *A New Science of Life*[17] sobre um modelo morfogenético de campo do processo biológico e suas implicações espirituais.

---

12. Ver: DENNETT, D C. *Consciousness Explained*. New York: Pantheon, 1992. Dennett poderia ser descrito como o papa do epifenomenalismo.

13. WINKELMAN, M. Psychointegrator Plants: Their Roles in Human Culture, Consciousness and Health. In: WINKELMAN, M. & ANDRITSKY, W. (eds). *Yearbook of Cross-Cultural Medicine and Psychotherapy*. Berlin: Verlag für Wissenschaft und Bildung, 1995. p.9-53.

14. BROWN, D. *Umbanda: religion and politics in urban Brazil*. New York: Columbia University Press, 1986.

15. DÜRR, H-P. Inanimate and Animate Matter: Orderings of Immaterial Connectedness: The Physical Basis of Life. In: H.-P. Dürr et al. (eds.). *What is Life? Scientific Approaches and Philosophical Positions*. New Jersey: World Scientific, 2002. p.145-166.

16. MCTAGGART, L. *The Field: The Quest for the Secret Force of the Universe*. New York: Quill, 2003.

17. SHELDRAKE, R. *A New Science of Life*. London: Granada, 1983.

A teoria da causação formativa de Sheldrake afirma haver memória de ordem, estrutura ou configuração físicas na natureza, expressa em "campos mórficos". A memória nesses campos de forma vem de formas anteriores de tipo semelhante. Os campos mórficos são um princípio organizador da natureza. Ele sustenta a alegação de que os genes carregam apenas uma parcela muito pequena das informações biológicas de um sistema vivo, estando a maior parte delas na memória contida nos campos organizadores de um organismo. Com o passar do tempo, a evolução de uma memória maior de experiência da espécie leva ao processo de "ressonância mórfica", pelo qual, em todos os níveis da natureza, a forma dos sistemas é influenciada pela forma de sistemas anteriores. McTaggart aponta cientistas importantes que contribuem de forma significativa para o pensamento da teoria de campos em várias disciplinas – holísticas, metafísicas, espirituais ou paranormais – tais como Karl Pribham, David Bohm, Fritz-Albert Popp, Charles Tart, Robert Jahn, Dean Radin, Hal Puthoff, Irvin Laszlo e Mae Wan-Ho.

O pensamento da teoria de campos alimenta uma compreensão de práticas de cura de vários tipos. Pesquisas sobre a conexão entre os parâmetros biofotônicos e os parâmetros de campos eletromagnéticos que atuam sobre sistemas vivos, tais como as realizadas no laboratório do Instituto Internacional de Biofísica em Neuss, na Alemanha,[18] podem aportar alguma validade científica às idéias de auto-regulação do corpo às quais aderem várias práticas espirituais e terapias somáticas. A rede de "meridianos" na acupuntura pode estar relacionada ao campo biofotônico do corpo, como também o pode o "prana" da ioga. Mas a própria natureza inconclusiva das pesquisas científicas nessas áreas as abre, talvez inevitavelmente, a abusos de consumo na internet, do mesmo modo que o jargão médico ocidental há muito tempo vem sendo explorado para fins de charlatanismo, engano e ganhos comerciais. Contudo, do mesmo modo que os rituais de cura em culturas mais antigas envolviam atividades de representação, interação e imagismo, pode ser que a arte na sociedade contemporânea venha a adquirir um valor mais fascinante. Na arte, é o campo de interatividade que integra a obra, o artista e o observador em uma conectividade ao mesmo tempo material e imaterial.[19]

Dentro da teoria quântica de campos o pensamento coerente que define um organismo vivo está de acordo com o entendimento da mecânica

18. Disponível em: http://www.lifescientists.de/ib_000e_.htm (6/11/2004).

19. ASCOTT, R. Towards a Field Theory for Post-Modern Art. *Leonardo* (San Francisco), 13, 1980. p.51-52.

quântica, a qual sustenta que a realidade material forma um todo intacto sem partes. Conforme argumenta Marco Bischof na sua introdução à *Biofísica Integrativa*[20] de Popp:

> Estas propriedades holísticas da realidade são definidas precisamente em termos matemáticos pelas correlações Einstein-Podolsky-Rosen (conhecidas como EPR). Na mecânica quântica, nunca é possível descrever o todo pela descrição das partes e suas inter-relações. Esta visão holística da teoria quântica já não pode ser rejeitada, pois as estranhas correlações quânticas EPR de sistemas que não interagem e que se acham separados no espaço já foram amplamente demonstradas em muitas experiências.[21] (Bischof, in Popp, 59-60)

A visão de mundo reducionista da física clássica, aponta Bischof, tem de ceder ao entendimento, na mecânica quântica, da primazia do todo inseparável e da interconectividade fundamental *dentro* do organismo, bem como *entre* organismos, e a do organismo *com o meio ambiente*. Essa afirmação se apóia nas obras de vários físicos de ponta, dentre os quais, por exemplo, David Bohm[22] e Karl Pribram,[23] que chegaram de forma independente ao entendimento da natureza holográfica da realidade.

Conectividade e coerência

A "interconectividade" levanta uma questão importante em relação à conectividade da arte das novas mídias – em termos simples, entre quais campos pode existir interconectividade? De que modo o sistema interno de informações de fótons em rede pode constituir uma interface com a rede externa de informações do nosso planeta telemático? A arte adota os conceitos e características centrais da nova biofísica: coerência, estados quânticos macroscópicos, interações a grandes distâncias, não-linearidade, auto-organização e auto-regulação, redes de comunicação, modelos de campos, interconectividade, não-localidade e inclusão da consciência. De fato, esses atributos estão relacionados ao cânone da arte interativa, o caminho quíntuplo de *conectividade, imersão,*

20. POPP, F-A. & BELOUSSOV, L. (eds.). *Integrative Biophysics: Biophotonics*. Dordrecht: Kluwer, 2003.

21. Aspect et al., 1982; Aspect & Grangier, 1986; Selleri, 1988; Duncan & Kleinpoppen, 1988; Hagley et al., 1997.

22. BOHM, D. *Wholeness and the Implicate Order*. London: Routledge and Kegan Paul, 1980.

23. PRIBRAM, Karl. The Neurophysiology of Remembering, *Scientific American*, 1969. 220:73-86.

interação, transformação, surgimento. Este caminho quíntuplo relaciona-se também ao caminho xamânico para imersão no campo espiritual, onde a interação com entidades psíquicas é o meio, a transformação da consciência é a meta e o surgimento de novos conhecimentos é o resultado.

A cibernética mostrou que a interação entre sistemas depende do campo, assim como alimentou a teoria da arte interativa. A arte fundamentada em processos implica na consciência de campos, em contraste com a dependência do objeto, presente em muitas práticas na arte. Na biofísica o pensamento em termos de campos é importante para sintetizar a complexidade de seus detalhes e como um meio de modelar a interconectividade e a não-localidade.

Atualmente estão sendo revistas teorias mais antigas de sistemas vivos, abandonadas com o surgimento vitorioso da biologia molecular. Mae-Wan Ho, ex-colega de Popp, sugere a idéia do "novo organicismo", a qual sustenta que é a organização total do organismo, e não o funcionamento de órgãos individuais, que determina todos os processos da vida. Ela argumenta, que no Ocidente, os conceitos científicos contemporâneos de organismo estão nos levando além da teoria quântica e oferecendo-nos percepções que reafirmam e ampliam nossas noções intuitivas e poéticas da espontaneidade e do livre arbítrio. Vale a pena citá-la por extenso:

> Livrando-se das "leis" da física, do determinismo mecânico e do controle mecanicista, o organismo se torna um ser *senciente* e *coerente* que está livre, de um momento para o outro, para explorar e criar seus possíveis futuros. [...] O universo estático e determinístico de espaço e tempo absolutos é substituído por uma multidão de contextos contingentes de espaço-tempo que dependem do observador. Em vez de objetos mecânicos com localizações simples no espaço e no tempo, encontramos entidades quânticas não-localizadas, emaranhadas entre si, que carregam consigo suas histórias, como organismos em evolução.[24]

A relevância de teorias da indeterminação quântica de partículas elementares para a nossa compreensão de sistemas biológicos, principalmente do ser humano, foi explorada por Heisenberg, que argumentou que a indeterminação quântica de uma única partícula influi profundamente na mutação do código genético e em mudanças no comportamento de neurônios durante os processos do pensamento. Há indícios que mostram ser a consciência um fator causativo na biologia e não apenas um epifenômeno inconseqüente. A partir da análise da fenomenologia e das evidências experimentais da interação mente-corpo,

---

24. HO, M-W. The Biology of Free Will, *Journal of Consciousness Studies*. 3, 1996. p.231-244.

os modelos de campos podem fornecer as ferramentas necessárias para transpor o abismo mente-corpo.[25] Em concordância com a afirmação dos construtivistas radicais[26] de que a mente constrói a realidade, pode-se argumentar que o próprio corpo, tanto em questões de identidade como de biologia, deve sua especificidade à mente.

A conectividade a nível planetário e o emaranhamento a nível quântico significam que nossas idéias, nossas instituições e até nossas identidades estão em fluxo constante. Em coerência com isto, as mídias úmidas podem unir os domínios artificiais e naturais, transformando os relacionamentos entre a consciência e o mundo material. Ajudar na concretização dessa conectividade da mente é parte da tarefa do artista; navegar nos campos da consciência que os novos sistemas materiais gerarão é parte do prospecto da arte.

Realidade mista

No nível material, a tecnologia de Realidade Mista[27] nos proporciona outra pele, outra camada de energia para o corpo, aumentando a complexidade de seu campo. Em vez de povoar o espaço da Realidade Mista com objetos (virtuais), talvez pudéssemos ser mais integrativos se o considerássemos como um meio para a criação de campos ou, mais precisamente, como uma extensão do próprio biocampo. Do mesmo modo que o relacionamento entre a biofotônica e os estados psíquicos está sob análise, o espaço virtual também poderia ser visto como gerador da consciência alterada. Do mesmo modo que o DNA é a principal fonte de atividade biofotônica, a Realidade Mista também poderia ser o campo no qual as novas possibilidades para sistemas vivos sejam ensaiadas e do qual poderá surgir uma cibermorfologia. Tornando visíveis os processos normalmente invisíveis de troca de informações biológicas, através de uma visualização num nível superior, e embutindo essa visualização na nossa experiência retínica e cotidiana, um ambiente de Realidade Mista poderia acelerar a transmissão dos conhecimentos biofotônicos.

---

25. BISCHOF, M. Introduction to integrative biophysics. In: POPP, F-A. & BELOUSSOV, L. (eds.). *Integrative Biophysics: Biophotonics.* Dordrecht: Kluwer, 2003. p.6.

26. WATZLAWICK, P. (ed.). *The Invented Reality.* New York: Norton, [Originalmente publicado em 1981 como *Die erfundene Wirklichkeit.* Munique: Piper], 1984.

27. OHTA, Y. & TAMURA, H. *Mixed Reality: Merging Real and Virtual Worlds.* Tokyo: Ohmsha & Springer-Verlag, 1999.

Já que o fóton é um sinal de natureza quântica, ele emana de um sistema quântico. Deve-se considerar que o corpo inteiro se acha em um estado de coerência quântica, com cada molécula interagindo com as outras dentro de um campo. Do mesmo modo que o campo tem efeito regulador sobre as moléculas, essas impõem limites de fronteira ao campo. O que acontece, então, quando um ambiente de Realidade Mista, ao fundir sistemas virtuais e biológicos e aumentar sua interdependência, expande essa fronteira e redefine o campo? Minha sugestão é que a Realidade Mista, a realidade em rede e a virtualidade telemática se emaranham com os estados quânticos da coerência, levando ao surgimento da conectividade universal e de relacionamentos não-lineares que existem além das limitações clássicas de tempo e espaço. Os biofótons orquestram a coerência quântica do ser vivo, podendo nos levar a idéias de alguma troca de pixels/partículas ao estabelecerem a coerência quântica de estados virtuais. O conceito de *coerência* descreve a totalidade do organismo, o que num ambiente de Realidade Mista poderia significar a síntese de um organicismo virtual/real. Andy Clark propõe a inclusão de nossa tecnologia telemática na definição do organismo humano,[28] abrangendo o todo como um campo senciente unificado, assim como Gregory Bateson argumentou que a mente era imanente em sistemas inteiros e não a propriedade de coisas finitas e, no contexto da tecnologia, via a mente como cérebro mais computador mais ambiente.[29] A tecnologia ocidental, no seu potencial de aumentar a cognição e estender a percepção, e através da sua conectividade planetária, pode contribuir para a evolução da mente de tal forma que, longe de ser a negação do espiritual como é considerado geralmente, permitirá o acesso a estados de consciência superiores.

Engenharia ontológica

No contexto do uso da tecnologia pelo artista para explorar a consciência, as tecnologias de outras culturas podem fornecer um exemplo importante. Assim como os dados são armazenados nas profundezas do espaço da memória do computador, os conhecimentos são armazenados nas profundezas do espaço psíquico do mundo xamânico. Os códigos e protocolos ocidentais de acesso ao computador encontram o seu equivalente nos rituais e procedimentos de

28. CLARK, A. *Natural Born Cyborgs*: minds, technologies, and the future of human intelligence. Oxford: OUP, 2003.

29. BATESON, G. *Steps to an Ecology of Mind*. San Francisco: Chandler, 1972.

cerimônias sagradas. Nas culturas antigas e tradicionais predomina outra tecnologia, que proporciona a seus usuários ferramentas de consciência e uma tecnologia espiritual, cujo uso e história situam-se além da memória histórica. É essa a tecnologia da planta psicointegradora, uma tecnologia vegetal. Plantas como a *salvia divinorum* ou o cipó xamânico, ayahuasca (*Banisteriopsis caapi*), chamada "videira das almas", usadas em inúmeras comunidades no Brasil e na Colômbia, são conhecidas como mestres e transmitem sabedoria como um avatar espiritual. As pesquisas de etnobotânicos como Richard Evans Schultes,[30] Luis Eduardo Luna[31] e Benny Shanon[32] documentam o poder que essas plantas têm em seu contexto sagrado de nos possibilitar transformar a consciência, entrar em outros estados de ser, comunicarmo-nos através de grandes distâncias, conectarmo-nos a outras entidades e receber conhecimentos e instrução das plantas. Em décadas recentes, o uso de tecnologia vegetal para intensificar a experiência espiritual estendeu-se a cidades de médio e grande porte, especialmente no Brasil, mas também noutros países, principalmente através das práticas de Santo Daime[33] e da União do Vegetal. O crescimento da consciência pública acerca do poder das plantas de curar o corpo e transformar a mente sem dúvida se infiltrará na teoria da arte, se não entrar imediatamente na prática da arte. Assim como a fascinação do artista com a nova tecnologia levou à arte eletrônica e à arte digital, também é possível prever o surgimento de um gênero químico ou farmacológico na arte.

Na verdade, acredito que os processos farmacológicos do que pode ser chamado de Realidade Vegetal e os sistemas computacionais da Realidade Mista poderiam combinar-se para criar uma nova ontologia, assim como as nossas noções de espaço cósmico e espaço interior podem fundir-se em uma nova ordem de cosmografia. Jeremy Narby especulou que a origem das visões xamânicas induzidas pela ingestão de plantas psicoativas pode ser encontrada na luz

30. SCHULTES, R. E. and RAFFAUF, R. *Vine of the Soul: Medicine Men, Their Plants and Rituals in the Colombian Amazonia*. Santa Fe, NM: Synergetic, 2004.

31. LUNA, Luis Eduardo & WHITE, Stephen F. (eds.). *Ayahuasca Reader: Encounters with the Amazon's Sacred Vine*. Santa Fe, NM: Synergetic, 2000.

32. SHANON, B. Ayahuasca visions: A comparative cognitive investigation, *Yearbook for Ethnomedicine and the Study of Consciousness 8*. Edited by C. Rätsch & J. Baker. Berlin: VWB Verlag, 1999.

33. POLARI DE ALVERGA, A. *Forest of Visions*: Ayahuasca, Amazonian Spirituality, and the Santo Daime Tradition. Rochester, Vt.: Park Street, 1999.

emitida pelo DNA.[34] Como já vimos no trabalho de Fritz-Albert Popp e outros biólogos moleculares, o DNA emite uma forma fraca de luz coerente, a qual já se demonstrou que funciona como um sistema de comunicação entre células e até entre organismos maiores. Isso sugere uma rede de informações de luz não apenas dentro do corpo, mas perpassando todas as coisas vivas e entre elas também.Talvez não seja exagero supor que isso constitui a infra-estrutura da mente, o que explicaria a imanência da consciência.

No contexto da engenharia ontológica, o Ocidente tem adotado uma abordagem mais "sintetizante" para o estudo dos estados de consciência alterados, usando a ciência da química para investigar a organização do cérebro e para provocar mudanças de emoção, percepção e cognição. Em *The Chemical Architecture of the Human Mind: Probing Receptor Space with Psychedelics*[35] *[A Arquitetura Química da Mente Humana: Sondando o Espaço Receptor com Psicodélicos]*, Tom Ray relata que apresenta o primeiro parecer abrangente sobre como dezenove compostos psicodélicos interagem com as proteínas receptoras humanas. Entender a química da consciência é o objetivo final dessa pesquisa.

O espaço no qual a arte tecnoética poderia ser construída pode ser localizado pela triangulação de conectividade, sincretismo e teoria de campos. A conectividade está na raiz da coerência cultural, o sincretismo está na raiz da coerência espiritual e a teoria de campos está na raiz da coerência quântica.

Conclusão

A nova ciência está emergindo de sua carapaça clássica, criando novos paradigmas, definindo novas realidades e remediando outras muito antigas. Isto leva a um entendimento do mundo e de nós mesmos, em que aquilo que antigamente era visto como coerente agora é visto como ilusório, como se tivéssemos entrado pelos bastidores nos *Étants donnés*, de Duchamp,[36] no Museu de Arte da Filadélfia. No contexto espiritual, lidar com a ilusão não tem sido da alçada apenas do budismo (*maya*) mas está também nas raízes do xamanismo

34. NARBY, J. *Le serpent cosmique, l'AND et les origins du savoir*. Geneva: George Editeur, 1995.

35. RAY, T. *The Chemical Architecture of the Human Mind. Corante*. 2005. http://www.corante.com/brainwaves/archives/2005/02/05/the_chemical_architecture_of_the_human_mind_by_tom_ray.php (03/03/2005).

36. DUCHAMP, M. 1944-1966. *Etants Donnés (Given: 1. The Waterfall; 2. The Illuminating Gas)*.

e das disciplinas espirituais ocidentais e práticas psíquicas: como se livrar dos grilhões da percepção normativa para se chegar à realidade da consciência superior. A arte ocidental no século XX também foi marcada pelo desejo de libertação das convenções, de procura da emancipação das repressões sociais, religiosas e culturais. Um caminho em direção ao espiritual, e o desejo de tornar visível o invisível, foi demarcado de diversas formas por vários artistas influentes.[37] O mundo artístico do século XXI, por outro lado, parece ter abandonado o espiritual em grande parte, preferindo uma sociologia estridente ou uma submissão covarde à celebridade e ao capital. No entanto, debates estão agitando a arte, principalmente a arte baseada na tecnologia, o que mostra uma preocupação com o relacionamento da arte com a ciência, o valor do discurso interdisciplinar, a procura de novas metáforas e significados, o problema do relativismo e da ética – tudo isto assinala uma insatisfação com a cultura materialista que herdamos. A tecnologia, no significado amplificado que engloba culturas não-ocidentais e não-ortodoxas, e a arte, que encontra seu lugar interdisciplinar e intercultural, podem juntas demarcar um caminho para o espiritual. Nesse processo, navegar na consciência através das conjunções de redes biofotônicas e telemáticas pode contribuir de forma significativa para esse objetivo.

© Roy Ascott 2005

A versão original deste texto (em inglês) foi publicada como "Technoetic Pathways towards the Spiritual in Art: a transdisciplinary perspective on issues of connectedness, coherence and consciousness", em *Leonardo*, fevereiro de 2006, v.39, n.1, p.65-69.

---

37. Kandinsky, Mondriaan, Malevitch, por exemplo, acreditavam que a arte poderia evocar uma experiência espiritual.

Ciberadão e a magia das cibercoisas pervasivas e sencientes na ciberarte[1]

Ciberadão e a condição humana redesenhada pelas conexões ao ciberespaço

O ciberespaço gerou um amálgama de investigações relacionadas à dimensão humana das tecnologias interativas que modificam os modos de viver na Cibercultura. Com o computador surge um "novo Adão", que denomino o *ciberadão*, um outro cidadão da era das conexões. Concordo com René Berger em que "O homem exaurido está recebendo uma alma tecnológica".[2] O ciberadão co-existe no espaço físico e no ciberespaço. Se realidade é experiência, as conexões numa zona interfaceada do real com o virtual geram momentos que se constituem em outra realidade vivida em interação com a realidade. Mesmo que tentemos, ainda não conseguimos estabelecer com clareza as características da reconfiguração do humano pelo uso do ciberespaço. Como entender os tipos, níveis e intensidades das mudanças nas formas pós-biológicas, pós-humanas, neo-biológicas, trans-humanas do viver na Cibercultura? Com certeza, na era do fogo, do bronze, das máquinas e, no caso da era industrial, beneficiada sobretudo pelos avanços da física e da mecânica, ou, ainda, na era da eletrônica, com a comunicação na televisão e no vídeo, os modos de viver não foram tão radicalmente alterados como na era das conexões.

1. Para visualizar as figuras indicadas neste capítulo, o leitor deverá acessar o CD que acompanha esta coletânea.

2. BERGER, René. *De La Communication à la Réalité Virtuelle.* (Comunicação). ARTMEDIA IV – Convegno Internationale di Estetica dei Media e della Comunicazione. Università Degli Studi di Salerno, Itália, 1992

O ciberespaço remapeia a vida humana por conexões a computadores pessoais (PCs), conectados em rede (CCs), e pelas conexões móveis (CCMs).[3] Pode-se falar em vida pré-digital, ou vida antes do advento do computador, de vida pré-*web*, antes do uso da Internet, ou de vida pré-mobilidade, antes do uso de tecnologias sem fio. Na Cibercultura, além das conexões a computadores pessoais, para executar as diversas tarefas do cotidiano, deve-se considerar o fenômeno da comunicação em comunidades *online*, surgidas nos anos 90, sobretudo os ambientes multiusuários de MUDs e MOOs, além do vertiginoso crescimento da comunicação em portais de relacionamento como o Orkut, Messenger, e a forte presença da blogosfera, resultante da disseminação de *wikis, blogs, fotoblogs*, bem como os jogos RPG, os *street games*, as tecnologias de telepresença e de teleação são algumas formas de co-existir no real e no virtual. São experiências de cibervida para o ciberadão. Mais recentemente, a 3ª Revolução Tecnológica, demarcada por Howard Rheingold pelas conexões *wireless*, através de tecnologias sem fio como celulares, etiquetas de radiofreqüência, chips GPS, notebooks, entre outras tecnologias pervasivas e sencientes de computação ubíqua, transformam a vida na Cibercultura.

Por outro lado, numa biologia da interatividade, o aparato tecnológico adaptado ao biológico altera profundamente as sínteses sensoriais, pois permite processos simbióticos[4] que expandem para mundos virtuais sinais naturais do corpo e do ambiente em trocas regeneradoras. Nesse domínio, estão as interfaces multissensoriais e, sobretudo, a comunicação em realidade virtual cujos exemplos serão dados posteriormente em produções artísticas. O corpo e o ambiente dotados de rastreadores para navegação espacial, sensores de calor, chips, transistores, *scanners* de ondas cerebrais, de ondas elétricas, captadores de respiração, entre outras interfaces que fabricam os sentidos sinteticamente,[5] nos levam a agir no virtual de dados em processos de *biofeedback*. Robôs nos representam no espaço físico como avatares, e *knowbots*, robôs de conhecimento,

---

3. RHEINGOLD, Howard. *Smart Mobs*. Perseus Publishing: Cambridge, 2002. *Smart Mobs* in 2002 by Perseus Publishing. Disponível em: http://www.rheingold.com/howard/ (24/03/2006). LEMOS, André. "Cibercultura e mobilidade: a era da conexão". In: LEÃO, Lucia (org.). Derivas: cartografias do ciberespaço. AnnaBlume: São Paulo 2004.

4. DE ROSNAY, Jöel. (1995) *L'Homme Symbiotique*. Paris: Éditions du Seuil, 2000.

5. Ted Krueger (2004) O autor enfatiza que "quando se fabrica uma experiência com sentidos sintéticos, não temos acesso ao fenômeno em si, mas ao *output* do sensor. Idem op. cit. KRUEGER, Ted. (2003). Redefining Human (in press 2004). Disponível em: http://www.rpi.edu/~krueger/Redef.pdf (02/09/2004).

dotados de inteligência artificial, assumem comportamentos com autonomia, podendo executar funções humanas em ambientes virtuais. O corpo assume estados de transbiomorfose.[6] De forma radical, a biologia molecular reescreve o código da vida, gerando criaturas, e o homem, em parceria com tecnologias, ganha poderes sobrenaturais e divinos. Assim, o maquínico e o biológico, o artificial e o natural, o espiritual e o racional são reenquadrados numa expansão dos limites do humano no ambiente cibercultural.

Nessa perspectiva, considera-se a condição dos humanos modificada na Cibercultura pelas tecnologias interativas não somente por seus atributos técnicos, mas, principalmente, em suas implicações práticas e filosóficas para a cultura. Teorias e práticas da ciberarte e da cibercomunicação abrigam o trânsito de relações com a neurociência, fisiologia sensorial, ciências cognitivas, ciência da computação, física, arquitetura, ciências sociais, biologia, entre outros campos do saber. A conectividade recoloca conceitos de base acerca do sistema biológico no que se refere à natureza e qualidades da vida, do tempo, do espaço, a velha dicotomia natural/artificial pela comunicação distribuída, interatividade, imersão, ubiqüidade, mobilidade, nomadismo, entre outras especificidades das tecnologias digitais que alteram profundamente os modos de lidar no cotidiano.

Está cada vez mais evidente que a revolução não é somente tecnológica, mas antropológica, pois estamos diante de um outro homem. René Berger propõe um "*nouveau* golem", e afirma que, quanto "mais os computadores se superam como máquinas, menos aparecem como máquinas; e menos aparecem como máquinas, mais aparecem como consciência, ou próximos de nossa consciência".[7] As tecnologias interativas podem oferecer também propriedades emergentes de sistemas evolutivos que simulam leis da genética e do funcionamento da mente, nascidas de pesquisas de inteligência e vida artificial. Isso ocorre quando programas respondem com autonomia e evoluem em simulações dinâmicas com graus de inteligência, ao que se denomina de segunda interatividade.

Ordens externas e internas pela relação de *input* e *output*, ocorridas nas operações e experiências vividas pela interatividade dos humanos com as tecnologias, fazem com que um sujeito interfaceado[8] viva num ciberespaço

6. MORE, Max. The Extropian Principles 3.0: A Transhumanist Declaration, 2002. Disponível em: http://www.extropy.org/ideas/principles.html (20/08/2006).

7. BERGER, René, De L'Agora à L'Internet. In: Art et Nouvelles Technologies, L'Aventure Humaine, Savoirs, Libertés, Pouvoirs, ¾, Paris, 1995.

8. COUCHOT, Edmond. *La technologie dans l'art de la photographie à la réealité virtuelle.* Nîmes: Éditions Jacqueline Chambon, 1998.

antrópico e atue em espaços cíbridos.[9] Corpo/computador/ambiente em autopoiese se engajam em interações, num todo mutante, numa consciência cósmica. As operações pelas quais o modelo cibernético interativo interpreta as leis científicas por acoplamentos do corpo dialogando com ambientes virtuais faz com que a ciência do discurso, ou a hermenêutica, baseada nas operações cognitivas humanas, mescle seu poder à capacidade de interpretar elementos da linguagem embutidas no sistema artificial. O sistema dotado de *hardware* e *software* e as lógicas que emergem nas interações e auto-organizações fazem ocorrer a zona interfaceada e uma "hermêutica operacional".[10] A interfaciologia, campo de pesquisa da ciência da interface, proposta por Diebner, discípulo de Otto Rossler, postula que o fato científico pode ser explicado de forma epistemológica, como a criação de realidades por processos ontogenéticos de simulação, em dinâmicas de natureza virtual. As discrepâncias que surgem com os sistemas digitais provocam resultados que, por serem obtidos em situações performáticas pelas ações humanas partilhadas com ações de computadores, poderiam ser tomadas num sentido cultural como a idéia da incarnação da dinâmica simbólica de dados que são atualizados durante as interações.

Esse contexto científico é chave para se entender as mutações antropológicas na Cibercultura, centradas em modos de vida e comportamentos do ciberadão, em suas relações individuais, sociais, afetivas e de construções do eu no ciberespaço. Na ciberarte, na ciberestética e na ciberantropologia, os modos de sentir redesenhados e reconstruídos remetem a uma "engenharia da cultura" e a uma "engenharia da natureza"[11] na era das conexões. Estamos diante de outro estatuto do corpo, seus modos de percepção, de comunicação e de ações individuais ou coletivas. O ponto máximo das mutações são os reenquadramentos da consciência atingidos na era pós-biológica.[12]

---

9. ANDERS, *Peter. Ciberespaço antrópico*: definição do espaço eletrônico a partir das leis fundamentais. In: DOMINGUES, Diana (org.). Arte e vida no século XXI: tecnologia, ciência e criatividade. São Paulo: UNESP, 2003

10. KRÄMER, apud DIEBNER, Hans D. e HINTERWALDNER, Inge (2003). In: *Ciencia Performativa y Hermenéutica operacional.* Disponível em: http://diebner.de/texts/OpHermEs.pdf (20/07/2006).

11. Veja sobre o tema: COX, Geoff, KRYSA, Joasia (eds). Engineering Culture: On The Author As (Digital) Producer. Autonomedia. DATAbrowser 02. Plymouth, 2005. e ASCOTT, Roy (ed). "Engineering Nature. Art & Consciousness in the Pos- Biological Era." Bristol: Intellect Books, 2006.

12. ASCOTT, Roy (ed). "Engineering Nature. Art & Consciousness in the Pos- Biological Era." Bristol: Intellect Books, 2006. p.47-63.

Registro, portanto, quatro qualidades da condição humana reconfigurada pelas conexões ao ciberespaço:[13]

1. estados CS: por conexões *seamless*, sem costura, dialogando com informações digitais ou dados que são imateriais (desde os primeiros computadores pessoais nos anos 60-70);
2. estados CN: conexões nômades, pela ubiqüidade na rede (a partir dos anos 1980 e, sobretudo, depois de 1995, com a abertura da Internet para uso comercial);
3. estados CI:, conexões com ambientes que respondem com inteligência e autonomia (a partir dos anos 80-90 em ambientes dotados de inteligência artificial e vida artificial);
4. estados CM, conexões e mobilidade (conectividade por tecnologias sem fio);

Conexão Seamless (sem costura)	Conexão Nômade	Conexão Inteligente	Conexão Móvel
CS (1970-1980) • Interfaces • Interatividade • Co-existência entre o real e o virtual	CN (1980-1990) • Nomadismo • Web • Conexões na Rede • Ubiqüidade	CI (desde 1990) • Inteligência Artificial • Propriedades emergentes • Processos endógenos e exógenos • Vida Artificial	CM (desde 2000) • Wireless (sem fio) • Bluetooth • PDAs • Celulares • Wi-Fi • Tags • RFID

*os tipos de conexão podem se dar simultaneamente, sendo que a CS ocorre em todas as modalidades.

Cibercoisas pervasivas e sencientes e a magia das conexões

O conceito de cibercoisas pervasivas e sencientes ressoa na "teoria da coisa" de Mario Perniola, ou de formas de existir fora de nós mesmos, e foi usado em meus textos sobre arte eletrônica ainda em 1994,[14] provocando reações no Brasil. Mas, mesmo assim, insisti no tema e discuti a existência de um "deserto de paixões e a alma tecnológica",[15] que encontraram sinergia com os re-enquadramentos de consciência propostos por Roy Ascott em suas conferências.

13. São problemas investigados na atual pesquisa Cibercomunicação: interatividade, imersão, autonomia e mobilidade em *software art* – UCS/UTP/CNPq.

14. DOMINGUES, Diana. O Sentir Eletrônico e a Estética da Metamorfose. In: Revista FÓRUMBHZVIDEO. n.2. Belo Horizonte: Editora Littera Maciel, 1993-1994 e reeditadas no livro *Teoria da Ciência*, Valentim Lazzarotto (org.). Caxias do Sul: EDUCS, 1996. p.165-74.

15. O texto *The Desert of Passions and The Technological Soul* foi apresentado na 1st CAiiA Conference Consciousness Reframed, art and consciousness in the post-biological era, e posteriormente selecionado para publicação na Digital creativity (Exeter), Swets&Zeitlinger Plymouth – UK, v.1, p.11-8, 1998. Em português: DOMINGUES, Diana. O deserto das paixões e a alma tecnológica. In: LEÃO, Lucia. (org.). *Interlab*: Labirintos do Pensamento Contemporâneo. 1.ed. São Paulo: Editora Iluminuras, 2002. p.219-23.

No primeiro desses eventos, em 1997, partilhei a mesa com Mark Pesce, um dos criadores da VRML (Virtual Reality Modelling Language), linguagem da computação que permite escrever mundos gráficos *online*. Essa linguagem possibilita que mundos imaginados, expressos graficamente, possam ser habitados. Pesce é um autor seminal para se pensar o ciberespaço ligado à religiosidade. Postula o ciberespaço como um arquétipo religioso e místico, sendo um domínio para o "cibereu", um espaço social de identidades e de relacionamentos. O autor considera o ciberespaço próximo das origens apontadas por Gibson em seu arqueológico *Neuromancer*,[16] sendo um espaço religioso, uma arena para o existir dos humanos, numa "versão digital da Cidade Sagrada". Seu personagem Case incorpora o Adão bíblico e é expulso do ciberespaço, tendo de voltar ao aprisionamento da carne.[17] Sem dúvida esse seria também um castigo para os homens da Cibercultura.

Software e *hardware* são cibercoisas pervasivas e sencientes que nos fazem sentir e agir de forma diversa e ampliam a teoria da coisa – formulada pelo filósofo italiano Mario Perniola,[18] relacionada ao vídeo e televisão, e ainda retomam seu conceito de *sex appeal* do inorgânico,[19] referente aos simulacros da sociedade do espetáculo, agora expandidos pelas simulações e conexões no ciberespaço. As interfaces conferem a possibilidade de existir diversamente por interações com mundos de silício, em perfurações de camadas quânticas, em ondas e sinais de sensores, *modems* e *chips* de tecnologias móveis, entre outras condições de viver específicas da Cibercultura As conexões com cibercoisas sencientes e pervasivas ganham o fetichismo e a magia dos diálogos com algoritmos de programas, pela ubiqüidade e nomadismo, pela ação em redes e interfaces sociais, por conexões multi-sensórias em evasões e ressurreições do corpo em realidade virtual, em processos evolutivos de vida artificial, entre outras formas de existir próprias dos sistemas interativos. Usando *trackings* como rastreadores de movimento e posição, ou ainda rastreadores GPS que nos localizam em qualquer lugar, interfaces que captam, transmitem e processam sinais naturais por fluxos de *biofeedback* com informações invisíveis de programas, conexões móveis por ondas de radiofreqüência, mensagens de texto em

---

16. GIBSON, Willian. *Neuromancer*. São Paulo: Editora Aleph, 1984.

17. WERTHEIM, Margareth. *Uma história do espaço de Dante à Internet*. Rio de Janeiro: Jorge Zahar Editores, 2001. p.88.

18. PERNIOLA, Mario. *Transiti*. Bologna: Cappelli, 1985.

19. Idem. *O sex appeal do inorgânico*. (tradução Nilson Moulin) São Paulo: Studio Novel, 2005.

SMS, fotos em MSM, por celulares, tecnologias *bluetooth*, colocados em objetos, roupas, no ambiente físico, *webcams* que nos vigiam, telerrobôs que nos permitem agir a distância, entre outras interfaces que nos conectam a computadores e rede, nos transformamos em eus distribuídos, externalizados e compartilhados. Assumimos um existir individual e coletivo específico das conexões no ciberespaço.

Como apontam alguns autores, o ciberespaço oferece um caráter mágico às experiências humanas. Essas posturas que evocam a magia das tecnologias coincidem com a atitude dos artistas da ciberarte ao fabricar realidades expandidas pelo *design* de interface, pensando *hardware* e *software* especulativos para seus projetos interativos. Os artistas, conscientes das trocas de percepção sensorial e dos modos de viver e de se relacionar, encontram na ciberarte, arte orientada à ciência, a relação profícua de arte+tecnologia+magia. Produções colaborativas entre artistas e cientistas fabricam *hardware* e *software* e oferecem realidades cíbridas, que ativam zonas de interação e ressoam na alteridade de uma consciência reenquadrada. De forma similar a xamãs, pagés, feiticeiros, bruxas ou sacerdotes, como seres dotados de poderes especiais para lidar com o espiritual e o mágico, os artistas, apoiados em leis científicas e em processos técnicos, desenvolvem práticas colaborativas transdisciplinares, transformando e adaptando o aparato tecnológico para atender à reconfiguração do humano. Neste ensaio são discutidas teorias pertinentes à arte e ciência, sob a óptica da humanização das tecnologias,[20] com focos na magia, na religiosidade, no sagrado e no profano, entre outras questões surgidas pelas interações com cibercoisas sencientes e pervasivas.

Ciberespaço: corpo expandido, poderes humanos alterados

O ciberespaço é um espaço de dados, fora dos espaços da física, fora do mundo de átomos, energias e partículas; logo, nos comunicamos a partir de informações. Do romance de ficção de Gibson, onde o ciberespaço é vivido como um paraíso, à vida digital de Negroponte,[21] entre outras reflexões sobre conexões com mundos de *bits* e de *bytes*, a vida hoje é compartilhada com ambientes digitais de computadores. Quando comparado a outras concepções e teorias sobre espaço, o ciberespaço é apontado como similar ao espaço medieval, mais

---

20. Veja-se publicações próprias em livros, revistas, catálogos, instalações nessa direção, com listagem completa no site: http://artecno.ucs.br

21. NEGROPONTE, N. *A vida digital*. São Paulo: Companhia da Letras, 1995.

próximo da magia do que da razão do Quattrocento. Vivemos e nos realizamos num lugar sem *topos*, sem lugar físico no espaço da matéria, e as ações ocorrem por informações trocadas em processos de endo-exo comunicação.[22] Estamos agindo a partir de inventos da cibernética computacional e da interfaciologia que abraçam o ciclo de *feedback* pelo *input* e *output* dos sistemas interativos e da interface humano/computador. Ativamos zonas de interação num espaço/tempo construído entre o real e o virtual, similar ao espaço medieval bifásico. As zonas de conexão por tecnologias pervasivas e sencientes promovem sínteses sensoriais, resultantes das ordens de entrada e de saída de informações em mundos de silício e do sistema biológico, processando informações vindas do mundo matérico e de sinais digitais. Liberto de sua condição puramente física, o corpo se expande no digital e, quando interfaceado, não está mais aprisionado a limites geográficos, climáticos, étnicos, religiosos, ou outra restrição material ou social. As conexões criam uma zona onde transitam dados, e o ciberespaço se torna um portal com entradas e saídas que nos levam para mais perto do mundo dos sonhos, desejos, crenças, magias, transes, entre outras alteridades. Pode-se assumir o invisível, o etéreo, viver em espaços imaginários e à semelhança de anjos, de entidades como Oxum, Jurema, de pagés e magos ou seres de uma outra cosmologia.

O conceito de ciberalma, colocado por Margareth Wertheim,[23] coincide com meu conceito anterior de alma tecnológica, agora expandido pelas cibercoisas. A autora levanta relações entre física e religião afirmando que o corpo conectado permite o fenômeno da presença no ciberespaço, enquanto o corpo matérico está ali, conectado ao computador. Diz Wertheim: "*my body remains at rest in my chair*" [meu corpo continua em repouso na cadeira], mas quando conectado está locado em uma outra arena, numa outra lógica e geografia coexistindo no real e no virtual. A pessoa está num outro real que não é o mesmo real, mas não é menos real ou irreal por não ser material. Temos os olhos ligados a telas e, agindo acoplados por interfaces, podemos viver de forma expandida em espaços digitais. Da mesma forma, Eric Davis afirma que as conexões levam a uma transcendência espiritual como *tecnognose*, numa postura ciberreligiosa, de um corpo liberto de sua prisão de corpo orgânico e obtendo conhecimentos por meio de tecnologias. Esses corpos retomam a teologia medieval que extrapola o cristianismo ortodoxo do corpo de carne, para atingir o sonho

---

22. Idem op. cit. 10.

23. Idem op. cit. 17. p.188

e enfatizar o desprezo pela existência puramente terrena.[24] Outro autor voltado a uma atitude religiosa do ciberespaço e "dados da alma" nos mundos de silício é Kevin Kelly;[25] existem também teóricos mais radicais, como Hans Moravec, que nos fala de um robô universal com inteligência e comportamentos similares aos dos humanos e antecipa que um dia se poderá fazer o *download* da consciência.[26] De forma exacerbada, Arthur e Marilouise Kroker[27] exageram na "vontade de virtualidade" e o desejo de estar liberto da servidão do corpo material e de possuir um corpo dotado de outros poderes. Nessa direção, fala-se também de uma aurora da criação no ciberespaço, como propõe Edgar Franco,[28] ao evocar o movimento Extropy,[29] que leva ao paroxismo as reflexões sobre o existir humano com tecnologias.

Autores também coincidem na qualificação do ciberespaço como ciber religioso[30] e ressoam nas cibercoisas pervasivas sencientes aqui propostas, em sua dimensão sensível e espiritual. Quando estamos envolvidos em processos de interação com tecnologias, usamos *hardware* de computadores, sensores, *modems*, fios e cabos, somos movidos por eletricidade, magnetismo, enviamos e recebemos sinais por captores, satélites e *scanners*, GPS, ou com qualquer outro tipo de interface trocamos fluxos de *feedback* com sistemas artificiais. Existimos a partir de coisas externas ao corpo, todas resultantes de avanços da ciência, leis matemáticas, físicas, químicas, leis da biologia, e ganhamos a magia de comportamentos antes reservados aos milagres da religião, a seres de mundos ficcionais e extra-terrenos. Somos humanamente diferentes e habitamos um não-lugar. Paradoxalmente, contrastando com toda a magia,

---

24. DAVIS, Eric. Technognosis: Magic, Memory and the Angels of Information (1993). In: SPILLER, Neil, (ed.) *Cyber Reader: Critical writings for the digital era*. Phaidon: London, 2000. p.190-201.

25. KELLY, Kevin. An Open Univers (1994). In: SPILLER, Neil, (ed.) *Cyber Reader: Critical writings for the digital era*. London: Phaidon, 2000.

26. MORAVEC, Hans. The senses have no future (1998). In: SPILLER, Neil, (ed.) *Cyber Reader: Critical writings for the digital era*. London: Phaidon, 2000, p.262-85.

27. KROKER, Arthur and Marilouise (Eds). Left behind: religion, technology and flight from the flesh In: CTHEORY. Disponível em: http://www.ctheory.net (02/11/2006).

28. FRANCO, S. Edgar. Aurora pós-humana: universo ficcional multimídia em expansão. In: DOMINGUES, Diana e VENTURELLI, Suzete (orgs). *Criação e Poéticas Digitais*, Caxias do Sul: Educs, 2005. p.61-73

29. Sobre o movimento Extropy: http://www.extropy.org.

30. Veja mais em autores como Mark Pesce, Kevin Kelly, Margareth Wertheim, Roy Ascott, Leila Amaral, Diana Domingues.

estão cálculos e algoritmos, a lógica de sistemas, regras de funcionamento de materiais e leis científicas que regem a *performance* e asseguram a eficácia de *hardware* e *software*. Avanços na composição de materiais inteligentes, interfaces em espaços públicos, satélites e centrais de automação oferecem *feedback* que permite trocar informações e conversar com o além. Sinais do cosmos por vento, eletricidade, informações de microorganismos são usados para a comunicação e nos colocam mais perto de xamãs, feiticeiros e deuses, em diálogo com a consciência cósmica. Estamos construindo uma outra natureza para a espécie humana.

Pelas interfaces, os limites da esfera foram derrubados e o homem atua no mundo como num grande organismo de *feedback*, no interior de programas escritos por pura linguagem simbólica de palavras e cálculos numéricos. O matemático Babbage antecipara que todo o universo e suas leis poderiam ser explicados e entendidos em operações matemáticas, como um problema numérico complexo. O cientista pensava que a matemática era uma ciência e uma arte perfeita, pois permite a representação abstrata do mundo real.[31] Nessa afirmação está o germe da linguagem numérica do computador para se simular qualquer tipo de vida em um sistema interativo. Hoje, os programas e seus algoritmos de complexidade crescente possuem funções que simulam leis da biologia e do funcionamento da mente e que encontram na unidade de processamento central e na memória do computador. A possibilidade de viver em simulações, no campo das ciências do artificial, coloca as ações humanas à semelhança de ações de Deus, o programador de algoritmos do universo.

Identidade e alteridade

Entre os focos de estudos mais ricos para compreender as mudanças nas formas de viver está a hiperconectividade planetária numa *websociety*, por mentes conectas, proposta por De Kerckhove.[32] Outros autores investigam as formas como comunidades virtuais se organizam e replicam regras sociais na rede, focados em estudos de como a diversidade de nossas personalidades. Analisam

31. "Analytical Engine". Nessa perspectiva, as simulações matemáticas se aproximam de milagres de Deus, e o matemático seria "o programador de algoritmos divinos". Ver BABBAGE, Charles. Of the analytical engine, 1864. In: SPILLER, Neil, (ed.) *Cyber Reader: Critical writings for the digital era*. London: Phaidon, 2000.

32. DE KERCKHOVE, Derrick. Connected Intelligence: The Arrival of the *web* Society. Toronto, Ontario: Somerville House, 1997.

a criação de ambientes virtuais e tipos de relações sociais alteradas na vida privada e coletiva. É preciso entender os traços psicológicos de uma pessoa conectada a mundos virtuais de multiusuários e que se relaciona com um parceiro virtual. Esse parceiro, incorporado a um avatar, usa uma máscara digital, e ainda, por vezes, age com parceiros dotados de inteligência, denominados agentes, que nos representam e executam tarefas no virtual. São situações que oportunizam identidades e alteridades assumidas em mundos possíveis. No campo da realidade virtual, a percepção em seus aspectos psicofisiológicos ocorre em zonas de sensibilidade alteradas pelo potencial de interfaces multissensoriais que conferem outras características para os humanos. Esses e outros tipos de vida, típicos da Cibercultura, levam a estudos de psicofisiologia e psicofísica, e às questões da consciência em modelos computacionais, inclusive seu potencial semântico e social. Nessa linha de pensamento, encontramos as teorias de um corpo ciborgue de Donna Haraway,[33] que considera os ciberorganismos como "um encontro especialíssimo entre a ficção cientifica e as ciências biológicas". Para a autora, estamos caminhando para um estado em que não saberemos mais distinguir as fronteiras entre o maquínico e o humano. Torna-se pertinente, portanto, ter o conceito de ciborgue não mais como algo ficcional, mas funcional e operacional, interposto na vida humana da era digital. O simples ato de estar conectado a um computador, funcionar a partir de um *software*, até mesmo nas operações mais simples de digitar um texto, já nos coloca na perspectiva de um corpo que funciona a partir de próteses. Apaga-se, corta-se, estoca-se na memória, repete-se automaticamente uma frase, gera-se uma imagem que é enviada para outros, em simples ações que estão, entretanto, além da capacidade de um humano não conectado. Executamos funções por um corpo que funcionalmente está ampliado. São transgredidas fronteiras por situações vividas numa estreita afinidade entre material e imaterial, entre natural e artificial, em situações antes impossíveis para a natureza biológica, hoje expandida pelo pós-biológico. Para Venturelli, o sujeito descobre "os prazeres de uma vida de síntese". Isso se deve, talvez, "porque a imagem é antes de tudo um vetor de comunhão que pode projetar o sujeito muito além dele mesmo, para o exterior".[34] Os humanos realizam-se tendo seus órgãos sensoriais expandidos e em processos de memória e de imaginação ciborguizados.

---

33. HARAWAY, Donna. A Cyborg Manifesto (1985). In: SPILLER, Neil, (ed.) *Cyber Reader: Critical writings for the digital era*. London: Phaidon, 2000. p.46.

34. VENTURELLI, Suzete. *Arte: espaço_tempo_imagem*. Brasília: Editora da UNB, 2004.

É nessa perspectiva de identidade e de alteridade expandidas que Sherrey Turkle pensa o ciberespaço sob o ponto de vista dos efeitos psicológicos construídos por conexões em ambientes virtuais na rede.[35] Enfatize-se também que Pavel Curtis, cientista da Xerox Palo Alto, foi o criador do primeiro *MUD* como jogo *online*, que permite gerar um ambiente digital ou *Lambda MOO*, onde ocorrem vidas de coletividades na rede, que são de alta implicação social.[36] Conectados a ambientes digitais imersivos de multiusuários na rede, podemos ter uma vida partilhada com outras pessoas, com acesso a objetos, salas, onde o usuário de *browsers* manipula um mundo tridimensional, vivendo em lugares virtuais.[37] Turkle propõe os mundos de multiusuários como "construções e reconstruções do eu" na realidade virtual de mundos *online*.[38] Trata dos jogos de identidade em ambientes de multiusuários como semelhantes aos jogos para se desempenhar papéis, na tradição dos *Dungeons and Dragons*. A utilização de um determinado papel permite elaborações do eu pela revisão de relações com outras pessoas. Para a autora, a construção psicológica é um veículo para o diálogo com réplicas de relações vividas na vida real. São "lugares consensuais", que Turkle enfatiza bastante para algumas situações mais setorizadas, como a abreviação de diferenças de gênero, raça, deficiências físicas, entre outras situações que estão atenuadas pela existência em mundos virtuais. Analisa as relações nos ambientes de *games* como retomadas do mito de pigmaleão e seu poder de fantasia. Histórias de transformação são vividas por ídolos do imaginário popular, ícones da história, e oferecem experiências difíceis de acontecer no mundo real, e que nos aproximam de identidades que pretendemos ser. Esses lugares de alteridade, ao mesmo tempo que são acusados de proporcionarem evasões no mundo real, podem ser vistos como a inserção de pessoas que estão distanciadas do convívio social, não importa por qual motivo. Assim, o valor dos *MOOs* está em se tornarem lugares evocativos onde podemos controlar as ações em papéis com verdadeira identidade, ou no anonimato de uma falsa identidade.

---

35. TURKLE, Sherry. *Life on the screen*: identity in the age of the internet. London: Phoenix (Orion Books), 1997.

36. *MOOs* são versões gráficas de *MUDs*, que geram mundos virtuais que podem ser habitados e vividos espacialmente.

37. CURTIS, P. *Mudding: social phenomena in text-based virtual realities* (1992). In: RANDAL P. & JORDAN, K. *Multimedia From Wagneer to Virtual Reality*. New York: W.w. Norton$ Company, 2001. p.317-34.

38. TURKLE, Sherry. Constructions and reconstructions of the Self in Virtual Reality (1994). In: SPILLER, Neil, (ed.) *Cyber Reader: Critical writings for the digital era*. London: Phaidon, 2000. p.298, p.208

São exercícios de construção do eu nos quais podemos experimentar trocas de personalidade, nacionalidade, residência, religião, partido político, em adesões ao mundo que se escolhe.[39] Turkle chama os *MUDs* de *identities workshops* [oficinas de identidades]. O princípio central é: "*you are what you pretend to be*" [você é aquilo que finge ser].

Zonas de *inter-essere*: *sex appeal* do inorgânico e o "mais-que-profano no profano"

A dimensão ritualística das tecnologias interativas se reveste de fetichismo, considerando o fetiche não no sentido de diálogos com o divino em cerimônias, mas em conexões tecnológicas, que se constituem em expressão exacerbada do *sex appeal* do inorgânico.[40] O fetiche tecnológico provoca enigmas, "um hieróglifo", "uma coisa sensivelmente supra-sensível",[41] pois reúne o aspecto concreto ligado ao ser algo de partilhado em sua sexualidade inorgânica. Leva à exacerbação do prazer vivido em parceria, em colaborações e reciprocidades, em trocas regeneradoras com o outro ou outros, em cumplicidades e fantasias experienciadas, em objetivos comuns, em estados de emergência vitais, por um hipercórtex conectado com mentes externas e com outras mentes do planeta. Essas questões se inserem na simbologia das ciências da religião e no totemismo da antropologia, e respondem ao retorno ao fetichismo que, desde o início do século passado, retirara o peso negativo dos objetos de consumo da sociedade industrial, atribuindo-lhes um valor de culto, como apontou Benjamin. São práticas exteriores ao corpo, com cibercoisas sencientes e pervasivas, e em mundos virtuais que ativam rituais antropológicos. As conexões exercem um poder de excitação para além do uso e pragmatismo das tecnologias, ou de "uma subjetividade utilitarista", proposta por Perniola, e permitem agir no digital com alto prazer de envolvimento pelas partilhas e realizações individuais em cada ritual realizado. Nesse sentido, recorre-se mais uma vez ao esteta e antropólogo italiano para seguir o caminho do sagrado e do profano sob a óptica dos sistemas interativos. O autor afirma que para a antropologia o sagrado é um fenômeno

39. Ver mais sobre *MOOs* em DAMER, Bruce. *Avatars*: Exploring and Building Virtual Worlds on the Internet. Berkeley: Peachpit Press, 1998. Ou no site de Damer, http://www.activeworlds.com.

40. Idem op. cit. 19. p. 263.

41. Idem ibidem.

"essencialmente social e coletivo", enquanto para a teologia "é um fenômeno individual e subjetivo".[42] Isso culmina na "revisão crítica da oposição sagrado/profano", e, segundo o autor, é possível e até necessário procurar e encontrar no profano, no mundano, a presença de uma extrema espiritualidade pela maneira como ela se manifesta na vida cotidiana. Na antropologia contemporânea, Perniola examina o rito não somente para o sagrado, mas para o "mais-que-profano no sagrado". Todas essas afirmações coincidem com a adesão a outros modos e estilos de vida de um viver paralelo, numa "ontologia do duplo" apontada por Perniola, num "mais-que-profano no profano" pela co-presença em rituais da vida cotidiana. Nessa perspectiva, Perniola quer afirmar que o conhecimento do mundo e o conhecimento de Deus não seriam totalmente incompatíveis, sendo que a vida profana permite a sacralização do profano, que na Cibercultura assume ainda aspectos sociopolíticos. O sagrado, na visão de Perniola, ocorrera ainda na sociedade do espetáculo de Débord e na reconstrução material da religião, que encontra sua forma final na sociedade da *mass media*. Entretanto, a dimensão coletiva e social da Cibercultura na era das conexões leva ao ápice a sacralização pelo social e coletivo vindo do profano nas diversas conexões.

As zonas de intervalo vividas na co-existência com o ciberespaço nos levam também ao conceito de entremeio, entre o sagrado e o profano, num espaço intermediário, assentado na noção de interesse, proposto por Perniola. Considera-se que as *interfaces* geram o *inter-essere*, num existir entre e não mais em superfícies, ou *surfaces* das coisas antes das cibercoisas. As interações numa zona que se cria entre o sistema que responde afirmam a etimologia da palavra, que em latim quer dizer mais do que "estar entre", ou *inter-essere*. Isto porque toda conexão implica o interesse e a aceitação de agir no virtual, pelo convite aceito de usar uma interface (mouse, teclado etc.) numa adesão aos modos de existir nesse intervalo, para agir nesse *intermeio*. Somente o envolvimento e o interesse de cada indivíduo ou grupo geram acontecimentos. As escolhas interessadas nos *intermeios* da arte interativa acontecem pelas ações que atualizam ou tornam reais (inglês: *actual/real*) informações guardadas no interior de sistemas que provocam o aparecimento de zonas intersticiais nas práticas cotidianas de rituais. Não se trata do sagrado de um transe religioso, mas de momentos que nos levam a comportamentos e regras sociais transplantados e ampliados, num coexistir entre o real e o virtual, por simulações de natureza digital. Os poderes humanos

42. PERNIOLA, Mario. Mais-que-sagrado mais-que-profano In: KERN, M. L e BULHÕES, M. A. (orgs). *As questões do sagrado na arte contemporânea da América Latina*. Porto Alegre: EDFURGS, 1997. p.15-40.

não lidam mais com imitações ou simulacros por cópias do real, ou duplos do real. O ciberadão expande a "ontologia do duplo" da cultura da *mass media* para a Cibercultura e a "ontologia do estar-entre", por ações efetivas que se colocam para além da dimensão meditativa e da passividade de um mundo imposto, fechado e recluso em objetos ou em coisas eletrônicas gravadas ou transmitidas (objetos, fotos, filmes, vídeo, televisão). Com a interatividade, nascem relações por experiências compartilhadas, em realimentações por processos de troca, que culminam numa reengenharia do sentir e do coletivo.

No que se refere ao *inter-essere* e ao *sex-appeal* do inorgânico com a experiência do mais que profano no profano, apresento comentários de uma de minhas ciberinstalações para o sujeito interfaceado: *I'Mito: zapping mobile zone* (fig. 01 e fig. 02). No interior de uma sala de memórias, as interações dos visitantes geram estados emergentes que permitem comprar identidades. Os fluxos gerados nas respostas criam um espaço cíbrido, e o visitante co-existe entre o real e o virtual, indo da materialidade e fisicalidade de objetos-fetiches à virtualidade de imagens, à abstração de palavras, números e sons. Ele faz parte do todo e gera uma zona de *zapping* da cultura dos mitos. Numa estética pop e pela poética do excesso é possível ir desde objetos de consumo cheios de energia e simbolismo, repletos do *sex-appeal* do inorgânico, até imagens e sons impregnados de valores e idéias de pessoas elevadas à condição de ídolos e suas reverberações. O sistema é ativado pela seleção e apresentação de dois objetos retirados de uma caixa/altar, e oferecidos a um leitor laser para iniciar o ritual de identificação. É na oferenda de um objeto fetiche que se manifesta e se desencadeia a vontade de partilhar a identidade e desencadear a reciprocidade. O código das etiquetas presas aos objetos substitui preços por palavras que revelam traços da vida dos mitos e acionam um mecanismo de busca na Internet, resultando em sentenças partilhadas com mentes do planeta. O ofertório resulta na comunhão de valores guardados no oculto dos dados e que em autopoiesis escrevem frases inesperadas, vindas de não importa onde e de não importa quem, mas que regeneram a vida do mito chamado por dissipações e incertezas. Simultaneamente, imagens dos mitos e objetos em realidade virtual, vistos em estereoscopia, geram aparições efêmeras de objetos/imagens que em *morphings* sucessivos contrastam com a fisicalidade da sala. Celulares podem ser usados para enviar fotos ou mensagens, afirmando as conexões móveis como reconfiguradoras do humano, ao lado da ubiqüidade da rede. É a memória global do planeta, num sistema interativo aberto, em auto-organização, trazendo fatos e valores da personalidade dos mitos. Numa tela sensível ao toque, palavras podem ser escolhidas para cada um criar seu próprio mito. As respostas determinam geneticamente indivíduos e palavras se recriam, gerando outras populações. A evolução da população é controlada por um algoritmo genético com função *fitness* que reescreve palavras e altera uma textura de letras em auto-organização. Propriedades emergentes provocam a regeneração do ambiente gráfico. Monitores acrescentam o código matemático que rege a exposição, contrastando com a alta figuração reinante. A instalação permite dialogar com a memória coletiva de mitos da cultura humana, em conexões sem costura com computadores, com o corpo móvel conectado na rede e por sensações e imprevisibilidades nascidas no interior de cibercoisas invisíveis, mas pervasivas e sencientes.[43] Annick Bureaud assim comenta a instalação:

> A sala da instalação parece uma loja de souvenirs de uma cidade turística coberta de objetos do chão ao teto. Face a essa profusão e exuberância lúdica, os objetos se tornam o que eles são: a manifestação tangível e concreta da desrealização dos indivíduos elevados à categoria de ídolos, imagens abstratas que se acredita possuir pelo viés deste acúmulo de relíquias patéticas. Ao contrário, as imagens e objetos virtuais parecem mais "reais" e mais próximos do indivíduo que está atrás da estrela pública.
>
> Annick Bureaud, Art Press, Paris, outubro de 2004 [44]

Como zonas de interação, gostaria de comentar também a zona intervalar gerada pelo interesse de cada pessoa que interage na instalação *TRANS-E: My Body, My Blood* (fig. 03). No interior de uma caverna com inscrições rupestres da Pedra do Ingá, no norte do Brasil, os corpos conectados às interfaces dialogam com dados escondidos em memórias de silício e experimentam "alucinações virtuais". Ao moverem-se, conectam-se com o cosmos e, de forma similar, a nativos que tentam captar e transmitir energias, as pessoas ganham poderes xamânicos por dialogarem com os dados ocultos de programas. Pelas conexões, estados de consciência levam a intervir no mundo real e receber respostas do virtual. No fundo da sala, a pedra se torna um véu entre o mundo real e o dos espíritos e, da mesma forma que xamãs dialogam com fenômenos naturais, o corpo dotado de interfaces assume a identidade de um pagé ou feiticeiro, e durante seu transe materializa coisas que brotam das paredes, com seu corpo vivendo fluxos de

---

43. Texto escrito para o painel da instalação montada na Casa de Cultura Gerd Borhein, da Secretaria Municipal de Cultura de Caxias do Sul, outubro de 2006.

44. BUREAUD, Annick. Impressions du Brésil, *Revista Art Press* 305. Paris: ADAGP, outubro, 2004.

informação entre o real e o virtual, numa coexistência no espaço *entre*, que somente ocorre por estar conectado a tecnologias. Numa zona de *entremeio*, numa zona de interesse, as ações agem sobre o virtual que sente e responde. O corpo e seu sangue, em ligações sem costura (*seamless*) com o ambiente físico e com o ambiente digital, determinam a vida do ambiente, alterando sons e metamorfoseando as imagens. O som de um tambor chama para a incorporação no centro da caverna, como uma oferenda à vida. No centro da sala, lembrando os sacrifícios, há uma bacia cheia de sangue que se move pelo calor dos corpos. Para aumentar o grau de imprevisibilidade desse cosmos híbrido onde silício e carbono se misturam, átomos e bits se fundem, foi gerado um *software* denominado "xamã 32".[45] O *software*, dotado de algoritmos para comportamento evolutivo e autônomo, consiste numa rede neural artificial que decide a auto-organização do ambiente conforme o tempo, lugar e intensidade da pessoa que interage no espaço. As redes neurais funcionam em *back propagations*, a partir de algoritmos, e evoluem em suas respostas, e o controle da sala pelo sistema remete a fenômenos naturais num organismo que se auto-organiza. Da mesma forma que a natureza e as desordens de um sistema vivo, a sala oferece estados emergentes que variam por brilhos, relâmpagos, objetos, animais e fenômenos, com respostas autônomas de um sistema de segunda interatividade.[46]

Ciberarte e os comportamentos humanos em ambientes virtuais

Nada melhor do que o imaginário do artista, com suas práticas milenares de recriação da realidade, em níveis que ultrapassam o pragmatismo, a ortodoxia e a racionalidade da ciência, bem como o dogmatismo da religião, para entender e articular conexões no ciberespaço. Não há razão que resista a tanta

45. Programadores do NTAV Lab /UCS 1997-2000. Gustavo Lazzarotto e Gelson Cardoso Reinaldo sob a orientação de André Adami, *expert* em redes neurais, e com a participação de Bruna Paula Nervis.

46. A Instalação interativa recebeu o PRÊMIO UNESCO 2000 para a Promoção das Artes na 7ª Bienal de Havana, Cuba, em novembro de 2000. Foi mostrada em Chicago, Buenos Aires, Lima, Suécia, Eslovênia e no Brasil, na IIª Bienal do Mercosul e na Galeria da Universidade de Caxias do Sul. A escolha dos temas das produções do Artecno está relacionada à experiência da coordenadora do grupo, partilhada com um pequeno grupo de artistas, vivendo com os índios Kuiukurus no Xingu, interior do Mato Grosso. O texto "Entre o transe e o algoritmo", de Edmond Couchot, foi publicado no catálogo da exposição e encontra-se à disposição no site da pesquisa: http://artecno.ucs.br.

ficção tornada realidade. Os artistas da ciberarte concebem sistemas na relação do observador agindo no observado, e problematizam interações em processos partilhados com operações de *software*, como entidades externas ao homem, confirmando a premissa de Mario Costa de que "o sublime cessa de pertencer somente à natureza, e principia realmente a pertencer à 'arte'". As alterações são "do tipo sublime matemático, segundo a terminologia kantiana, ou sublime teórico, segundo a schilleriana; mas nada impede uma reflexão sobre a captura/restituição tecnológica da 'potência' ameaçadora da natureza..."[47] O artista que constrói *software* especulativo se torna um engenheiro/artista que em parceria com cientistas gera mundos cíbridos para serem vividos interfaceando real e virtual tecnológico. Na *software art*, segundo Erkki Huhtano,[48] o *slogan* de John Berger de que "toda imagem incorpora os modos de ver", pertencente à arte da ilusão e das técnicas de representação da realidade, é ampliado para experiências estéticas interativas pelo *slogan* "todo *software* incorpora os modos de usar". Ou seja, cada *software* incorpora o modo em que está sendo usado pelo participante da experiência. Assim, o artista demiurgo, com o papel de função mediadora entre os vivos e os mortos, os humanos e os deuses, a comunidade e a cosmologia, seres visíveis e forças invisíveis que dominam os homens, parte para a geração de outras realidades na realidade, nas quais os humanos assumem comportamentos guiados por interfaces que demandam diferentes maneiras de agir ao conectarem-se com o ciberespaço.

A intenção deste ensaio é propor e exemplificar como a ciberarte se constitui num laboratório que gera ambientes mágicos, de intensa ativação da espiritualidade, de recriação de valores do mito e do sagrado. Se tomarmos o fenômeno da vida em seus princípios de incerteza, imprevisibilidade, auto-organização que regem o universo, os artistas ganham capacidades divinas ao gerar ambientes com vida própria dotados do poder de agir em mundos de informação. Sem intenções de rastrear teorias da arte e sua história, enfatiza-se, entretanto, a posição da teórica canadense Louise Poissant sobre o projeto modernista em sua vontade de mudar o humano, numa perspectiva freudo-marxista, a qual se prolonga hoje no desejo de redesenhar o humano. A autora fala das tecnologias que reconfiguram o biológico e retoma Simondon em suas propostas de acoplamento, de intervenções no ambiente físico, no tecido social, nos

47. COSTA, Mario. *O sublime tecnológico*. São Paulo: Editora Experimento, 1995. p.23.

48. HUHTAMO, Erkki, "Cyberarts, codes and coders: contextualizing software art". In: KLUSZCZYŃSKI, Ryszard W. (ed). *Art Inquires Cyberarts, cybercultures, Cybersocieties. v.5.* Lodzkie Towarzystwo Naukowe, Lodz, Poland, 2004. p.51.

cruzamentos do humano com tecnologias.[49] A historiadora brasileira Maria Lúcia Kern também analisa o projeto modernista como superação do projeto iluminista de valor e poder absolutos e "faz da arte uma forma de religião, que se concretiza no momento de crise da representação e dos valores espirituais".[50] Destaca a pintura pura dos modernistas como liberada "da representação do mundo aparente e conduz alguns artistas a desvelar o mundo oculto, procurando restituir o caráter mágico que a arte possuía no mundo antigo, quando tornou visível o invisível". Na ciberarte, confirma-se a premissa de que a história da arte é determinada pelo desenvolvimento tecnológico de seu tempo e que o ciberespaço também se volta à ativação de valores espirituais, tendo como aliada a tecnologia interativa, em sua dimensão mágica de oferecer experiências a serem vividas com ambientes digitais. Curiosamente, os avanços digitais que poderiam nos distanciar do passado, nos levam a retroceder no tempo, e os artistas estão se confrontando com um fenômeno interessante pelas coincidências das reflexões que ligam as tecnologias interativas com elementos de civilizações pré-industriais. Autores afirmam que a arte com tecnologias retoma a magia e o misticismo de civilizações tribais e medievais e coincidem com a visão de Arthur Clarke de que "toda tecnologia bastante avançada não pode ser distinguida da mágica". Nessa direção, Edmond Couchot, ao comentar a instalação *Trans-e: my body, my blood* em seus aspectos ritualísticos e em suas fortes ressonâncias simbólicas, reforça que se trata de uma enigmática experiência e intitula seu texto: "Entre o Trans-e e o algoritmo". Segue uma parte do texto:

> A caverna funciona como um espaço sagrado onde o espectador (seria necessário dizer: o iniciado) é colocado em presença de símbolos rupestres e musicais próprios da cultura xamânica. As imagens e os sons, muito ritmados, que o próprio espectador desencadeia através dos sensores, mas sobre os quais ele não tem o controle real, colocam-no numa espécie de transe visual e sonoro. O espectador

---

49. POISSANT, Louise, *L'Art de reinventer la vie.* In: POISSANT Loise, DAUBNER, Ernestine (orgs.) *Art et Biotechnologies.* Collection Esthétique des Arts Médiatiques. Montréal: Presses Université du Québec, 2005. p.2.

50. KERN, M. Lucia. A arte como missão sagrada: o universalismo constructivo. In: KERN, M. L. e BULHÕES, M. A. (orgs). *As questões do sagrado na arte contemporânea da América Latina.* Porto Alegre: EDFURGS, 1997. p.121. Baseada em teorias de Soriau, ela salienta a relação da arte moderna com questões do sagrado: o sagrado significa o separado, colocado à parte, o distinto, ao passo que a religião pressupõe a ligação. Num sentido, os termos se opõem e, em outro, a religião pode ser representada como se tivesse relação com o sagrado *separado.* A autora concorda com Soriau em que a arte começou não na religião, mas na distinção, na separação, porque ela não se mostra, e se assemelha, mas é diferente.

é, assim, convidado – não sem certa violência – a encontrar esse estado extático e visionário próprio dos ritos iniciáticos (Edmond Couchot, 1998).[51]

Por seu turno, Eddo Stern, programador e teórico no campo dos *games*, evoca a magia das tecnologias e aponta o neo-medievalismo dos ambientes de jogos que misturam tecnologia e magia. Analisa aspectos fantásticos de mundos medievais que reaparecem nos jogos.[52] Enfatiza que os próprios títulos dados pela indústria de *software* e de produtos tecnológicos, ou seus *slogans*, evidenciam a relação magia + tecnologia. Como exemplo pode-se mencionar: *Wizard, Dreamweaver, Magic Solutions, DigitalSorceress, Maya, Adventure, Flash, Power Point.* Assim, a civilização da cibercultura é composta por humanos dotados de poderes mágicos, com varinhas de condão, tapetes voadores, máscaras, fantasias, poções poderosas, anéis, pedras preciosas e talismãs, animais fantásticos, gnomos e fadas, feiticeiros e piratas, homens bondosos e bruxas. Tradições pagãs e cartografias impossíveis com mapas, firmamentos e labirintos, vibrações do cosmos, radiação solar, o vento e as energias renováveis, bem como outros elementos da alquimia e de visões alteradas são retomados em seus componentes mágicos e invadem temáticas artísticas e práticas científicas na ciberarte. Interfaces, ao expandir o corpo, funcionam como instrumentos de rituais à semelhança de tubos, flautas e maracas, plumas e adereços, máscaras ou pinturas sobre o corpo, ou outro artifício para agir em cerimônias e buscar poderes sobrenaturais. Na arte interativa, sempre há uma interface para se enviar e conectar dados. Usa-se roupas, microfones, teclados e rastreadores, celulares ou câmeras, *scanners* ou outros "amuletos" e "adereços", e deve-se caminhar, assoprar, rodar, cantar ou outra ação ritualística em práticas similares aos rituais tribais, em cerimônias de seitas e sociedades religiosas. O corpo conectado incorpora o ocultismo dos dados, dialogando com o além do mundo imaterial, e ganha poderes especiais de agir em mundos antes não vividos.[53]

---

51. COUCHOT, Edmond. Entre o transe e o algorítmo. In: *Catálogo Diana Domingues*, Artecno UCS. Trans-e: My body, My blood. Caxias do Sul: Lorigraf, 2000.

52. STERN, Eddo. Une touché moyenâgeuse: le néomediévisme, la magie et la technologie informatique. In: FISCHER, Hervé. *Les d éfis du cybermonde*. Quebec: Presses de L´Université Laval, 2003. p.153-8.

53. Vejam-se interfaces hápticas, multi-sensoriais e móveis. Note-se que as interfaces mais comumente utilizadas são o teclado e o *mouse*, mas existem interfaces como roupas especiais para realidade virtual, sensores hápticos, telas sensíveis ao toque, *joysticks*, rastreadores ou *trackings, captadores* de sons e calor, ondas elétricas do corpo, e de ondas cerebrais (por *brain waves scanners*), eletrodos para captar ondas do movimento dos EOG, computadores vestíveis

Nos rituais de arte interativa, crianças, jovens, velhos, empresários e políticos, padres, professores e lavradores, todos, ao se engajar em ambientes interativos, podem adquirir e transmitir informações por fluxos ou forças que transformam o virtual em um mundo incorporado ao mundo físico. Fatos se criam em operações complexas com sistemas que misturam o biológico e o artificial, em mútuas realimentações e estados mágicos. Enfatiza-se aqui o cotidiano contemporâneo invadido por computadores e redes, que abriga, na cibercultura do entretenimento, a cultura dos videogames. Os *gamers* são a maior comprovação do fascínio das tecnologias, principalmente pelos jovens contemporâneos. Ressalte-se que a adesão dos jovens contemporâneos, em sua busca do poder e da magia nos jogos, gera o fenômeno de locais apropriados como as *lan houses*.[54] O telefone celular, por sua vez, coloca a possibilidade de conversar por mensagens de texto com seres invisíveis, diferentemente do falar ao telefone, e nos leva a conexões de qualquer lugar. O fantástico de aventuras pode ser experienciado em jogos de bolso, palm-s e celulares, ou seja, pelas tecnologias *wireless* vivemos conexões móveis, de qualquer lugar, revertendo as noções de público e privado. Estamos saindo para fora do domínio do humano, na ubiqüidade de viver em muitos lugares, dom divino, por agir em mundos ocultos, andar pela rede, por não se ter mais peso nem matéria, entre outras qualidades de deuses e mágicos repassadas para o cibersujeito.

Jogos de onipotência para brincar de Deus

A inteligência artificial oferece modelos dinâmicos de comportamentos simulados escritos em linguagem orientada a objeto para narrativas de *games*, provocando uma rede de acontecimentos interdependentes. Os poderes humanos exacerbados pelo virtual encontram nos *games* as oportunidades para o exercício de identidades incorporadas nas narrativas possíveis, com seres dotados de qualidades e formas de agir que nos representam em vidas possíveis e, por vezes, exercendo tarefas impossíveis. Os papéis exercidos em narrativas trazem à tona simulações que remetem ao papel divino, que Celia Pearce denomina jogos

com sensores e com tecnologias *wireless Wi-fi, bluetooth, palm-s, Tags* para ondas de radiofreqüência, óculos e capacetes para visão esterescópica, exoesqueletos para a total movimentação muscular, câmeras e outros sensores ópticos, que se constituem em interfaces multisensoriais.

54. Em outros momentos surgiram espaços sociais determinados por tecnologias, como o livro e as bibliotecas, o filme e os cinemas.

de onipotência.[55] São tipos de jogos que estão enriquecidos pelas inovações no domínio da inteligência artificial que se baseiam em linguagens de programação orientada a objeto, e cuja ação se dá em uma rede de acontecimentos imprevisíveis por simulações dinâmicas. Os *Sims*, como jogos de onipotência, nos fazem brincar de Deus e gerar mundos possíveis. Por sua vez, *SimCity*, *Civilization*, *Age of Empires* são jogos para jogadores que, como detentores de visões de um Deus, manipulam os acontecimentos e os personagens e operam de maneira demográfica, mais do que individual. Cenas são geradas em módulos com modelos múltiplos de procedimentos de natureza complexa e evoluem em lógicas próprias. O jogador assume um papel divino, e pode exercer influência de forma direta a partir de interfaces manipuláveis, ou de forma indireta, pelas ações internas de um programa que lhe confere poderes. As populações, ao agirem demograficamente, fazem com que uma ação desencadeie outra, como, por exemplo, ao criar um berçário, um prédio de um hospital aparece, surge um corredor para se entrar na sala. Sempre há uma história-base em torno da qual se gira, em ações coletivas ou por uma ação mais decisiva do programa, e o ambiente se auto-organiza, mesmo que com uma solução gráfica ainda de baixo realismo, pela dificuldade de renderizar os ambientes em tempo real.

Abandono do corpo, evasão e ressurreição em realidade virtual

A realidade virtual e os ambientes interativos de ciberinstalações oferecem experiências estéticas multi-sensoriais, com o corpo conectado por interfaces, interagindo com sistemas artificiais. Karen A Franck[56] se volta a estudos de corpo em processos de abandono, quando se entra em ambientes de realidade virtual, usando dispositivos de imersão. As questões levantadas pela autora se relacionam também à fisiologia, pois a realidade virtual explora processos biológicos que permitem outras experiências espaciais como visão em estereoscopia através de óculos, rastreadores de movimento, de natureza háptica, além de dispositivos de *biofeedback*, com sinais naturais do corpo que provocam a resposta do ambiente. Os limites entre o humano e o virtual ficam esmaecidos e mesmo questões de raça, gênero, e outros estereótipos sociais não prevalecem

---

55. PEARCE, Celia. L'émergence de la co-éditique, prochaine révolution interactive. In FISCHER, Hervé (org.). *Les défis du cybermonde*. Québec: Université Laval, 2003. p.186-8.

56. FRANCK, Karen A When I Enter Virtual Reality, What Body Will I Leave Behind? (1995). In: SPILLER, Neil, (ed.) *Cyber Reader: Critical writings for the digital era*. London: Phaidon, 2000. p.238.

no mundo virtual. A autora afirma que as experiências do eu são vividas mais como "o não eu", e permitem entender melhor o outro. Abandonar o corpo aos dispositivos em suas atividades físicas para agir em ambientes virtuais leva a superar limites de gravidade, peso, distância, permitindo voar, boiar, além de manipular objetos e cenas que o corpo sem interfaces não consegue realizar. Pode-se andar entre edifícios, tocar o horizonte, voar, entrar em fornalhas, atravessar paredes, viver no interior de uma célula. A pergunta então é: que corpo está por trás dessas experiências? Pela expansão dos sentidos através das interfaces, não é mais o nosso corpo físico em sua natureza primeira e o mundo também não é mais o mesmo. Pernas, mãos, pés, cérebro, músculos são órgãos de percepção e de mobilidade que são ampliados em sua capacidade de agir em espaços imaginários. Na visão de Franck, deixar o corpo de carne é abandonar necessidades e a mortalidade. É estar livre de identidades anteriores, de restrições sociais do mundo real. Dessa forma, suas afirmações reforçam o ciberespaço como um espaço de ficção e levam a encarar as possibilidades de sair de certos aprisionamentos da vida real. Religião, ciência, filosofia e a maioria das manifestações da arte desdenharam o corpo matérico e suas necessidades, preocupações que o cibercorpo reafirma.

O designer e teórico Michael Heim[57] propõe que na realidade virtual há sempre um enriquecimento do real pelo virtual e, inversamente, do virtual pelo real, tendo o ciberespaço um caráter meditativo. Em seu texto sobre a cerimônia do chá, relaciona o poder emissivo do chá numa psicoesfera, ou seja, numa atmosfera que influencia a consciência e o ato de ouvir o som da água fervendo num fogo de carvão, sentado numa sala escura, com um teto regular e segurando a xícara. A cerimônia do chá se volta à recuperação de sentidos perdidos da natureza, voltando às experiências simples que nos levam à harmonia de coisas puras da natureza. Para ele, a cerimônia do chá pode ser comparada às experiências imersivas em realidade virtual, usando dispositivos como capacetes, óculos estereoscópicos, rastreadores que configuram uma atmosfera psíquica. A alta dose de comportamento do atuador de um ambiente imersivo cria um contexto existencial e leva à consciência de ações do corpo envolvido ao ambiente virtual. A imersão em realidade virtual confere a totalidade ontológica das ações humanas e das respostas no ciberespaço, principalmente pelas vivências espaciais e a resposta aos gestos com ações respondidas imediatamente pelo

57. HEIM, Michael. The Virtual Reality of the Ceremony (1998). In: SPILLER, Neil, (ed.) *Cyber Reader: Critical writings for the digital era*. London: Phaidon, 2000. p.286.

virtual. Isso para dizer que os dispositivos que nos permitem atuar e atualizar os mundos tridimensionais nos oferecem experiências estéticas que remetem à natureza primeira do corpo e suas funções, podendo ser reportadas àquelas buscadas na cerimônia do chá.

Ao comentar a imersão em realidade virtual no ambiente "Osmose" de Char Davies e do grupo Immersence, Jean Gagnon fala de um sonhar acordado para o corpo, que, como num sonho de Dioniso,[58] age ao estar sonhando. O atualizador de ambientes de realidade virtual deve estar "vivo", fato que traz conseqüências significativas no aprender a viver em outras realidades, imaginar espaços, relações, evitar situações tediosas, modificar os ritmos de sono. Ou ainda, paradoxalmente, se tomarmos os simuladores de vôo, origem da realidade virtual nos anos 70, é agindo no virtual que se aprende a agir no real. Estranha reversão de realidades, que hoje está levando a realidade virtual, os *games*, ou outros ambientes de navegação espacial, para uso em treinamentos de cirurgias, segurança, entre outras situações em que o virtual ajuda a entender o real. Viver nesses mundos é fazer sonhos se tornarem realidade, vivendo e atuando em mundos antes impossíveis. "World Skin" é um bom exemplo que resulta da criação em parceria de Jean-Baptiste Barrière and Maurice Benayoun e nos coloca dentro de uma caverna de realidade virtual onde podemos atingir alvos de uma cena de guerra, e ainda levar as imagens impressas dos seres que matamos.

Metáforas da vida tornadas vivas

Produções do NTAV articulam o desejo de interagir com ecologias sintéticas. Com o poder de simular leis da natureza e ativar forças invisíveis em cosmos simulados, os ambientes interativos possuem qualidades emergentes e se auto-organizam. A imersão em paisagens de realidade virtual faz parte de minhas produções artísticas com o Grupo Artecno da Universidade de Caxias do Sul, que oferecem dois ambientes imersivos na UCS Cave.[59] Metaforicamente, as produções

58. GAGNON, Jean. Dionysius and Reverie: Immersion in Char Davies's Environments. *Éphemère*. Ottawa: National Gallery of Canada (Catalogue), 1998.

59. CAVE (Cave Automatic Virtual Environment). A UCS Cave, aberta ao público em abril de 2005, é a única caverna digital na América Latina criada com fins artísticos, em projeto apoiado pelo CNPq, com coordenação artística e científica de Diana Domingues. A produção da *Cave*, suas interfaces e a biblioteca gráfica em C++, Open GL, é de autoria dos programadores do NTAV, Gelson Cardoso Reinaldo, Gustavo Brandalise Lazzarotto e Maurício dos Passos. A simulação comportamental é de autoria do Prof. Dr. Eliseo Reategui. A instalação artística é de Solange Rossa Baldisserotto e Elisabete Bianchi e a modelagem artística é fru-

se inserem em práticas ritualísticas xamânicas por poderes de agir no cosmos. A magia de atuar e atualizar um cosmos tecnológico por interfaces multi-sensoriais para imersão em realidade virtual é de forte natureza experiencial. O corpo conectado, com seus sentidos atualizando o mundo virtual, gera realidades a serem vividas no estado de sonhar acordado antes proposto em outras obras de artistas. Como são experiências de um corpo em ação em mundos de realidade virtual, conectados a rastreadores de movimento, os atuadores do sistema vivem respostas que correlacionam a descoberta do virtual conforme os movimentos no espaço físico. O sistema de *feedback* permite mudar as cenas em deslocamentos para a direita, esquerda, para cima, para baixo, e ainda a possibilidade de tocar em objetos, aproximá-los, girá-los. Por navegação espacial num espaço tridimensional simulado que corresponde aos atos no espaço físico, este outro tipo de percepção é denominado propriocepção (termo da fisiologia médica que estuda o funcionamento do organismo). Trata-se de estabelecer uma correlação dos movimentos do corpo e do ambiente que muda conforme a posição e a velocidade ou dinâmica do corpo que se desloca no espaço físico, num processo de gestualidade respondida. O corpo fica envolvido na paisagem e o sentido da visão, dotado de óculos especiais para estereoscopia, percebe as cenas em relevo com imagens que se diluem em camadas fluidas por entre o corpo que habita a caverna. Pelas interfaces de *hardware* e por interfaces escritas no programa, são estabelecidas variáveis de controle, definindo, computando e modelando ferramentas e técnicas através de interfaces computacionais para a dinâmica e cinemática do ambiente. A experiência imersiva se amplia pela possibilidade de interagir com interfaces multi-sensoriais que acoplam o corpo ao mundo virtual e mudam o ambiente em tempo real. Os sistemas de *biofeedback* fazem com que o ambiente virtual externo de ambientes virtuais se comunique com o corpo em seus processos biológicos. O funcionamento interno do sistema biológico interligado ao sistema artificial estabelece relações de trocas mútuas, ao estarem conectados e interfaceados pelos

to de pesquisas de iniciação científica. Para maiores dados visite o site: http://artecno.ucs.br. O cubo imersivo em realidade virtual com projeções em sincronização multi display com quatro backprojections de 2,75 x 2,75, com imagens em modelagem tridimensional e ambiente em linguagem orientada a objeto usando biblioteca gráfica proprietária ROAMING escrita em C++. A interatividade e imersão é propiciada por óculos de visão esteroscópica ou *googles*. As interfaces multi-sensoriais envolvem o sentido do tato ou interface háptica com rastreador de posição (flock of birds). São também oferecidas interfaces de sinais naturais de *biofeedback*, através de um captador e transmissor de batimentos cardíacos e para transmissão de ondas elétricas por EOG, electrooculograma, que gera sinais do movimento do globo ocular.

dispositivos de *hardware* aptos a transmitir sinais naturais. Os sinais do corpo se exteriorizam e atuam, atualizando as imagens por interfaces naturais de *hardware* que permitem a aquisição e transmissão de sinais vitais com processamento em tempo real e renderização das informações numéricas através do código algorítmico. Na UCS Cave, uma das interfaces naturais envia sinais sonoros de batimentos do coração que atuam no programa, a partir da freqüência cardíaca. Outra interface natural captura e transmite ondas elétricas do movimento dos olhos através de um eletrooculograma (EOG), e os fluxos de onda oferecem uma outra relação da visão com o mundo exterior. O processo revela a sinergia dos sinais em micro escala e torna visível o modo como o cérebro funciona pelas ondas elétricas dos olhos em movimento, criando um fenômeno biofísico entre as forças naturais e os mundos exteriores artificiais. No contexto poético, a imersão do corpo interfaceado ao ambiente, agindo num cibercosmos, nos coloca diante de uma ecologia ampliada pela possibilidade de agir em mundos sintéticos.

Dois ambientes são oferecidos para a imersão em *datalands* ou paisagens de dados: *Heartscapes e VR Aquarium*. No interior de *Heartscapes* ou *Paisagens do Coração* (fig. 04 e fig. 05) pode-se entrar num coração virtual, viver dentro dele, por navegação espacial e com gestos respondidos mediante o uso de um dispositivo de *capture motion*, que captura e traduz movimentos do corpo pelas entradas fornecidas pelo rastreador, que aciona os algoritmos do programa. As cenas são visualizadas em relevo pelos *eye-glasses* que permitem estereoscopia.

Mutações das cenas em tempo real e ainda a variação dos batimentos cardíacos capturados por uma interface de *biofeedback* enviam sinais do coração, modificam o ambiente e são convertidas em paradigmas computacionais. Sons de batimentos cardíacos de uma ecografia são mesclados a ruídos de rituais indígenas e a sons de ambientes naturais. As cenas mudam, dando sensações de poderem ativar fenômenos naturais, tais como chuva e fogo, entre outras forças da natureza. A dinâmica de forças vivas faz estourar partículas, cores mudam, objetos surgem e podem ser tocados, entra-se em canais internos do coração, entre outras experiências com apelo estético e que simulam o viver no interior do corpo humano. A imersão se constitui num espaço onírico que remete a poderes de agir em organismos vivos.

Entrar no *VR Aquarium* (fig. 06) possibilita a imersão num aquário virtual que se soma à realidade aumentada por imagens em telepresença de peixes que vivem em um aquário instalado na sala vizinha à UCS Cave, no Museu de Ciências Naturais da Universidade de Caxias do Sul. No programa do aquário virtual, as imagens geradas por *webcam* são mescladas às cenas virtuais e, pelo uso de óculos estereoscópicos, os peixes e plantas modelados em 3D são vistos em relevo. O corpo entra fisicamente no aquário virtual, pois a caverna é um cubo imersivo feito de imagens em sincronização *multi display* que envolve todo o corpo. Os peixes se movem como criaturas animadas e, pela estereoscopia, os peixes virtuais atravessam o corpo da pessoa que habita a caverna, além de poderem ser tocados. A interação com os peixes virtuais é oferecida por uma interface háptica, a partir de um rastreador de movimentos do corpo, fazendo com que os gestos permitam tocar nos peixes sintéticos. Ao serem tocados, os peixes acionam um programa em inteligência artificial que lhes confere comportamento coletivo. O *design* de *software* com modelagem comportamental é baseado num algoritmo de *flocking*, fazendo com que os peixes se desloquem como um cardume. A cena geral simula o movimento dos peixes em modelos biológicos e o corpo imerso no virtual experimenta a diluição de seus limites matéricos e a ampliação de seus órgãos sensoriais, que extrapolam os limites de suas ações por respostas no virtual. Pela sensorialidade ampliada, através de interfaces para interação e imersão, os limites entre real e virtual se esboroam e confirmam a magia das tecnologias interativas, em estado de se estar agindo no mundo biológico simulado, durante uma experiência onírica vivida no real.

No mesmo caminho metafórico da simulação de vida, outros trabalhos oferecem interações com animais e com estrelas e chamam por valores do imaginário mesoamericano e a capacidade de ganhar poderes xâmanicos, agindo no cosmos. Trocas de forças em ações que enviam ordens ao sistema fazem ocorrer fenômenos naturais sintetizados no programa e as interações influenciam a vida do cosmos. Tomando por tema serpentes pode-se interagir em *Terrarium*,[60] (fig. 07) um viveiro de serpentes *online*. O conceito poético se liga às antigas culturas e estabelece relações no inframundo com o agir de serpentes que renovam a vegetação. O ambiente permite criar serpentes e controlar a vida artificial, além de ofererecer interfaces bidirecionais com informações trocadas entre mundos virtuais, num sistema multilocal de comunicação de estruturas. Ao lincar seqüências de DNA de doze espécies de serpentes, são geradas criaturas virtuais. Como uma *net-based installation* [instalação baseada em rede], cada máquina gera serpentes que aparecem em todas as máquinas conectadas no planeta, pela combinação *cross-over*. A seleção de dados resulta na função *fitness* e o mesmo processo gera combinações de seqüências. As serpentes artificiais são controladas por dados de conhecimento relacionados a um sistema

60. Disponível em: http://artecno.ucs.br/ouroboros/places

de algoritmos genéticos preparado para executar e processar cálculos, simulando características de ambientes orgânicos. Interfaces icônicas com algoritmos e suas funções escritas no programa fazem nascer serpentes de cor, padrão de pele e tamanho diferentes. O comportamento do ambiente é controlado lincando calor num termômetro virtual que muda a velocidade dos deslocamentos das cobras. Outra opção é alimentar as serpentes com animais e insetos artificiais. Conseqüentemente, o tempo de vida das serpentes é aumentado. Essas criaturas legendárias, dotadas de comportamento inteligente, rastejam no mundo reconhecendo topografias, subindo e descendo pedras, respeitando a presença das outras, em deslocamentos relacionados às outras serpentes, logo, com um certo nível de inteligência espacial. O ambiente tem, portanto, um nível relativo de sistema de multiagentes, como sistema coletivo, cada serpente tendo uma existência independente, mas respeitando a constituição das outras. O *hardware* utilizado é um PDA com as interfaces na tela para criar as serpentes e controlar a vida do ambiente, em conexões sem fio, que permitem deslocamento e mobilidade no espaço da instalação, montada como um viveiro no chão da sala. Um sistema de busca na rede permite trazer a cada conexão palavras relacionadas a elementos históricos, biológicos, artísticos, antropológicos, religiosos da vida de serpentes.

O poder das serpentes é também buscado no projeto *Ouroboros*, com o ambiente *INSN(H)K(R)ES* (fig. 08), projeto telemático colaborativo que está ligado aos ritos brasileiros e ao desejo de incorporar animais, ganhando seu poder. Pelas interações entramos num estado de sonho-vigília, e por cibercepção atinge-se um outro nível de existência de ser: aquele do réptil. *Ouroboros* é a serpente mítica regida pelo slogan "Meu fim é meu começo" e evoca o ciclo da natureza e do universo: a autofecundação, desintegração e reconstrução, verdade e conhecimento, autogeração, o princípio do infinito, do interminável. O *Serpentarium* propõe um evento tele-robótico, onde a telepresença e a ação a distância nos permitem provar um estado *seamless*, sem interrupção, um estado de continuidade, compartilhando o corpo de uma serpente robô que vive em um serpentário no sul do Brasil. Uma *webcam* instalada em uma serpente-robô transmite em tempo real as cenas do *serpentarium* com o qual estamos conectados e nos permite viver com as serpentes reais. A serpente-robô, cujos movimentos são controlados a distância pelos participantes, usando as teclas de direção, estabelece trajetórias no ambiente real de um serpentário na UCS. O robô age no mundo físico e por telepresença. Com o corpo incorporado vivemos com as serpentes reais. Roy Ascott assim comenta este ambiente:

> Diana Domingues instituiu um lugar no mundo da arte interativa onde o drama de sua cultura forma um triângulo com a tecnologia da emoção e a ciência da vida exótica. O trabalho dessa artista, *INSN(H)K(R)ES*, desenvolve-se não somente na realidade telemática de imersão e deslocamento, mas no espaço humano da empatia e da sensibilidade com o mundo vivo. Aqui está em ação uma poética instrumental na qual a telepresença possibilita que nossa ciberpercepção alcance um outro nível do ser, muito estranho: o dos répteis. Pois no centro desse empreendimento artístico está a cobra, potencialmente tanto o Ouroboros do conhecimento infinito como a serpente da ânsia do desejo. Nessa obra o entrelaçamento sutil de corpos de répteis é emblemático da complexidade suave e *seamless* dos sistemas tecnológicos nos quais se baseia o projeto como um todo...
>
> ... o impulso exploratório da navegação na rede se combina com a curiosidade móvel dos sonhos e jogos. Diana Domingues fundamentou essa sensibilidade nas raízes naturais do Brasil, onde mito e materialidade, o espirituoso e o espiritual se combinam em uma nova síntese. O ambiente auditivo de sua instalação ressoa com a linguagem dos sinais lembrando rituais indígenas. Também reflete a experiência arraigada da imersão da artista em um mundo tribal ainda que breve, mas intensamente. Eu compartilhei essa experiência com ela em um pequeno grupo de artistas que viveram com os índios Kuikurus no interior do Mato Grosso. Lá ela se movimentou livremente entre pajés e caciques de uma cultura exótica mas não estrangeira, interagindo com guerreiros e dançarinos, mães e caçadores, cuja humanidade e distinção formavam uma interface com as próprias preferências e sensibilidades artísticas de Diana. Aqui a identidade humana pode se transformar rapidamente em criaturas da floresta, o animoso torna-se prontamente animal. Assim como o pajé podia esclarecer as mudanças de formas, as transformações em forma de aparições e as transformações associativas do corpo físico, Diana Domingues também podia ilustrar para seus anfitriões indígenas a digitalidade transcendente de seu *powerbook*.[61]

Firmamento_Popstars (fig. 09) é outra metáfora de vida, numa ciberinstalação que convida a interagir num mapa estelar e reconfigurar um firmamento virtual por estrelas que se comportam como organismos vivos. A ciberinstalação conectada à rede, com *software* em modelagem tridimensional e vida artificial, oferece visão estereoscópica e conexões móveis com sistema de busca pelo envio de mensagens por celular. Uma *tablet* é usada para as interações com o *software* em modelagem tridimensional e ambiente em C++ com linguagem orientada a objeto, usando biblioteca gráfica proprietária ROAMING e inteligência artificial com algoritmo de *flocking*. A instalação se coloca como uma

---

61. ASCOTT, Roy. Instrumental poetics: the art of Diana Domingues. In: Catálogo *INSN(H)K(R)ES*. Caxias do Sul: Lorigraph, 2000.

paisagem, e um lago (olho da terra) é o espelho para um cosmos virtual onde a vida é desenhada pelo comportamento das estrelas que simulam um organismo vivo. Um mundo artificial, acumulado de pontos luminosos e sonoros, gera pela interatividade a reconfiguração do céu, cuja auto-organização é regida por um programa de inteligência artificial através de um algoritmo de comportamento coletivo. O ambiente em realidade virtual imersiva, com visão esteroscópica, através de óculos especiais, faz com que os pontos luminosos das estrelas assumam o comportamento coletivo em vida artificial, quando conectados através de uma *tablet* com caneta gráfica que possibilta tocar nas estrelas de um mapa do Hubble. Cada estrela procura a luz e simbolicamente a aura dos mitos que reconfiguram o firmamento virtual, pela busca dos pontos que se agrupam por proximidade. O desejo de ganhar a luz da estrela ou do mito chamado faz com que os pontos móveis autônomos decidam as associações com os outros pontos luminosos e, em bandos, através do algoritmo de *flocking*, o coletivo de estrelas vai revelando qual foi a personalidade chamada de um dos mitos ou *pop stars*. O todo se reconfigura e reafirma a instabilidade e auto-organização do cosmos artificial que se reflete no lago, instalado no chão. A estrela/mito chamada entra em conexão com um sistema de busca na Internet e, num desejo de se comunicar com o planeta, chama a memória global, escrevendo frases sobre os mitos a partir das palavras de um *database*. Uma consciência global emergente se manifesta através das frases escritas em branco numa parede escura. Aumentando o grau de conectividade na rede, mensagens podem ser enviadas a um dos mitos (Che Guevara, Madonna, Marilyn Monroe, Madre de Calcutá, Ayrton Senna, Carmem Miranda), e, por conexão móvel, entram na Internet por sistema SMS; frases respondem à mensagem de celular, permitindo conversar com as estrelas, numa hipermemória planetária. O mundo gráfico em auto-organização, somado à abstração dos sons e das narrativas sobre cada mito, estabelece partilhas com a comunidade da rede. Reafirma-se a expansão da capacidade humana de dialogar com mundos virtuais, conferindo uma condição xamânica de entrar na intimidade de fenômenos físicos simulados próprios da era digital.

Os desafios atuais da ciberarte e o futuro do ciberadão

Há sempre convergências para uma das questões que assola a humanidade desde os seus primórdios: "O que é a vida?", "Como são as espécies?", "Qual é o destino final dos humanos?" As religiões e os rituais alimentam o esforço humano em justificar a existência e dar um sentido à vida. Por outro lado, o ciberespaço se coloca como um lugar não físico para trocar idéias, para se comunicar, para exercer identidades expandidas, vencer as limitações do corpo. Na qualidade de um "sujeito interfaceado",[62] o ciberadão vive num estado de simbiose e de co-procriação com as tecnologias. Projetos de ciberarte ressoam em questões da ciberantropologia, não por se constituírem em rituais, somente de fundo religioso ou em busca do sagrado, mas por propiciarem modos e estilos de vida de um co-existir paralelo pela presença das tecnologias. Os sistemas interativos entregam o corpo ao ambiente e fundam-se na lógica da participação, numa lógica tribal, que ressoa no espírito de coletivo, de comunidade, da comunhão, de objetos-tabus, do corpo oferecido, do pão e do vinho, do estado de oferecer e receber.[63] Campos de percepção expandidos em diálogos íntimos com ambientes virtuais conferem poderes especiais de natureza xamânica, pois o sentir se aproxima da possibilidade de agir em fenômenos do cosmos. Assim como os xamãs criam campos de energia para causar chuva, provocar curas, visando garantir a vida espiritual de sua tribo, a ciberarte cria situações que, segundo Mário Costa, nos colocam diante de um "sublime tecnológico". São vividas situações que ultrapassam os limites da natureza do ser humano, por experiências guiadas por qualquer coisa que nos permite agir no oculto dos dados, ocorrendo sínteses sensoriais novas.

Na ciberarte, estão, portanto, modificados os valores artísticos centrados no belo, na subjetividade, individualidade e genialidade do artista e na artistificação dos meios. Os artistas da ciberarte oferecem comportamentos a serem vividos em conexões com sistemas interativos e não se interessam mais em produzir obras assentadas na estética da aparência e em produtos fechados. A expansão do campo de percepção possibilitada pelo *design* de interface contribui para a reconfiguração do humano propiciando uma ciberexistência, ou seja, uma existência pós-biológica. As mais diversas conexões hoje permitidas por interfaces que são cibercoisas sencientes e pervasivas estão gradativamente apontando a chegada de computadores mais biológicos, interfaces mais adaptáveis, atachadas sobre ou no interior de nosso corpo e que nos levam a reinventar a vida e a *ultimate nature* [natureza última] da espécie. Pela interatividade e como partes integrantes de um sistema complexo, somos participantes ativos de nossa própria evolução como humanos para o pós-humano. Cada proposta

62. Idem op. cit p.8.

63. FISCHER, Hervé. *Mythanalyse du futur*. Disponível em: http://hervefischer.montreal.qc.ca. (15/09/2005).

artística em *software* especulativo busca moldar o design e a essência do que estamos nos tornando. Há desafios para a cultura no presente e para as civilizações do futuro, fundadas nos avanços tecnológicos, quando arte e magia atingirão níveis de realização ainda não atingidos. São questões que podem estar passando em silêncio e que a imaginação criadora do artista, em colaboração com cientistas, busca revelar em cada ritual interativo.

REFERÊNCIAS BIBLIOGRÁFICAS

ANDERS, Peter. Ciberespaço antrópico: definição do espaço eletrônico a partir das leis fundamentais. In: DOMINGUES, Diana (org.). *Arte e vida no século XXI: tecnologia, ciência e criatividade*. São Paulo: UNESP, 2003.

ASCOTT, Roy. Instrumental poetics: the art of Diana Domingues. In: *INSN(H)K(R)ES* (catálogo). Caxias do Sul: Lorigraph, 2000.

__________ (ed). *Engineering Nature. Art & Consciousness in the Pos- Biological Era*. Bristol: Intellect Books, 2006.

BABBAGE, Charles. Of the analical engine. In: SPILLER, N. (ed.) *Cyber reader. Critical writings for the digital era*. London: Phaidon, 2000.

BERGER, René. *De La Communication à la Réalité Virtuelle*. (Comunicação). ARTMEDIA IV – Convegno Internationale di Estetica dei Media e della Comunicazione. Università Degli Studi di Salerno, Itália, 1992.

__________. De L'Agora à L'Internet. In: *Art et Nouvelles Technologies, L'Aventure Humaine, Savoirs, Libertés, Pouvoirs*. Paris: ¾, 1995.

BUREAUD, Annick. Impressions du Brésil. In: *Revista Art Press 305*. Paris: ADAGP, Outubro, 2004.

COSTA, Mario. *O Sublime Tecnológico*. Editora Experimento: São Paulo, 1995.

COUCHOT, Edmond. *La Technologie dans l'Art: de la photographie à la réealité virtuelle*. Nîmes : Éditions Jacqueline Chambon, 1998.

__________. Entre o Transe e o Algorítmo. In: *Catálogo Diana Domingues, Artecno UCS. Trans-e: My body, My blood*. Caxias do Sul: Lorigraf, 2000.

COX, Geoff, KRYSA, Joasia (eds). Engineering Culture: On 'The Author As (Digital) Producer. *Autonomedia*. Plymouth: DATAbrowser 02, 2005.

CURTIS, P. Mudding: social phenomena in text-based virtual realities. In: RANDAL P. &JORDAN, K. *Multimedia From Wagneer to Virtual Reality*. New York: Nortons Company. 2001.

DAMER, Bruce. *Avatars: Exploring and Building Virtual Worlds on the Internet*. Berkeley: Peachpit Press, 1998.

DAVIS, Eric. Techgnosis: Magic, Memory and the Angels of Information. In: SPILLER, Neil, (ed.). *Cyber Reader. Critical writings for the digital era*. London: Phaidon, 2000.

DE KERCKHOVE, Derrick. *Connected Intelligence: The Arrival of the web Society*.Toronto, Ontario: Somerville House, 1997.

DE ROSNAY, Jöel. (1995) *L'Homme Symbiotique*. Paris: Éditions du Seuil, 2000.

DOMINGUES, Diana. O Sentir Eletrônico e a Estética da Metamorfose. In: *Revista FÓRUMBHZVIDEO*, n. 2. Belo Horizonte: Editora Littera Maciel, 1993-1994.

DOMINGUES, Diana. O deserto das paixões e a alma tecnológica. In: Lucia Leão. (org.). *INTERLAB Labirintos do Pensamento Contemporâneo*. São Paulo: Editora Iluminuras, 2002.

FISCHER, Hervé. *Mythanalyse du futur*. In : http://hervefischer.montreal.qc.ca. (acessado em 15 set. 2005)

FRANCK, Karen. When I Enter Virtual Reality, What Body Will I Leave Behind? In: SPILLER, Neil (ed.) *Cyber Reader. Critical writings for the digital era*. London: Phaidon, 2000.

FRANCO, S. Edgar. Aurora pós-human: universo ficcional multimídia em expansão. In: DOMINGUES, Diana e VENTURELLI, Suzete (orgs). *Criação e Poéticas Digitais*. Caxias do Sul: Educs, 2005.

GAGNON, Jean. Dionysius and Reverie: Immersion in Char Davies's Environments. In : *ÉPHEMÈRE* (catalogue). Ottawa: National Gallery of Canada, 1998.

GIBSON, Willian. Neuromancer. São Paulo: Editora Aleph, 1984.

HARAWAY, Donna. A Cyborg Manifesto. In: SPILLER, Neil (ed.). *Cyber Reader. Critical writings for the digital era*. London: Phaidon, 2000.

HEIM, Michael. The Virtual Reality of the Ceremony. In: SPILLER, Neil (ed.) *Cyber Reader. Critical writings for the digital era*. London: Phaidon, 2000.

HUHTAMO, Erkki. Cyberarts, codes and coders: contextualizing software art. In: KLUSZCZYÑSKI, Ryszard W. (ed). *Art Inquires Cyberarts, cybercultures, Cybersocieties*, vol.5. Lodz, Poland: Lodzkie Towarzystwo Naukowe, 2004.

KELLY, Kevin. An Open Univers. In: SPILLER, Neil, (ed.) *Cyber Reader. Critical writings for the digital era*. London: Phaidon, 2000.

KERN, M. Lucia. A arte como missão sagrada: o universalismo construtivo. In: KERN, M. L. e BULHÕES, M. A. (orgs). *As questões do sagrado na arte contemporânea da América Latina*. Porto Alegre: EDFURGS, 1997.

KRÄMER, apud DIEBNER, Hans D. e HINTERWALDNER, Inge (2003). *Ciencia Performativa y Hermenéutica operacional*. In: http://diebner.de/texts/OpHermEs.pdf (acessado em 20 de julho de 2006).

KRUEGER, Ted. (2003). *Redefining Human*. In: http://www.rpi.edu/~krueger/Redef.pdf (acessado em 2 de setembro de 2004).

KROKER, Arthur and Marilouise (eds). Left behind: religion, technology and flight from the flesh In: *CTHEORY* http://www.ctheory.net (acessado em 02/11/2006).

LAZZAROTO, Valentim (org.). *Teoria da Ciência*. Caxias do Sul: EDUCS, 1996.

LEMOS, André. Cibercultura e mobilidade: a era da conexão. In: LEÃO, Lucia (org.). *Derivas: cartografias do ciberespaço*. São Paulo: AnnaBlume, 2004.

MORAVEC, Hans. The senses have no future. In: SPILLER, Neil, (ed.) *Cyber Reader. Critical writings for the digital era*. London: Phaidon 2000.

NEGROPONTE, N. *A vida digital*. São Paulo: Companhia da Letras, 1995.

PEARCE, Célia. L'émergence de la co-éditique, prochaine révolution interactive. In: FISCHER, Hervé (org.). *Les défis du cybermonde*. Québec: Université Laval, 2003.

PERNIOLA, Mario. *Transiti*. Bologna: Cappelli, 1985.

______________. Mais-que-sagrado mais-que-profano In: KERN, M. L e BULHÕES, M. A. (orgs). *As questões do sagrado na arte contemporânea da América Latina*. Porto Alegre: EDFURGS, 1997.

______________. *O Sex Appeal do inorgânico*. São Paulo: Studio Novel, 2005.

POISSANT, Louise. L'Art de reinventer la vie. In: POISSANT Loise, DAUBNER, Ernestine (org). *Art et Biotechnologies*. Collection Esthétique des Arts Médiatiques. Montreal: Presses Université du Québec, 2005.

RHEINGOLD, Howard. *Smart Mobs*. Cambridge: Perseus Publishing, 2002.

STERN, Eddo. Une touché moyenâgeuse: le néomediévisme, la magie et la technologie informatique. In: Fischer, Hervé. *Les défis du cybermonde*. Quebec: Presses de L´Université Laval, 2003.

TURKLE, Sherry. *Life on the screen - identity in the age of the internet*. London: Phoenix (Orion Books), 1997.

______________. Constructions and reconstructions of the Self in Virtual Reality. In: SPILLER, Neil, (ed.) *Cyber Reader. Critical writings for the digital era*. London: Phaidon 2000.

VENTURELLI, Suzete. *Arte: espaço_tempo_imagem*. Brasília: Editora da UNB, 2004.

WERTHEIM, Margareth. *Uma história do espaço de Dante à Internet*. Rio de Janeiro: Jorge Zahar Editores, 2001, p. 88.

O invisível tornado visível

Introdução

Na arte da contemporaneidade, o foco principal de inúmeros artistas que utilizam mídias eletrônicas vem deixando de ser a criação da obra como um objeto único, concreto e finito, para direcionar-se, cada vez mais, aos processos de criação coletiva e de interação viabilizados pela obra de arte. Ao se empregar tecnologias de telecomunicação como fonte de expressão artística, nega-se a primazia da obra de arte acabada e instaura-se uma "estética do evento",[1] em que a obra – além de aberta – é capaz de provocar intercâmbios.

As tecnologias de telecomunicação delimitam, assim, um novo e importante campo de trabalho artístico, que – tendo se desenvolvido inicialmente a partir de eventos utilizando o telefone convencional, o rádio, satélites e a televisão – alcançou grande expressão com o advento da Internet. Nos últimos anos, a arte em rede incorporou ainda o uso de telefones celulares e demais tecnologias móveis e sem fio – aparatos de natureza ubíqua e de uso cotidiano, com potencial para transmitir imagens, textos, som e vídeo, cujo número de usuários ao redor do mundo se amplia de forma surpreendente –, dando lugar a originais e criativas experimentações artísticas.

Nossa direção, neste capítulo, é identificar em trabalhos de arte eletrônica – mais especificamente na arte das telecomunicações e das redes – uma nova forma estética de sublime, considerando a tecnologia como uma espécie de excesso que transcende a dimensão humana, e por ela própria nos é desvelada.

À luz da noção de "sublime tecnológico" – desenvolvida pelo filósofo Mario Costa (1995) para analisar esteticamente a arte das comunicações – fazemos uma leitura de dois trabalhos artísticos que lidam com a formação do espaço de fluxo

1. PRADO, Gilbertto. *Arte telemática*: dos intercâmbios pontuais aos ambientes virtuais multiusuário. São Paulo: Itaú Cultural, 2003, p.65.

e das conexões em redes. Utilizando a telefonia celular na simulação desse espaço, essas obras artísticas revelam a existência das invisíveis e informes redes que se tecem em nosso cotidiano e que são tornadas visíveis através de trabalhos de arte eletrônica como esses, que lhes atribui uma forma e trazem à tona a possibilidade de discussão do significado social das redes. Os trabalhos selecionados apresentam, a nosso ver, o caráter revelador da invisibilidade, do excesso e da grandeza da tecnologia e do espaço gerado por ela, e é por esse viés que procuramos mostrá-los como uma forma de sublime tecnológico.

Nômades no fluxo

A era da informação está introduzindo uma nova formação urbana organizada em torno das redes comunicacionais que, segundo Castells (1999), se apresenta menos como uma forma e mais como um processo que se caracteriza pelo predomínio do espaço de fluxos.

A noção de rede comunicacional compreende dois aspectos: o material – que se refere à infra-estrutura que permite transporte de matéria, energia ou informação, constituída por nós de comunicação – e o social, pois "a rede é tecida também pelas pessoas, mensagens e valores que a freqüentam".[2] Em cada nó de comunicação dessa malha existe um eventual interventor e/ou participante, que pode estar conectado simultaneamente a vários outros nós, e cada rede estar associada a várias outras, formando uma grande rede em escala planetária. Determinada por processos e por fluxos, a rede não tem contornos ou forma definida: quando cada interventor se desloca em cada um de seus pontos, ele carrega consigo todos os outros (Prado, 1994), reconfigurando sua forma e seus contornos a cada nova interação. Imersos nas redes, navegamos por caminhos estabelecendo conexões, mas não a apreendemos como forma, e não a delimitamos.

Para Santos (2002) as redes provocam um sentimento de ambigüidade ao combinarem – de forma híbrida – aspectos técnicos e sociais, estáticos e dinâmicos, locais e globais, materiais e imateriais. Esse caráter híbrido das redes também está presente na visão de Prado, quando o autor aponta para a distinção entre o que se caracteriza como "uma matriz técnica de transporte e de organização da informação e do simbolismo que ela veicula", e o que se refere "a um conceito, ou uma forma de trabalho, de ação/pensamento, de interação num contexto partilhado".[3]

---

2. CASTELLS, Manuel. *A sociedade em rede*. 2.ed. São Paulo: Paz e Terra, 1999, p.262.

3. PRADO, Gilbertto. Os sites de arte na rede Internet. Disponível em: http://www.cap.eca.usp.br/wawrwt/version/textos.html

A ambigüidade espacial das redes decorre do fato de podermos interagir com o próximo e o distante simultaneamente. Transitamos pelo aqui-e-agora (interação com presença física em um lugar) e pelo "lá-e-agora"[4] (interação no espaço à distância, de forma virtual pela telepresença).

Para Castells (1999), ainda que, paradoxalmente, vivamos em lugares, nossa sociedade está construída em torno do fluxo, e sua lógica altera de forma fundamental o significado e a dinâmica dos lugares. O que era fixo, estável e representava segurança transformou-se em móvel, instantâneo, naquilo que é passível de mudança. Hoje ainda habitamos lugares, mas vivemos no fluxo – o que significa dizer que a fluidez e a mobilidade de alguma forma nos libertaram da resistência do espaço fixo.

A fluidez, segundo Bauman (2000), não fixa o espaço nem prende o tempo. Em constante mudança, os fluidos não definem formas, estão sempre propensos a modificá-las. Movimentam-se facilmente e, ao contrário dos sólidos, não são facilmente contidos. Têm leveza, ausência de peso, mobilidade e inconstância, razões para se considerar fluidez e liquidez como "metáforas adequadas para captar a natureza da presente fase".[5]

O espaço físico se fluidifica à medida que os sistemas de transporte e circulação de pessoas também se aperfeiçoam no espaço urbano. Para Augé (2004), a fase atual que se caracteriza pelos excessos de informação, de tempo e de espaço é produtora de não-lugares – espaços de deslocamentos, de circulação de pessoas e bens – que são, por exemplo, as vias de circulação, aeroportos, estações rodoviárias e ferroviárias, hotéis, centros comerciais, parques de lazer, e os próprios meios de transporte.

Os não-lugares são os espaços dos viajantes, dos nômades contemporâneos. Espaços de passagem, lugar do provisório e do efêmero, que se delineiam transitoriamente através do fluxo dos transeuntes. Com o celular e os dispositivos sem fio, utilizados geralmente "em situação de trânsito e deslocamento, em estados entrópicos e de aceleração contínua"[6] do cotidiano, somos todos nômades, viajantes num espaço informe e excessivo, imersos no fluxo de uma grande rede, ao mesmo tempo que portamos nossa rede pessoal, singular, e a

---

4. Terminologia utilizada por Kusahara: Kusahara, Machiko. Presence, Absence, and Knowledge in Telerobotic Art. In: GOLDBERG, Ken. *The Robot in the Garden*:Telerobotics and Telepistemology in the Age of the Internet. Cambridge: The MIT Press, 2000.

5. BAUMAN, Zygmunt. *Modernidade Líquida*. Rio de Janeiro: Jorge Zahar, 2000, p.9.

6. BEIGUELMAN, Giselle. *Linke-se: arte/midia/politica/cibercultura*. São Paulo: Pirópolis, 2005, p.154.

ela conectada. Estamos simultaneamente aqui e lá, agora. Os sistemas de telepresença que nos permitem essa onipresença geram uma nova forma de sagrado, de sublime, um sublime tecnológico.

Arte em redes

A utilização de meios instantâneos de comunicação e suportes de caráter imaterial como forma de expressão artística alterou o campo da arte tecnológica, tornando viável intercâmbios com possibilidades sincrônicas, introduzindo o conceito de "tempo real" como parte inerente ao trabalho artístico, e permitindo o alcance do "fisicamente distante".[7]

Para Fadon (1997), a telepresença tem um percurso histórico de constituição remontando ao telégrafo, ao telefone, ao rádio e à televisão. Cada uma dessas tecnologias causou impacto em relação à criação de presença à distância: o telégrafo acelerou o tempo de comunicação em relação ao correio, o telefone causou impacto ao permitir o diálogo entre duas pessoas por meio da voz em tempo real, o rádio e a televisão trouxeram "ao vivo" as notícias e o entretenimento. A Internet veio estabelecer a possibilidade de comunicação entre várias pessoas em diferentes lugares, inicialmente de modo fixo, em seguida móvel, com as tecnologias sem fio e o celular. Esses meios têm sido explorados na contemporaneidade pelos artistas como formas de arte.

Chamada de arte das telecomunicações por uns, arte telemática por outros, esse segmento incorporou definitivamente a participação do público na construção da "obra", que se caracteriza como um processo interativo. Mas essa tendência interativa já existia nas vanguardas modernas. Determinados conceitos que hoje fazem parte do repertório de artistas eletrônicos – tais como o desejo de instantaneidade, de transmissão em direto, as questões de ubiqüidade e de tempo real – já se encontravam presentes naquela época.[8] A arte do fluxo e das comunicações estava presente nas décadas de 60 e 70, com a arte postal considerada a precursora de uma arte globalizada, e com experimentos artísticos criados com o uso das tecnologias de telefonia convencional e do rádio.

O telefone convencional, no entanto, segundo Wilson (2002), não foi amplamente explorado como forma de arte nessas décadas. Citando Eduardo

7. NUNES, Fabio O. A produção brasileira de web arte. Cadernos da Pós-Graduação. Instituto de Artes/UNICAMP, Campinas, SP. v.V, n.2, 2001.

8. PRADO, Gilbertto. Experimentações Artísticas em Redes Telemáticas e Web. *Arte Brasil.* Pós-Graduação do Instituto de Artes, Unesp, n.1, ano 1, agosto de 1998, p.42-47.

Kac, o autor argumenta que, uma vez que o telefone transmitia apenas voz, seu pouco uso devia-se tanto à dominância da visualidade nas artes como também à relutância dos artistas em relação à perda de controle do processo nas artes participativas. Alguns eventos artísticos pioneiros que utilizam o telefone são relatados pelo próprio Kac (1992), entre eles aquele que considera a primeira peça produzida por telepresença: a fabricação de uma pintura comandada via telefone pelo artista Lázló Moholy-Nagy, e a exposição *Art by Telephone* promovida pelo Museum of Contemporary Art of Chicago em 1969. Nessa exposição, a maioria dos artistas usou o telefone para transmitir instruções para criar objetos e instalações, com exceção de alguns, que ousaram fazer algum tipo de experimento comunicacional.

Inicialmente caracterizada como um meio virtual que elimina distâncias através de vozes que viajam numa comunicação instantânea ponto a ponto, a telefonia tornou-se a mais importante tecnologia na arte das telecomunicações quando através dela passou-se a transmitir imagens, textos, som e vídeo, de formas diversas do fax à Internet. Foi com a Internet, porém, que a arte do fluxo desenvolveu-se plenamente como um processo de diálogo e construção coletiva. As chamadas "redes telemáticas", segundo Ascott (2003), não se referem apenas à convergência de computadores e sistemas de comunicação, mas qualificam toda uma gama de formas de conscientização e de expressão cultural, através das quais novas modalidades de conhecimento e seus meios de distribuição estão sendo testados e ampliados. De acordo com Ascott (2003, p.202):

> Telemática pressupõe interação, negociação e colaboração entre seres humanos e máquinas inteligentes. O processo telemático envolve ambiguidade, incerteza e incompletude; o significado não é dado, mas negociado, reconstituído e redefinido infinitamente.

Como criação coletiva, a arte nas redes é considerada um lugar de experimentação, uma área de jogo. Nela o artista cria com suas ações uma outra relação com o mundo, "tornando visível o invisível, através e com o outro".[9]

Nas ações em rede o trabalho não existe sem participantes. A interação constitui a "obra" – ou melhor, o processo –, pois uma vez que o fluxo não permite o congelamento de formas que resulte em uma obra acabada, ela está sempre em mudança de acordo com os deslocamentos dos participantes no jogo. A rede é uma trama de possibilidades, tão bem pontuada por Prado como

---

9. PRADO, Gilbertto. 2003, op. cit., p.25.

"um grande campo de ação nômade",[10] campo em que os viajantes interagem construindo acontecimentos transitórios, que se transformam a cada passagem de novos viajantes.

Celular e redes móveis

Se no ciberespaço nos situamos como um ponto nas malhas da grande rede, navegando ou criando coletivamente em comunidades à distância, com as conexões móveis transitamos nessa rede portando ainda uma outra rede – essa, individualizada. Com o celular carregamos nossa rede de relações, de natureza social, singular e pessoal.

Os telefones celulares e demais dispositivos de comunicação móvel, segundo Beiguelman (2005, p.158):

> são ferramentas de adaptação a um universo urbano de fluxo intenso, onde o leitor/interator está sempre envolvido em mais de uma atividade, relacionado-se com mais de um dispositivo e desempenhando tarefas múltiplas e não-correlatas.

Atualmente, com o celular, assim como com outros dispositivos móveis conectados à Internet, essas diferentes redes interpenetram-se, produzindo no deslocamento o que Nicolaci-da-Costa chama de "contato virtual móvel".[11] Segundo ela, o telefone celular enfatiza o nomadismo e a fluidez pela sua "capacidade de conexão imediata e multiplicadora".[12]

Ao pesquisar grupos de jovens e seus relacionamentos sociais, Nicolaci-da-Costa encontrou uma expressiva imagem do nomadismo urbano contemporâneo. Esses jovens que sempre carregam consigo seus celulares e nunca os desligam – estando sempre disponíveis e capazes de acionar suas redes – geram uma sociabilidade instantânea, nômade e fluida. A autora afirma em sua pesquisa que "o uso constante da comunicação virtual por meio dos celulares fluidifica a movimentação física e com ela se confunde".[13] Os celulares permitem a esses jovens uma existência fluida e flexível, expressa no título de um de seus artigos, retirado da fala de uma de suas entrevistadas: "Tudo o que tenho de fixo

---

10. Ibid., p.36.

11. NICOLACI-DA-COSTA, Ana Maria. *Tudo o que tenho de fixo na vida é meu celular*: os celulares como âncoras da identidade dos jovens nômades urbanos. Em VIII Congresso Luso-Afro-Brasileiro de Ciências Sociais. Coimbra, Portugal, 2004, p.5.

12. Ibid, p.6.

13. Ibid, p.16.

na vida é meu celular", ou seja, nada é fixo, uma vez que essa rede individual é sempre passível de ser reconfigurada.

Estética do fluxo – o sublime tecnológico

Em 1983, Mario Costa e o artista Fred Forest delimitaram um campo de estudo chamado de "estética da comunicação" partindo do princípio de que as tecnologias da comunicação associadas à informática geram uma nova condição antropológica e novas formas de experiência estética. Com a delimitação do campo, Costa (1995) mostrou a necessidade de atualizar certas categorias estéticas de acordo com as mudanças originadas pelas novas tecnologias, introduzindo a noção de "sublime tecnológico". O sublime, aquilo que não pode ser colocado em forma, ou seja, um informe, encontraria meios de fazer-se objeto através da tecnologia. Para o referido autor, a tecnologia é uma espécie de excesso, um novo absolutamente grande, uma ameaça a tudo o que acreditávamos ser estável. Essa forma de sublime gera uma nova dimensão estética à produção artística atual que não dá ênfase à forma, como na estética tradicional, mas cede lugar ao informe, ao aleatório, ao acaso, ao efêmero, ao transitório, ou seja, ao fluxo e ao acontecimento (Costa, 2003).

As tecnologias de comunicação alteram as noções de proximidade e de presença. A noção clássica de distância perde o seu sentido original, pois tudo fica igualmente próximo e longínquo. A uniformidade gerada – onde as coisas não estão nem longe nem perto – criam uma terceira dimensão espacial, a da "ausência de distância", uma dimensão absolutamente nova criada pelas tecnologias de comunicação à distância, e é justamente com essa nova dimensão espacial que os artistas da comunicação trabalham, "dando forma ao vazio".[14]

O "sublime" como categoria estética teve sua expressão máxima em Kant, que o analisou em contraposição ao belo. Enquanto o belo é formal e limitado, o sublime é informe e ilimitado, e, como tal, causa desconforto à faculdade de apresentação. Para ele, o sublime não seria inerente nem aos objetos nem às obras de arte, mas estaria em nossa mente, um sentimento despertado pela impotência humana ante forças naturais de grandeza e poder incomparáveis.

Na modernidade o foco sobre o sentimento do sublime transitou da esfera do natural para o urbano – um novo tipo de excesso derivado dos processos

---

14. COSTA, Mario. *Internet et Globallisation Esthétique: L'avenir de l'art et de la philosophie à l'époque des reseaux.*. Paris : L'Harmattan, 2003, p.68.

de industrialização e urbanização avassaladores. As paisagens urbanas passavam a representar esse incomensurável que transcende o homem, e o ameaça.

Na pós-modernidade o sublime kantiano foi retomado por Lyotard (1982) em relação à pintura abstrata. Partindo da distinção kantiana entre o belo e o sublime, Lyotard mostrou que o belo se dá sobre um objeto apresentável, enquanto o sublime é inapresentável. Argumentava que a pintura abstrata da modernidade era uma pintura sublime, pois, ao deixar de representar a realidade para mostrar o invisível, passava a se apresentar pela abstração ou pelo informe. Essa ausência de forma tornava possível a apresentação do inapresentável e do invisível. Não tendo que representar o demonstrável, ela passava então a representar o não-demonstrável, aquilo que parece monstruoso, disforme, negativo, ressaltando nesses termos aquilo que em Kant estaria relacionado a objetos que despertariam o sentimento do sublime.

Mario Costa (1995), também partindo do sublime kantiano, mudou mais uma vez o foco do sublime para um novo tipo de excesso, dessa vez relacionando-o ao processo de mudanças tecnológicas avassaladoras da contemporaneidade com o desenvolvimento das tecnologias digitais, das telecomunicações, da biologia e da genética. A tecnologia representaria esse novo tipo de excesso, de imenso, informe, poderoso e ameaçador, um inapresentável que se torna apresentável por meio dos próprios dispositivos tecnológicos.

Ao destacar a importância das redes comunicacionais como um novo palco de desenvolvimento desse universo estético, Costa apresenta três formas em que o sublime se manifestaria: pela fraqueza do sujeito e sua dissolução em um sistema tecnológico de conexões que o transcende; pela domesticação tecnológica do absolutamente grande, através de uma percepção controlada apresentada pelos dispositivos comunicacionais; e pelo domínio da terribilidade da tecnologia, mostrando uma reversão da ameaça que esta representa ao humano, sugerindo o advento de uma nova espiritualidade intelectual: o sublime tecnológico.[15]

Desvelando o invisível

À luz da noção de "sublime tecnológico" de Costa fazemos a seguir uma leitura de trabalhos artísticos que – utilizando a tecnologia de telefonia celular – lidam com a criação do espaço de fluxo e das conexões em redes. Selecionamos

15. COSTA, Mario. *O Sublime Tecnológico*. São Paulo: Experimento, 1995, p.38-40.

para esse fim os trabalhos *Sky Ear* do artista Usman Haque, e *Amodal Suspension* do artista Rafael Lozano-Hemmer.

OUVINDO O CÉU

> Eu estava circulando pelo parque, tentando encontrar sinal para meu telefone celular. Comecei a imaginar as características ondulares de uma topografia invisível que me cercava: os campos eletromagnéticos variantes que estão atualmente em toda parte [...] No "Sky Ear" eu quis dar forma a este espaço, para tornar visível o invisível."
>
> Usman Haque sobre a idéia do Sky Ear[16]

Transformar o espaço invisível em visível é o ponto de partida do projeto *Sky Ear,* de Usman Haque, segundo suas próprias palavras. *Sky Ear*[17] é uma ação artística de uma noite, produzida pelo envio para o céu de uma "nuvem incandescente", formada por uma estrutura de fibra de carbono contendo aproximadamente 40 telefones celulares em 1000 balões de hélio munidos também de diodos emissores de luz ultrabrilhantes que produzem milhões de cores. Essa "nuvem" é presa ao solo por tirantes, podendo flutuar a uma altura de 60 a 100 metros (imagens no CD).

Os balões são liberados no ar, de modo que os participantes do evento possam ligar de seus celulares para a "nuvem", onde outros celulares introduzidos nos balões são programados para atenderem às chamadas originadas pelo público, permitindo aos participantes ouvirem os sons das ondas eletromagnéticas existentes no céu. Eles podem ainda se comunicar por infravermelho enviando sinais, e com isso alteram o ambiente eletromagnético e o tornam visível, pois os balões contêm sensores que, ao serem acionados, causam variações de cor e brilho na "nuvem".

Ao falar sobre o que o inspirou a criar esse trabalho, Haque relata que enquanto tentava conseguir sinal para o seu celular, se deu conta desse imenso

---

16. "I was wandering around a park trying to find good signal on my mobile phone. I started to imagine the undulating qualities of an invisible topography that surrounded me: the varying electromagnetic fields (EMF) that are present everywhere [...] In Sky Ear, I wanted to give form to this space, to make visible the invisible." Tradução livre. Disponível em: http://www.haque.co.uk/skyear/information.html (05/09/06).

17. Dois eventos do "Sky Ear" aconteceram: um em Fribourg, na Suíça, em 4 de julho de 2004, e outro em Greenwich, Londres, no National Maritime Museum, em 15 de setembro de 2004. Disponível em: http://www.haque.co.uk/skyear/index.html (05/09/06).

espaço eletromagnético resultante da conjunção de ondas naturais e do movimento de infinidades de aparelhos tecnológicos, entre os quais os telefones celulares, rádios e televisões, cuja atividade tão intensa nos é invisível. Pensou em lhe dar uma forma visível, e foi buscar inspiração em um fenômeno natural: a aurora boreal.

Também conhecida como "luzes do norte", a aurora boreal é um fenômeno atmosférico eletro-magnético que se dá no inverno em regiões próximas ao Pólo Norte quando, à noite, o Sol está abaixo da linha de horizonte. Nessa época, luzes coloridas se produzem nos céus. O Sol emite partículas elétricas carregadas que, ao atingirem as altas camadas da atmosfera terrestre, são capturadas e aceleradas pelo magnetismo da Terra. Essa corrente elétrica colide com átomos de oxigênio e nitrogênio, e por um processo de ionização de gases, produzem ondas eletromagnéticas gerando efeitos luminosos com cores fortes e cintilantes. O fenômeno da aurora boreal também produz no céu sons especiais descritos como espécies de assobios, em geral captados por receptores de rádio, imperceptíveis ao ouvido humano.

O espaço eletromagnético, também chamado de hertziano, é composto por vários tipos de ondas que se classificam pela freqüência. O espectro abrange desde raios gama, raios X, ultravioleta, luz visível, infravermelho, até ondas de rádio, televisão, microondas, celulares e comunicação sem fio. De todo o espectro, a visão de apenas uma pequena porção dele nos é permitida – a da luz visível – e nos são invisíveis as ondas responsáveis pelo segmento das comunicações que incluem os sistemas de localização e navegação, o rádio, a televisão, os telefones celulares, e as tecnologias de comunicação sem fio.

A difusão da comunicação móvel contribui para o aumento e a concentração de ondas eletromagnéticas no nosso espaço habitável já tão adensado por outros equipamentos, como o rádio e a televisão, por exemplo. Esse espaço – para nós imperceptível – é revelado pelo projeto de Haque, que parte de ondas não visíveis e lhes dá visibilidade através da única porção perceptível ao olho humano: a luz visível.

A partir da inspiração explícita na aurora boreal, o artista faz surgir no céu noturno luzes coloridas que afetam o ambiente eletromagnético e por ele são afetadas, e capta, através das ligações dos celulares, os sons desse espaço. Assim, Haque nos faz "ver e ouvir" esse ambiente que se expande a cada dia, não apenas nos fazendo pensar sobre a existência e grandeza dessas tecnologias, mas também levando os participantes do evento a vivenciarem a emoção dessa grandeza.

MENSAGENS NO CÉU

Quando cheguei ao Japão, fiquei fascinado com a forma com que as pessoas usam os telefones celulares – não necessariamente para falar, mas para "estar conectado".

Lozano-Hemmer sobre a idéia do *Amodal Suspension*.[18]

Amodal Suspension,[19] foi uma instalação interativa em grande escala, na qual os participantes de diversos países e regiões poderiam enviar curtas mensagens de texto para outras pessoas usando o telefone celular ou um navegador de Internet, através de um site especialmente criado para o projeto. Ao serem emitidas, as mensagens eram codificadas em seqüências de flashes com 20 feixes luminosos de grande alcance controlados por robôs, girando no céu em torno do YCAM (*Yamaguchi Center for Arts and Media*) no Japão, onde foi realizada. Cada mensagem codificada e transformada em luz era "suspensa" no céu da cidade, e ficava circulando até que fosse alcançada pelo destinatário – que recebia um e-mail notificando-o de que sua mensagem o aguardava nos céus de Yamaguchi – e fosse lida. Só após sua leitura a mensagem desaparecia, dando lugar a outras novas mensagens. O projeto recebeu aproximadamente 400.000 visitantes de 94 países que enviaram cerca de 10.000 mensagens, utilizando aproximadamente 50 gigabytes, enquanto esteve ativo (imagens no CD).

Perguntado sobre o que o teria levado a idealizar esse trabalho, Lozano-Hemmer falou de seu fascínio quanto ao que viu, ao chegar no Japão, em relação ao uso dos telefones móveis pelas pessoas daquele país: a necessidade de estarem constantemente conectados. Pioneiros nesse campo, os japoneses desenvolveram uma cultura de uso multifuncional do celular, sendo a mensagem de texto a mais difundida das funções. O evento por ele idealizado explorou, então, essa particularidade de uso.

Se olharmos para o conjunto da obra do artista Rafael Lozano-Hemmer verificamos que as questões centrais de seus trabalhos dizem respeito, em especial, à "arquitetura relacional": ele costuma explorar o espaço urbano e o

---

18. "When I arrived in Japan, I was fascinated by the way people use cell phones – not necessarily to talk, but to 'be connected'". (tradução livre) em entrevista de Rafael Lozano-Hemmer ao *Japan Media Arts Plaza*. Disponível em: http://plaza.bunka.go.jp/english/festival/backnumber/winners_i/p19/rafael.html (05/09/06).

19. *Amodal Suspension – Relational Architecture 8*, de Rafael Lozano-Hemmer, foi uma instalação desenvolvida para a abertura do novo *Yamaguchi Center for Arts and Media* (YCAM) no Japão, que aconteceu entre os dias 1 e 24 de novembro de 2003. Disponível em: http://www.amodal.net/intro.html (05/09/06).

espaço dos edifícios, transformando-os através de projeções de luzes, criando novas narrativas e novos contextos a partir das interações dos participantes em suas ações. Mantendo-se fiel à sua linha de trabalho – desta vez incorporando a telefonia celular em sua obra – o criador de *Amodal Suspension* nos revela esse espaço invisível de transmissão de diálogos ao transformá-los em luz visível sobre o espaço. Com um caráter poético, o trabalho dá ênfase à interação via mensagens de texto, suspendendo essas mensagens em forma de luz sobre os céus da cidade. Lozano introduz o celular no universo do seu espaço relacional, tornando aparente esse volume de conversas textuais que circulam no nosso espaço urbano de forma imperceptível.

O cruzamento dos feixes luminosos suspensos no céu nos passa de imediato a idéia de uma malha tecida pelo fluxo de informações que circulam nas redes. Além de construir uma rede de relações entre pessoas – rede essa que torna-se visível ao mundo – o resultado visual desse trabalho é a imagem direta das conexões e nós das redes, conexões em constante reconfiguração, fluida e transitória.

Tal como Haque, Lozano está lidando com a cultura eletromagnética, mostrando um fluxo de ondas invisíveis no espaço hertziano e, por coincidência, os dois artistas utilizam a luz como forma de dar visibilidade a essa circulação de dados no espaço gerado pela comunicação via celular.

Esses eventos mostram o uso de tecnologias que conectam pessoas através de redes de interações ubíquas e móveis, redes essas que se expandem e se multiplicam a cada inovação tecnológica, que se tecem em nosso cotidiano, em nossos espaços públicos e privados, constituindo um incomensurável e informe tecnológico invisível pra nós, que é tornado visível por esses trabalhos que lhes atribui uma forma, nos colocando, assim, frente a um desvelamento da ordem do sublime – do sublime tecnológico.

Imersos nas redes, não nos damos conta da imensidão desse espaço tecnológico, mas importa o "estar conectado", e são essas conexões que o projeto *Amodal Suspension* nos mostra: o fluxo das mensagens e das interações visualmente nítidos nos movimentos dos feixes luminosos que cruzam os céus. Ver traçada no céu essa imensa rede de conexões entre pessoas do mundo inteiro ali telepresentes constitui, certamente, uma emoção sublime.

O invisível tornado visível

A arte eletrônica vem explorando novas possibilidades de expressão, percepção, cognição e comunicação, através de inovadoras combinações entre arte, ciência e tecnologias emergentes. Ao facilitar a comunicação humana e a interação social, expandir os sentidos humanos e permitir a criação coletiva e colaborativa, determinados trabalhos de arte das telecomunicações e das redes – como no caso das obras acima discutidas – encontram formas de apresentar o inapresentável tecnológico. É no espaço público urbano, por meio de eventos artísticos interativos, que esses artistas dão visibilidade ao espaço de fluxo, o espaço de "ausência de distância" derivado do uso das redes e dos telefones celulares. Consideramos esses eventos como uma forma de "sublime tecnológico", pois o domínio sobre o excesso e o informe é ofertado pela própria tecnologia através da criação colaborativa.

Haque gera um processo para apresentar o movimento das ondas de comunicação no espaço hertziano. Lozano-Hemmer lança ao céu, em forma de raios luminosos, as mensagens de textos enviadas pelos celulares que também circulam nesse espaço. Ambos dão visibilidade a essas novas tecnologias – e ao seu caráter informe e incomensurável – utilizando os próprios aparatos tecnológicos.

Através da criação coletiva, o desvelamento do invisível nesses trabalhos nos faz não apenas perceber e refletir sobre esse espaço produzido, mas também manter um diálogo com o "outro", com os outros participantes que no ato da comunicação geram o processo, além do próprio espaço de fluxo. O participante interage nessas grandes redes comunicacionais, que representam o excesso da tecnologia, configurando um novo incomensurável, no qual o sujeito se dissolve nas ilimitadas possibilidades de conexão. O próprio evento gera uma percepção controlada da grandeza da tecnologia e de sua capacidade ameaçadora. Neutralizado o desprazer da terribilidade, resta-nos então explorar o prazer e a dimensão espiritual inerentes ao sublime.

Dimensão espiritual

As redes configuram o novo sublime. A dimensão espiritual do sublime tecnológico está na percepção do espaço de fluxo – informe, ilimitado e inapresentável, formado por ondas eletromagnéticas invisíveis – que gera uma nova fenomenologia da presença. A espiritualidade do novo sublime tecnológico está na relação com o "outro", no poder de interação das conexões sem fio – puro fluxo, liquidez, transitoriedade, mobilidade e nomadismo.

O telefone celular nos faz mergulhar nesse espaço de fluxo. Onde quer que estejamos, não importa o lugar ou não-lugar, carregamos conosco nossas redes singulares – sociais e afetivas – e a possibilidade imediata de conexão. Por meio dos telefones celulares estamos permanentemente imersos nessa malha informe, onde as conexões nos mantêm em constante deslocamento. É como mover-se num meio líquido: cada movimento, por mais sutil que seja, afeta e altera a forma do todo, que nunca se fixa. Estamos próximos e distantes, na ubiquidade e fluidez de nosso cotidiano, e nos mantemos, potencialmente, em contato. Essa dubiedade de existência – a presença física e a conexão espiritual – é o estar aqui-e-lá-agora, é um novo sublime tecnológico.

REFERÊNCIAS BIBLIOGRÁFICAS

ASCOTT, Roy. *Telematic Embrace*: Visionary theories of art, technology, and consciousness. Ed. Edward A. Shanken. Berkeley: University of California Press, 2003.

AUGÉ, Marc. *Não-Lugares*: introdução a uma antropologia da supermodernidade. 4.ed. São Paulo: Papirus, 2004.

BAUMAN, Zygmunt. *Modernidade Líquida*. Rio de Janeiro: Jorge Zahar, 2000.

BEIGUELMAN, Giselle. *Linke-se: arte/midia/politica/cibercultura*. São Paulo: Irópolis, 2005.

CASTELLS, Manuel. *A sociedade em rede*. 2.ed. São Paulo: Paz e Terra, 1999.

COSTA, Mario. *O sublime tecnológico*. São Paulo: Experimento, 1995.

COSTA, Mario. *Internet et Globallisation Esthétique: L'avenir de l'art et de la philosophie à l'époque des reseaux*. Paris : L'Harmattan, 2003.

FADON, Carlos. Tele-presença-ausência. *Revista Trilhas*, Instituto de Artes, Unicamp, Campinas, n.6, p.47-55, 1997.

KAC, Eduardo. *Aspects of the Aesthetics of Telecommunications*. Originalmente publicado no Siggraph Visual Proceedings, Editores: John Grimes e Gray Lorig. New York: ACM, 1992, p.47-57.

KANT, Immanuel. *Crítica da faculdade do juízo*. Tradução de Valério Rohden e António Marques. 2.ed., Rio de Janeiro: Forense, 1995.

LYOTARD, Jean-François. *Presenting the unpresentable*: the sublime. Artforum v.XX n.8 April 1982.

NICOLACI-DA-COSTA, Ana Maria. *Tudo o que tenho de fixo na vida é meu celular*: os celulares como âncoras da identidade dos jovens nômades urbanos. Em VIII Congresso Luso-Afro-Brasileiro de Ciências Sociais. Coimbra, Portugal, 2004.

NUNES, Fabio Oliveira. A produção brasileira de web arte. Cadernos da Pós-Graduação. Instituto de Artes/UNICAMP, Campinas, SP. v.V, n.2, 2001.

PRADO, Gilbertto. *Arte telemática*: dos intercâmbios pontuais aos ambientes virtuais multiusuário. São Paulo: Itaú Cultural, 2003.

PRADO, Gilbertto. Experimentações Artísticas em Redes Telemáticas e Web, in Arte Brasil, Pós-Graduação do Instituto de Artes, Unesp, n.1, ano 1, p.42-7, agosto de 1998.

PRADO, Gilbertto. As Redes Telemáticas: utilizações artísticas. In: Imagens, n.3, p.41-4, Campinas: Unicamp, dezembro de 1994.

SANTOS, Milton. *A natureza do espaço*. São Paulo: Edusp, 2002.

WILSON, Stephen. *Information Arts*: Intersections of art, science and technology. Cambridge: The MIT Press, 2002.

A busca de espiritualidade na condição inumana: o exemplo da obra de arte digital

Tradução: Ronaldo Castro

Estamos agora na era da condição inumana, em que homens e mulheres perdem todas as noções de sua presença biológica no mundo; em que homens e mulheres, imersos em inumeráveis novos níveis de realidade (atômica, quântica, celular etc.), já não são capazes de crer na realidade que lhes é dada por seus sentidos, por sua carne, por seu espaço orgânico. A condição inumana é o estado de desequilíbrio que experimentamos diante da transformação tecnológica do globo; a condição inumana é a impossibilidade de crer em nosso corpo, esse invólucro que só apreende o mundo por intermédio dos sentidos, agora completamente ultrapassados pela tecnologia. Como compreender, como aceder à criação, hoje, quando esta se estende às inumeráveis dimensões do macrocosmo e do microcosmo, dimensões a que nossos sentidos não nos dão acesso, dimensões que apenas as máquinas podem ver, ouvir, compreender? Como compreender o mundo hoje, se este se multiplicou nos espaços incompreensíveis da física quântica, da teoria das cordas,[1] dos buracos negros

1. A teoria das cordas, ou teoria das supercordas, na física, descreve as partículas como ondas em cordas. Essas cordas não teriam nenhuma outra dimensão além do comprimento; apesar disso, a teoria das cordas é consistente com a afirmação de que existem várias outras dimensões de tempo e espaço (e não apenas uma dimensão temporal e três espaciais, como na física clássica). Essas dimensões extra seriam trançadas (como cordas) e extremamente pequenas: "enroladas num espaço de tamanho bem pequeno, algo como um milionésimo de milionésimo de milionésimo de milionésimo de milionésimo de centímetro" (Stephen Hawking & Leonard Mlodinow, Uma nova história do tempo, Rio de janeiro, Ediouro, 2005) – diferentemente do que se observa nas regiões planas do espaço-tempo quadridimensional, que não são enroladas nem pequenas. (N.T/N.E.)

e dos horizontes de eventos?[2] Como compreender o universo que nos circunda, quando não temos mais que nossos ouvidos, nossos olhos, nossa língua, nossas mãos, nossas pernas, nosso olfato, para perceber a loucura do DNA, a violência do mundo bacteriológico, a complexidade da célula, a densidade das estruturas neuronais? Como compreender o humano, como aceitar a condição humana, agora que a ciência, sem cessar, encontra, nos fenômenos e nos indivíduos, incessantes níveis de realidade que se enredam e se superpõem ininterrupta e ilimitadamente, sempre recusando-se a se revelarem como fundamentais ou finais?

Perdidos na condição inumana, nós nos voltamos para a espiritualidade. Percebendo, entretanto, que as instituições religiosas atuais já não oferecem respostas adequadas, muitos homens e mulheres voltam-se para correntes excêntricas (do ponto de vista ocidental), tais como o budismo, o xamanismo, wika etc., cuja popularidade emerge, assim penso, de uma busca de complexidade e de complexificação na leitura e na representação do mundo. Enquanto a instituição religiosa clássica (cristã, muçulmana ou judaica) oferece uma explicação segundo os critérios biológicos conhecidos, as religiões alternativas oferecem explicações mais nuançadas do universo que nos rodeia, e suas interpretações são mais próximas das leituras do mundo propostas pela ciência contemporânea. Vou mais longe: essas interpretações religiosas agradam porque, voluntariamente ou não, parecem refletir várias características da física moderna, em que o observador, através de sua observação, propõe uma cristalização particular do mundo.

Essas proposições religiosas, porém, são freqüentemente insatisfatórias. Por quê? As razões são provavelmente variadas, mas é inegável que a educação judaico-cristã que serve de base ao Ocidente desempenha uma função importante nesse descontentamento (é difícil aderir a uma visão de mundo múltipla, quando toda uma educação se elaborou sobre princípios de oposições binárias). Nós buscamos o sentido do universo, o sentido do viver, da natureza, de suas dinâmicas, de suas violências e belezas, mas nos deparamos com a incapacidade de aplicar uma razão linear, concreta, humana, àquilo que a ciência, as

2. Buracos negros são regiões do espaço-tempo das quais não chega, ao universo observável, nenhuma informação (matéria ou radiação). Horizonte de eventos, na física relativística, é um limite do espaço-tempo, além do qual os eventos não podem ser observados ou afetar diretamente determinado observador. Em torno de cada buraco negro, por exemplo, há um horizonte de eventos: a luz ou qualquer matéria que ultrapassa esse limite não retorna. (Os horizontes de eventos, sendo limites do espaço-tempo, e não do espaço tridimensional, têm características distintas – não ocupam região fixa do espaço, mas dependem do movimento relativo do observador.) (N.E.)

máquinas e as tecnologias nos informam a respeito do universo e do mundo que nos envolve. Mesmo a religião, mesmo a espiritualidade nos deixam insatisfeitos, embaraçados, incapazes de realmente conciliar sentidos humanos e essência do universo.

Essa é a condição inumana: esse mal-estar, essa precariedade, essa confusão constante; o mundo nos é oferecido pelas máquinas e tecnologias, porém não chegamos a vê-lo claramente porque nossa profundidade de campo,[3] estruturada por nossos sentidos, é limitada. Sabemos que o mundo é infinito, de dimensões ilimitadas, e que sua complexidade é desmedida; mas nossa percepção se reduz ao que nossos sentidos podem perceber. O mundo nos aparece, por conseguinte, sempre difuso, indistinto. Eis o que é a condição inumana: a miopia do homem e da mulher perante o infinito do universo.

Qual a solução? Aceitar que o sentido, hoje, o sentido humano, religioso, emotivo, só é possível enredado com o insano; que o sentido só se revela hoje no absurdo, que apenas o aberrante produz sentido; um sentido novo certamente, mas ainda assim um sentido. A condição inumana é esta: a produção de sentido pelo sem-sentido, porque é no impossível do universo que se amplia a profundidade de campo. É na loucura da relatividade, da teoria das cordas, da física quântica, que se esconde o sentido, a razão, a liturgia do universo.

O sem-sentido na espiritualidade está em compreender que, se existe uma noção do divino, então ela se estende muito além da dimensão orgânica da existência e se manifesta não só no microcosmo e no macrocosmo, porém mais que tudo e principalmente nas dimensões do real que atravessam, transpassam e redefinem não apenas o corpo humano, mas a possibilidade mesma da humanidade.

O que quero dizer com isso? Que a tecnologia nos mostrou que o real é estratificado e que nenhum de seus estratos representa a base, o *ponto um* da realidade, nenhum predomina. Nada pode provar que nível da realidade é o mais verdadeiro, o mais "autêntico", o mais "puro". Não há, nos níveis da realidade, começo, origem, ou fim. Nenhum ponto último existe no real. Desse modo, se a física quântica ou a teoria das cordas nos parecem indicar níveis terminais de realidade, é inegável que esses níveis escondem outros. É o que a

---

3. Profundidade de campo é um termo usado em fotografia para designar a distância entre os pontos mais próximo e mais distante da lente, cujas imagens estão em foco; isto é, a profundidade da região em que os objetos, fotografados, aparecem com nitidez. (A profundidade de campo depende do comprimento da lente e da sua abertura ou diâmetro.) (N.T./N.E.)

realidade tecnológica nos ensinou: que o real universal é um fractal,[4] jamais poderá chegar a um fim. Além do mais, nenhum de seus níveis é hierarquicamente superior a um outro.

O que isso quer dizer? Ora, que é preciso considerar o individuo consciente, inteligente e autônomo como um nível da realidade que não possui qualquer superioridade ou primazia. Certamente, o humano é um grau de realidade interessante, porém este também é o caso das bactérias e dos vírus que nele vivem, esse é o caso das coletividades das quais o ser humano faz parte – esse é o caso das dinâmicas quânticas ou atômicas que o constituem, esse é o caso dos sistemas planetários ou mesmo astrológicos nos quais ele é como um elo da cadeia. O humano é um nível de realidade que co-existe com infinitos outros níveis, sem que nada assegure sua preponderância. Os níveis de realidade, diz-nos a realidade tecnológica, não são outra coisa senão a cristalização das dinâmicas que perduram em determinado lapso de tempo. O humano é a materialização efêmera de bactérias (sendo a própria célula fusão de duas bactérias), de células, de memes,[5] de inumeráveis dinâmicas evolutivas etc.

Em suma, é naquilo que nos parece ser a loucura da física quântica, é nesses inumeráveis horizontes de eventos que se retorcem em espiral no centro de nossa galáxia, é nessas dinâmicas e concepções de mundo que nos parecem literalmente desprovidas de sentido, é *além* do humano, além de toda consideração biológica e humana que existem os caminhos que conduzem ao que é último. E isso, para nós, não faz sentido.

Mas por que falar aqui desse sem-sentido?

Porque a obra de arte digital, em particular aquela produzida na *web*, dele faz seu tema principal; porque essa forma de arte reflete tal cruzamento do sagrado e do absurdo, porque essa forma de arte percebe e concebe que apenas no sem-sentido pode-se, hoje, propor e encontrar a transcendência.

Mas antes de abordar esta idéia, coloquemos a questão da obra de arte. O que é uma obra de arte? É claro que poderíamos discutir o assunto por centenas

4. Fractais, de modo geral, são formas geométricas cujas partes, não importa quão pequenas, têm a mesma aparência, complexidade ou grau de irregularidade: suas propriedades geométricas/matemáticas são bem distintas das figuras usuais da geometria euclidiana (p.ex., número não-inteiro de dimensões). Formas fractais são observadas em inúmeros fenômenos naturais (ou em representações gráficas de equações que os descrevem). (N.E.)

5. Meme é um termo proposto para designar unidades transmissíveis de informação, próprias ao plano cognitivo-cultural de comunicação, e que teriam, nesse plano específico, comportamento e papel evolutivos similares aos dos genes (hereditariedade), sendo passíveis, como estes, de mutações, variações etc. (N.E.)

de páginas. Seja-me permitido, então, oferecer uma definição simples e pessoal: a obra de arte é o questionamento sensível da metafísica (ao passo que a ciência seria o questionamento objetivo dessa mesma metafísica). A obra de arte coloca de modo sensível as questões da vida e da morte, do ciclo da natureza, do porquê de nossa existência e de nosso sofrimento. Certamente a ciência, assim como a obra de arte, fala do sofrimento, mas apenas a obra de arte permite que tal testemunho atravesse os continentes e os séculos, e oferece-o como sentido ao homem, à mulher e à criança que o padecem. Apenas a obra de arte faz do sofrimento o fio de Ariadne que une os seres humanos; apenas a obra de arte faz do sofrimento um texto universal partilhável por todos os seres humanos. A obra de arte diz: vocês não estão sozinhos; outros, como vocês, sofrem; como vocês, outros buscam o porquê desse sofrimento, dessa consciência, o motivo desse deslumbramento melancólico que temos. E é por isso que a obra de arte e a religião estiveram, até muito recentemente, ligadas entre si de modo estreito. Ambas faziam do sofrimento um mosaico da humanidade.

Contudo, num mundo em que o corpo está fora dos eixos, em que já não há um nível último de realidade, em que o sofrimento de um homem ou de uma mulher não tem qualquer valor absoluto (o que é o sofrimento de um ser humano face aos inumeráveis níveis do microcosmo e do macrocosmo?), como então poderá tal sofrimento conduzir ao absoluto, à metafísica, às suas questões e suas possibilidades de resposta? Em um mundo no qual a realidade é uma série infinita de reais, como pode o sofrimento ter realidade por si mesmo? Se o corpo não é mais que um amalgama de dados químicos, o que representa o sofrimento desse corpo?

A arte digital nos dá alguns elementos de resposta: o sofrimento hoje não está na carne, não está na crucificação, no pecado. O sofrimento hoje está no irreal, no etéreo, nas dimensões loucas e incompreensíveis do universo. O sofrimento está no emaranhado dos níveis de realidade, na impossibilidade de compreender este universo, de que no entanto somos filhos. O sofrimento está em nossa busca de sentido. O sofrimento está, sobretudo, na impossibilidade de encontrar caminhos que nos conduzam à razão. Além de já não sermos capazes de dizer onde está o humano e onde está a realidade, de dizer onde se oculta o nível último do mundo e o que constitui as suas formas e fenômenos (pois estas e estes não são mais que expressões temporárias desse mesmo mundo), não mais somos capazes, tampouco, de dizer onde se manifesta a razão, como nos orientarmos para ela. Pois se já não existem níveis absolutos de realidade, níveis últimos; também já não há possibilidade de interrogar esses níveis para neles buscar o traçado da razão total, do divino. Se o que é último não está na origem (que não existiria), mas no emaranhamento e na estratificação, então como compreender o absoluto? Como orientar-se para ele? Como decodificá-lo? Como experimentar o que é místico, se este se esconde na incoerência das formas e dos fenômenos? Como perceber o sentido do mundo quando a razão absoluta se manifesta no incomensurável? Eis o sofrimento contemporâneo. Eis o que a arte digital compreendeu.

Pois o que é a arte digital da *web*? Uma forma artística de uma nova sensibilidade, sem suporte nem material, ao mesmo tempo etérea e eterna, feita por mãos humanas e máquinas, força centrífuga que se manifesta num universo informático. A arte digital não é uma forma de arte "clássica". Como a condição inumana, da qual ela emerge, a arte digital não responde ao universo biológico de nossos sentidos, a arte digital é paradoxal, impossível, sem origem, nem fim, sem perda nem degenerescência. Como a sociedade na qual ela brota, a arte digital é inumana e evoca a tensão entre o sentido humano e o sem-sentido universal, entre a coerência humana e a loucura máquina, entre o texto que o ser humano escreve sobre o universo e aquele que ele lê por intermédio das máquinas. Embora, de fato, a obra de arte digital, assim como a obra analógica, ressoe os ecos da espiritualidade, do prazer e do sofrimento humanos, as reverberações que ela produz são espantosas, inquietantes, a um só tempo novas e sem sentido, polidas e monstruosas. A obra digital reflete a necessidade que o ser humano experimenta de se redefinir e de repensar sua relação com o universal.

Se esse é o caso, então que elementos essa forma de arte tece, como um fio de Ariadne, entre os homens e as mulheres da condição inumana?

1. A impossibilidade de se definir: a obra digital, como o humano, já não tem limites nem origem. Desdobrando-se num mundo sem fronteiras claras entre os fenômenos, um mundo construído com base na superposição constante entre os níveis do real, na onipresença da contaminação, na impossibilidade de se descobrir qualquer forma de consumação, a obra digital é fugaz, resvaladiça e impossível. A obra digital é filha da realidade tecnológica, essa realidade para a qual o real não é mais que estratificação de graus (atômico, genético, celular, bacteriológico, humano, coletivo, ecossistêmico) presentes simultaneamente, sem predominância de nenhum, sendo impossível encontrar o nível fundamental dos fenômenos.

Essa impossibilidade é refletida pela obra digital. Também a obra digital não tem origem. (Qual é o momento original da obra digital? O primeiro toque do artista sobre o teclado? A primeira utilização de um *software* de arte digital? A primeira distribuição ordenada de informação sobre o disco rígido? Podemos ir mais longe: já que a obra digital não é senão uma organização da matéria binária, sua potencialidade está presente, por conseguinte, em todo disco rígido, em toda linguagem de máquina.) A obra digital tampouco possui um nível dominante; sua estratificação se faz essencialmente de modo horizontal (linguagem de máquina, linguagem de programação, interface, vontade do artista etc., funcionando todas ao mesmo tempo e igualmente). A obra digital, portanto, não é somente expressão de uma vontade humana, materialização de uma percepção individual, prova de uma consciência. É um fenômeno múltiplo e móvel, resultado da superposição de linguagens de máquina e linguagens humanas, cuja paternidade é difícil de definir, em que é impossível distinguir entre cópia e original, cuja presença no real está livre de qualquer degenerescência (já que o binário não está submetido às leis da física).

Na forma como a realidade tecnológica a propõe, na forma como a experimenta a condição inumana, a obra digital é a impossibilidade de compor um texto claro e coerente sobre o mundo. Como propõe a condição inumana, o sofrimento, a paixão, a vida, a morte não têm ponto final. Eles emergem temporariamente e depois fundem-se aos níveis de realidade que os envolvem, aparecem e depois desaparecem – não sem razão, porém sem finalidade. E assim se revela o sofrimento da condição inumana e da obra digital. Pois como orientar-se para a razão se nenhuma lógica última e absoluta subjaz aos terrores, se não há nenhum entendimento a produzir os êxtases da vida?

2. A impossibilidade de se propor uma narração linear: a palavra "narrativa" subentende linearidade do relato, mimese. Porém estamos numa era em que toda estrutura linear é posta em questão. Da presença do corpo biológico (percebido hoje como um amálgama, uma corrente, uma cristalização momentânea) à história humana, passando pelo equilíbrio do ecossistema, a linearidade nos parece agora um instrumento obsoleto, incapaz de ler com exatidão, e, sobretudo, de ler exaustivamente, a estrutura profunda daquilo que nos cerca. Estamos na era do centrífugo (todo conhecimento impele para outros conhecimentos; toda leitura do mundo desenvolve outros níveis de realidade), do estratificado (se há universais, eles só existem em interações) e do rizomático (visto que a leitura do mundo própria à realidade tecnológica desfaz, por definição, toda tentativa de definir pontos fixos a montante ou a jusante dos processos). As narrativas nesta aurora do 21° século se apresentam então, não na linearidade do relato, mas na multiplicidade de manifestações. As narrativas são

mosaicos que, eles mesmo, são peças de mosaicos maiores. As narrativas não se revelam na linearidade, na verticalidade ou mesmo na horizontalidade. Elas se manifestam na tridimensionalidade. Como os fractais, elas se abrem, se desdobram, se dilatam em profundidade.

E assim é a obra digital. Uma obra digital não pode ter linearidade, porque ela se manifesta simultaneamente na rede, no computador e no olhar de seus espectadores, cada um impondo à obra uma estrutura narrativa peculiar. Além disso, a obra digital só é possível pelo emaranhamento simultâneo de diversos autores (humano, máquina, *software*, autores de *software* etc.), cada um imprimindo sobre a obra sua perspectiva particular, seu ponto de fuga distinto. Uma obra digital, portanto, não tem linearidade narrativa – não porque a recusa, mas porque sua forma, seu material e seu suporte (o tecnológico, o digital, a *web*) colocam-na fora das estruturas clássicas do mundo circundante, porque o olhar que ela dirige ao mundo não encontra sua origem na perspectiva (o binário não pode produzir o ponto de fuga), porque o mundo que ela reflete não é aquele dos sentidos humanos. Uma obra digital não representa um mundo euclidiano. Ela narra o mundo através de seu mergulho nos espaços inumeráveis e multidimensionais. É lá que ela busca a espiritualidade, a ternura, a emoção, o sofrimento. É lá que ela prende uma pequena porção do fio de Ariadne que une os humanos. É lá também que se esconde a fonte de seu mal-estar, de nosso mal-estar. Como desvendar o sentido daquilo que nos envolve sem ponto de fuga? Toda a história da arte, do sagrado e do religioso (no Ocidente) está alinhavada sobre essa estrutura, sobre essa tela (literalmente). Textos, imagens, cantos, ritos, mitos – o Ocidente percebe o sentido e a razão segundo o ponto de vista do observador único. (É muito irônico, aliás, que na base da relatividade, que desconstruiu violentamente a estabilidade do tempo e do espaço – estabilidade tão fundamental para a presença do observador –, Einstein tenha colocado a questão desse mesmo observador único.) Sem observador, a representação do universo que nos envolve perde toda a estabilidade. Eis, de certo modo, o que a obra digital representa; eis, por assim dizer, o que representa a relação do digital com o sagrado.

É por isso que os textos, os temas, as histórias das obras digitais jamais são claramente perceptíveis: sem ponto de fuga não pode haver narração (pelo menos no Ocidente); sem perspectiva não pode haver texto. E não se trata simplesmente do tema: sem ponto de fuga, não pode haver forma textual, pois o texto é uma série de signos dispostos linearmente, e cujo sentido depende de um desenvolvimento ordenado. Tanto a palavra, quanto a frase e o parágrafo dependem de um agenciamento causal, coordenado e linear. A obra digital sem ponto de fuga propõe, portanto, um sentido fragmentário, já que seus textos, filtrados por sua forma e por seu material, estão dissociados de sua causalidade, de sua linearidade, e não podem, assim, produzir um sentido total, integral. Certamente há textos nas obras digitais, porém sua fragmentação produz apenas um conseqüente desmembramento do sentido. Na obra digital, o ponto de fuga (assim como a linearidade) dos textos se reduz à frase. É na frase que se espirala o sentido das obras digitais, um sentido mosaico. Eis aí por que muitas obras digitais permitem-nos tocar nesses fragmentos de texto, revolvê-los, revirá-los. Manipulando fragmentos de texto, o espectador preso a uma obra e a um universo (tecnológico) que lhe negam a razão, busca resolver o enigma dessa razão. Manipulando fragmentos do mosaico, o espectador tenta criar um ponto de fuga, uma linearidade, uma narração. O prazer e a frustração de muitas obras digitais é que, como é o caso com a estrutura do mundo circundante, nenhuma narração definitiva, nenhuma perspectiva satisfatória e nenhum ponto de vista perfeitamente claro e preciso são possíveis.

A obra digital não faz do texto a base de sua atitude ou de seu olhar sobre o mundo, mas sim a porta de entrada para a multiplicidade. De certo modo, portanto, a obra digital reflete a incomensurabilidade que nos envolve (por exemplo, um fenômeno pode ser simultaneamente onda e partícula). E aí é que se ocultam – assim nos sugere a obra digital – a razão, a transcendência, o sagrado; não mais na linearidade e no ponto de fuga, mas na multiplicidade dos olhares e dos observadores. Isto é, para os ocidentais, é difícil de aceitar: o sagrado, a razão, o espiritual, não estarão mais presentes nem se manifestarão numa hierarquia, numa ordem, num observador único, mas na multiplicidade dos olhares. O divino não será a fonte da existência do mundo (o observador único, dominante), mas a conseqüência da existência do mundo (já que é a multiplicidade dos observadores que permite a presença do mundo). O ponto de fuga estará não apenas multiplicado ao infinito como também invertido.

3. A impossibilidade de distinguir o real do imaginário: o digital representa uma revolução profunda na representação do mundo. Por quê? Porque reduz a uma idêntica matéria – o binário – todos os fenômenos, objetos e manifestações que o tocam e a ele se vinculam. Música, imagens, textos; fenômenos físicos, astrológicos, geológicos; leitura do vivente, do planetário, do infinito, o digital reduz tudo a uma só matéria universal. O que isso significa? Que não existem fronteiras, limites, demarcações entre os objetos, os fenômenos e as estruturas, entre o imaginário e o real. Pois o digital estende seus tentáculos tanto na representação

quanto no real, uma simulação informática podendo facilmente ocasionar o nascimento de uma realidade (clonagem, xenotransplante,[6] terapia genética constituem exemplos perfeitos). Já não há verdadeira diferença entre a fusão perfeita do verdadeiro e do falso numa película cinematográfica (que, não esqueçamos, representa a "estampa do real" sobre uma superfície fotossensível) e as manipulações corporais, genéticas, taxonômicas que povoam agora nossa realidade. Uma vez que, na origem do digital, reina o código informático e não o real (como sublinhava Edmond Couchot), então toda penetração no digital exila do real. Com o digital, o real não é mais do que uma simulação.

E isso, também, é percebido, concebido, representado pela obra digital. Uma obra digital não é uma representação do real, mas uma simulação; não tem vínculos com o real (ela pode ter a pretensão de falar dele ou de possuir alguns de seus elementos, mas não faz mais do que propor uma simulação desse real). É bem verdade que toda representação, de alguma forma, simula o real. Mas uma representação analógica possui, de saída, laços com a realidade. Pintura, escultura, escritura, arquitetura, cinema etc. – todas as representações analógicas estão inscritas no real e nele têm inegáveis raízes. E assim se desenvolve a relação da obra com o espectador, a ligação orgânica que ambos partilham; assim emerge o ponto de fuga que eles têm em comum; assim é que se faz possível a universalidade da obra, sua ressonância junto ao humano.

Mas esse não é o caso da obra digital. A obra digital não faz mais que propor um laço tênue ao real que ela pode à vontade manipular, mascarar, transformar; um laço que ela pode contaminar, revirar, desviar. Pela obra digital, o real torna-se um rumor, uma possibilidade longínqua, uma utopia. Pela obra digital o real torna-se abstrato, mergulha na ausência de peso. De acordo com Baudrillard, estamos numa era em que o mapa precede o território. Proponhamos aqui que, pelo digital, o mapa apagou o território. Na obra digital, nada precede o mapa, nada o antecipa nem lhe dá origem. Na obra digital, é o território real, orgânico, humano, que é uma representação.

Se é assim, então como propor um sagrado, uma razão? Como sugerir a presença de um divino quando o real – este que nos faz sofrer, amar, chorar e ter prazer – já nem mesmo faz parte da equação? Quando seu caminho é desconhecido, impossível? Como apresentar ao humano uma transcendência quando já nem mesmo há um real a partir do qual transcender-se, ser transcendido? Quando

6. Xenotransplante (ou xenotransplantação) é o procedimento de tranplantar ou enxertar em um organismo órgão, tecido ou células retiradas de organismo de outra espécie. (N.E.)

o irreal da máquina, do digital e do binário se apropria das fontes da representação com a qual havíamos fundado nosso entendimento sobre o universo?

O humano sempre viveu em mundos que lhe pareciam estranhos e insólitos, cheios de monstros, de maravilhas, de fantasmas e de anjos guardiões. Sempre o humano percebeu o mundo como um paradoxo, ao mesmo tempo fértil de incompreensões e de verdades; e é por isso que se inventam os mitos, os ritos, o sagrado: pois se o mundo é um texto, uma língua, uma história que o humano não chega a decifrar (pois esse texto, essa língua e essa história são escritas com as palavras das leis físicas, matemáticas, evolutivas e quânticas da natureza), talvez, em compensação, ele possa disfarçar tal incompreensão introduzindo seus próprios textos, suas próprias histórias, no mundo. Há centenas de milênios o mundo visto, percebido e lido pelos humanos é um palimpsesto: o homem gravou seus escritos por cima daqueles da natureza.

Por milênios, o ser humano soube que o texto que impunha ao mundo era transparente e deixava manifestarem-se as leis da natureza. Durante milênios, o ser humano observou essas transparências e disse a si mesmo que nelas provavelmente se escondiam a verdade, o fim último, a razão subjacente ao mundo. Através dos milênios, as leis da natureza tentaram-no com o potencial delas, com o seu possível, com seus rumores de absoluto.

Mas hoje a realidade tecnológica nos mostra que aquém do texto humano não se esconde a verdade ou o absoluto, e sim o incompreensível dessa mesma verdade, o infinito de seus possíveis, o emaranhado de suas leituras numerosas – e, por vezes, contraditórias – do mundo. O que nos parecia um texto (das leis da natureza) capaz de levar-nos a uma verdade e uma lucidez últimas (não é isso que, de certo modo, está subentendido na busca da Teoria Geral Unificada?[7]) mostrar-se-á apenas uma fonte de confusão, de incompreensão, de perturbação. Por certo, o texto das leis da natureza permite-nos compreender mais claramente muitos fenômenos que nos rodeiam, mas ele também certamente amplia a desordem profunda. Pois quanto mais lemos esse texto, mais o decodificamos e compreendemos que esconde um número infinito de

7. Na física, teoria geral unificada é qualquer teoria capaz de unificar, sob um só conjunto de conceitos, princípios e equações, a descrição e explicação de todas as classes de fenômenos físicos, ou seja, basicamente, a relação entre os diversos tipos de força (ou interações) observados no universo: a gravitacional, a eletromagnética, a interação forte (observada no núcleo atômico) e a interação fraca (idem). Não há, presentemente, uma teoria desse tipo que esteja universalmente aceita, embora algumas propostas venham sendo há algum tempo desenvolvidas (como a teoria das cordas). (N.E.)

outros textos. Quanto mais o lemos, mais compreendemos que ele propõe uma leitura do mundo cada vez menos orgânica, cada vez menos aplicável à nossa existência, cada vez mais contraditória com o que somos. Quanto mais abandonamos o texto produzido pelo humano, quanto mais nos aproximamos do texto das leis da natureza (e pensamos ali encontrar a verdade), mais também nos distanciamos de um entendimento, de uma lógica, de uma percepção clara do mundo. Quanto mais lemos o mundo, mais também dele nos exilamos.

E é isso que a arte digital representa: o desejo de ler, de ver, de compreender; e a vontade de utilizar os sentidos-máquinas e as mãos-máquinas para consegui-lo – sempre sabendo que quanto mais descobrimos, quanto mais vemos, quanto mais discernimos, mais a compreensão nos escapa. Quanto mais nos aprofundamos, mais desaparece a razão, escapa-nos por entre os dedos. Quanto mais observamos com exatidão, metodologia e rigor, mais o mundo se torna sem sentido. É isso que representa a arte digital, é o sofrimento de que tal arte se faz vetor, é a angústia que ela carrega. Nós fomos traídos: no método científico, na busca do absoluto, na determinação do olhar esconde-se sempre mais do sem-sentido.

A arte digital faz desse sem-sentido o seu sagrado. Ela utiliza o sem-sentido como texto e como razão e nos diz que nele, em seus vetores, em sua força centrífuga, em sua ausência de ponto de fuga e de perspectiva, em seu emaranhado de real e de imaginário, esconde-se um absoluto. A arte fala do sofrimento, pois neste – assim cremos – deve ser visível uma verdade (se não, por que sofrer?). A arte digital fala de um novo sofrimento, o sofrimento de um mundo que nos escapa, que nos escorre por entre os dedos, cuja matéria parece contradizer nossa presença, cujas estruturas ultrapassam nosso entendimento. Em tal sofrimento, em tal incoerência, escondem-se as pistas que poderiam levar-nos a um novo sagrado, a um novo divino; um divino estranho, incomensurável, para o qual não seríamos mais indivíduos, e sim ressonâncias: um divino que seria produzido por essas mesmas ressonâncias, um divino que teria em seu observador um genitor. Eis o que propõe, em seu fundo e em sua forma, a obra digital.

STEVE TOMASULA

(GENE)SIS[1]

Tradução: Adauto Villela

No Princípio, Deus disse: "Façamos o homem à nossa imagem e semelhança", e Ele do barro formou o homem e soprou em suas narinas o sopro da vida, jogando com a palavra hebraica *adamah*, "terra", para fazer *adam*, "homem". Pouco depois, Adão, à imagem de Deus, criou a linguagem, primeira obra humana: cada emissão de som era o nascimento de uma nova palavra, à medida que proferia nomes para os outros animais no Éden. Cerca de sete mil gerações depois de Adão (segundo a teoria do DNA), Eduardo Kac cria a obra de arte transgênica *Genesis*, reencenando tais combinações primevas entre linguagem e terra e, com isso, reanimando de modo crítico o mito mais central para a concepção ocidental de humanidade, natureza e progresso.

Ao entrar no espaço da exposição *Genesis*, o espectador se depara com uma grande imagem projetada: um campo circular suspenso na escuridão, que lembra fotografias astronômicas – um céu cheio de galáxias, cada qual composta por milhões de sóis – circundados por quantos Édens? (fig. 01) Contudo, assim como naquelas fotografias, a escala não corresponde à criação. Pois a perspectiva geral, como a do olhar de Deus, proporcionada pela *Genesis* de Kac, vem de uma microcâmera, não de um telescópio, e as "galáxias" são, na verdade, bactérias em uma placa de Petri[2] (fig. 02). Cada corpo bacteriano está escrito na mesma linguagem genética dos nossos corpos, assim como o estão todos os corpos, ainda que alguns sejam portadores de genes diferentes daqueles de todos os outros corpos. Quer dizer, no éden de Kac, alguns dos animais carregam

1. Para visualizar as figuras indicadas neste capítulo, o leitor deverá acessar o CD que acompanha esta coletânea.

2. Placa de Petri: espécie de lâmina ou recipiente raso, convenientemente preparados com um meio de cultura para aí se cultivarem microorganismos. (N.E.)

um gene sintético que ele concebeu, não a partir da lama, mas organizando o material genético numa ordem que não existia no Éden e que, hoje, não existe na natureza.

A *Genesis* de Kac começa especificamente com o alfabeto genético: as bases químicas adenina, guanina, citosina e timina – abreviadas respectivamente por A, G, C e T. Ao se encadearem, essas bases formam os degraus da molécula de DNA, a dupla hélice cujas seqüências de letras – os genes – servem tanto de matriz quanto de matéria para a criação da vida. Assim como as seqüências ponto-ponto-ponto | traço-traço-traço | ponto-ponto-ponto do código Morse podem formar uma mensagem – aqui, um S-O-S –, seqüências de três bases genéticas, por exemplo: AGC | GCT | ACC, formam determinado aminoácido. Cadeias específicas de aminoácidos formam proteínas específicas, e proteínas específicas formam células de organismos específicos – serpente, maçã, ou a costela de um homem. Desse modo, cada molécula de DNA é ao mesmo tempo matéria e mensagem, o livro e seu conteúdo: um livro que é sua própria mensagem incorporada. Altere-se essa seqüência e a nova mensagem produzirá um livro diferente: uma mutação, por exemplo, que faz surgir a laringe, possibilitadora da fala humana, ou uma Frankenfruta (que é como os ambientalistas se referem aos legumes e frutas geneticamente modificados). Ou as células que compõem as bactérias em *Genesis*.

Embora artificial, a seqüência de letras que forma o "gene de artista", em *Genesis*, não é arbitrária. Significativamente, ela incorpora[3] a sentença do Gênese bíblico: "Que o homem tenha domínio sobre os peixes do mar, e sobre as aves do céu, e sobre cada ser vivo que se mova sobre a terra".[4] A fim de traduzir essa língua natural para a linguagem da célula – as AGCTs do DNA –, Kac utilizou o código Morse como algoritmo. Os pontos e traços do morse são facilmente traduzidos pelos 1s e 0s utilizados por um computador digital para representar o alfabeto – informações sob uma forma que pode ser enviada com facilidade ao redor do mundo ou através de distâncias microscópicas no interior de um circuito integrado. De modo similar, em *Genesis*, as informações recebem

---

3. O verbo *embody* e o substantivo correlato, *embodiment*, em inglês, podem ser literal e fielmente traduzidos por *incorporar/ incorporação*; mas essa palavras em português, já largamente utilizadas em várias acepções derivadas, perdem, em certos contextos, o sentido que o termo tem aqui. Portanto, *incorporar* deve ser lido no sentido próprio e forte de "trazer para o corpo", "tornar corporal/corpóreo", "manifestar ou expressar corporalmente". (Alguns autores preferem, por isso, empregar um neologismo *encorporar, encorporação* ou *encorporamento*.) (N.E.)

4. A frase em inglês, no original, e que faz referência à sentença empregada na obra do artista, é: "*Let man have dominion over the fish of the sea, and over the fowl of the air, and over every living thing that moves upon the earth.*" (N.E.)

seu corolário físico: após traduzir o trecho bíblico para os pontos e traços do código Morse, os pontos foram substituídos pela base genética citosina (C), os traços, por timina (T), os espaços entre palavras, por adenina (A), e os espaços entre letras, por guanina (G). Essa cadeia única de AGCTs constitui um gene que não existe na natureza, um "gene de arte" (fig. 03).

O "gene de arte", portador da passagem bíblica codificada, foi então combinado com uma proteína que brilha irradiando luz azul-ciã quando iluminada por ultravioleta. Tanto a proteína quanto o gene foram inseridos em uma espécie de bactéria (*E. coli*) semelhante àquela encontrada no trato intestinal humano, mas que não é capaz de viver fora do meio de cultura em uma placa de Petri (fig. 04). Assim, arte e ciência se confundem por intermédio de duas características da *E. coli*: sua capacidade de carregar o DNA de outros tipos de organismos, e a facilidade com que se auto-replica. Juntas, essas características tornam a *E. coli* útil como fábrica viva de produtos de engenharia genética – por exemplo, a insulina. Elas também permitem que a *E. coli* funcione como "escriba" microscópico, produzindo cópias da narrativa carregada no gene de artista (fig. 05). Tais bactérias geneticamente modificadas foram então colocadas em uma placa de Petri, junto com outra linhagem de *E. coli*, que irradia luz amarela sob a lâmpada ultravioleta, mas que não é portadora do gene do Gênese.

Semelhantemente aos setenta eruditos que traduziram pela primeira vez o Gênese do hebraico para o grego[5], Kac traduziu-o para uma nova língua e, como eles, incorporou-o em um "livro" que é tanto produto quanto reflexo do tempo em que vive. Pense-se em um manuscrito com iluminuras, e em como o corpo do manuscrito expressava a cultura medieval. Seus materiais eram todos naturais, seu texto ligava-se à terra por tintas e pigmentos extraídos de minerais, frutas ou flores e era gravado em pele de carneiro com penas de ganso. Escrever era um labor físico e também mental. As palavras mesmas eram escritas sem separação, assim como a criação era considerada um pergaminho único, o livro de Deus, uma Grande Cadeia do Ser, ininterrupta, dos mais baixos resíduos até as esferas celestiais onde, segundo Agostinho, "os angélicos e os abençoados passam seu não-tempo lendo uma língua sem sílabas, um texto que é unívoco e eterno, porque é a face da própria Palavra". No Éden, acreditava-se, Deus, homem e animais

---

5. *Septuaginta* ("setenta", em latim) é o nome da primeira tradução, do hebraico para o grego, do texto do Antigo Testamento, realizada, segundo a tradição, por setenta e dois sábios para as comunidades judaicas do Egito (século II a.C.). Cada tradutor teria trabalhado independentemente para, ao final, cotejarem-se as versões – segundo o relato tradicional, todas as versões resultaram literalmente idênticas. (N.E.)

falavam todos a mesma língua, uma língua na qual palavras e coisas tinham a correspondência unívoca e direta que Adão lhes dera. Ou, como R. W. Emerson veio mais tarde a expressar: "toda palavra já foi um animal". Dessa forma, as palavras escritas eram objetos naturais: traços visíveis da inteligência de Deus, como o era o resto do mundo, formas em que se podia ler significado, exatamente como uma época posterior aprendeu a ler a história do clima nos anéis de crescimento das árvores. Letras, palavras, sentenças e páginas reuniam-se formando os livros sagrados de mistérios, serenos como o *primum mobile*[6], com suas maiúsculas douradas, suas iluminuras, ilustrações e ornamentos, suas paginações imponentes, e expostos em elevados altares para a adoração dos fiéis.

Poucos dentre os materiais no "livro" de Kac são naturais – mesmo os materiais biológicos são altamente mediados pela tecnologia. Contudo, esse fato quase não é notado, uma vez que se tornou "natural" para nós passar a maior parte do tempo sob luz e temperatura artificiais, comendo e dormindo, não quando sentimos fome ou cansaço, e sim quando o relógio nos diz que está na hora. Na penumbrosa atmosfera de uma galeria, ao modo de um templo, os espectadores são atraídos pela beleza da *Genesis*, a projeção da placa de Petri, redonda como uma rosácea e luminosa como um vitral. Uma luz azul difusa reflete-se nas inscrições que, sobre as paredes, completam o que pode ser entendido como um tríptico: no painel da direita estão as palavras extraídas do texto bíblico: "Que o homem tenha domínio sobre todo ser vivo" (fig. 06).[7] O painel da esquerda exibe sua tradução genética – a cadeia de AGCTs empregada para codificar o trecho bíblico nas bactérias, impressa em letras de forma, sem separação, justamente da forma como os genes são encontrados antes que o mapeamento revele os mistérios da identidade e função de cada um. O espaço da galeria é então transformado em um suporte poliglota, no qual a mesma passagem é apresentada em três línguas distintas: uma língua natural, uma linguagem de substâncias químicas e o código Morse, que foi a primeira linguagem eletrônica e cujas primeiras palavras transmitidas – *What hath God wrought?*[8] – anunciaram uma era de comunicação global. Ao ler esse

6. Na astronomia medieval, *primum mobile*, o "primeiro móvel" ou "primeiro motor", é a esfera mais externa em que se movem as estrelas e planetas (identificada, no aristotelismo, como a que recebe em primeiro lugar o movimento imprimido pelo motor imóvel universal). (N.E.)

7. No artigo original: "*Let man have dominion over every living thing.*" – extraído da citação do versículo bíblico, na exposição. (N.T./N.E.)

8. "Que coisas tem operado Deus". Citação bíblica (Números, 23:23) também traduzida (Bíblia de Jerusalém) por: "Que faz, pois, Deus?". (N.T./N.E.)

texto multilíngüe, começamos a perceber até que ponto, para uma sensibilidade contemporânea, o mundo inteiro é um texto – inclusive os mais baixos resíduos comumente encontrados no cólon –, e até que ponto, à semelhança desse mundo, o livro de Kac é densamente codificado. De pé num púlpito que exibe a placa de Petri como se ela fosse um livro aberto, espectadores/leitores se dão conta de que o que vinham admirando na encenação de Kac era a beleza das bactérias, a beleza da flor nas frestas do muro, e que, se bem compreendida, poderia afinal tudo revelar.

Mas a arte e a importância de *Genesis* não estão no fato de Kac haver criado objetos estéticos. Seu significado, na verdade, se desvela à medida que os espectadores participam da situação social que o artista orquestrou. Seja visitando *Genesis* via Internet, em casa, seja usando um computador na galeria, que também está conectada à rede, os espectadores formam uma comunidade global apta a escrever por sobre o texto de Kac (fig. 07 e fig. 08). Clicando seus *mouses*, controlam uma fonte de luz ultravioleta direcionada para a placa de Petri. Quando isso acontece, a "rosácea" emite luz azul – como que animadas por uma centelha primordial, as bactérias brilham. Aquelas que trazem o texto do Gênese como parte de seus corpos emitem luz azul; as que não têm o texto dão luz amarela (fig. 09). Mais importante ainda é que os espectadores, ao ativarem a luz ultravioleta, tornam-se co-autores da obra de Kac, acelerando a taxa de mutação natural das bactérias. Parte das bactérias descendentes preservam sua cor original, outras transferem plasmídeos entre si e emitem misturas de cores, como o verde, enquanto outras, ainda, perdem a cor. Operando com a luz para observar essa evolução dentro do microcosmo de Kac, o espectador se dá conta de que é quase impossível andar no Jardim sem alterá-lo. Olhando, superior, para esse microcosmo, o dedo no botão, fica difícil não querer alterar o jardim bacteriano – quanto mais não seja, para simplesmente ver o que acontece. Quando compreendemos que a modificação dos corpos das bactérias também altera a mensagem que elas carregam, damo-nos conta de que a sedução de *Genesis* é igualmente a sedução da ciência – palavra e corpo, arte e mundo,[9] todos intimamente ligados.

Não se conhece a origem do Gênese – o texto bíblico que Kac incorpora a seu microcosmo. Por séculos, circulou em formas variadas ao lado de outros mitos cosmogônicos, até ser registrado por escrito, em algum momento do século VIII a.C. Assim, tal como se diz sobre a Odisséia e outros textos manuscritos por

---

9. A dupla de pares, no original, é "word and body, art and world". Os termos inicial e final, *word* - *world*, de grafia tão próxima, não têm, nesse nível (em que o significado e o corpo/matéria se redobram), tradução igualmente expressiva em português. (N.T/N.E.)

escribas, o "autor" foi o agregado de todas as pessoas que teceram e reteceram a tradição oral, retrabalhando, corrompendo e embelezando as narrativas para adaptá-las às situações concretas. É por isso que as inconsistências que encontramos hoje no Gênese, inclusive duas narrativas contraditórias sobre a criação, tiveram tão pouca relevância para aqueles primeiros "usuários", a ponto de essas narrativas serem aceitas e repassadas adiante, juntas. Como afirma a historiadora bíblica Karen Armstrong, fiéis das três religiões monoteístas encaravam a criação de um mito no melhor sentido da palavra: como um relato simbólico que ajudava as pessoas a se orientarem para questões ontológicas e teológicas, assim como para sua condição concreta e presente. Só muito depois de o Gênese ser escrito é que começou a se tornar doutrina oficial, ossificada, tida por verdade factual.

De fato, eruditos contemporâneos distinguem o texto aberto de culturas do manuscrito e o texto fechado de culturas da imprensa: ou seja, o texto que está continuamente se transformando em novas versões de si mesmo e o texto que alcançou sua forma final, estando, assim, fechado à revisão. Na Idade Média, era comum que os leitores adicionassem seus comentários ao manuscrito, escrevendo nas entrelinhas ou nas margens, alterando o texto naquilo que achavam conveniente e passando-o adiante como se as alterações fossem parte do livro original. Uma vez que "original" era entendido como "aquilo que existe desde A Origem", escrever era um ato de proliferação, não de "criação" de um enunciado único. Ler, inversamente, era o ato de extrair do texto aquilo que permanecera escondido ou tácito. Nesse sentido, cada texto estava prenhe, trazia consigo mais do que aquilo que afirmava, sendo que os mitos eram os textos mais abertos, os mais incompletos, no sentido de serem os que mais sentidos potenciais carregavam. Correspondentemente, a autoridade de um texto residia em sua capacidade de permanecer fecundo, de ser a primeira palavra, não a última. O *Midrash*, prática judaica de explicação das escrituras, foi (e ainda é) a prática de incorporar ao texto todos os comentários anteriores. O texto em si era concebido como se permanentemente demandasse novas representações para as circunstâncias do presente. Ou seja, o mais importante no *Midrash* não era a interpretação literal, e sim guiar as pessoas através das complexidades e das contradições de suas próprias vidas, de seus próprios momentos na história. O texto, nesse sentido, estava sempre sendo renovado. E uma vez que renová-lo era visto como meio de vida, era óbvio quem tinha a autoridade para dizer o que o texto significava. Era óbvio quem tinha a responsabilidade de compreender o significado: todas as pessoas.

De forma semelhante, a *Genesis* de Kac se abre qual mito para o nosso tempo, no sentido da descrição que o poeta John Dryden dava à tradução como "transfusão", isto é, a transfusão de nova vida a um velho texto. Os milhares de co-autores do Gênese bíblico, aqueles que o transmitiram como ensinamento oral, encontram seu corolário nos co-autores da obra de Kac: os milhares de engenheiros, cientistas e técnicos dos quais depende a existência de *Genesis*. Seus ofícios oferecem um vocabulário de "*splicing*", "interatividade" e "polimorfismos" – vocabulário sem o qual a *Genesis* de Kac não poderia ser escrita. Ao incorporar as marcas desses ofícios como camadas de seu próprio palimpsesto, Kac cria uma alegoria das Origens, da Natureza e da relação do homem com elas. Ao possibilitar que leitores de todo o planeta tomem parte da reescritura desse texto, ele enfatiza a natureza comunal da alegoria – o modo como a autoria em si torna-se comunitária numa era em que a diáspora física é mitigada pela comunicação global, desenvolvimento esse antecipado pelo código Morse. De fato, na virada do século, a velocidade e a interação crescentes da comunicação global aceleraram a evolução da leitura como uma prática de ler nas entrelinhas para revelar tudo que há de não-dito. Da *Grande História* passou-se a *pequenas estórias*, nas quais o corpo era o único livro fechado – um texto por natureza impermeável, que poderia ser relido, mas não reescrito.

A biotecnologia, porém, vem abrindo espaços cada vez mais amplos para novos autores escreverem nas entrelinhas, assim como, precisamente, revelou de que modo a estrutura da bactéria *E. coli* permitiria a Kac copiar o texto do Gênese. Com o seqüenciamento do gene, a prática de reescrever "os peixes do mar, as aves do céu e todo ser vivo"[10] está se tornando cada vez mais comum, chegando a precipitar em nossa concepção de natureza uma mudança de rumo análoga à mudança da concepção da Terra após o advento do telescópio. Os críticos de Copérnico que se recusaram a aceitar que a Terra girasse em torno do Sol – escreveu Thomas Khun – não estavam completamente enganados. Para eles, "Terra" significava "posição fixa, imóvel". Olhar através do telescópio de Galileu e enxergar evidência da órbita e rotação da terra acarretava, portanto, um salto semântico, tanto quanto uma mudança de perspectiva. Depois de Galileu, o mundo só poderia mudar na medida em que a linguagem mudasse. De forma similar, está ficando fácil pensar em animais não como "objetos" fixos na natureza, mas como pacotes rearranjáveis de DNA. As patentes para produtos de bioengenharia que foram emitidas em todo o mundo, durante a última década, formam uma longa e variada lista, que inclui a combinação de genes humanos com embriões de vaca, na tentativa de cultivar peças de reposição

10. No original, em inglês: "*the fish of the sea, fowl of the air and every living thing*". (N.T.)

humanas, e de tomates com genes de bacalhau, para torná-los mais resistentes ao congelamento. Galinhas carregam genes de salmão, enquanto ovelhas recebem genes de tabaco, e vermes, a exemplo de Matusalém, são geneticamente modificados para terem seu tempo de vida elevado ao equivalente de 600 anos humanos. Usando-se uma bactéria geneticamente modificada (nome comercial: "mensageiro"), lavouras básicas como de trigo e milho são alteradas para se protegerem matando os insetos.

Com nosso jardim povoando-se de variedades cada vez mais numerosas, e mais extremas, de animais e plantas transgênicos, e com a crescente aplicação dessas técnicas a seres humanos, poderá a concepção de individualidade adâmica ainda permanecer constante? Avanços notáveis, como a clonagem dos nossos primos primatas, receberam grande parte da atenção. Mas são talvez os milhares de pequenos passos, que se aglutinam, como mitos, na forma de hábitos de pensamento, que têm os efeitos mais profundos: por exemplo, propostas de carteiras de identidade genética, ou a permissão que fazemos constar em nossas carteiras de motorista para que nossos corpos sejam usados como material reciclável, a exemplo daquela que possibilitou a Matthew Scott receber por transplante a mão de um cadáver – mão que fora usada por Fulano de Tal, seu "dono" anterior, para assinar o nome e para juntar as mãos em oração, e que agora assume um novo nome, novas orações. Pele artificial; osso artificial. Em placas de Petri, como aquelas usadas em *Genesis*, pesquisadores da Faculdade de Medicina da Universidade de Massachusetts foram capazes de cultivar orelhas e narizes de cartilagem. Outros laboratórios alegam ter descoberto genes que determinam de tudo, da timidez ao estupro e ao altruísmo; e os primeiros passos para aplicações práticas dessas descobertas não demoraram a aparecer, como aqueles tomados por pesquisadores na Universidade de Yale que, ao manipularem um gene identificado como importante para a memória, criaram uma linhagem de camundongos superinteligentes. Uma vez que a árvore genética do conhecimento esteja completamente seqüenciada, será que não começaremos a sério a reescrever os genes para aumentar a longevidade, manipular a cor da pele ou a personalidade, enfim, todos os traços que fazem de nós aquilo que somos? Para descartar completamente o pecado original e o destino da biologia? Considerando quão profunda é a influência das concepções de identidade pessoal (*self*) sobre as leis e os costumes – sobre o modo como as pessoas organizam a sociedade, como se conduzem e se comportam em relação aos outros –, será que poderemos prescindir dos trampolins para a meditação, como a *Genesis* de Kac?

Quando a perspectiva de "evolução pessoal", isto é, a possibilidade de indivíduos alterarem os genes de sua descendência, tornou-se realidade, a Comissão Nacional de Consultoria em Bioética dos Estados Unidos recorreu às tradições religiosas como subsídio para formular recomendações quanto às respostas da política pública. Os membros da comissão mencionaram os séculos durante os quais essas tradições foram usadas pelas pessoas para orientar o comportamento, face a um mundo em transformação. Ao pôr uma platéia global no controle coletivo de sua *Genesis*, ao fazer com que as ações de sua platéia afetem um excerto do Gênese bíblico, Kac leva-a a pensar a tradição – ou seu apagamento – como fator importante em sua resposta ao curso biológico em que estamos apenas começando a navegar. A evolução em uma placa de Petri, que alteramos comunalmente, sublinha que o uso da tecnologia nem sempre é planejado e suas conseqüências nem sempre são antevistas ou benignas. Ali, dentro da caixa formada pelas paredes da *Genesis*, é fácil para os espectadores reverter a escala e imaginarem-se na posição das bactérias, com fachos de luz ultravioleta sobre si (talvez por um buraco na camada de ozônio?). Somos finalmente convidados a contemplar as conseqüências de se interferir na evolução quando, ao final da exposição, Kac traduz de volta ao inglês o código de DNA que usara em sua mensagem original:

> LET AAN HAVE DOMINION OVER THE FISH OF THE SEA AND OVER THE FOWL OF THE AIR AND OVER EVERY LIVING THING THAT IOVES UA EON THE EARTH[11].

A sentença, agora corrompida, traz à mente outras literaturas de restrição:[12] textos, tais como os *Cem mil bilhões de poemas*[13], de Raymond Queneau, que foram gerados a partir de uma regra auto-imposta. Na obra de Queneau, um

11. Em relação à sentença original, tem-se as seguintes diferenças/"mutações": *aan* (seqüência que não é palavra do inglês) no lugar de *man* ("homem"); *ioves ua eon* (no lugar de *moves upon*, "move-se sobre"), não é uma seqüência vocabular/gramatical, na sentença – as letras EON, no entanto, formam uma palavra em inglês que significa "imensurável período de tempo". [Algo equivalente ao que, em português, seria uma seqüência como: "QUE O OOMEM TENHA DOMÍNIO SOBRE O PEIXE DO MAR E SOBRE A AVE DO CÉU E SOBRE TODO SER VIVO QUE SE IOVA OA ERA TERRA".] (N.T/N.E.)

12. Literatura de restrição (inglês, *literature of constraint*; francês, *littérature à constrainte*) designa, de modo genérico, uma concepção ou prática literária que valoriza ou explicita o fazer literário como exploração sistemática de regras ou restrições mais ou menos arbitrárias de escolha e combinação de palavras, frases etc., que o autor estabelece e aplica sobre o campo da linguagem ou da escrita. (N.E.)

13. Título do original francês: *Cent Mille Milliards de Poèmes*. (N.T.)

soneto tradicional de quatorze versos é combinado com dez outros sonetos, de tal forma que uma linha qualquer possa ser combinada com treze outras linhas extraídas de quaisquer dos demais sonetos. Assim, o poema como um todo permite que o significado, mantido como potencial dentro da massa bruta da linguagem, venha a emergir: um potencial de 10^{14} sonetos [cem mil bilhões], uma quantidade de texto, como nota François Le Lionnais, "muito além de tudo que foi escrito desde a invenção do alfabeto, incluindo romances populares, cartas comerciais, correspondência diplomática, correspondência privada, rascunhos jogados no lixo e *graffiti*". Por outro lado, a corrupção da mensagem, na obra de Kac, também traz à mente literaturas de não-restrição, tais como, em Borges, os mil macacos datilografando mil máquinas de escrever, na esperança de produzir uma cópia exata do Dom Quixote. Com as mais de 3 bilhões de letras genéticas no livro que é o ser humano, *Genesis* nos pede para considerar as ramificações dos erros tipográficos, e sua transmissão às gerações futuras. Sem controle, os erros se acumulam rapidamente numa algaravia; pois, como Alice aprendeu no País das Maravilhas, mesmo uma sentença de apenas dez palavras tem 3.628.800 combinações possíveis, das quais apenas uma ou duas farão sentido. Para que uma palavra qualquer de três letras, digamos APE ["macaco", "símio"], se transforme em qualquer outra determinada, também de três letras, por exemplo MAN ["homem"], através de mutações aleatórias de uma letra de cada vez, seriam necessárias milhares gerações até que se chegasse à combinação certa. Porém, se as alterações são governadas pela restrição de que cada etapa deve fazer sentido, então a mutação pode se fazer em oito etapas:

APE
ARE
ARM
AIM
RIM
RAM
RAN
MAN[14]

14. APE = macaco, ARE = estão, AIM = objetivo, RIM = borda, RAM = carneiro (não-castrado), bate-estaca, RAN = correu, MAN = homem. Esse jogo foi proposto por Lewis Carroll (que lhe deu o nome de *doublets*) em 1879, como uma espécie de quebra-cabeça vocabular: obter uma palavra a partir de outra (com mesmo número de letras e, em geral, mas não obrigatoriamente, com algum tipo de relação semântica especial – significados opostos ou complementares, por exemplo), modificando-se apenas uma letra por vez e empregando apenas palavras existentes na língua. (Um equivalente ao jogo proposto pelo autor, neste

Assim, pode-se perceber o aparente paradoxo de que a aplicação de uma restrição direciona, mais que inviabiliza, a criação: aplicar uma restrição permite ao processo ignorar todas as demais restrições que poderiam levar a outras direções. Antes da intervenção do homem, a "sobrevivência do mais forte" era a restrição dominante sob a qual as mudanças eram realizadas no livro de cada organismo, incluindo os humanos. Embora o gerenciamento genético tenha resultado em chiuauas sem pêlos, melancias sem caroços, enfim, todas as variedades de plantas e animais não vistas no Éden, foi somente com o advento da bioengenharia que se puderam introduzir mudanças que saltassem as etapas intermediárias. Como a *Genesis* de Kac bem ilustra, a determinação da literatura potencial que se apresentará, dentre as milhares que estão latentes no barro da linguagem genética, é algo que depende das restrições sob as quais as mudanças se operam. Por isso é instrutivo notar quanto o Gênese bíblico e a *Genesis* do artista lidam com a linhagem. De fato, a inovação hebraica em relação aos mitos da criação que circulavam entre os israelitas foi usar tais mitos para moldar a identidade de um povo – uma identidade traçada através de seus corpos, em uma linha de descendência direta até Adão e Eva, que foram formados à semelhança de Deus. Assim, a mãe desse povo foi chamada Eva – *hawa,* em hebraico, que tem relação com *hay*, "vivo, vivente" –, a mãe de toda a vida futura. Uma reconstrução das árvores genéticas permite avaliar que essa mulher – não a primeira mulher, mas sim a última, de quem todas as pessoas vivas na terra descendem – viveu há 143 mil anos. Por 5.700 gerações, portanto – ou 120 milhões de anos, se remontarmos a ancestralidade às células originais –, nossa identidade biológica foi sendo moldada, uma letra de cada vez. Na *Genesis* de Kac, contudo, vemos um ícone para nossa recém-descoberta capacidade de nos reescrevermos – instantaneamente e de modos que trazem desdobramentos que podem ficar ocultos por gerações. Numa época em que as pessoas, cada vez mais, esperam das marcas/máculas cromossômicas a explicação da diferença entre Caim e Abel – bem como das diferenças de orientação sexual, de inteligência, de personalidade e de centenas de outros traços humanos –, a *Genesis* de Kac vem lembrar aos espectadores a sabedoria de temperar mudança com reflexão.

Ou seja, a *Genesis* de Kac convida-nos a considerar que tipo de identidade estamos conformando para nós mesmos, para nossa espécie e para a natureza, por meio das restrições que aplicamos, ou não, à literatura potencial de nossos

---

texto, seria obter uma série que de BICHO chegasse a GENTE (14 passos) ou que de SÍMIO chegasse a HOMEM.) (N.T/N.E.)

corpos. Virá o ganho econômico tomar o lugar da restrição de sobrevivência? Foi apenas em 1967 que a Comissão Federal de Comércio dos Estados Unidos estabeleceu e regulamentou a compra e venda de sangue. Com toda a sua riqueza metafórica, o sangue era até então considerado uma dádiva – poderia ser dado, como a vida, mas era sagrado demais para ser comerciado. Hoje, o mercado mundial de sangue é um negócio de 19 bilhões de dólares e constitui apenas um pequeno segmento do biocomércio, que inclui leilões *online* de óvulos e esperma (www.ronsangels.com), entre outros "componentes" humanos – de cadáveres completos a "produtos" fetais.

Será o progresso tecnológico a única restrição a ser aplicada a essas novas literaturas potenciais do corpo? Pode haver restrições que não sejam políticas? A capacidade de manipular um gene – por exemplo, o gene relativo a alguma das 5.000 doenças que hoje se sabe serem hereditárias – traz também consigo a responsabilidade de fazê-lo? Quem tem a autoridade de alterar a linha germinal das gerações futuras? Quem tem autoridade para determinar o destino de dezenas de milhares de embriões acumulados em tanques de estocagem, sobras das tecnologias que permitem a casais selecionar os embriões geneticamente mais viáveis e descartar os demais? As restrições da biotecnologia serão sociais – como as preferências de cor da pele ou de textura do cabelo? Serão jurídicas – como as disputas judiciais sobre quem deve deter o *copyright* das informações genéticas de uma pessoa? A *Genesis* de Kac pede que consideremos essas questões, fazendo com que revisitemos a linguagem do "*domínio sobre todo ser vivo*". Ao tornar-nos co-autores de sua criação, ele enfatiza o fato de que o nome que damos a nós mesmos pode estar no espírito de "mestres" ou de "zeladores" de nosso jardim, e de que nossas ações coletivas serão nosso *Midrash*.

REFERÊNCIAS BIBLIOGRÁFICAS

ARMSTRONG, Karen. A History of God: The 4,000 Year Quest of Judaism, Christianity and Islam. New York: Alfred A. Knopf, 1993.

BRUNS, Gerald L. Inventions: Writing, Textuality, and Understanding in Literary History. New Haven: Yale University Press, 1982.

CAVALLI-SFORZA, Luigi Luca. Genes, Peoples, and Languages. New York: North Point Press, 2000.

KUHN, Thomas S. The Structure of Scientific Revolutions. 2nd ed. Chicago: University of Chicago Press, 1970.

QUENEAU, Raymond. One Hundred Million Million Poems. Trans. John Crombie. Paris: Kickshaws, 1983.

SONYA RAPOPORT

Reencontrando, redimindo o gene, moldando o golem, dobrando a proteína[1]

Tradução: Adauto Villela

Prefácio

A imagem introdutória (fig. 01), *O Nascimento de Vênus*, de Botticelli, é transfigurada com elementos de colagens. Vênus, personificando Lilite [1], surge de uma placa de Petri, em vez de sair de uma concha aberta. Seus cachos dourados foram substituídos por guirlandas de seqüências de DNA [2] que saem, cascateantes, por debaixo de seu capacete icônico. A Bíblia repousa em seu ventre, como se ela estivesse grávida. O oferecimento de uma maçã sugere a presença suplicante de Eva. Os retratos do Rei Jaime I e de Samuel F. B. Morse estão colocados dentro de círculos para serem decifrados mais tarde como plasmídeos de DNA [3]. Abaixo do horizonte, em primeiro plano, um rosto de golem [4] aparece ao lado de um lírio que divide o jardim com uma rosa, acima da qual se encontra a Pedra da Roseta. Glifos em forma de pergaminhos da Torá [5] estão suspensos acima de um esquema linear da dupla hélice, que representa o gene de Cabala [6]. Ele está alinhado com a base da página e funciona como ferramenta de navegação que faz os links entre as páginas da obra.

Na página seguinte, uma cabeça de golem (fig. 02) acena na expectativa de obter um perfil de seu caráter [um perfilamento de caracteres] quando um glifo animado se conectar a um códon [7] na hélice que está abaixo. Os nucleotídeos

1. Para visualizar as figuras indicadas neste capítulo, o leitor deverá acessar o CD que acompanha esta coletânea.

ACTG [8], saltando na margem em sincronia com os glifos em movimento, lembram o ritual cabalístico de dançar ao redor do golem nascente para trazê-lo à vida. Quando o glifo de três pontas se prende à hélice do gene de Cabala, os traços de DNA são montados, formando uma molécula. Essa escolha determina o caráter da proteína-golem.

O golem acena, convidando-nos a ir ver sua grande, desajeitada e sombria figura (fig. 03): "a motivação... para combinar tecnologia e arte e infundir-lhes sopro de vida vem da inveja masculina do útero, assim como da autodeificação demiúrgica de [seu criador]". [9]

Golem é uma palavra hebraica
que significa massa amorfa
de matéria, um torrão de argila
trazido à vida pela
fórmula cabalística do
nome secreto de Deus. Tal
definição é empregada como ferramenta,
ou metáfora, para criar
um ser que proteja a humanidade
contra injustiças.
Experimentar uma visão
mística de um golem
não-corpóreo pode proporcionar uma
comunhão mais estreita com Deus.
Como desenvolvimento da idéia
do golem "metafórico",
tem-se o golem corpóreo e robótico,
que apenas uma pessoa
íntegra pode criar.
Se o golem viola o propósito humano
de sua existência,
ele se torna um monstruoso cibergolem,
que pode ser extinguido pela
remoção do álefe [10], a primeira das
três letras gravadas em sua testa .
As duas restantes formam a palavra morte
e o golem se desfaz
de volta à terra.

ACTG

Permanecendo fielmente junto ao golem ameaçador, o alfabeto do DNA, ACTG, ganha a forma de um glossário de imagens e definições que incluem os elementos encontrados na obra de arte.

Apples: Maçãs com as quais
Lilite e Eva carregam a
Árvore da Vida, as Sefirot, [11]
principal ícone da Cabala.

Chava: ou Hawa, palavra hebraica para
Eva, segunda mulher de
Adão, aquela com quem Lilite
redime o gene
e molda o golem.

Torá, o Pentateuco,
primeira parte
do Antigo Testamento -
lei escrita e oral.

Golem

Sumário

O Sumário se desdobra mostrando a imagem de um velho sábio hebreu (fig. 04) segurando o diagrama geométrico estilizado das Sefirot, a página de rosto do *Portae Lucis* [12], tradução latina quinhentista de um tratado sobre Cabala, do século XIII. O diagrama apresenta a forma de árvore, com dez círculos conectados por linhas que representam galhos e folhagem. Parodiando o método de criação conforme revelado pelas Sefirot, a ferramenta de navegação para interligar as páginas da *web* é indicada por uma terminologia de engenharia genética. Brotando literal e figuradamente da antiga idéia de árvore, os capítulos são retratados como glifos, e as páginas são círculos que representam aminoácidos. Os círculos estão marcados com letras hebraicas. Quando o mouse passa sobre a hélice que serve como linha de navegação, os glifos e os círculos de aminoácidos surgem como troncos de árvore e folhagem, prontos para oferecer opções de *links*.

Capítulo glifo azul: Introdução

Páginas: 1. Ascensão de Lilite 2. Substituição do gene 3. Ciber-golem 4. Questão de tradução 5. Língua fonte 6. De volta ao hebraico 7. Torá 8. Retortas da Mikvá

As Leis da Robótica são um conjunto de três leis formuladas por Isaac Asimov [13].

a. Um robô não pode prejudicar um ser humano ou, por inação, permitir que um ser humano sofra algum mal.
b. Um robô deve obedecer às ordens dadas por seres humanos, exceto quando tais ordens entram em conflito com a Primeira Lei.
c. Um robô deve proteger sua própria existência, desde que isso não entre em conflito com a Primeira ou a Segunda Lei.

LILITE E EVA REDIMEM O GENE DE ARTISTA CRIADO POR EDUARDO KAC EM SUA OBRA DE ARTE *GENESIS*

Lilite e Eva, um amálgama apontado como a fonte de todo o mal, reinventam-se enquanto exploram processos biológicos míticos e éticos para criar um gene de Cabala. Elas usam seqüências de DNA derivadas de uma antiga estratégia de clonagem. Com o novo gene, Lilite e Eva moldam um Golem, um ser robótico cujo ego se torna a molécula de proteína que se dobra numa estrutura moral impecável.

O GENE DE CABALA SUBSTITUIRÁ O GENE DE ARTISTA DE EDUARDO KAC

Uma imagem de Lilite com um capacete (fig. 05) retrata grandes asas de coruja que se apoiam sobre dois pilares, cada um enquadrando um grupo de Sefirot, o diagrama da Árvore da Vida. Prensada entre os pilares, a cabeça de Lilite está encarapitada no corpo da coruja – seu avatar como amante do vento. Superior, ela contempla o nascimento de um gene alternativo. À sua esquerda, cada Sefirá contém maçãs colhidas da Árvore do Conhecimento. Elas foram processadas pelo ritual cabalístico de permutação e recombinação das letras hebraicas, que visa ao entendimento do bem e do mal [14].

O GENE DE ARTISTA CRIARIA UM GOLEM CONTAMINADO, UM CIBER-GOLEM MONSTRO

Uma ilustração alquímica da transformação de Mercurioso (fig. 06) num recipiente hermético [15] proporciona a Rapoport um molde metafórico para a descrição do método empregado por Eduardo Kac para transpor a sentença bíblica no gene de artista. No primeiro dos três recipientes químicos, a imagem do pássaro espiritual mercúrico foi substituída por um álefe, a primeira letra da palavra hebraica "emet", que significa "verdade", o selo de Deus. O álefe vaporiza-se quando é vertido no segundo recipiente, que antes continha o homúnculo "manequim mijão", agora substituído por uma bíblia inglesa e um poste telefônico, ícones do procedimento de Kac. Supomos que a chama sob essa segunda vasilha está transmite calor/corrente elétrica ao poste que se estende para fora da vasilha. Direciona-se ao terceiro frasco, no qual reside um monstruoso ciber-golem [16].

Um golem deve ser criado por pessoas de coração puro, livres de ambições vis e de pensamentos pecaminosos. Da lama de uma tradução questionável, encomendada por um Rei imperialista e implementada com a ferramenta de um inventor intolerante, erguer-se-iam ciber-golems. Substituir a língua original de uma sentença bíblica por uma tradução em inglês subverte a intenção, a precisão e a integridade bíblicas e dá azo à criação de formas de vida em uma língua apenas, a língua inglesa.

PARA RESGATAR O GENE, LILITE E EVA RETORNAM À FONTE ORIGINAL DA SENTENÇA BÍBLICA; E AOS NÚMEROS E LETRAS A ELA ASSOCIADOS [17].

Lilite e Eva voltam aos ensinamentos da Cabala para criar um gene com o qual moldar o golem. O gene de artista não pode ser uma forma de vida justificável caso não seja criado a partir de sua fonte original. A cadeia de DNA derivada da Torá – a lei oral e escrita da Bíblia – deveria refletir a tradição hebraica de unidade provinda da diferença entre os povos.

Na sentença em inglês, "Let man have dominion over the fish of the sea, and over the fowl of the air, and over every living thing that moves upon the earth" ("Que o homem tenha domínio sobre o peixe do mar, e sobre a ave do céu, e sobre cada ser vivo que se mova sobre a terra"), a palavra problemática é a que foi traduzida como "domínio", "governo", "comando", "soberania", "responsabilidade". Rashi [18] definiu tal palavra como "governo e declínio":[2] "Se o homem tem valor, ele governa feras e animais domésticos. Se não tem, ele se torna inferior diante deles, e a fera o governa".

LILITE E EVA SURGEM DAS RETORTAS DA MIKVÁ
PARA REDIMIR O GENE CONFORME A TORÁ

Antes de começar sua tarefa, elas se purificam no banho ritual (fig. 07) da Mikvá [19]. Eva surge de um tubo de ensaio ampliado, depois de banhar-se em uma solução de levedura contendo plasmídeos com os genes de Cabala, que

2. A raiz hebraica *'rdh*, "subjugar, dominar" (empregada no trecho do versículo em questão) toma por vezes (como nesse versículo) formas verbais semelhantes às da raiz *'yrd*, "descer, baixar, declinar" – donde a exegese (ou jogo de palavras) mencionada pela autora.] (N.E.)

propagam a proteína-golem protetora. Lilite sai de outro tubo de ensaio do ritual da Mikvá, onde ela se lava de outros genes de artista que embebiam as bactérias de *E. coli* que viriam a produzir ciber-golems.

Capítulo glifo marrom: Arte-gene

Páginas 1. Gene de artista 2. Águas de Lilite 3. Montando clones 4. Contaminação 5. Rei Jaime I 6. Alquimia de S.F.B. Morse 7. Plasmídeo de S.F.B Morse 8. Dobra da proteína

EDUARDO KAC INVENTA UM GENE SINTÉTICO
AO QUAL CHAMA GENE DE ARTISTA

Ele faz uma incursão na arte transgênica, transpondo uma sentença bíblica para o código do DNA.

> "Genesis" (1998/99) é uma obra de arte que explora a intrincada relação entre biologia, sistemas de crença, tecnologia da informação, interação dialógica, ética e Internet. O elemento chave da obra é o gene de artista, isto é, um gene sintético que eu inventei e que não existe na natureza. Esse gene foi criado por meio da tradução de uma sentença do livro bíblico de Gênese para o Código Morse, e pela conversão desse código em pares das bases nitrogenadas do DNA, segundo um princípio especialmente desenvolvido para esse trabalho. A sentença diz: "Que o homem tenha domínio sobre o peixe do mar, e sobre a ave do céu, e sobre cada ser vivo que se mova sobre a terra". Tal sentença foi escolhida por suas implicações quanto à noção duvidosa de supremacia humana (divinamente sancionada) sobre a natureza. O Código Morse foi escolhido porque, conforme empregado inicialmente na radiotelegrafia, representa o alvorecer da era da informação – a gênese das comunicações globais. (Eduardo Kac)

Na obra de arte de Rapoport, duas esferas coloridas, uma acima da outra, estão colocadas à direita da citação de Kac. O círculo superior, a ilustração de Kac para o plasmídeo com o gene do Gênese, isto é, o gene de artista, incorporado a bactérias *E. coli*. Apresenta uma brilhante florescência azul-ciano, com pequenos e flutuantes fragmentos amarelados. O círculo inferior, um típico gene deletério, imprevisível e temperamental, tem um centro vermelho pontilhado e uma larga borda escura de filamentos esfumados. Na página seguinte, contrapartes ovais para os círculos estão cheias de soluções de levedura e *E. coli*, o bem e o mal.

AS ÁGUAS DE LILITE, UM MAR DE SANGUE, ENGOLEM E AFOGAM O GENE DE ARTISTA

A seguir, em uma série de imagens dispostas verticalmente, um simbólico lírio em flor flutua numa placa de Petri, compartilhada entre o gene de artista e colônias de *E. coli*. Na segunda imagem, Lily Stone, uma cria petrificada de Luca [20], o mais remoto ancestral universal comum, senta-se junto à Pedra da Roseta para bater um papo amigável.

Lilite olha dentro da bola de cristal do plasmídeo ciano e declara que essa forma de vida nunca poderia existir. Ela chamará Eva para ajudá-la. Originalmente dois seres distintos, a Lilite do Talmude [21] e a Eva do Midrash [22] juntaram-se para serem Lilite, a primeira companheira de Adão.

O AVATAR LILITE-CORUJA CONGREGA SEUS CLONES PARA UMA CIBER-INVESTIGAÇÃO

Lilite, descendente de Luca, surge quatro bilhões de anos mais tarde, presa ao flanco de Adão. Deus, para libertá-la, pôs Adão para dormir e serrou-a fora. Depois de fechar a abertura, Deus apresentou Lilite como noiva de Adão.

Lilite-Luca (fig. 08) aparece na forma de uma coruja com asas bem abertas. Suas diversas características, identificadas segundo o acrônimo dosnucleotídeos, são ilustradas em quatro quadrados coloridos. A **T**orá representa-a como sábia; um amuleto mostra-a como deusa [**G**oddess] demoníaca; imperiosa, seu braço está levantado em atitude de **C**omando; e seu outro eu, como Eva, segura a maçã [**A**pple].

OS OLHOS LASER DE LILITE-CORUJA DETECTAM O GENE DE ARTISTA CONTAMINADO

Na imagem de Lilite-Luca (fig. 09) que vem a seguir, seus olhos arregalados de espanto observam as luzes vermelhas e verdes que indicam uma concentração de gene incomum, primeiro passo para o diagnóstico do gene contaminado. Na coluna da direita, retratos do Rei Jaime I e de Samuel F. B. Morse são exibidos como suspeitos pela contaminação dos componentes.

O Rei Jaime I da Inglaterra, ou Jaime VI da Escócia, ordenou que a Bíblia fosse traduzida para o inglês, língua na qual ele não podia ser entendido. É dele o "Direito Divino dos Reis". Seus homens e sua bíblia prosseguiram e colonizaram Jamestown, na Virgínia.

Novamente, vemos uma ilustração alterada da transformação de Mercurioso no recipiente hermético. Agora é o Rei Jaime quem se vaporiza e toma forma de um homúnculo "manequim mijão" enquanto é despejado no segundo frasco. O Rei Jaime está sendo cozido em um banho de sangue, urina e esperma. Esses materiais em transformação fazem surgir um ciber-golem colonialista que, em um terceiro frasco, é representado como um globo terrestre trinchado pela espada imperial.

Samuel F. B. Morse é retratado (fig. 10) em um experimento alquímico similar, exceto que o homúnculo "manequim mijão" de Morse está cozinhando em uma solução de supremacia racial branca, da qual sai um ciber-golem racista.

Um diagrama da tabela de cores dos plasmídeos tem a imagem de Morse ao centro e descreve suas posições sectárias, cujos genes criariam um ciber-golem:

1. Imigração estrangeira e leis de naturalização oferecem perigo iminente.
2. A Igreja Católica é inimiga de toda liberdade.
3. A Áustria agora está preparando uma conspiração papal no país.
4. A igualdade racial está prestes a infligir um golpe mortal na humanidade.
5. A escravidão é um mal físico, mas não um mal moral.
6. O índio americano é astucioso, traiçoeiro e cruel.

Se ao gene de artista fossem incorporados os componentes do DNA de S.F.B. Morse para moldar um golem, faltaria um álefe em sua testa.

A DOBRA DA PROTEÍNA FAZ A DIFERENÇA

> Lilite concebeu um gene do livre arbítrio. Em sua sabedoria profética, ela percebera que não havia nenhum Gene do Livre Arbítrio. O Gene de Cabala personificará, em sua dobra de proteína, a Vontade Verdadeira ou Vontade Inicial.
>
> "O segredo de todas as ciências modernas está no primeiro capítulo do Gênese. A crença no domínio do espírito em matéria de mente, sobre a natureza do homem, sobre a parte física e animal da criação, foi essencial para a posse daquele domínio. O que chamamos de vontade ou volição do homem tornou-se uma potência na natureza, um *imperium in imperio*".
>
> Lyman Abbot [23]

A imagem logo acima desse texto (fig. 11) é o rosto da Estátua da Liberdade. Inscrita em sua testa está a sigla DNA, denotando o componente de autonomia nos genes da Senhora Liberdade. O desenho é contornado por fios elétricos que simbolizam a escolha de Eduardo Kac pelo código Morse.

A fragilidade dessa justaposição de Liberdade e Morse é fonte da expressão de consternação, no retrato.

Capítulo glifo verde: Lilite

Páginas 1. Lilite 2. Concepção do golem 3. Adão como golem 4. Adão nomeia os animais 5. Lilite foge 6. Lilite em batalha

O DNA É UM CÓDIGO DE LINGUAGEM SIMPLES; A BÍBLIA É UM CÓDIGO DE LINGUAGEM COMPLEXO

Lilite está na Bíblia? Não; e sim, se o fato de ser mencionada como coruja e monstro da noite (Isaías 34:14) for considerado presença no texto.

No painel direito da primeira página, Lilite é retratada como a grande coruja. Suas asas estão bem encolhidas. Seu poder demoníaco é denunciado pelos pés de garras pontiagudas. Em sua cabeça está posto um gorro de lírios. Sem ninguém para vesti-lo, um vestido feminino tradicional de casamento hebreu está pendurado em seu bico.

A imagem dominante na página (fig. 12) traz a artista como uma Lilite-Coruja, de asas abertas e vestida com o vestido tradicional que Lilite carrega no bico. Suas garras de coruja estão estendidas, numa benção; uma delas, sobre a Torá, significa sabedoria; a outra repousa sobre uma imagem da camarada Eva mordendo a maçã da serpente.

Lilite, a recalcitrante, representa o ciclo feminino da vida: donzela, mãe, anciã. Seu corpo foi criado a partir da imundície e do sedimento que se havia depositado do fundo do oceano, onde seu ancestral, Luca, residira, dentro de um buraco sulfuroso. Após deixar Adão, Lilite viveu com os espíritos maléficos perto do Mar Vermelho. Ela, que antes era um demônio destrutivo, é hoje uma poderosa deusa, criadora do gene de Cabala.

LILITE CONCEBE O GOLEM COMO METÁFORA PARA A CRIAÇÃO ÉTICA DO GÊNERO HUMANO

Significativo para a criação de um golem é o fenômeno lingüístico. Lilite compreende o poder da palavra e aquilo que contamina o gene de artista.

A capacidade de produzir um golem com o gene redimido é conferida àqueles que têm poderes sobrenaturais derivados da língua hebraica e de seus valores mágicos.

Mais uma vez nos é mostrada a imagem da transformação de Mercurioso no recipiente hermético. No frasco central, urina, sangue e sêmen, originalmente dispostos no fundo do frasco, foram substituídos por terra pura. É a partir desse ingrediente que o golem será criado.

ADÃO FOI MOLDADO DA TERRA COMO GOLEM
E DEPOIS TORNOU-SE HOMEM

O sopro de Deus deu vida e fala a Adão.

Lilite criou uma estrutura cabalística para o plasmídeo, semelhante àquela de Morse. Contudo, o código de cores do plasmídeo da Cabala (fig. 13) arrola os atributos das emanações das Sefirot, [24] com as quais Deus criou o Universo. Esses traços serão incorporados ao gene de Cabala.

Quando Adão deu nome aos animais (fig. 14), arbitrariamente e sem consultar Lilite, tomou dela o poder de, através da linguagem, dar corpo e forma ao significado da vida. Lilite pronunciou o nome secreto de Deus e fugiu de Adão e do jardim.

LILITE-CORUJA VOA PARA A BATALHA
EM UM CERCO DE VIOLAÇÕES DA LINGUAGEM

> Suas mãos aportam a revolução da vontade e a verdadeira liberdade da mente!

"Lilite Lua negra, irmã obscura, cujas mãos dão forma à infernal lama. Minha força e fraqueza extremas, molda-me como argila na chama. Lilite Lua negra, égua da noite,[3] lança ao chão tua ninhada. Dize o nome, alça vôo. Profere agora o som sagrado" (*Hino a Hécate* – Frater U. D.).

Capítulo glifo vermelho: Linguagem

Páginas 1. Pedra da Roseta 2. Sistema triplo 3. Reconstrução da linguagem 4. Forjando o códon 5. Torre de Babel 6. Variações de tradução 7. Lilite escapa 8. DNA/YHWH

Adam Kadmon,[4] o ser primordial do mito cosmogênico, fixa o olhar na Pedra da Roseta, pedra de toque de Eduardo Kac para compreender o passado.

---

3. Égua da noite: em inglês: *mare of night*; cf. *nightmare*, "pesadelo". O hino em inglês tem métrica e rimas: "Black moon Lilith sister darkest / whose hands form the hellish mire / At my weakest, at my strongest / Molding me as clay from fire. / Black moon Lilith mare of night / you caste your litter to the ground / Speak the name and take to flight / Utter now the sacred sound". (N.E.)

4. Hebraico: "Adão/Homem Primevo". (O substantivo/nome hebraico *Adam* designa o homem como espécie e o ser individual Adão, da narrativa bíblica.) (N.E.)

A pedra foi a chave para traduzir os hieróglifos egípcios e para desvendar os mistérios dos cometas [25]. Hoje, glifos genéticos agrupam aminoácidos a fim de traduzir a mensagem do gene na molécula de proteína.

Kac considera o sistema triplo de sua *Genesis* – língua natural, código de DNA e lógica binária – como chave para a compreensão do futuro.

LILITE E EVA INTERPRETAM O SISTEMA TRÍPLICE DE KAC

Uma antiga capa de *The Byble in Englyshe* [A Bíblia em Inglês; a tradução realizada sob os auspícios de James I da Inglaterra] representa a língua natural, mas só a do inglês; uma cadeia de DNA é representada por um ciber-golem infeccionado um embrião; e Lilite e Eva como vítimas do preconceito de S. B. F. Morse é o retrato da lógica binária.

O AVATAR CORUJA DE LILITE RECONSTRÓI AS PEDRAS FUNDAMENTAIS DA LÍNGUA, OS BLOCOS DE CONSTRUÇÃO DA VIDA

Ela forma um *Stonehenge* da linguagem (fig. 15).

O poder da linguagem reside em "falar a palavra" e entoar as letras. O DNA traduz sua mensagem em muitas combinações de letras, formando por fim proteínas. Como as dobras da proteína desempenham a função química para a forma de vida? Um gene moral envia uma mensagem positiva para a dobra de proteína. Lilite compreende o poder da palavra e aquilo que contamina o gene de artista.

QUAL LÍNGUA TEM O DOMÍNIO?

Que língua molda [*casts*] o códon? O DNA fala apenas inglês? Se a seqüência de DNA for reconstruída a partir de sua fonte lingüística, não haverá nenhum sistema de castas [*castes*] para a criação de forma-vida.

HÁ TRADUÇÕES QUESTIONÁVEIS E VARIAÇÕES DE MENSAGEM PARA A PALAVRA-CHAVE DOMÍNIO

Domínio. Governo. Soberania. Comando. Governo e Declínio.

A figura de Lilite (fig. 16) está localizada entre duas imagens da Torre de Babel.

Ela está resistindo à casta da língua. Ela restaura a igualdade na diversidade ao usar a fonte original para criar o gene de Cabala.

A Torre de Babel, construção planejada para atingir o céu, foi erguida em Shinar pelos descendentes de Noé. Deus frustrou tal obra trazendo confusão à linguagem deles, o que levou à diversidade de idiomas.

LILITE ACORRENTADA SE LIBERTA DA LINGUAGEM LITERAL

Lilite é vista em seu amuleto emergindo de lava incandescente, assim com fez Luca há quatro bilhões de anos. Ela cria um gene alternativo. Cabala, em hebraico, quer dizer recebimento, aceitação. A numerologia da Cabala vem sendo construída na língua hebraica desde o século II. Lilite a utiliza para codificar o gene de Cabala.

Para inventar o gene de artista foi necessário usar palavras e um veículo que permitisse transpor as letras do alfabeto para um conjunto de quatro letras: A, C, T, G. As diversas combinações das três letras que compõem o Nome Divino, Y H W H, fizeram parte do processo de criar um gene com o qual moldar o Golem.

Vinte e dois pares de cromossomos mais um (o sexo) contêm o genoma humano. O alfabeto hebraico tem vinte e duas letras mais uma (Deus). A combinação das letras do alfabeto e as do tetragrama (Y H W H) resulta em 231 portões nas Sefirot, através dos quais se deve passar para criar a vida.

Capítulo glifo roxo: Golem

Páginas 1. Lilite na Bíblia 2. Numerologia da Cabala 3. O gene da Cabala 4. Bytes de maçã[5] 5. Lilite compartilha 6. Moldando o golem: dobrando a proteína

A SERPENTE LILITE PARTILHA COM EVA SUA SABEDORIA E PODER, PARA MOLDAR O GOLEM (fig. 17)

Uma maçã colocada em um anel de Uróboro [26] cobre o lado esquerdo de um díptico de Hugo van der Goes, *A Queda de Adão* [27]. O anel é uma espiral formada por uma serpente que morde o próprio rabo. Em *Redimindo o Gene*, a imagem simboliza a parceria entre Lilite e Eva em obediência ao comando celestial de escolher um ajudante para a criação de um golem.

Na seção da pintura da *Queda*, sem colagens, Lilite é personificada como uma serpente que persuade Eva a comer a maçã retirada da proibida Árvore do Conhecimento.

O gene cis-ters/irmãs [28] compartilha bytes/mordidas enquanto elas planejam moldar um golem que incorporará o gene de Cabala.

---

5. *Byte* tem a mesma pronúncia que *bite*, "mordida". (N.T/N.E.)

EVA JOGA UMA MAÇÃ PARA ÁRVORE DA VIDA A FIM DE LEVAR A EFEITO O GENE DE CABALA (fig. 18)

Em nova alteração da pintura original de *A Queda de Adão*, Lilite está de pé ao lado da Árvore da Vida, para a qual transferiu as maçãs da Árvore do Conhecimento.

A Árvore da Vida/Sefirot é um símbolo cabalístico de múltiplas camadas, que representa a infra-estrutura numérica do cosmos.

As letras da língua hebraica, com seus equivalentes numéricos embutidos, são concebidas como matéria em potencial que sobrepuja o universo de ar, água e fogo. De acordo com a Cabala, as letras, suas combinações e permutações dão indícios da criação do universo como emanação da Árvore da Vida.

LILITE CONSULTA A CABALA E A NUMEROLOGIA HEBRAICA, PARA COM ELAS CODIFICAR O NOVO GENE

Lilite e Eva criam uma seqüência de DNA de acordo com a metodologia ritual da Cabala. Elas contam o número de letras hebraicas na sentença bíblica e depois somam esse número, 39, ao número de palavras na sentença, 10, obtendo 49. Ao número 49, Lilite e Eva adicionam o número de letras que não se repetem na sentença, 18, para produzir a seqüência 1, 4, 8, 9 [29].

Às letras da sentença hebraica são atribuídos os números dessa seqüência, e a série assim obtida é então traduzida para o código genético do seguinte modo: 1=A, 4=C, 8=G, 9=T.

A SENTENÇA HEBRAICA, E NÃO A TRADUÇÃO INGLESA, É CODIFICADA NUMA SEQÜÊNCIA PARA CRIAR O GENE DE CABALA (fig. 19)

Em contraste, Eduardo Kac inventou seu gene da *Genesis* transpondo as letras da tradução inglesa da sentença bíblica para o código Morse de pontos e traços. Estes foram então transpostos para o código genético da seguinte maneira:

traço (-) = T   A = espaço entre palavras
ponto (.) = C   G = espaço entre letras

A LÍNGUA INFORMA O DNA E O GOLEM

São exibidos três diagramas seqüenciais de plasmídeos. Eles são animados e infundidos no gene de Cabala. A cada plasmídeo sobrepõe-se uma imagem de Uróboro de duas cobras se devorando. A cobra da parte superior tem asas que simbolizam o cosmos, enquanto a da parte inferior representa a terra virgem a partir da qual o golem é moldado [30]. O plasmídeo e o Uróboro do século XVIII estão perpetuando a vida, cada um em suas respectiva linha do tempo.

NOMEAR ALGO É CRIÁ-LO;
O GOLEM É FEITO E DESTRUÍDO PELA LINGUAGEM

A linguagem estabelece o ato de criar o golem. Assim, dentro do primeiro círculo de plasmídeo estão instruções para a entoação dos portões, um arranjo de letras formado pela combinação de cada letra do alfabeto hebraico com cada letra e/ou enunciação dos Nomes Divinos de Deus.

Dentro do segundo círculo de plasmídeo está uma imagem da cabeça do golem marcada com o símbolo do álefe. Abaixo da cabeça está o código de cores dos plasmídeos para o perfil do golem, estão os dez princípios da Árvore da Vida.

O terceiro círculo de plasmídeo celebra a criação da proteína-golem com um imenso álefe impresso numa cabeça de golem ampliada.

O GENE DE ARTISTA, EM SUA LUTA PARA SER REDIMIDO,
É SUBSTITUÍDO POR UMA PROTEÍNA DE GOLEM CUJAS DOBRAS
DETERMINAM A REDENÇÃO (fig. 20)

Uma súplica do golem para que deixem que seu espírito descanse em paz em sua argila, na terra, onde ele pode liberar sua fúria, como ciber-golem racista e imperialista sem um álefe.

Agradecimentos

A obra de web-arte *Redeeming the Gene, Molding the Golem, Folding the Protein* (Redimindo o Gene, Moldando o Golem, Dobrando a Proteína) evoluiu de um esforço colaborativo intitulado "A Response to Eduado Kac" (Uma resposta a Eduardo Kac) em parceria com Steve Martinot.

Lawrence Jarach, consultor religioso, ajudou a projetar a estrutura do Gene da Cabala.

Notas e referências

1. Lilite é a primeira mulher da Adão, a gênese da independência feminina.
2. DNA (ácido desoxirribonucléico) é uma molécula que fornece instruções para produzir e manter uma criatura viva. Uma molécula de DNA é formada por duas longas cadeias de compostos químicos chamados nucleotídeos ([caracterizados pela presença de uma base nitrogenada, que pode ser adenina, citosina, timina ou

guanina:] ACTG). Essas duas cadeias ligam-se [quimicamente], enroscadas uma com a outra, formando uma dupla hélice.

3. Plasmídeo é um anel extracromossômico de DNA.
4. Golem é uma palavra hebraica que significa massa de matéria disforme trazida à vida pela fórmula cabalística do nome secreto de Deus.
5. A Torá é constituída pelos cinco livros atribuídos a Moisés, o Pentateuco. Tem tradicionalmente o formato de um pergaminho enrolado.
6. Cabala é uma tradição mística do judaísmo.
7. Um códon compreende três nucleotídeos adjacentes em uma molécula, formando o código para um único aminoácido. Aminoácidos são as peças de construção das moléculas de proteína.
8. Ver nota [2].
9. GRAU, Oliver. *The Robot in the Garden, Telerobotics and Telepistemology in the Age of the Internet*, editado por Ken Goldberg. MIT Press, Cambridge, Massachusetts/ Londres, Inglaterra, 2000, p.229.
10. Álefe é a primeira letra [do alfabeto hebraico e] da palavra hebraica "verdade" (*emet*). Se a primeira letra for apagada, a palavra remanescente é "morte" (*met*). (Note-se que não há caracteres hebraicos para vogais – *emet* se escreve com três letras, *met* com duas.)
11. A Árvore da Vida é composta de dez Sefirot (plural de Sefirá), os atributos ou poderes de Deus, através dos quais o Divino emana a si mesmo para criar o universo.
12. RICIUS, Paulus, *Portae Lucis*, Augsburgo, 1576.
13. As Três Leis da Robótica são um conjunto de três leis da ficção científica escritas por Isaac Asimov, às quais a maioria dos robôs que aparecem em suas histórias deve obedecer. Apresentadas pela primeira vez no conto "*Runaround*" (1942).
14. O *Sefer Yezirah* (Livro da Criação), o mais antigo (século XI) texto hebraico de pensamento sistemático e especulativo.
15. "*Cabala mineralis*" (MS., Museu Britânico, Add 5245).
16. Um ciber-golem é considerado um golem destrutivo em *Redimindo o Gene*.
17. Gematria é um método bíblico de exegese, no qual as letras hebraicas são associadas a números para auxiliar na compreensão do significado de palavras.
18. Rashi foi rabino e exegeta bíblico francês (1040-1105 d.C.)
19. Mikvá é um banho ritual de purificação, praticado em ocasiões especiais determinadas pela religião judaica.
20. Como o Último [= 'o mais remoto'] Ancestral Comum Universal (em inglês, *Last Universal Common Ancestor*, sigla: LUCA) de quatro bilhões de anos atrás. "Somente Luca sobreviveu no mar primitivo". RIDLEY, Matt. *Genome*, Harper Collins, 1999, p.22.
21. O Talmude é a coletânea de registros de discussões acadêmicas da Lei judaica.
22. O Midrash é um método de interpretação de textos sagrados para deles extrair lições por meio de histórias.

23. Lyman Abbott, nascido em 1853; estudioso do Novo Testamento e pastor protestante de igrejas congregacionais.
24. Os atributos das emanações das Sefirot são: vontade inicial, inteligência, sabedoria, severidade, amor, generosidade, constância, majestade, capacidade de procriação e reinado.
25. A Pedra da Roseta foi traduzida no século XIX por Jean-François Champollion, através da comparação entre as inscrições nela gravadas (em grego, escrita demótica e hieróglifos).
26. O anel Uróboro [do grego *ouroboros*, "(monstro) que come a própria cauda"] simboliza a vida eterna.
27. *A Queda de Adão*. (lado esquerdo de um díptico). Anterior a 1470 d.C. Óleo sobre madeira. Kunsthistorisches Museum, Viena, Áustria.
28. cis=trans [donde cis=ters, jogo de palavras com *sisters*, "irmãs", em inglês], descritos quimicamente como um par de substitutos assimétricos na presença de uma molécula. [N.E.: cis- e trans- aparecem na designação distintiva de estereoisômeros, substâncias cujas moléculas, tendo a mesma composição química, têm diferentes disposições espaciais (com certos grupos de átomos presentes do mesmo lado (cis) ou em lados opostos (trans) em relação a determinado plano de referência)]
29. A seqüência numérica, começada com 1, 4, 8, 9, prossegue com 11, 14, 18, 19, 41, 44 etc.
30. ELIAZAR, A. *Donum Dei*, Erfurt, 1735.

HERVÉ FISCHER

Mitanálise da arte

Tradução: Ronaldo Castro

A arte moderna ocidental impôs a idéia de que a criação artística é um domínio de subjetividade, de busca individualista, de exceção genial e irredutível à razão. Sua virtude seria justamente a de escapar à razão. Todavia, é preciso desde logo sublinhar que essa ideologia continua a ser uma forte exceção na história da arte, e sem dúvida se revelará muito passageira. De modo mais geral, nos milênios passados e nas mais diversas sociedades, a arte foi considerada como um instrumento de conhecimento, um modo de ensino, uma técnica de mediação mágica ou religiosa, certamente segundo métodos e rituais diversos daqueles da linguagem discursiva e racional, porém seguindo, ainda assim, regras muito estritas e procedimentos muito elaborados e justificados. É verdade que no Ocidente, de Platão a Hegel, Augusto Comte e Freud, na medida em que se edificava a cidadela do idealismo e do racionalismo clássico, a arte foi constantemente desvalorizada. Platão considerou-a uma teia de enganos, Hegel e Augusto Comte nela viram uma etapa infantil da humanidade, anterior ao reino da Razão, e Freud comparou, assimilando-os, o neurótico, o primitivo, a criança e o artista. Eis aqui uma aproximação bem estranha; a menos que se lhes atribua, como fazia a ideologia da época, uma característica comum de inferioridade, categoria na qual Freud parecia querer também incluí-los.

Ideologia ainda mais bizarra é aquela na qual a arte é a atividade por excelência, onde ressoa o mito supremo da criação, como testemunha um Malraux, sacerdote laico da transcendência artística, justificando o privilégio ideológico e social exorbitante de que se beneficia a arte.

A história da arte reflete estreitamente a história ideológica do mito da criação, até que o anúncio hegeliano da morte da arte e o desencantamento freudiano terminam por conduzi-lo a seu arrefecimento mítico contemporâneo. Vamos a seguir recordar brevemente suas metamorfoses ao longo dos grandes movimentos sucessivos da história da arte.

O esplendor do verdadeiro

Na tradição idealista que atribui a Deus a criação do mundo, o belo está identificado ao verdadeiro, ao bem, e ao próprio Deus (Platão), ao *esplendor do verdadeiro* (Plotino). A arte clássica repousa sobre o respeito rigoroso às regras da verossimilhança em três pessoas – as três unidades do tempo, do espaço e da ação (*Arte poética*, Boileau).

A ordem estética é aquela do Verbo, da criação pela linguagem que domina o caos e designa cada coisa a seu lugar. A arte então serviu à expressão dos mitos religiosos, desde os ritos mágicos politeístas até a arte dos templos monoteístas.

A beleza do esboço é o momento sublime da criação original, do nascimento da ordem. Assim a arquitetura esculpe os espaço sob nossos olhos e o submete a seus números. Assim a música impõe uma matemática ao tempo que nasce. A arquitetura e a música ordenam o mundo.

O gênio

Quando se afastam de Deus, preferindo o mito prometeico do homem criador, os Enciclopedistas inventam o *gênio*. O gênio é o homem excepcional, inspirado, misteriosamente capaz de criar, herói ou semi-deus da sociedade laica, de Victor Hugo a Marx, Freud e Einstein.

A ideologia burguesa promoveu o *trabalho*, uma atividade plebéia e depreciadora no tempo da aristocracia, que doravante, porém, passa a encarnar o mito da criação humana, tanto para a burguesia capitalista quanto para o proletariado trabalhador, do qual Marx fará, significativamente, a classe *redentora*, ator predestinado e central da realização da História humana.

A estética do mal

A trilogia platônica identificava também o belo ao *bem*, o que a vanguarda também deve colocar em questão. Baudelaire ataca. Como a história da literatura identificara o belo e o bem, não lhe restava mais que o inferno na partilha, dizia ele. Ele lança a idéia da *estética do mal*, cujo eco se prolongará muito adiante das *Flores do mal*, com os poetas e pintores malditos e até à cultura contemporânea: *uma estação no inferno, o desregramento de todos os sentidos*, as maldições que pesam sobre Nerval, Verlaine, Rimbaud, Artaud e tantos outros fazem-nos recordar que Satã é um arcanjo decaído de Deus, seu rival, que se revela depois da morte mítica de Deus Pai (1789). Sade, Sacher Masoch, Bataille escolheram essa via. A automutilação (castração simbólica de Van Gogh decepando sua orelha, depois se suicidando), o sadismo de certas obras de Marcel Duchamp e o masoquismo do *acionismo* vienense e da *arte corporal* o testemunham. *Os bons sentimentos não fazem a boa literatura*, escrevia André Gide, propondo uma *estética do amoralismo*.

Os poetas na vanguarda

A partir do século XIX, são o artista e o poeta que *guiam* a humanidade (Lamartine, Victor Hugo), eles marcham na vanguarda da História. A beleza da arte clássica, baseada na imitação do passado e no respeito à verdade é então rejeitada em nome da *novidade*, identificada à criação humana da História. Criar é criar o novo. A beleza era atributo da criação divina, deferência a ela, imitação dela; a novidade torna-se atributo da criação humana e sua exaltação. Daqui em diante, *é o novo que será belo*. A ideologia da arte foi abalada com a revolução do mito da criação. O Homem tomou o lugar de Deus. O mito da arte permanece então expressão do mito da criação, mas ele se identifica doravante com o mito da criação prometeica, sem perder a força ideológica de sua antiga relação com a criação divina; ao contrário, ele adquire um novo vigor celebrando a criação humana. E ele se identificará, mesmo, com o valor do capitalismo – *o dinheiro* – quanto àquele do comunismo: *a consciência possível*.

Essa substituição vigorou desde o *futurismo* italiano até os últimos sobressaltos da ideologia prometeica. Ela constitui a própria força do vanguardismo. Aquilo que o homem cria com seu trabalho, através da máquina, é belo. Um objeto é belo se é funcional e produtível industrialmente, em série – eis aqui a ideologia da Bauhaus -, e *a fortiori* se é potente – *uma locomotiva é mais bela que a Vitória de Samotrácia*, afirma o manifesto futurista. É a beleza da potência tecnológica do homem criador.

A beleza do acaso

A descristianização da ideologia da arte significou o advento das ideologias materialistas, e a *beleza do acaso*, que criou o mundo. Dada, Marcel Duchamp, os surrealistas (seus *cadavres exquis**), os automatistas, Fluxus, John Cage, a música aleatória suscitaram um largo movimento artístico reconhecendo a força criadora e a beleza do acaso.

A arte abstrata

Em oposição, a invenção da arte *abstrata* coloca em cena a própria linguagem estrutural da criação, sua gramática, sua sintaxe, sua metafísica e sua energia vital, na fonte da criação do mundo, anterior a toda representação realista, sob o signo da espiritualidade (a gramática de Deus, do Verbo de Kandinsky), do psiquismo (abstração lírica gestual) ou do materialismo prometeico (os construtivistas russos, fundadores da nova sociedade).

A beleza da energia

A energia será identificada com a potência criativa e, portanto, com a beleza pelos impressionistas (energia da luz-cor e pontilhismo corpuscular), depois pelos futuristas, que a promoveram a valor central de seus manifestos: movimento, vitalidade, violência... e guerra e fascismo para muitos dentre eles. Isto implicava a destruição do espaço pictórico, da estabilidade do traço, do desenho, muito fixista, da forma e da figura humana. Marcel Duchamp (*Nu descendo a escada*), os *simultaneístas* (Robert Delaunay e seus círculos cromáticos em movimento), os *energetistas* e *raionistas* soviéticos, um Raoul Dufy, pintor da *Fée Eletricité* [Fada Eletricidade] e que nos fez perceber o impacto imediato das cores à frente mesmo do desenho (como o relâmpago antecede o trovão), mais recentemente os *cinéticos*, os artistas que trabalham com explosivos, carabinas, acessos de cólera, fogo, raios, laser etc. escolheram esta metáfora mítica da criação. Sua beleza é reconhecida. Ela pode ainda fazer a pintura transbordar de sua moldura na arte contemporânea; porém colocar a energia em cena implica sempre o controle de sua expressão pelo artista.

A beleza da arte gestual

A beleza lírica da *arte gestual*, abstrata, é a força do inconsciente, da alma autêntica, da vida interior e misteriosa de cada um de nós, da força individual irredutível... e burguesa: uma exaltação do individualismo criador. Fala-se também de intensidade, na pintura gestual, por exemplo aquela de Mathieu, que, em suas *performances* pictórias, se propõe a pintar um imenso quadro em alguns segundos: melhor do que os sete dias que foram necessários ao deus da Bíblia.

A beleza oniríca

O recurso ao *imaginário* constitui outra variante importante do mito criador da arte. A tradição dionisíaca nos põe em contato com as forças místicas divinas e a inspiração das Musas.

Já que a arte clássica valorizava a verossimilhança, as vanguardas buscaram na imaginação uma força criativa, aquela a que aspirava Nietzche (*Nascimento da tragédia*). A descoberta do *inconsciente* e sua chegada às artes sob o impulso dos surrealistas, que desejaram tornar-se os mediadores autênticos, instituíram um novo *além*, surreal – não mais a transcendência divina, o paraíso lá em cima, ou o reino de Deus e seus santos, mas seu *ersatz* mais humano: o mundo onírico dos sonhos, do inconsciente original e os paraísos artificiais da droga alucinógena, um *além* fundador, do qual o artista se declara sacerdote e visionário. A loucura evoca também o gênio: o homem médium, possuído pelas forças sobrenaturais, das quais se torna o transcritor inspirado. A arte dos loucos será reconhecida.

A beleza da natureza

A *Natureza* constitui outra declinação importante do mito da criação. Com a arte das crianças, dos ingênuos (naïfs), dos *primitivos* (tal como o Ocidente os apresenta), com a arte *rústica*, alguns procuram – contra a corrente da cultura instituída, de seus estereótipos, de sua decadência urbana, e numa natureza anterior a toda cultura – um estado do ser original, arcaico, intacto, intenso, e portanto uma força de inspiração mais próxima da energia criativa e uma renovação da linguagem. A concepção materialista do homem inclui-o na dinâmica da natureza. Claude Monet tentou redescobrir uma percepção original da natureza, anterior a todo conhecimento, a toda educação, cuja potência seria decuplicada. A natureza foi uma fonte de inspiração essencial da arte ocidental a partir do século XIX, e, bem antes, na China.

A beleza eletrônica

Inversamente, o desenvolvimento das *novas tecnologias digitais* coloca em cena, de novo modo, a potência mecânica e cibernética do homem criador: eis-nos confrontados com a *beleza eletrônica* das telas catódicas, da arte por computador, da holografia, do laser, das comunicações por satélite etc. Viu-se aparecer antes de tudo uma *estética da ordem serial*: uma nova ordem do mundo que reproduz a ordem social da classe média, que coloca em cena *a arte óptica* com suas variações cromáticas decorativas, graças à potência dos computadores – esses mesmos computadores que velam pela boa ordem social sob o olhar atento dos burocratas. Reúnem-se hoje as artes midiáticas e o mito fusional da globalização, com a internet.

A beleza da ciência

Na virada do milênio, a nova metáfora que se desenha é aquela da ciência: a astrofísica, as biotecnologias, as manipulações genéticas, a inteligência artificial, a robótica inspiram cada vez mais artistas. E de fato a ciência parece tornar-se a aventura mais criativa – e a mais arriscada – da humanidade.

A encenação reativada da criação

Todas essas declinações da arte clássica, moderna, contemporânea, vanguardista, rústica, pós-moderna, eletrônica aparecem então igualmente como metáforas do mesmo mito prometeico da arte, da criação humana.

As variações sócio-ideológicas da história da arte e do belo reenviam todas a esta permanência mítica da arte: a encenação reativada, renovada, metamorfoseada da criação do mundo, por Deus, Satã, a Natureza, o Homem, a Energia, o Trabalho, a Revolução, o Acaso, o Inconsciente, a Tecnociência etc.

O objeto de arte fetichizado

Compreende-se daí que os objetos de arte sejam fetichizados e que a sociedade cuide sempre de controlá-los e de captar os símbolos em seu benefício – em benefício da classe dominante: isto que fizeram os reis, príncipes, papas, chefes de estado, reis das finanças ou da sonegação, homens de negócios, grandes burgueses, criadores de capital ou chefes socialistas, colecionadores ou censores... e hoje, por sua vez, a elite da classe média.

Pois o valor artístico, simbolizando o valor da criação, é o valor supremo, original, fonte de toda legitimidade, signo icônico de toda racionalidade: um lance ideológico e político essencial. O poder se legitima, o dinheiro também. Construíram-se catedrais e templos para Deus. Hoje edificam-se museus grandiosos para a arte.

As emoções estéticas

As emoções estéticas estão assim ligadas à presença ativa do mito. São análogas às emoções religiosas. Prazer de reconhecer uma ordem que nos ultrapassa, de entrar em contato com uma potência mítica de criação na qual somos iniciados, à qual nos submetemos respeitosamente, e que podemos captar com o dinheiro. A sociologia das atitudes estéticas e de suas variações segundo a origem social demonstra claramente que as emoções estéticas não são instintivas, nem exprimem a *linguagem do coração*, mas resultam da educação, e se inscrevem completamente nas clivagens culturais dos grupos sociais. O *espontaneísmo* estético, ao modo de Kant, não existe. Não há *julgamento estético a priori, universal e sem conceitos*, senão na ilusão de um conformismo ideológico total. Pierre Bourdieu demonstrou-o claramente.

O idealismo do Museu imaginário

A sociologia da arte relativiza evidentemente a estética e nega-lhe um valor universal que a remeteria à beleza eterna, beleza em si, transcendental, aistórica, ao modo do *Musée imaginaire* [*Museu imaginário*] de Malraux. Esse conceito se apresenta como expressão disfarçada da ideologia dominante de uma sociedade, de onde ela tira os símbolos de sua legitimidade política. Mas a mitanálise, que é materialista e relativista, está em acordo, evidentemente, com a sociologia da arte, por reconhecer as variações sociais e históricas de expressão mítica da criação e da arte.

A antiarte, que se exerce contra uma ou outra dessas expressões do mito, não é, obviamente, menos artística, assim como todo sacrilégio só tem força e sentido religiosos.

O desejo de eternidade

Muitas vezes se analisa a busca do artista como um desejo de eternidade, uma tentativa de escapar à morte pela perfeição de sua obra. A eternidade, como a criação, é um atributo divino. A mitanálise da arte explica a força das emoções artísticas em razão dos jogos imaginários do artista e da sociedade. Daí vem também a reação freqüente de agressividade por parte de um público frustrado, em sua expectativa, pelos movimentos artísticos que não parecem respeitar a sacralidade dessa presença mítica. Pensamos, quanto a isso, nos impressionistas, tachados de borra-tintas; na arte abstrata, em Picasso, nos dadaístas, nas provocações do vanguardismo dos anos 1970-80.

O atributo do desejo sexual

Sem o interdito sexual, a se acreditar em Freud, a arte não existiria. Pois a arte nasce da sublimação da pulsão sexual refreada e deslocada de seu primeiro objeto para um substituto cultural, ao qual o espírito atribui a beleza do objeto sexual anteriormente desejado. A beleza, segundo Freud, é atributo do desejo sexual sublimado, a expressão da própria pulsão sexual, exprimindo o desvio do desejo genital, que não perde nada de sua intensidade ao longo da sublimação. Freud, portanto, não constitui exceção à teoria da arte como atividade metafórica do ato da criação, ainda que ele a reduza à dimensão humana e dessacralizada da pulsão sexual. Porém, ele situa a arte sob o signo negativo da frustração, do sintoma neurótico, da doença mental (os não-artistas são menos neuróticos!), da falta. A instituição social da arte compensa imaginariamente a imperfeição, o inacabamento da criação do universo, que o artista ensaia exprimir ou suprir. Segundo ele, um mundo perfeito, isto é, consumado em seu ser, não teria mais necessidade da arte e não mais a produziria.

Uma leve narcose

Segundo Freud, a arte, no *mal-estar na civilização* por ele descrito, é uma *satisfação de substituição* da libido, e uma *leve narcose* para aqueles que não têm êxito em agir sobre o mundo real e transformá-lo. Ele observa nesse caso uma criação ou uma realização imaginária de substituição, que permite ao artista e à sociedade, sob o signo da neurose individual, exprimir a neurose coletiva, gozá-la imaginariamente, ou mesmo, para alguns, superar sua patologia, porque são reconhecidos pela sociedade como artistas, o que significa que obtêm um *status* social real e privilegiado.

O contra-senso de Marcuse

A teoria freudiana, marcada também pelo espectro da guerra mundial, se inscreve no prolongamento do mal-estar burguês. Mas não é de forma alguma necessário, ou inevitável, que a arte seja identificada com a neurose. Isso decorre sobretudo de um fenômeno ideológico passageiro na história da arte. Não é esse, evidentemente, o caso da arte africana ou chinesa, nem mesmo da arte ocidental da Idade Média. Tal identificação não parece, além do mais, dizer respeito aos artistas cortesãos, pintores da glória de Deus e dos reis e príncipes até a época clássica, inclusive. E esse também não é necessariamente o caso da arte por vir. A teoria de Marcuse que postula que a arte é sempre revoltada e subversiva (*A dimensão estética*) é um contra-senso histórico completo, e só pode ser compreendida como um eco etnocêntrico do mal-estar do século XIX.

E a pintura decorativa que agrada à classe média de hoje já anuncia uma rápida evolução mais animadora. Os artistas auto-intitulados maoístas ou revolucionários de maio de 68, em sua maioria, já viraram a casaca, não se interessando mais pela arte política, nem mesmo pela arte figurativa, e renunciaram a toda veleidade contestatória. Os revoltados da exposição Pompidou de 1972, em Paris, expõem todos no Centre Pompidou, ou desesperam-se quando não chegam a ser convidados.

Isto não significa que os artistas não tenham mais razão para engajar-se, com tantos sofrimentos humanos chegando-nos do mundo inteiro nas telinhas. Mas a moda é outra com a instalação da classe média no poder, nos países industrializados do Norte.

O poder conjurador da arte

A arte, por sua perfeição formal, assume e domina a expressão do mal, do incompreensível. Onde a ciência e a razão não mais nos dão poder de compreender e dominar, a arte toma-lhes o lugar e exprime aquilo que nos ultrapassa, o inexprimível, o transcendental; ela representa facilmente Deus, os mistérios, o inferno e o paraíso. É mesmo essa a sua função: religar-nos aos mitos, àquilo que nos ultrapassa, nos escapa, nos legitima ou nos rejeita. Ela é capaz, pela expressão formal, de ressorver e resolver as contradições mais fortes para nossa racionalidade ordinária, quando já não encontramos solução e poderíamos ser levados pela violência da contradição, pelo escândalo da incompreensão e do mistério total.

E se ela é crítica e denunciadora, ela busca ainda predominar pela lucidez faustiana. A arte é sempre mítica e encantadora do mundo.

Uma arte *desencantadora*?

Pode-se, ao contrário, com Adorno, falar de uma arte *desencantadora?* A arte tradicionalmente glorifica o poder e a beleza do mundo. Mas ela pode também fazer-nos descobrir essa beleza justamente na fealdade, na desgraça, no inferno ou na banalidade cotidiana do mundo, particularmente depois dos horrores da guerra, de Goya,[1] e dos quadros impressionistas, que abandonaram os temas oficiais para pintar a vida camponesa ou operária; [descobrir a beleza] nos objetos medíocres da vida ordinária, glorificados pelo *novo realismo* e pela *pop art* americana. O *tachismo*, o *novo realismo*, a *pop art*, a *land art*, a *art pauvre*[2] colocam em ícone os coturnos, a roupa suja, os bolores das paredes, a margarina rançosa, os sabonetes, um monte de terra ou de carvão, os caixotes de lixo, os restos de automóveis, os excrementos, o suor, o vômito. A *arte corporal* escolheu o sofrimento e os dejetos do corpo como meio de expressão, com uma grande força expressiva em certas ocasiões. A dor e a morte fazem parte da vida e da criação. As pedras da calçada podem ser belas como um quadril feminino. A arte pode denunciar. A catarse da tragédia grega coloca em cena a infelicidade humana. A pintura representou a crucificação de Deus e o martírio dos inocentes. Mas a arte não é jamais desencantadora: ela eleva cada objeto, cada percepção a um nível mítico.

A arte sociológica

A vontade crítica de desmistificação e a *démarche* interrogativa da *arte sociológica* nos anos 1970 jamais significaram uma resignação negativa, nem um desencantamento pessimista de seus inspiradores. Muito ao contrário, a arte sociológica pecava sobretudo pelos excessos de otimismo na criatividade potencial de cada homem, na possibilidade de autogestão do pensamento e da arte, na denúncia das falsas aparências e das alienações, em nome de uma liberdade e lucidez maior do homem. Afirmando que *somos todos artistas* – postulado

---

1. O autor refere-se à série de gravuras produzidas por Goya e assim intituladas, retratando cenas das guerras napoleônicas na Espanha. (N.E.)

2. *Land art*, movimento ou tendência artísticos de criar intervenções em terrenos e ambientes abertos, produzindo obras que decorrem da interação entre elementos artísticos e processos e elementos naturais; art pauvre, ou matierismo (em italiano), corrente que valoriza a matéria, os processos artísticos (destacados, tornados aparentes) de transformação da matéria). (N.E.)

retomado por Joseph Beuys --, a arte sociológica afirmava, mais que qualquer outra, a força do mito prometeico da arte.

O paroxismo caricatural da vanguarda

Desde então, a arte atual, que retomou quase sempre a tradição das Belas-Artes, redescobre, para nosso prazer, os encantos do artesanato. Ela não aspira mais à *novidade* como categoria existencial da legitimidade; daqui para a frente, a originalidade importa muito mais. A deriva ideológica de uma arte que pretende identificar-se com a História prometeica da Humanidade, de uma arte *vanguardista*, não durou mais que um curto momento de excitação intelectual, um século e meio, apaixonante, porém efêmero. Que nos aparece hoje portanto como um acidente de percurso, limitado ao Ocidente, seguindo os passos de Michelet, de Saint-Simon, e dos ideólogos da História e do Progresso.

A ilusão da História e o mito do Progresso conheceram uma breve carreira heróica no campo da arte, até o paroxismo caricatural e trágico do vanguardismo, que terminou com a questão dos anos 1980: aquilo que é chamado de pós-modernismo. Nós voltamos a uma cronologia mais modesta da arte e da aventura humana. Mas é preciso não esquecer que foi a arte de vanguarda que encarnou mais fortemente essa ilusão. Evidentemente, a excitação decai. Donde o desencantamento atual e a crise da arte, que são denunciados.

Arte e ciência

Os mitos da arte e da ciência foram diversamente combinados ou colocados em oposição. Arte e ciência não são tradicionalmente separadas. Ainda no Quattrocento, Leonardo da Vinci se apresenta e é reconhecido como um homem de ciência, de tecnologia e de arte. Ele adorava lembrar que era também pintor. Tanto a arte como a ciência se entregavam então ao realismo. O racionalismo inventado na época do Renascimento europeu, entretanto, aplicou-se a colocar em ação um dispositivo mental restritivo, redutor e simplificador, "cartesisano", que implicava a rejeição da sensibilidade, da imaginação, da subjetividade, extremamente afastado daquilo que caracteriza a arte hoje.

Num primeiro momento, a arte clássica adotou muitas dessas mesmas restrições, em nome da equação entre o belo, o verdadeiro e a moral, favorecendo as convenções pictóricas, musicais ou prosódicas que implicavam o controle da razão sobre a imaginação e do espírito sobre o corpo. Isto até que no século XIX o romantismo, e poetas como Lautréamont, Rimbaud, um escritor como Lewis Carroll, um filósofo como Nietzsche lançaram a batalha contra o racionalismo e restauraram os valores da imaginação, da noite, do irracionalismo, do sonho – ao menos na arte.

É um exagero que arte e ciência sejam separadas e se oponham progressivamente. A insurreição dadaísta, o surrealismo, a arte abstrata etc. consumaram a oposição entre arte e ciência. Mas a própria ciência recolocou em causa o realismo e o racionalismo clássicos – especialmente na astrofísica, na física, na biologia – e impôs o retorno dos valores da imaginação cientifica para acentuar os desafios da complexidade, da indeterminação, das lógicas difusas, das descontinuidades, das leis do caos, dos sistemas de dissipação, do pensamento não-linear etc. Hoje, arte e ciência encontram novamente diversas conexões.

A figura de Leonardo da Vinci permanece emblemática da síntese, em um mesmo gênio, dos processos de criação na arte e nas ciências e tecnologias. Leonardo da Vinci admitia de bom grado também fazer pintura. Goethe foi um poeta e um naturalista, e se poderiam mencionar muitos criadores – quase sempre entre os maiores – que não reconheciam tal oposição entre arte, ciência e tecnologia. A transversalidade parece ultrapassar cada vez mais essas barreiras ou nichos culturais. É preciso, por outro lado, sublinhar que há exigências de rigor tanto em arte quanto em ciência – quando se trata dos criadores importantes. Certamente, os métodos e atitudes são diferentes. Porém, do ponto de vista da interrogação sobre o mundo, artistas e cientistas são iguais. E, em certa medida, a ciência é uma arte. Hoje, uns e outros elaboram linguagens – uns, os cientistas, para interpretar o mundo, para controlá-lo, transformá-lo; os outros, os artistas, para questioná-lo ou fazer-nos perceber os mitos que governam nosso espírito.

Por isso, não se deve confundir artistas com cientistas. Os artistas questionam as atitudes, os valores, as conquistas e as imagens da tecnociência, inclusive o simulacro digital e instrumental do real que a ciência de hoje constrói. Quanto à lógica da tecnociência, ela obedece muito mais àquele principio assinalado por Karl Popper: "tudo aquilo que o homem pode fazer, ele fará". O artista se opõe necessariamente a esta resignação otimista!

A imaginação criadora

A esse respeito, o encontro entre arte e biologia é particularmente atual. Manipulações genéticas, códigos da vida, inteligência e vida artificiais nos colocam grandes desafios, ao mesmo tempo que testemunham a capacidade de imaginação e criação e a audácia dos pesquisadores científicos. Os artistas, acompanhando-os, apaixonam-se por essa nova forma de criação, que os interpela intensamente. Mas seu papel não é ir aos laboratórios para exagerar e criar quimeras. Seu procedimento é uma interrogação cultural e filosófica sobre aqueles projetos, sobre as ambições da ciência, seus fantasmas ou suas realizações possíveis.

Na astrofísica como na física, os conceitos, as hipóteses, as modelizações do universo ou da matéria-energia fazem incontestavelmente apelo a uma imaginação científica cada vez mais audaciosa, conforme ilustrado por muitas das "imagens de artistas". Incontestavelmente, portanto, o século XXI aproxima artistas e cientistas, por aquilo que têm em comum: sua liberdade de espírito, de imaginação e de criação.

Eles têm portanto um novo encontro marcado. Eles nos falam dos futuros possíveis da humanidade, e tanto esses quanto aqueles exploram os simulacros e as linguagens digitais destes mundos possíveis. Os cientistas parecem estar hoje na vanguarda, e os artistas os seguem, já que não dominam as linguagens cientificas. Mas os artistas têm a vocação de nos fazer ver aquilo que os cientistas imaginam e de questionar os projetos da ciência. Eles podem ter também parte ativa na aventura humana e contribuir para a consciência da ciência, ilustrando este adágio: *Ciência sem consciência não é mais que ruína da alma*. A importância desse problema só fez aumentar desde o tempo de Rabelais. Mas tal função não pode ser deixada unicamente aos artistas! Os filósofos e cada um de nós somos todos interpelados, no sentido das responsabilidades que a espécie humana deve assumir, do momento que decide conceber ela mesma os roteiros de sua evolução. Se os homens pretendem tornar-se os artistas de seu próprio futuro, será preciso que dialoguem com os pesquisadores de nossos laboratórios e que reconheçam um lugar importante para a tecnociência na cultura, para a arte na ciência, para a filosofia na arte e para a ciência na democracia. Já não há lugar para a oposição artificial, criada pelo racionalismo clássico, entre arte, ciência e filosofia.

O dandismo estético

É verdade que o pós-modernismo convida a uma espécie de esteticismo que teria para nós lugar de valor-refúgio, uma vez admitida a crise radical do racionalismo clássico. Não havendo admissão de outros valores credíveis, o catastrofismo aqui margeia o niilismo, o narcisismo, o cinismo e um hedonismo prazeroso. Abandonando o espírito da convicção, passamos para o registro da sedução. Renunciando às ilusões da política e da ética, celebramos o esteticismo, o estilo.

Essa postura seduz de fato por sua inteligência e pela beleza do desespero que alcança. Mas a curiosidade desta atitude é que mesmo quando não podem crer em mais nada, mesmo quando se renuncia a todo o sentido da vida, o valor último que se continua a celebrar e que não se pode colocar em dúvida permanece sendo a arte. Sim, há no niilismo, assim como no mal, ainda um valor insuperável, fundador: a estética do niilismo, a estética do mal. O estilo e a arte permanecem como a última cidadela na qual é possível refugiar-nos na qualidade de homens livres e criadores de nossos atos. O belo é o último valor, para além do bem e do mal. Nietzche, o primeiro pensador pós-moderno, não o disse expressamente, mas creio que seja essa a idéia final que se descobre no coração de sua filosofia.

O objeto da arte

Mas ainda falta se colocar a questão: que arte nós tomamos a sério hoje? A arte da comunicação? A arte que privilegia os meios sobre os conteúdos? Certamente não. Mcluhan nos conduziu para uma interpretação perigosa ao afirmar que *o meio é a mensagem.* Reconhecer a importância dos meios foi um traço de gênio, mas remeter os conteúdos ao cemitério do humanismo foi uma audácia bem infeliz. Por maiores que sejam a importância e a sedução dos meios, e de seus vínculos incontestáveis com o sentido dos conteúdos, permanece mais do que desejável que estes perdurem como o principal de toda a comunicação! A forma e a matéria da garrafa mudam muito pouco o gosto do vinho, e mesmo o cristal mais bem cortado não pode fazer um vinho ruim passar por magnífico. Nós perecemos hoje de obesidade comunicacional insípida, que assume o lugar de uma ilusão de pensamento crítico. Foi com conhecimento de causa que Gilles Deleuze se insurgiu contra essa ideologia atual do reino da comunicação: *Não carecemos de comunicação,* ele assinala, *ao contrário, nós a temos em excesso; carecemos de criação. Carecemos de* resistência ao presente (*Qu'est-ce que la philosophie* [O que é a filosofia], 1991). E a principal função dos filósofos e dos artistas é saber opor-se, resistir aos *pensamentos-para-o-mercado.* De minha parte, pleiteio a urgência de um retorno do *artista-filósofo,* e a fascinação crítica. Teríamos então o melhor dos mundos possíveis! (Mas estamos longe de lá...)

A arte ou é icônica, ou não é arte

Quando a tecnociência é cada vez mais dominada pelos computadores, quando a economia, a cultura, as comunicações tornam-se eletrônicas, quando a educação, a psicanálise começam a ser praticadas *online*, é uma nova cosmogonia que nasce, a da idade digital. A revolução das tecnologias digitais é incontornável.

O desafio mais fascinante para o artista hoje é explorar os ritmos e os acidentes da linguagem binária da informática, da linguagem de quatro letras (a, t, g, c) do DNA, dos diagramas e curvas dramáticos do mundo financeiro, dos códigos de barra identitários da sociedade de consumo, das irradiações e ondas de rádio invisíveis que o imaginário científico registra e as redes digitais que invadiram todo o caleidoscópio das atividades humanas.

E para penetrar no espírito destas novas estruturas mentais e estéticas,

é preciso recordar que o progresso não existe em arte;

é preciso recordar que uma nova mídia não significa o fim das mídias precedentes, porém as estetiza e as obriga a ir mais longe na sua expressividade;

é preciso recordar que a natureza, a guerra, a cidade, a variedade da vida também são multisensoriais ou multimídia, e que foram os pintores que melhor souberam captá-las e compreendê-las, fazendo-nos vê-las com imagens fixas, icônicas;

é preciso então saber pintar o cibermundo, como outros pintaram Deus, o oceano, a luz, as multidões, os heróis, o movimento, os ritmos e a energia;

é preciso gostar apaixonadamente de mergulhar no fluxo dissolvente das imagens e dos sons em movimento, mas saber também resistir a ele, interrompendo provisória e voluntariamente a projeção de imagens;

é preciso recusar que o meio seja a mensagem, postulado mcluhaniano infelizmente muito verdadeiro;

não é preciso celebrar a comunicação por ela mesma;

ao contrário, é preciso encontrar uma rocha fixa para escapar à imersão e adquirir um fôlego estético e crítico, a partir de uma outra mídia. Não se pinta a natureza com ela mesma. Os peixes não vêem a água que engolem, tampouco os homens vêem o ar que respiram;

é preciso cultivar novamente o silêncio, a imobilidade, a solidão a meditação, contra a agitação caótica que nos arrasta;

e é preciso escapar da efemeridade fatal da cultura digital, que não tem

> memória. As artes digitais se dissolvem, mal aparecem. Quanto mais sofisticada é uma tecnologia, mais rápido ela envelhece, mais rápido se apaga. Aonde iremos, sem memória? Face à complexidade fascinante do mundo digital, o retorno paradoxal à pintura se impõe, não menos que a dança ingênua das artes digitais. Será uma pintura alegre, conceitual, icônica, distante e crítica. A função mais fascinante da arte parece se situar desde sempre na criação de ícones que condensam a imagem do mundo de cada sociedade, de cada grande artista que traduz os valores e as estruturas da sociedade a que pertence, quer se exprima com um computador, numa pintura, ou com a terra; quer sobre uma tela de quadro, um muro, uma tela de cinema ou sobre uma máscara.

A arte ou é icônica, ou não é arte. Esses ícones nos aparecem como condensações visuais que simbolizam em sua estrutura, em sua estética e em seu tema as estruturas, os valores e as referências principais da sociedade que os sustenta. Eles remetem então aos grandes mitos sociais. Constituem, portanto, as grandes imagens de referência em cada sociedade.

A mesma análise se aplica evidentemente a uma escultura, a uma obra arquitetônica, musical, cinematográfica, literária, ou a uma coreografia.

A crise da arte contemporânea

Na ideologia vanguardista da arte que se desenha na França do século XIX com os artistas romântico-socialistas e que se reacende com o futurismo italiano para atingir seu paroxismo e sua conclusão mórbida no vanguardismo dos anos 1970-80 no Ocidente o que está mesmo presente é a idéia de que a arte contribuiria para o progresso do gênero humano. Todavia, todos nós admitimos que as idéias de progresso coletivo e de arte não estão ligadas. A arte não progride, mesmo com um computador mais possante, mesmo ao passar da pena de escrever ao processador de texto. Dever-se-ia também dizer que o conhecimento racional ou conceitual não progride em maior grau? Todas as culturas, sucessivamente – ou simultaneamente --, acreditam estar de posse de sua verdade e de uma explicação exaustiva do mundo tal como ele é. E, prosseguindo com a questão, não deveríamos sublinhar que esse também é o caso da religião, revelada, voltada para suas origens, a excluir toda idéia de um progresso histórico do conhecimento de Deus?

A pós-modernidade colocou em causa todas as narrativas fundadoras, quer religiosas, sociais ou científicas. A crise da arte contemporânea reflete este momento de nossa história ocidental. O homem já não crê em Deus e questiona sua própria capacidade de ser um criador de história, de sentido, de valor, de um futuro. Crise da arte, crise da religião e crise do racionalismo clássico são afinal uma única e mesma crise, uma perda de confiança em nossos modos de conhecimento do universo e de seu destino.

A mitanálise da arte permite recolocar em questão as oposições tradicionais grosseiramente estabelecidas entre os crentes da religião, os cientistas e os artistas. Leonardo da Vinci permanece a grande figura emblemática dessa reconciliação entre arte, ciência, tecnologia e religião, à qual devemos hoje retornar, apesar de todos os obstáculos, devolvendo à arte seu estatuto de instrumento de conhecimento mental e plurissensorial.

Eu mesmo, apesar de todas as minhas dúvidas e das dos outros a meu respeito, jamais deixei de acreditar que é um erro opor os dois hemisférios cerebrais, e que é possível ser simultaneamente artista e filósofo e considerar que a tecnociência tem seu lugar no coração de nossa cultura contemporânea.

Não se poderia questionar o mito da arte sem indagar como hoje é possível que a crise da arte contemporânea coloque em questão sua própria sobrevivência. Num momento em que estamos longe de sair da crise do sistema das belas artes e de seus meios tradicionais, e em que meu livro sobre o fim da História da Arte (*LÈHistorie de lÈart est terminée* [A história da arte acabou], Balland, Paris, 1981) parece se confirmar, descobrimos que as artes digitais – que supostamente tomam a partir de agora o lugar de formas anteriores – tendem cada vez mais, findo o período dos pioneiros, a diluir-se nas indústrias culturais da comunicação. Claro, a arte digital reconcilia a sociedade de classes médias com a arte, o que é historicamente muito importante; mas ela o faz na forma do divertimento interativo. Na sociedade das telas, onde se consuma a famigerada *sociedade do espetáculo* estigmatizada por Guy Debord, os efeitos especiais do digital, os *videogames*, os divertimentos, os simulacros, as artes digitais públicas predominam de modo crescente, deixando pouco lugar para uma exploração artística das consciências e das visões de mundo: a arte perde sua vocação de instrumento do conhecimento para confundir-se com a tradição dos jogos e do circo. E por que não? Mas isto seria então, de fato, a confirmação do fim da História e do mito da arte, em benefício de uma estetização da vida urbana, sem profundidade e sem consciência crítica: falso brilho de ouropel. Se a religião, a arte e a razão são simultaneamente desacreditadas, poderemos prescindir delas? Ou teremos de inventar novas respostas, outros mitos? Entre o desencantamento trágico, o niilismo, o esteticismo, o cinismo e a alegria trivial, o que escolher?

Sou daqueles que respondem com três valores fundamentais: a liberdade, a criação e a responsabilidade ética. Sob o signo do pós-racionalismo. Como isso se traduzirá dentro do domínio da arte? Não faço a menor idéia. E, nessa incerteza, sigo em meu trabalho pessoal de artista-filósofo, que me parece mais urgente do que nunca. E nele, paradoxalmente, cheguei de volta à pintura, nesta era do digital pela qual tenho uma fascinação crítica. Eu não poderia pôr em dúvida minha convicção de que a era do digital constitui uma revolução antropológica tão importante quanto o foi, outrora, o surgimento da era do fogo.

Por que a mitanálise?

Nossa vida social se organiza segundo dois pólos: as utilidades, que implicam uma racionalidade e dispositivos de eficácia, e o imaginário, que os ultrapassa. As utilidades correspondem ao princípio da realidade e respondem às exigências de sobrevivência imediata ou de ação voluntária. O imaginário revela sobretudo as pulsões, de Eros, de Tânatos e de Prometeu, e permite elaborar uma visão de mundo e formular projetos.

As utilidades se manifestam, sem dúvida, ao nível individual, mas também no social: elas consistem em assegurar a coesão social, legitimar a autoridade política necessária a essa coesão e aos valores coletivos. Observamos então um conjunto imbricado de utilidades e de representações imaginárias, que se reforçam umas às outras em seu efeito estruturante sobre o conjunto do grupo social e sobre os comportamentos de cada um de seus membros.

Os mitos se organizam em sistemas. Eles fixam o imaginário segundo configurações que cristalizam e institucionalizam o imaginário coletivo, ou que produzem novas imagens. Os mitos ligam-se entre si segundo oposições, complementaridades, pólos e filiações que evocam a estrutura familiar. Estamos diante de famílias de mitos, que evocam os liames entre o homem e a mulher, o pai e a mãe, a criança e os pais, a vida e a morte. Todas as mitologias são testemunhas disso, quer sejam germânicas, indígenas ou gregas. Os mitos são matrizes das lógicas familiares e de suas declinações físicas ou naturais: o céu e a terra; o fogo e a chuva; a pedra, a planta e o animal – com dois ou três termos, ou com quatro, como o conjunto quaternário da família. A religião, a arte e a razão constituem elas mesmas uma trilogia, um sistema mítico estreitamente unido e coerente. Convém aproximá-las, mais do que opô-las. Elas estão associadas.

Tudo é mítico em nosso universo, porque acreditamos que tudo é enigmático. Porque não sabemos e não compreendemos o que é o mundo e o que é que estamos fazendo aqui. Logo, a produção de mitos resulta de nossa impotência e de nossa ignorância. É importante que o homem conheça sua condição mítica e suas limitificações[3] (os limites de sua razão mítica).

Nesse sentido, a mitanálise é uma ciência humana, no mesmo nível da sociologia, da psicanálise ou da história. Mas a mitanálise não esconde, como estas, seu engajamento político. É essencial que o homem busque uma lucidez autocrítica face às alienações ideológicas e míticas entrecruzadas que o enclausuram; lucidez sem a qual não há liberdade nem progresso. O que a mitanálise permite a cada homem é melhor situar-se nos mitos que inspiram seu pensamento, suas estruturas mentais e sociais. Mostramos com isso a ambivalência dos mitos fundadores do Ocidente, grego e judaico, dos quais dependemos, ainda hoje, até o fundo de nossas fibras racionalistas e imaginativas (*Nous serons des dieux* [Seremos deuses], *vlb, 2006*).

Marcar a posição exata dos mitos que nos mobilizam, caracterizar suas orientações, as patologias e os valores, já é nos colocarmos em condição de melhor exercer nossa liberdade. É essa consciência superior que pode assegurar uma terapia pela mitanálise, cujos itinerários e etapas em nível pessoal tentei descrever, em *Nous serons des dieux*. Pois é sobre essa base que podemos hoje recusar mitos como o monoteísmo, em vista de seus efeitos perversos, tais como o dolorismo[4] e o masoquismo. Mas ao nível coletivo, a mitanálise oferece também a possibilidade de denunciar os mitos destrutivos e optar por mitos alternativos, por exemplo aqueles do hiper-humanismo, da solidariedade planetária e do progresso humano, dos quais esperamos que tragam uma melhora evidente da trajetória de nossa espécie. Já o sublinhamos antes: é preciso mudar nossos mitos para mudar o mundo e reorientar a evolução de nossa espécie humana.

Tal projeto pode parecer ambicioso, mas ao menos é o único que continua a ter um sentido humano, a trazer esperança, e o único que se abre à diversidade das nossas culturas, reivindicando uma mesma ética planetária de justiça elementar para todas as pessoas. Não é por sua inocência (que reconhecemos), nem por seu excesso de otimismo que dele nos afastaremos.

---

3. No original, *ses limythes*, em que o autor faz um jogo de palavras com limites, "limites" e *mythes*, "mitos". (N.T/N.E.)

4. Dolorismo, tradução (não registrada em dicionários gerais da língua portuguesa) do francês *dolorisme*, doutrina que afirma a utilidade ou o valor moral da dor, do sofrimento (*apud* Robert de la Langue Française). (N.T/N.E.)

À imagem do novo milênio

A mitanálise é à imagem do novo milênio – intrigada pelas descobertas da ciência e pelos avanços tecnológicos. É fascinada pelo extraordinário desenvolvimento da espécie humana em comparação com outras espécies animais. Ela navega pela Internet, mas iludir-se com os falsos reflexos do mito digital. Ela lê os jornais da nova economia; no cassino das finanças, ela se mistura aos jogadores que se agitam ao redor do pano verde, e os observa com fascinação. Ela ama o espírito empreendedor e o capital de risco, e não despreza a possibilidade de ela própria se lançar em transações, com as quais muito aprendeu. Ela gosta de ir a toda parte, viajar, mudar de vida, de ocupação, de ofício, de amigos, de crença ou de nacionalidade; às vezes, grande artista diante do eterno, outras vezes, universitária de carteirinha, executivo[5] ou esquerdista, jornalista ou operário de construção. Ela chegou a aventurar-se na política. Está convencida de que certos mitos, como a ecologia e o altermundialismo[6] são da maior importância para o futuro da humanidade. Ela é curiosa, nômade infatigável.

A mitanálise é um pós-racionalismo autocrítico. Sempre assinalando os limites e as ilusões míticas do racionalismo, e reivindicando-os para si, ela se inscreve de modo decisivo na tradição racionalista. Ela é uma posição avançada do racionalismo autocrítico. Ela elabora uma estratégia de desmistificação, de elucidação – portanto, de liberdade e de criação humana face aos excessos dos irracionalismos míticos. Por cultivar essa vontade libertária, ela contribui nesse vasto esforço da espécie humana de pôr fim a seus medos irracionais e assumir sua condição com realismo e confiança.

A terapia mitanálitica

A Razão ocidental parece destinada à infelicidade e capturada na má consciência. Mas existem também os mitos heróicos, como aqueles de um paraíso terrestre ou de um deus. E é preciso reinventar outros que nos reconciliem com o mundo e com nós mesmos. Quanto mais penso, menos me sinto um estranho neste mundo. Ainda não o sinto, quase nunca, em relação aos

---

5. No original, PDG, abreviatura de *président-directeur géneral*, ou seja, termo que designa um alto executivo, e que também é usado para designar determinado perfil de homem de negócios, rico e ocupado. (N.T.)

6. No original, altermondialismo; *mondialisme*, em francês, designa um movimento ou corrente universalista favorável à constituição de um governo mundial, planetário. (N.E.)

homens. Mas com certeza sinto-o em relação à natureza – da qual faço parte integralmente, sendo eu energia e matéria –, a ponto de pensar que o mundo não é um enigma para mim. Sinto-o no meio da floresta boreal, num avião sobre os Andes gelados, no deserto absoluto de Atacama, nas profundezas submarinas dos trópicos, no amor, no alimento, com meus pássaros, montando a cavalo, na borda de um vulcão ativo. Sempre. E sem dúvida alguma eu o sentirei ainda no momento da morte, no último suspiro de que terei consciência antes de voltar a fundir-me inteiramente nela.

É preciso, pois, compreender por que viemos de tão longe, como pudemos afastar-nos tanto, alienar-nos, como pudemos imaginar, sob pretexto de desenvolver o cérebro, nosso auto-exílio daquilo que chamamos de paraíso terrestre. Nossa má consciência com certeza não é teológica ou metafísica, mas ética.

A matriz de nosso imaginário é parental. Mas o quadro parental não é necessariamente um lugar de infelicidade, maldição e patologia. A procriação sexual se realiza numa satisfação biológica intensa e reconciliatória. Ela não é, por natureza, uma catástrofe, mas alegre e criativa. Ela propicia um prazer essencial à sua repetição, sempre diferente. Ela é a celebração de um elo entre duas existências heterogêneas, entre duas solidões, que sabem superar com sucesso suas diferenças radicais, e que se atraem, segundo o principio mesmo da alquimia, para criar a felicidade.

A vida nasce do amor e do acaso. Quando se afirma que o mundo moderno é desencantado, esquece-se que toda nossa representação do mundo permanece mítica, hoje como ontem, e que assim permanecerá, amanhã como hoje. Isso decorre sobretudo do fato de que o Ocidente cultiva mitos masoquistas e infelizes. O mito pode reencantar aquilo que foi desencantado. Trata-se por conseguinte de mudar de mitos, de inventar outros, mais felizes, portadores de esperança. O planeta é hiper. Porém não há nele nada de definitivo. A era digital ameaça novamente supervalorizar o irreal, em detrimento do realismo sobre o qual devemos continuar a construir o mundo de amanhã. Contra o idealismo e os monoteísmos, os mitos mais promissores de nosso futuro continuam a ser o hiper-humanismo, o realismo e a filosofia materialista que o inspira.

POSFÁCIO

... ou pós-fácil*

por Amir Geiger

...tudo anseia por se tornar selvagem
Johnny Sete Luas
(em Fup, de Jim Dodge)

OUTRAS EPÍGRAFES

Glenn Gould, o pianista, para falar da música inglesa elizabetana (fim do século XVI - início do século XVII), partiu da sonoridade de um solitário si bemol no terceiro compasso da última variação de uma peça de William Byrd (compositor católico numa Inglaterra anglicana). Um acidente – na acepção musical – que não é mera irregularidade na "tapeçaria sofisticada" da composição, defeito ou limitação de realização artística; que é incidência de conflito e inconformismo e, dentro dos horizontes da polifonia nórdica (sic), sem renunciar ao Renascimento, anuncia o barroco, prenuncia Monteverdi. (Monteverdi, para quem, noutra (l)atitude, o inconformismo já dá lugar à aventura, e o conflito, à dramaticidade.) Uma nota que, como estremecimento expressivo de um

---

* Este texto resulta da tentativa um tanto lúdica e nada rigorosa (nem sempre conduzida com o tom devido) de alinhavar alguns temas desta coletânea com referência a certas questões relativas a uma pesquisa intermitente sobre modernismo e antropologia – a qual muito se beneficiou (assim creio) do período como professor-visitante no Departamento de Ciências Sociais da Universidade do Estado do Rio de Janeiro, e da instigante condição de, nele, estar vinculado à área de sociologia. Agradeço ao conjunto dos professores do departamento, especialmente ao professor Ronaldo Castro, e às professoras da linha de pesquisa "Religião e Movimentos Sociais em perspectiva", particularmente as professoras Cecília Mariz, Clara Mafra, Marcia Leite e Sandra Carneiro.

apurado saber técnico renascentista, como modesto arroubo de insubmissão ao diatonismo, remete à solidez plástica de um saber sensível dos cromatismos e enarmonias, acumulado por épocas e temperamentos musicais diversos. Assim (podemos pensar), ainda que seja recurso artesanal, efeito de ornamento ou capricho de compositor, a nota se revela um elemento bem menos acessório, parte de uma outra arquitetura. Uma arquitetura mais barroca, onde, talvez como no drama, ornamento e fundamento não se justapõem, antes se identificam.

Similar, sob alguns aspectos, é a caracterização, por J.-Y. Haymoz, de um contemporâneo de Byrd, o francês Claude LeJeune (c.1530-1600, compositor huguenote, próximo do rei, numa França católica). Sua (de LeJeune) linguagem musical renascentista – que elabora, com a mesma artesanalidade técnica e refinada, canções de devoção, de sátira e de taberna, numa época em que o que é sagrado ainda partilha o mundo, sem crise, com o profano – já estaria marcada por diacríticos de outra mentalidade que se inicia (entre eles, a alteração das palavras das canções, para evitar a blasfêmia e a obscenidade). Sua música encena e realiza um drama que ainda está fora do enunciado, mas já na enunciação: a tentativa de "exprimir as paixões do texto mas permanecendo nos limites da consonância de sua época". O exemplo perfeito é o final de uma canção de amor, *Tout ce qui est de plus beau*, em que figura o oxímoro *discordants accords* ("que por si já resume o estilo [da canção e] daquele fim de século"): LeJeune deve musicá-lo e, "não podendo ainda permitir-se às dissonâncias a que Monteverdi breve recorrerá, cria uma falsa relação que provoca no ouvinte o frêmito esperado, sem sair dos limites de sua linguagem".

Quantos bemóis assim estão notados neste livro, ou permeiam suas linhas? Quantos oxímoros de técnica e arte, de ciência e religião, caberão em dissonâncias harmônicas de outras linguagens, que aqui se desarrumam?

VALOR E VALERY

Há uma antiga hipótese (1929) de Paul Valéry a ser examinada. Que a tecnologia mais avançada já não se limitaria a modificar as percepções sensoriais e as condições exteriores ao corpo, mas transformaria "os sistemas da vida mental e afetiva" com "ilusões, impulsos, desejos, desnorteamentos artificiais". Para ele, o aumento da eficácia, do poder da ação humana com e sobre a "natureza" viria a ter também incidências mágicas. A extensão e a intensidade das transformações, dos efeitos, também alterariam a estruturação de nossas representações.

Essa evidência, que já soa há muito entre o óbvio e o obsoleto, aparecia para ele como fato bruto, isto é, não como epifenômeno ideológico de uma infra-estrutura tecnologizada, mas repondo sempre a relação ou a (suposta, moderna) distância entre as ordens da natureza e da cultura – daí a magia. A hipótese, enfim, de que a descoberta da relatividade einsteiniana não é só metáfora da desnaturalização dos tempos e espaços sociais e individuais. E de que ocorre de fato, no plano da cultura, uma correspondência forte ao que se "des-cobre" no da natureza. Que a realidade interior é solidária dos ritmos e pesos e trajetórias exteriores, como o espaço-tempo quântico e relativístico às massas e velocidades. Que o uso dos instrumentos será como uma "síntese da possessão" (entendida como possessão sintética, não natural).

A hipótese de Valéry articula, em seu não-consumado anacronismo, os termos atratores do que neste livro se reelabora e se pulveriza.

Tecnologia. O tema da saída, ou desagregação, de um plano do intuitivo, da suposta-insuspeita naturalidade de sujeito&objeto, sobre a qual se fundavam – ou sob a fusão da qual soçobrariam – as experiências individuais e sociais. É o tema moderno-modernista de que não se trata apenas de aumento da extensão humana, mas de ruptura com certa escala da relação humanidade-mundo; outra proporção entre os atos e os efeitos. Tema que percorre numerosas obras dos mais diversos (ou nem tanto...) autores, e não apenas nas ciências humanas, como também nas interpretações de antiintuitivismos da física e da biologia, por exemplo. Tema que poderíamos indexar falando da questão da *autenticidade*. Os diários de Wittgenstein trazem uma passagem icônica (e irônica?) a respeito: "Por maior que seja o telescópio, a lente ocular será sempre do tamanho do olho humano".

Arte. A saída ou desagregação da instrumentalidade técnica. A sensibilidade algo mais que a transformação na instrumentalidade; o "usuário" da tecnologia se vê transformado, sua natureza não está onde a supunha. (Como na fórmula titânica de A.Antunes & cia: "O que se vê não se via, o que se crê não se cria".) Ao falar em "síntese da possessão", que traz de chofre um anverso primitivo (a técnica evolui, a arte não?), não se está apenas falando de um mero objetivo alcançado pelas técnicas, mas dessa 'relação inversa', a saber, que não é o ser humano quem possui a técnica, a não ser já como idéia, como ideologia. A síntese da possessão, como fabricação de um estado alterado, é a própria imagem de um processo antropológico, senão antrópico – outra humanidade é fabricada pelo (f)ato [em notação matemática das funções] de fabricar instrumentos e, com estes, outras coisas, (e)feitos.

(Cons)ciência. Esse humano, *possuído sinteticamente*, é distinto de um humano original? A pergunta não cessou de fazer sentido, de várias maneiras e em várias narrativas – "modernas" e "primitivas". É curioso, para o nosso caso, notar que os signos das assim chamadas revoluções científicas (e tecnológicas) se reportam recorrentemente a séries sucessivas nas quais, porém, o mais recente passo é o radical(izador) – o que transforma quantidade em qualidade – como se uma evolução de revoluções (e vice-versa) se condensasse toda no último lance: o próprio sentido de ciclicidade *com* irreversibilidade (ciência mais mito).

Religião. A alusão a um sagrado na dualidade desagregada da posse *x* a possessão. Um questionamento do quadro das inovações e invocações. Não há 'aquele um' usuário postado diante da matéria inerte e dela separado. A invocação das inovações aparece como alteração que recai na trivialidade – usos cotidianos, admiração pelo *gadget*, com a extensão protética (o corpo já se afigurando assim, num dualismo). É o sagrado dos templos, isto é, dos domínios restritos, que é "profanado", mas em produção de outro sagrado, a sacralização do (*horribile dictu*) profanador.

OXÍMORO E ACIDENTE

Comecemos a terminar este livro – é assim que ele começa – com a relação sempre fértil da/com a linguagem. Não só a linguagem como fenômeno em si, mas seu estatuto ambíguo de ferramenta e/ou expressão, de condição essencial (ou essência condicionada?) e/ou "vírus do espaço sideral" (W. Burroughs). Linguagem-evocação, linguagem artesanal, linguagem-máquina. Sua incidência modernista não à toa abre a série coesa e heterogênea dos artigos aqui reunidos. Digamos assim, seguindo o exemplo dramático da passagem renascentista-barroca sugerida nos casos musicais acima referidos: que as condições de enunciação da linguagem do/no modernismo literário – as tensões entre exigências de expressividade, limites de códigos e exigências técnicas de artesanalidade – já mapeiam aquilo que se enunciará adiante. Não como profecias nem como precursoras. Apenas figuras de desreconhecimento.

Se este livro abre com uma dupla de trabalhos sobre a relação que dois poetas brasileiros da geração do modernismo têm com a religião, cabe indagar aqui da presença (em sombra) da técnica. Cada um a seu modo – e são modos bem diversos – Mario Quintana e Oswald de Andrade associam arte/poesia com religião. O que não é tão diverso assim é o fato de não fazerem essa associação por oposição à ciência/técnica. Mais ainda: essa recusada oposição ('romântica') não se opõe, por sua vez, à oposição ('iluminista') de arte/técnica à religião. Comum a ambos autores é a aceitação implícita da língua, especialmente a escrita, como técnica, mas com alguma recusa da "função poética", entendida como dimensão separada. Um elemento agramatical (como o bemol de Byrd), uma "falsa relação" (como o oxímoro de LeJeune), parecem articular artesanalidade e artisticidade: o drama entre o compositor e seu código breve será o esteio da narrativa musical, numa linguagem cada vez mais dramática, portadora de conflito – o *diabolus in musica*. Quem sabe na poesia, na escrita poética moderna, aconteceu algo semelhante na relação com as narrativas de hoje, às quais tantos capítulos deste livro aludem.

Os manifestos modernistas oswaldianos dos anos 1920 salientaram bem, para além da exigência de arejamento da língua brasileira, a necessidade de revolução da linguagem mesma.[1] A modernidade vista menos como época e lugar do que como transformação da humanidade; transformação com a linguagem, *através* dela – como instrumento da técnica, como ferramenta de trabalho (modificação da natureza e criação de civilização), desemboca em outras águas: ela mesma um oceano de comunicabilidade. A disseminação de jornais, rádio, cinema, televisão não apenas acrescenta meios para que a palavra circule, ou intensifica sua velocidade, ou altera as parcelas da escrita na conta total da cultura: muda o valor da poesia, da *poese*, da relação não mediada da artesanalidade com a artisticidade: os experimentos poéticos assumem um lugar (eis-nos de volta à figura dos dois parágrafos iniciais deste posfácio) de arte tecnológica e religiosa e, paralelamente ao flerte culto com o etnográfico e selvagem, já vivem e registram o drama (ou tragédia), no presente do futuro, da reviravolta eletrônica e genética.

O texto de Beatriz Domingues e Sonia Lino justamente chama atenção para o nexo, a solidariedade entre, de um lado, a 'descoberta' oswaldiana do barroco e da contra reforma, e, de outro, a condição utópica, filosoficamente antropofágica (antimessiânica), da barbárie-tecnicizada que já vinha sendo celebr(iz)ada desde os anos 1920: a incidência brasílica, não da modernização

---

1. Haroldo de Campos, "Uma poética da radicalidade", in Oswald de Andrade, *Pau Brasil*. São Paulo, Ed.Globo, 1990; pp.7-53: "(...) são também manifestações da linguagem o cinema, a pintura, a diagramação do jornal, a selva de símbolos da urbe contemporânea etc. – para além da restrita esfera da *língua* (...) a experiência oswaldiana acusa, no quadro da crise geral da linguagem suscitada pelos novos instrumentos de comunicação e reprodução da informação da era tecnológica, o momento brasileiro em que a essa crise se somava, singularizando-a, a fratura sócio-estrutural definidora das contradições de nosso país, daquele nosso conflito fundamental (...)" (p.46).

como civilização, mas do modernismo como regime paradoxal figurado na (anti) colonização do velho mundo pelo novo. (Como se os mesmos elementos em tensão que fazem a benjaminiana pobreza da experiência pudessem também, noutras condições, produzir uma riqueza – outro sentido da "contribuição milionária de todos os erros",[2] que não é só uma observação linguageira mas histórica-estética.) Quando James Clifford, para falar dos apuros da cultura como classificação (*predicament of culture*), declara que "deu a louca nos objetos puros", especialmente os etnográficos, dá voz a uma intuição sexagenária. Se a religião em Oswald é "sentimento órfico", não é possível desconectá-la daquele "Orfeu extático [d]a metrópole" moderna (N.Sevcenko).

A questão de Quintana, no texto de Vinicius de Carvalho, não é, em si, modernista, mas a de uma religião na pós-modernidade. Não se trata, no entanto, de salvaguardar classificações. Se, como o artigo sugere, é na poesia – entendida como lugar-limite da linguagem – que resta a religião depois do 'fim da religião' (frase que não precisa ser entendida no sentido objetivo-referencial), e se há afinidades dessa condição com reflexões como a de J. Derrida, lembremos que a relação *apofática* (negativa) tem um nexo moderno, não recusado, no ensaio de Vinicius Carvalho. Roland Barthes chamou atenção para o fato de que a linguagem não foi apenas conhecida/estudada como instrumento de conhecimento, mas serviu também como lugar de experimentação criativa da transformação da realidade através da própria relação com ela: a linguagem como palco das transformações – esse, um dos significados possíveis da vanguarda. Se a linguagem pôde não ser o instrumento da engenharia lógica, positivista, do conhecimento, se 'representou' assumidamente para as artes, e com certeza *nelas*, uma superstição, um resíduo metafísico, não foi como religião, mas como mágica moderna de revolução (no papel de guia que assume esse suposto resíduo e a "afinidade do tribal com o moderno", o tema do primitivismo). Assim, tão longe quanto Quintana podia estar das vanguardas, fica demonstrado, no texto de Vinicius de Carvalho, que um elemento quase comum a ela opera em sua poesia, ainda que em modo pós-moderno: aquilo que como que um fundo comum ao modernismo poético ou outro – a antiintuitividade do mundo descrito pela ciência e da linguagem que o descreve, a proliferação de termos precisos para tantos novos objetos edulcorando a estranheza radical do universo descortinado (não descartemos a contribuição modesta das estranhezas etnográficas no período...) – se apresenta no aqui e

2. A frase é de Oswald de Andrade, no "Manifesto Antropófago".

agora de Quintana como simplicidade incontível, inapreensível: *simplexidade* da própria linguagem dobrada sobre si, usando seu poder de representação para falar do irrepresentável. Na apofasia, uma figura (ou modelo?) para o que a tecnologia anda também fazendo?

Em ambos, Mario Quintana e Oswald de Andrade aqui estudados, a linguagem poética é uma técnica – não do trabalho, obviamente, mas da aventura.

Entendamos nessa chave, da salvação gêmea do risco – da ventura/aventura, do a/Deus e seu poder –, o texto terceiro daquela dupla inicial, e que já não se debruça sobre a oralidade literária de dois poetas, mas sobre a poesia vivida do sonho literante de 'mãe' e 'filho' precariamente letrados. Se a condição brasílica é periférica (em dois diferentes sentidos) para M.Quintana e O.Andrade, *Central do Brasil* – objeto do terceiro ensaio, por Carlos Alberto Afonso – radicaliza a união disjunta da alta e baixa cultura através de um '*road movie*' referido a linhas férreas. A escrita é quase máquina desejante e o Brasil percorrido, mais um não-lugar, ou pós-lugar. Pois não se trata de lermos aí uma interpretação do filme, que seria ele mesmo uma interpretação da 'realidade'; o texto vale por uma exploração do mapa de uma topologia/teologia pós-moderna, sem território esquadrinhável, apenas percorrível numa sucessão de identificações e estranhamentos: eis o que acontece quando a uma história brasileira aplicamos certos nomes – índices culturais, por assim dizer, rastros. Aqui, a religião é a escrita, e a técnica é quase o viver. O percurso dos personagens é como a palavra de(s)signante da nossa relação mediada com os nomes de onde provêm, com os textos que recorremos.

LUZ & FORÇA x NOIR

Da teologia pós-moderna à saga pop de *Star Wars* – tema do artigo seguinte, de Ana Lucia Modesto – o salto parece grande, mas ajuda a sugerir que experimentemos outras ressonâncias da Central do Brasil. Como objeto de análise, Guerra nas Estrelas bem poderia ser o negativo do encontro que este livro propõe: tem-se, no filme, não arte, mas produto industrial de entretenimento; não ciência, mas ficção científica; não religião, mas mito ou metamito. Estamos, portanto, de algum modo lidando com a questão da autenticidade. A iconicidade do filme como fenômeno 'nova-era', a caça ao sagrado, não é apenas o efeito analisado de sua persuasividade narrativa, sua filosofia espontânea, a plausibilidade auto-evidente, a competência na manipulação das referências culturais: não se trata de uma narrativa tecnicamente eficaz que nos captura como sujeitos, mas de um objeto narrativo, uma técnica de captura de narrativas.

(Narrando a cura – a cura cinematográfica, como a xamanística, é o efeito da narrativa de um feito épico –, *Star Wars* quer produzi-la como "recuperação de uma origem": alegoria e práxis, ou simulacro, da eficácia simbólica.) Foi preciso não desprezar, no plano do conteúdo, a infantilidade folclórica do conto encantado. Levar a sério a capacidade de mobilização intelectual em torno de um produto de mercado permitiu vislumbrar uma espécie de 'espiritualidade agregada': pela análise, o filme se faz retrato xamânico (aquele que permite operar, aquele que é alma e significação, e não apenas representação). É preciso também não se ater ao que há de fácil na aproximação primitivista (que a autora toma diretamente de E. Morin) do cinema como "herdeiro da magia no reino da técnica". Se *Star Wars* pode ser pensado como "tecnologia de encantamento" e "encantamento da tecnologia" (termos de Alfred Gell, propostos para outro contexto, etnográfico[3]), isso não se deve à mera articulação da arte industrial com a ficção científica e os efeitos especiais. Gell aponta para a homologia entre a produção técnica de um objeto artístico e a produção de relações sociais através da arte (o objeto artístico é produzido *e* produtor, instância de agência, não de mistificação). Para ele, trata-se de entender, no campo da "arte primitiva", mas para além desta, que arte é a parte encantada da tecnologia (sendo esta a produção 'mecânica' da vida social), assim como a magia é o termo ideal do trabalho (sendo este a ação planejada mas de resultado sempre incerto na relação instrumental com a natureza). A arte, ao encantar-'nos' pela manipulação, sempre técnica, artificiosa, de nossos esquemas perceptivos, produz nossa adesão ao sistema 'técnico' de (re)produção da vida em que estamos forçosamente inseridos. Além de 'equivalente mítico', o cinema então poderia ser – com mais de uma conotação: surrealista, frankfurtiana etc. – a 'arte primitiva' de um tempo em que a tecnologia parece *efeito* e não produtora de encantamento.

Se *Star Wars* encena, encarna a autenticidade com elementos 'segundos' – não a religião, mas metamito reapropriado; não a grande arte, mas entretenimento; não a ciência, mas efeitos especiais –, e se o faz narrando uma saga, se enfim o sagrado é buscado pela via venatória, não pela mística ou a do conhecimento, *Blade Runner*, outro ícone de ficção científica, nos anos 1980, vai por outra vertente. É de 'autenticidade existencial' que se trata sempre, na revolta da criatura contra o criador (o tema da destruição criativa, da negação afirmativa).

---

3. Alfred Gell, "The technology of enchantment and the enchantment of technology", in: *The art of Anthropology*. Oxford: Clarendon Press, 1999; pp.159-186.

É de autenticidade cultural, uma *authentes*[4] cidade, que se trata, na condição de exílio dos andróides em relação às megacidades que não são apenas sua 'terra' 'natal', mas sua imagem ou condição cognitiva-afetiva. Aliás, é de autenticidade narrativa, comunicacional – ou de autoralidade – que se trata, quando se confrontam (já como alegoria do filme) a versão do diretor e a que os produtores distribuíram. O que em *Star Wars* era mito como saga de autodescoberta, aqui se faz renarrativa de criação, cosmogonia, a ordem do orbe abalada pela agonia na urbe – a revolução incorporada à evolução. A presença de 'imagens não visuais' religiosas (a referência narrativa, exegética) nesse drama de ciência (o pesadelo do poder de domínio da vida) em um cenário artístico (a cidade do futuro imaginada) já pontua, entre tantos outros elementos, o ensaio duplo de Wenceslao M. de Oliveira Jr. Sublinhemos aqui dois outros aspectos, conexos, mas que apontam diversamente para os horizontes desta coletânea.

Um deles é a valorização da narrativa da novela policial (particularmente a aproximação com o *film noir*). É interessante notar que esse ensaio, provavelmente o mais afastado, em vocabulário, referências ou construção, da disciplina antropológica, seja ao mesmo tempo aquele que tão fortemente ilustra a gesta humanista (sempre precária) desta (suposta) ciência da ficção ou invenção cultural que é a antropologia. Carlo Ginsburg ajudou a fazer notar a pregnância dos sinais, a pertinência do "paradigma indiciário" para certos saberes marginais, como o antropológico, o psicanalítico, o detetivesco[5]. Saberes abdutivos, dos silogismos que se aventuram entre indução e dedução. Na abdução, uma espécie de êxtase ou seqüestro religante da razão, atalhos e desvios feitos com os mesmos elementos do trabalho pausado/pautado da ciência técnica. Detetive abdutor mas também 'abduzido', tragado por tramas que ultrapassam seus dados, seus périplos, sua moral: a solução do caso é iluminação e queda. Haveria, para os propósitos desta coletânea, um passo analógico suplementar a ser dado (e figurado pelas "personagens na chuva"): a própria antropologia (não restritamente como disciplina, mas como movimento abdutivo coetâneo da

---

4. *Authentes*, étimo grego de *autêntico*: 'senhor absoluto', 'aquele que tem e exerce o poder inteiro'. Sobre a 'autente-cidade', cf., por exemplo: "Blade Runner (...) não se contenta em jogar com uma idéia (...) em desenvolver só uma linha, mas tenta traçar várias ao mesmo tempo e dessa maneira faz da cidade o seu próprio objeto" (E.Alliez e Michel Feher, "A cidade sofisticada", em *Contratempos: ensaios sobre algumas metamorfoses do capital*. Rio, Forense Universitária, 1988).

5. Para uma leitura detetivesca da psicanálise, e vice-versa, com atenção ao subtexto religioso (entre outros) de ambas, veja-se *Freud, Marlowe & Cia.*, de Franklin Goldgrub. São Paulo, Nova Alexandria/Educ, 1994.

modernidade primitivista do século XX) como tentativa ou projeto de apreensão abdutiva da condição humana. Essa fórmula um tanto fantasiosa não quer valer como conceito, mas propor que é abdutivamente que 'as naturezas' (natural e cultural) humanas se relacionam nos modos artístico, religioso e científico. Outro segundo aspecto a ressaltar é a evidência do dado corporal no centro dessas questões: não só na 'androidinia', mas na relação com a cidade – um suplemento abdutivo ao par carne-pedra[6].

Eis portanto uma passagem possível ao artigo de Adriana Amaral sobre a "dualidade mente-corpo" na ficção científica. Esse par, diversamente trabalhado, problematizado (ou abduzido...) nas religiões, parece indicar uma nova situação antropológica a partir de certos desenvolvimentos tecno-sociológicos do século XX, e a ficção científica teria quanto a isso tomado um significado sintomático: um delírio ou misticismo da técnica. Mas que também é um primo não tão distante do espanto originário da sociologia, da marca que a assim chamada modernidade imprime à 'reflexão científica' (quase um oxímoro, de certo modo) sobre a condição humana, ou aquilo que Georg Simmel designou como a "tragédia da cultura" – a força realista e a precariedade epistemológica (ou vice-versa, dependendo das tradições e coordenadas) da oposição indivíduo-sociedade. A tecnologia capitalizada parece redefinir 'indivíduo' e 'sociedade' (ou os lugares e possibilidades de ação livre e consciente x programa inscrito/imposto x anelo instintivo/inconsciente); e as afinidades religiosas aparecem não só como tempero filosófico mas também pelo lado do êxtase. A tecnologia (eis outra sombra do tema da alienação, avatar do ópio do povo) *é* um estado alterado. Dualidade mente-corpo como link entre tecnologia e religiosidade, e a 'arte' – a imaginação artística, a narrativa fantástica – como mediação. A autora fala da produção de Philip K. Dick (autor do romance que deu origem a *Blade Runner*) como parte da "alucinação coletiva da contracultura sessentista", e a idéia é um poderoso insight capaz de enriquecer o entendimento largo dos significados do *cyberpunk* e outras ramificações da cultura tecnológica. Para além do rendimento dessa caracterização em si, pensemos aqui na geração *beat* (e, ainda que mais festivamente, na contracultura) como aquele "bárbaro interior" ([*barbarian within*] W. Ong) ao novo império norte-americano; como um 'corpo sacrificial' da domesticação puritana do desejo[7] consumido em família, deslocamentos a esmo, desvios nas rodovias do progresso.

---

6. Richard Sennett, *Carne e pedra: o corpo e a cidade na civilização ocidental*. Rio de Janeiro/São Paulo, Record, 1997.

7. Cf., por exemplo, o filme *Os inocentes* (1961; dir.: Jack Clayton), adaptação, com roteiro de Truman Capote, para *A outra volta do parafuso*, de Henry James.

Lugar do excesso, da "parte maldita" (G. Bataille). Ou talvez, a parte criativamente destrutiva de uma humanidade que se torna *causa sui*.[8]

Essa corporalidade – obverso da clarividência alucinada de quem abriu as "portas da percepção" (não apenas a sensorial), de quem fez do corpo lugar de experiência (d)e conhecimento para lá dos compartimentos e departamentos da domesticação imperial – não é resistência (embora seja "contra"), nem residual: é interior também no sentido de sistêmica: é tecnológica e autêntica. Um corpo tecnológico: a expressão parece remeter aos ciborgues, mas tem sua matriz clássica na antropologia. O estudo de Marcel Mauss sobre as técnicas corporais, muito mais que apontar para uma anedótica diversidade de usos do corpo, radicalizava a própria noção de *uso*: examinando esse espaço aberto ou tempo acrescentado entre o estímulo e a resposta (semelhantemente, a propósito, ao esquema básico freudiano do psiquismo), esse cultivo da *habilidade*, pôde ver no "psicológico" uma espécie de embreagem entre o biológico e o social. Além disso, e principalmente, entendeu o corpo humano (renovando e dessublimando a matriz durkheimiana) como a ferramenta primeira da sociedade – numa perspectiva inversa e complementar à da sociedade como 'supertécnica' em relação aos artefatos[9].

Não o corpo-natureza, mas corpo-ferramenta – sem alienação nem utilitarismo. O corpo, ferramenta universal: não só pela variedade de 'usos', pela plasticidade e adaptabilidade – um corpo já cultural no plano ontogenético e filogenético – mas também pela 'transversalidade': corpo que só pode ser meio, instrumento mediador da série sujeito- objeto- finalidade, na medida em que é também origem e fim, em que constitui sujeito e é constituído (transformado) pelo objeto/finalidade (o trabalho, a atividade). Corpo que não é só 'lugar' das emoções, nem 'suporte' de linguagem, mas ele mesmo signo e efeito/afeto. (Algum intelectualismo de escola, de época e de tradição certamente devem ser descontados; a questão é menos a de buscar em Mauss uma teoria antropológica que sirva agora como 'ferramenta' de análise do que reconhecer premonições auráticas de uma condição que a tecnologização exacerbada só acentua: o corpo como fato antropológico [tecnológico...] total.)

---

8. Michel Serres, *Hominescências: o começo de uma outra humanidade?* Rio de Janeiro, Bertrand Brasil. (Ver especialmente a primeira parte, "O corpo", e particularmente pp.49-50.)

9. Cf., por exemplo, Claude Lévi-Strauss, " Lugar da antropologia nas ciências sociais e problemas colocados por seu ensino", in *Antropologia estrutural.* Rio de Janeiro, Ed.Tempo Brasileiro, 1975; pp.368-406; ver especialmente a parte "Antropologia social e antropologia cultural", pp.379-383.

Deixemos o sociocentrismo dos saberes disciplinares adquiridos e fiquemos com a provocatividade: qual a poesia dessa ferramenta? qual o equivalente-corpo do que é a poesia da ferramenta-linguagem? Uma lição antecipada – nessa pergunta mesma – dos capítulos mais corporais desta coletânea é que, por mais que 'abstratizemos' a linguagem, ela é sempre uma técnica corpórea e corporal: não 'contaminada' de experiência e emoção, mas colorida por elas; não contraposta à resistência das coisas, do mundo, mas dobrada e marcada por eles. Nesse sentido é que "o poder do adeus" não é terceiro em relação à "salvação poética" e à "espiritualidade antropofágica", mas leva até eles: a carne permanentemente se fazendo verbo, o 'fora' da linguagem que não cessa de apontar-se como lugar dela.

Retomemos a seqüência dos artigos.

Do corpo sacrificial *beat*/contracultural – corpo antimáquina, espiritualizado por liberação ou entrega ao prazer, eco tardio, no passo para o pós-industrial, da máquina-corpo desespiritualizada (alienada) no sacrifício corporal próprio do regime do trabalho proletário – ao pesadelo científico-ficcional da mente descorporificada – espécie de máquina anticorpo, imunologia do grande sistema. E, agora, ao sonho de outro sentido de liberação ou sacrifício do corpo (o corpo-prisão, limitação, e não morada): seu esvaziamento. O trabalho de Airton Jungblutt retoma diretamente o nexo gnóstico já apontado por Adriana Amaral. Para ela, "a busca do conhecimento sobre as fronteiras difusas entre homem e maquina não deixa de ser uma espécie de reedição tecnologizada das indistinções entre humano e divino", e as analogias por ele exploradas entre gnose e internet são como alegorias, elas mesmas elementos culturais. Ou diríamos que o advento digital alegoriza dualidades analógicas? Pois não se trata apenas de perceber afinidades de infinitudes desejadas – entre o conhecimento gnóstico como encontro com o divino além do mundo da baixa materialidade e a autenticidade internética de um sujeito 'auto-entificador' experimentada numa dimensão puramente informacional da realidade. Não é uma essência ou explicação que está em causa. Ao propor, como conclusão, que o ciberespaço seja considerado "uma espécie de hardware capacitado a rodar um software de uma versão atualizada da milenar teodicéia gnóstica", fica reforçada a sugestão inicial de que as máquinas têm função metaforizadora, o que não é mera ironia ou figura de linguagem: há algo de crucial nisso de a grande rede – que ao ser experimentada como espaço virtual torna-se instância radicalmente *soft* do conjunto de máquinas interconectadas – tornar-se numa outra volta do parafuso novamente 'máquina', suporte e meio para realização de outros desígnios (a internet, como fenômeno tecnológico-cultural, seria para uma visão religiosa como o corpo em relação à cultura). Como se a não-mesma máquina que nos faz mais humanos (na condição de espécie *faber*), ao ser utilizada ludicamente (não luddistamente...), nos fizesse mais divinos (na condição de espécie *sapiens*).

Máquinas que nos tornam deuses não o fazem por extensão e multiplicação da eficácia corporal, no rumo quimérico da onipotência, mas por uma mudança de plano (transcendência): objetos de fabricação tornam-se relações de conhecimento, resultados do fazer tornam-se modos de ser. O passo desreificador, mediador entre técnica e religião (pois estas, em curto-circuito, trazem alienação, totalitarismo) é o da arte (também da mística?), do jogo, da aventura – o retirar a máquina do circuito do trabalho, da instrumentalidade – ou inseri-la em outras conexões. Daí a 'diferença articulada' entre práticas gnósticas e internéticas – "o que num caso é prescrição ritual restauradora e salvacionista, no outro é experienciamento aventureiro (...)". Só assim, como afirmação ética/estética e não-instrumental, a transcultural negação 'religiosa' do corpo pode coincidir com a 'moderna' corporificação tecnológica do espírito.

A importância central da dança na fruição da música eletrônica, tema abordado no artigo de Tatiana Bacal, poderia de relance parecer a antítese da 'incorporalidade' do ciberespaço. Mas desde já se vê que em ambos os casos o corpo não é objeto, e sim aquilo que é transcendido. O tema da divinização pela máquina já aparecera em *Blade Runner*, na forma da humanização do andróide[10] – quanto mais humana a criatura, mais divino o criador, o que porém não se dá sem crise: a revolta autenticadora (*authentés*, como lembra L. Triling[11], é o assassino). Revolta como impulso para o *mais* (não para o melhor), e que, portando uma ação (ou afirmação) que introduz uma perturbação suficiente, ultrapassa um limite não predefinido e altera a relação mesma entre criar e continuar[12]:

---

10. Outra possibilidade de interpretação aparece (sem esse nome) para M. Serres: em não mais que uma ou duas gerações, uma parcela da população mundial distanciou-se de modo drástico das antigas condições da corporalidade humana, no que diz respeito à expectativa de vida, saúde e vigor, superação de doenças e, especialmente, ausência de dor – humanos que não conhecem e estranham as restrições que eram inerentes à humanidade e que estão no centro das morais e religiões até aqui. "Perdemos qualquer lembrança do corpo de nossos antepassados imediatos e, mais ainda, dos distantes, assim como dos hábitos coercitivos que os adaptavam" (M.Serres, op.cit., p.31). Sem confecção de criaturas, objetos ou simulacros: andróides autofabricados por mudança na relação com o meio.

11. Lionel Triling, *Sincerity and authenticity*. Cambridge/London: Harvard University Press, 1972.

12. O tema da produção/reprodução, permanência/mudança, atravessa constitutivamente as ciências sociais. Sobre o insight cibernético do problema, de dentro do encontro das ma-

a morte de deus como incorporação da sua 'mente' ou liberdade[13], avatares do mote nietzschiano numa antropologia freqüentadora da cibernética e da epistemologia comunicacional, para quem a criação dos deuses já é – antianedota de sabor feuerbachiano – alienação do caráter mental da unidade mente-corpo, organismo-ambiente[14]. Talvez, então, possamos entender a divinização como "auto-hominização" (M.Serres) através da 'androidogenia'. E esta não precisa se limitar à fabricação de entes concretos dotados de vida artificial: a proliferação de selves internéticos, de identidades descoladas do corpo (mas calcadas neles ainda, seja na referência imagética, ou em função dos sonos descompensados, das irritações oftálmicas, sobrecargas articulares, lesões de esforço repetido...) é uma equivalente operação artística-religiosa-tecnológica: fazer da máquina (qualquer processo maquínico, qualquer processamento computável) suporte de certas características emuladas ou simuladas, e, diante de sua eficácia no 'trabalho', aventurar-se a infundir-lhe espírito, não com sopro, mas pela comunicação. É sair do uso das ferramentas como extensão do corpo (equívoco epistemológico) e perceber (como a antropologia e seus objetos tradicionais recorrentemente lembraram) que toda técnica é ampliação da mente – mas fazê-lo com novos objetos, novas reificações mais aventureiras, experimentais: da mente *da/na* máquina.

T. Bacal etnografa a cena musical do fim dos anos 1990 atenta a um deslocamento da artisticidade (paralelo a um deslocamento da autenticidade): o aparato de reprodução sonora passa a estar no centro da produção do evento musical (o que era 'reprodutibilidade técnica' passa a produção artística); a escuta privilegiada da platéia que vê/ouve a execução da música pelos músicos/instrumentos cede lugar à imersão dos dançantes no encadeamento das melodias e, muito

---

trizes funcionalista e culturalista da antropologia, cf. o "Epílogo de 1958", em G. Bateson, *Naven*. São Paulo, Edusp, 2008 [1936].

13. Sendo estas entendidas, não como atributos metafísicos, mas propriedades ligadas à complexidade e auto-referencialidade na circulação de informação em um sistema.

14. Gregory Bateson sugere que totemismo e animismo, idéias absurdas em si, *nonsense*, fazem sentido (e mais sentido do que a epistemologia moderna ocidental da suposta objetividade instrumental): o mundo natural tem estrutura sistêmica e se presta para metaforizar a compreensão da organização social (o totemismo, numa definição compatível com a (baseada na) de Lévi-Strauss), e recebe bem a projeção, nos elementos do ambiente, da personalidade ou mente humanas (o animismo). Daí, dessas epistemologias, "ao separar a noção de mente e o mundo natural, obtém-se a noção de *deus*" (G. Bateson, "Pathologies of epistemology", pp.492-493, in *Steps to an ecology of mind*. Chicago/London, Chicago University Press. 2000 [1972].

especialmente, ritmos pelo DJ; a peça musical como obra-fim do artesanato musical e fonte da experiência de fruição, entra crescentemente num processo industrial (quantitativa e qualitativamente) de transformação e aproveitamento para funcionar agora como meio de comunicação, propiciação de outra categoria de experiência – supramusical, de certo modo. Há uma "tecnologia do transe" (música e aparato de reprodução; iluminação; substâncias estimulantes, etc.) mas que está a serviço de tornar a apresentação do DJ em um *evento-festa* – não apenas como mais um serviço de lazer metropolitano, mas em sentido forte, antropológico. A artisticidade ou a 'magia' do DJ seria produzir ou possibilitar com as músicas uma comunicação integradora que ultrapassa o mero efeito alterador em nível individual, propiciando uma estruturação 'orgânica' de todos os elementos, uma espécie de experiência coletiva que é também obra de arte.

A obra de arte é sempre objeto, por certo, como quer A.Gell – mas no sentido do "filistinismo metodológico" pregado por ele, que nos faça escapar ao culto etnocêntrico e acrítico da arte. Mas, sem contradição (muito pelo contrário), ela também é, como quis G. Bateson, bem diferente de uma *coisa*: é o que nos deixa apreender as relações que a concretude imprópria das coisas esconde. A arte tecnológica do DJ diante das pistas de dança no cenário da música eletrônica seria a criação 'propiciadora' desse objeto inteiramente processual e relacional do evento-festa como experiência 'outra(-)mente biológica' (a estruturação das sensações já é o mental – os corpos individuais, portanto, como suporte, como a própria escrita das relações). Mas essa arte tecnológica o é em sentido forte, não apenas 'com tecnologia' – e por isso o artigo funciona como ponte para a articulação que os dois seguintes farão com a segunda metade do livro. Por enquanto, voltemos a Gell: o que é próprio da arte não é simplesmente provocar os efeitos sensoriais alterantes, desestabilizadores, desorientadores, transificadores, no plano perceptivo. É, sim, fazê-lo dentro de um circuito inteiro em que esses efeitos, aparecendo como confirmação de relações previamente construídas – relações que, sociais que são, constituem a própria coerência perceptiva do sujeito das sensações –, ilustram o poder das relações (técnicas, processos, habilidades) necessárias à confecção do objeto, e que são as mesmas da sociedade como um todo (seu cotidiano, sua organização, seus ritos e mitos etc.). (Efeitos estéticos são a 'prova', a amostra, a afirmação de que a coisa foi *feita com poder*, e não o próprio poder do objeto artístico.) A arte coage aliciadoramente, reafirma como adesão encantada o que é também arregimentação técnica de seus integrantes. Quem sabe então a arte da festa na pista de dança não poderia ser algo similar? A dança, sob o poder do transe *technomusical*, figurando a inserção num regime capitalista avançado: os corpos, não mais força de trabalho subjugada aos movimentos maquinais, e sim órgãos de sensações sintéticas centrifugando como experiências equivalentes a produção e o consumo (ambos de si e de alter; ambos, também, de objetos). Máquinas-nós que fabricam_os deuses... pela dança; ou: dança ritmada pelas máquinas, numa autofabricação aventuresca, divinadora/divinatória – como na profética cena da linha de produção, nos *Tempos Modernos* de Chaplin.

MAUSSIFICAÇÃO DA TÉCNICA

O arqueólogo Nathan Schlanger, num texto elucidativo[15] chamou atenção para a centralidade, na obra de Marcel Mauss, dos temas ligados à técnica – as "técnicas do corpo" constituindo um capítulo privilegiado de um interesse muito largo e duradouro, que percorre como elemento coerente uma obra geralmente conhecida por sua fragmentariedade. O interesse pelas técnicas e a reflexão tecnológica (aqui, no vocabulário maussiano, *tecnologia* tem o sentido de 'estudo das técnicas') estariam em descontinuidade com a matriz, o paradigma da chamada escola sociológica francesa, e decorreriam, segundo Schlanger, de um viés polêmico, relativo à participação em debates político-intelectuais contra certas tendências mais conservadoras que viam perda de autenticidade na sociedade moderna de então. No campo político, Mauss defendia o Estado moderno republicano como desenvolvimento autêntico da civilização, contrapondo-se à direita nacionalista francesa, para a qual o Estado não deveria ser mero artefato político-administrativo, mas parte da nação tradicional, ligada ao território, baseada nos costumes e famílias, e com uma 'civilização' específica. Mauss teria procurado mostrar que civilização era sempre resultado de trocas, difusões, assimilações e experimentações, sem vínculo 'natural' nacional/territorial. A autenticidade era do processo mesmo, não irradiação de alguma origem privilegiada[16].

No campo intelectual, e especificamente no debate sobre os rumos da sociedade moderna, Mauss se opôs ao pessimismo pós-1ª Guerra, isto é, à noção ou sensação de que os meios técnicos se voltavam contra a humanidade, de que

15. Nathan Schlanger, "The study of techniques as an ideological challenge: technology, nation, and humanity in the work of Marcel Mauss", in: Wendy James & N.J.Allen (eds.) *Marcel Mauss – a centenary tribute*. New York/Oxford, Berghahn Books, 1998; pp.192-212.

16. Cf. idem, pp.201-206.

'a máquina' saíra do controle e a civilização se tornava barbárie[17]. A defesa maussiana da técnica como fenômeno integralmente antropológico tem alguma continuidade com o intelectualismo da linhagem durkheimiana, e conhece uma elaboração interessante no prolongamento do debate com o vitalismo e irracionalismo de H. Bergson. Mauss se opunha à visão bergsoniana de que a civilização vai se tornando uma crosta vazia e morta, inchada, abrigando uma alma desproporcionalmente pequena – biológica e psicologicamente formada, na espécie, para a 'naturalidade' das pequenas sociedades fechadas[18].

Na medida em que a revolução tecnológica de agora – genética e digital – também desperta ansiedades e entusiasmos de autenticidade, pesadelos e esperanças de rigidificação *versus* renovação, pode ser interessante demorar o olhar sobre a base do otimismo 'redencional' ou "terapêutico" de Mauss – isto é, sobre as noções básicas que sustentam o envolvimento com o as técnicas como entrada no "trabalho de campo da modernidade".[19] Marquemos alguns dos principais pontos destacados por Schlanger no debate de Mauss com Bergson. A idéia básica de Mauss é que as técnicas são coextensivas às relações sociais, não havendo um domínio instintivo e criativo de atuação sobre o meio e regulação da vida que seja separado dos processos 'mecânicos' da racionalização. Isso significa que não há tipos diferentes de 'técnicas' – todas elas são sociológicas no mesmo grau, dependem igualmente dos mesmos 'componentes' ('engrenados', não separáveis) biológicos, psicológicos, sociais, tal como integrados, por sua vez, numa vida coletiva, 'exterior', não numa 'alma interior'. Daí uma segunda idéia conexa: a técnica como fenômeno total: não se trata de um propósito ou finalidade, uma relação do tipo ferramenta-trabalho-resultado, mas sim de uma *eficácia significativa* (expressa também na frase definitória da técnica: toda ação tradicional eficaz): onde, quando, como, quem (e com quem, para quem, etc.) são tão importantes quanto o para quê. E isso para além da questão da determinação: há sempre aspectos afetivos e simbólicos – comunicacionais – envolvidos. Uma terceira idéia: a não oposição entre instinto criativo e razão instrumental. Fazer não é separável de conhecer e de pensar (noção de razão

17. Tema do "bárbaro tecnizado", de que Oswald de Andrade, como vimos, se apropriou em outra chave, a da descoberta poética da realidade não domesticada na periferia da civilização, de um 'realismo órfico e religioso' – e que não deixa de estar presente, de modo muito particular, no mote quintaniano da poesia como espécie de não-técnica para falar de uma experiência indizível pela linguagem, um não-caminho de salvação.

18. Schlanger, op.cit., pp.195-201.

19. Id., p.195.

prática, e de *praxis*). Se o pensar é uma prática, ou seja, se há uma prática do pensar – no sentido de que o pensamento é uma 'atividade', que se dá *em situação*, que tem quadros sociais, modos etc.; e também no sentido de que a suposta operação neuronal interna é sempre 'uso' regrado (ainda que parcialmente) de um repertório exterior de 'coisas' comunicadas (idéias, representações, símbolos) – há na tecnologia maussiana a premissa complementar: as técnicas, práticas eficazes, são formas (e formativas) de conhecimento, não apenas decorrências ou aplicações dele. Ao lado da investigação (eminentemente durkheimiana) das origens sociais das categorias de pensamento, e do correlato (mais lévi-straussiano) da interpretação de mitos e ritos, magia e arte, organização social e parentesco na qualidade de linguagens sociais da intelectividade, o passo de Mauss está em apontar que o pensamento está entranhado nas coisas sociais, nos objetos e processos da vida em comum. Capacidades e habilidades – obra coletiva – não são adestramento (dos indivíduos ou da natureza), mas criação de uma 'experiência pensante'.[20] Quarto ponto: a razão tem sempre um nexo com o razoável e nunca se purifica do irracional e despropositado. Há meios sensatos de perseguir fins absurdos e realizações sensatas a partir de princípios irracionais. *Homo faber* e *Homo sapiens* são portanto a mesma espécie; não é a espécie que abriga uma dupla natureza.

E, então, finalmente: a idéia da coextensividade das técnicas com a espécie. As técnicas não dividem, mas conectam; não há apenas equivalências, mas semelhanças, contatos, mestiçagens, contaminações, solidariedades (não se trata de difusionismo, mas comunicabilidade). O estudo tecnológico dos povos 'primitivos' e a comparação antropológica com as técnicas na modernidade ocidental acaba por desfazer classificações, contrastes, divisões, e leva à *humanidade total* (como em relação à economia o fez, de certo modo, o *Ensaio sobre a dádiva*). Na qualidade de fenômeno humano, sempre encarnado (A. Gell: "*technology is never a cut-and-dried affair*"), a técnica é (re)encantamento do mundo (desencantado seria o olhar *cut-and-dried* que recorta a totalidade do fenômeno; e a tragédia da cultura ou a decadência estariam no pautar-se por esse recorte, mas não na técnica em si). Aqui, então, um primitivismo crítico e 'disciplinado', que é o oposto da reificação ou mistificação do *primitivo*.

20. Há um nexo possível com os estudos e análises de Tim Ingold, e que reverbera por sua vez certas indicações metaantropológicas de Bateson: por exemplo, de que no reino da vida e da mente, "toda ontologia é uma epistemologia". Ver também, a propósito, de Otávio Velho, "De Bateson a Ingold: passos na constituição de um paradigma ecológico". *Mana – Estudos de Antropologia Social*, Vol. 7. no. 2, outubro 2001, pp. 133-140.

RELAÇÕES, NÃO COISAS

Stephen J. Rivele e Christopher Wilkinson, roteiristas de *Copying Beethoven* (no Brasil, *O segredo de Beethoven*, direção de Agniezka Holland) talvez tenham encontrado mais que uma figura sugestiva ao compor uma cena em que a bengala do velho compositor (versão mais mundana e menos sublime da batuta do maestro) golpeia a maquete de uma ponte, em desprezo e revolta contra o canhestro e juvenil entusiasmo industrial, suas monstruosidades. Lembrando assim que a exacerbação romântica do artista e seu impulso egóico de liberdade criativa e de experimentação expressivo-formal foram coetâneos do crescente poder técnico do engenheiro e da sua ousadia humildemente subserviente ao projeto e aos materiais. Houve mais que contemporaneidade: houve, talvez, uma relação que pode ser entendida como (re)compensatória. No modo da complementaridade, a música (por exemplo) querendo encarnar com ênfase e paixão tudo aquilo que de livre, sutil e fluido as máquinas não poderiam ser ou dizer; as construções em ferro e o combustível fóssil ostentando em firmeza e fuligem o peso e a rigidez de um realismo da necessidade instrumental. Mas podemos também rastrear um modo oposto, alguma simetria entre ambas: uma disputa cada vez mais intensa pela avara preferência do gosto do público ou das verbas estatais. Só que a questão aqui não é a de uma lógica, ou sociológica, da arte e da ciência, e sim a relação figurada (e figurante) entre estas. A sinfonia não difere da ponte como o mito difere da ciência, como os sons diferem dos metais. Elas diferem apenas, e cada vez mais superficialmente, porque da sinfonia se quer estesia que se esgota em si mesma, e da ponte se quer eficiência *para* alguma outra coisa. Mas sinfonia e ponte são, em suas categorias, ferramentas, isto é, instrumentos de cultivo, agenciamentos. A fruição tem sempre um 'uso' (quando não usura) social, e na eficiência haverá também uma estética específica. Podemos ir mais longe do que dizer que a ponte é como que uma sinfonia em ferro, e que a obra orquestral é como que uma engenharia de sons; que há muita técnica a serviço da inspiração artística e também inspiração numa obra de engenharia (como Weber fez questão de lembrar ao falar da ciência como vocação[21]).

O gesto destrutivo do maestro compositor não precisa ser interpretado como ciúme, inveja, despeito ou desprezo do artista consagrado: ele ilustra o

21. Algo análogo, aliás, poderia ser dito, adaptadamente, do filme-entretenimento industrializado – haveria mais 'espírito aplicado e distribuído', neles, do que o romantismo da criação autoral estaria disposto a admitir. O que remete de volta aos "caçadores do sagrado" e as discussões em torno do texto de A. L. Modesto.

mito da diferenciação ideológica entre arte e engenharia (no entanto cada vez mais similares); ele é a marca da diferença vacilante. Se é quase óbvio (mas metodologicamente necessário) dizer, contra o gênio mistificado, que obra de arte e objeto instrumental resultam sempre de processos técnicos, pode ser ainda mais esclarecedor seguir a indicação de que ambas também são produtoras de processos, tanto estéticos quanto técnicos.

É relativamente pouco importante que seja impossível medir a 'eficiência estética' da sinfonia em seus próprios termos, ao passo que a ponte é solidária da mensuração de sua eficiência instrumental. Se a ponte como artefato é instrumento utilitário – ela parece ter na utilidade sua lógica e razão de ser –, a sinfonia também o é, embora num outro plano: uma ferramenta estética, uma tecnologia de encantamento, enfim. E a recíproca: se a arte parece muito diretamente um valor espiritual – uma ponte sensível entre as pessoas – , as obras de engenharia também o têm, menos imediatamente: há uma estesia da instrumentalidade que está, sim, ligada à eficiência, embora em outro plano, o da educação dos sentidos, da modificação das qualidades da experiência, da produção de novas subjetividades. Simmel já observou, a propósito, que uma ponte modifica a 'paisagem mental' de quem a observa ou utiliza... A pergunta relativa ao tema da autenticidade cultural é se a relação entre o valor artístico e o valor sociocultural de uma obra de arte é do mesmo tipo que a relação entre a eficiência técnica (como instrumento) e a sociocultural (como produção). Há a resposta 'trágica' da inautenticidade, da disparidade crescente entre a série do cultivo, da hominização, e a da eficiência objetivante; entre o valor e o artefato, digamos. Mas houve outra, ainda que mais apagada, e por vezes contida no interior da primeira: de que a própria disparidade pode ser realimento de uma autenticidade diversa; que a proliferação de 'ferramentas' também produz outros valores, outras relações entre objetos e processos.

É com ela que lidam, de certo modo, o artigo de Leila Amaral e a apresentação de Katia Canton. A arte podendo cobrir significativamente – fertilizar – aquela disparidade.

Antes, porém, importa considerar uma arte tecnológica em um sentido delimitado. Ela deve significar mais do que apenas a extração de possibilidades estéticas de processos técnico-produtivos. Diremos, a partir das sugestões de Gell, mas em caráter apenas tentativo, que toda tecnologia pode ser arte, se houver encantamento. E que o encantamento, não sendo efeito objetivo de atuação sobre os sentidos, mas construído socialmente (frase que já se tornou chavão), está na ressubjetivação daquilo que, de outro modo, seria uma série exponencialmente objetivada. A arte, como quer Bateson, seria uma espécie de anti-reforço, de *feedback* negativo – o 'espírito', o grau +1 de complexidade, que não é mais que operação sistêmica de impedir que a máquina social da cultura desembeste.

É interessante que A.Gell, para vislumbrar o nexo entre magia e técnica dentro do qual atua e trabalha a arte, se reporte às considerações de G. Simmel sobre dinheiro e valor,[22] tal como formuladas no tratado sobre "a filosofia do dinheiro". Algumas idéias dessa obra estão declaradamente resumidas na conferência sobre "a metrópole e a vida mental", onde também se encontra uma menção abreviada à questão da decalagem moderna entre cultura objetiva e cultura subjetiva – noções que, por sua vez, são a matriz de um quase-clássico antropológico sobre autenticidade cultural, por Edward Sapir.[23] Imaginemos então que a arte – pensada nesse contexto – seja uma técnica de ressubjetivar a cultura objetiva, reautenticá-la. Encantar o trabalho, não no sentido utilitário, de que seja mais eficiente, mas de que seja algo desejável, subjetivamente recompensador – operação que, sociologicamente, não é mágica, mas 'ideológica', isto é, dá sentido à presença na máquina (re)produtiva que é a sociedade.

Também Simmel fala de uma arte que (como a trobriandesa, a que Gell faz menção) encanta, que provoca certo efeito de subserviência do espectador: a grande arte cultuada, as obras de gênio e superação. Mas seu lugar sociológico parece diferente – o aspecto propaganda, a fabricação de adesão (premissas de Gell) tomam acento trágico. Na modernidade simmeliana, a aproximação arte-tecnologia é inequívoca, porém conceitual, e não experiencial. A série artística – assim como a científica, a do trabalho, etc. – vai modernamente tomando uma lógica própria de desenvolvimento: não é apenas objetiva, mas também objetificadora, reificadora de relações, no sentido de ser cada vez mais especializada e auto-referida – não raro criação expressiva de uma subjetividade individual (que rompe as regras, que desfaz códigos para refazê-los contra o padrão

---

22. O valor seria dado pela resistência do objeto desejado à posse; equivalentemente, a magia segundo Gell representa um trabalho sem resistência, em comparação com o qual se afigura o valor subjetivo do trabalho; se o dinheiro é o meio sem atrito de comparação e obtenção de objetos, referencial do valor, a magia é a tecnologia ideal, o referencial do trabalho

23. G. Simmel, "A metrópole e a vida mental", in O. Velho (org.), O fenômeno urbano, Rio de Janeiro, Zahar, 1981 (retradução: "As grandes cidades e a vida do espírito". In: Mana: estudos de antropologia social, vol. 11, n. 2 , outubro, p. 577-592, 2005.); "Subjective culture", in *On individuality and social forms* (D. Levine, ed.), Chicago, The University of Chicago Press. Edward Sapir, "Culture, genuine and spurious", in: D. Mandelbaum (ed.), *Selected Writings of Edward Sapir in language, culture and personality*. Berkeley: Univ. of California Press, 1949.

de expectativas[24]), mas que não tem efeitos 'culturadores', não produz objetos plenamente apreensíveis, incorporáveis à experiência: aumentam o repertório geral de realizações às expensas da capacidade coletiva de aprimoramento.

A diferença não é um grande divisor, apenas distintos significados culturais de relação arte-técnica. A questão não é a tecnologização (especialização, objetificação etc.) da arte – pois esta é sempre tecnológica, para Gell –, nem o fato de que a técnica se tornou encantatória – para Gell, em toda sociedade há encantamento da tecnologia, os "processos técnicos são construídos/concebidos magicamente". Assim, se afirmamos que há magicização da técnica, isso tem a ver com a condição, na modernidade mais tardia, de o trabalho – atividade técnica de sustentar a vida – estar fora da esfera da experiência (tema que percorre toda a sociologia clássica e todos os clássicos sociológicos).[25] Em outras palavras, se Gell propõe considerar a "magia como técnica ideal", o modernismo – incidindo sobre o mesmo vínculo – quis ver na técnica a mágica real. Seguem algumas observações a esse respeito, relativas a questões enfrentadas em vários capítulos da coletânea. Em primeiro lugar, a frase acima e a noção de 'magia realizada' não têm, necessariamente, tom ou conotação triunfalistas – ao contrário, pode incluir toda uma gama de 'decadentismos', da desestabilização ao catastrofismo à des(c)ertificação do dizer – e é esse o veio explorado pelo artigo de Leila Amaral. Não só na divinização, também na ameaça de mecanização absoluta, de destruição nuclear, de implosão silenciosa da comunicabilidade – a ciência/técnica faz descortinarem-se abismos. Humanização por defrontamento com abismos[26]. Menos por sua localização medial, no livro, do que por sua relação genética com ele, o artigo de L. Amaral pode ser considerado a charneira da coletânea, um eixo de várias leituras, em qualquer ordem. Não cabe, aqui, ilustrar o nexo mais ou menos direto que cada capítulo entretém com as questões levantadas a respeito d'o espiritual na arte abstrata' – objeto que poderia ser interpretado assim: 'o espiritual como não-abstração na arte'. Em outras palavras, a arte apareceria como o equivalente modernista ao 'trabalho' tradicional, o enfrentamento com as resistências, o incerto, o precário. Tecnológico mas sempre artesanal?

Abstração como trabalho muito concreto, em outro plano: diz respeito a lidar com a instabilidade e vacilação da relação entre criação de ordem humana

24. Tema bastante profícuo na sociologia bourdiana da arte.

25. O cinema, por exemplo, como mostra Benjamin, é magia presenciada que tem mais caráter fantasticamente experiencial do que o trabalho, ou a História (a Guerra).

26. Incondição humana, poder-se-ia dizer, em alusão à "condição inumana" descrita por Oliver Dyens, em seu artigo nesta coletânea.

e apreensão da ordem do mundo. Não precisa ser pensada como diferente da arte primitiva, mas é ela mesma resistência à técnica-magia (e, eventualmente, sua prática como 'magia negra' de aprendiz de feiticeiro, conforme sugeria N. Wiener: tentativa de driblar o espírito do cosmo, pensar o conhecimento como fórmula eficaz). Abstração como aventura correspondente a um risco de proporções cósmicas, ontológicas, existenciais (são os três tempos do texto e da arte abstrata, no referido artigo): mas que não se dá *contra* a ciência/técnica desestabilizadora, porque nelas encontra seu próprio contorno, um território recortado de dentro do mapa...

L.Amaral afirma que a arte abstrata não foi marginal, paralela ou oposta à ciência, nem uma transcrição desta, mas que reagiu do próprio interior da hegemonia técnica-científica, "apropriando-se de sua perspectiva para ativar um tipo de pensamento distinto (...) porque desencadeado por eventos emocionais". Se o domínio emocional não é estritamente o do "informe" (como se a forma fosse apanágio da razão), da ausência de rigor etc. – o formalismo e mesmo a ascese modernistas abstratas também comportam essa emotividade –, isso talvez nos remeta ao que afirma Humberto Maturana sobre a linguagem e as emoções. Ele lembra que "as palavras[27] são nós nas redes de coordenação de ações, e não representantes abstratos de uma realidade independente dos nossos afazeres" e estes, por sua vez (entendamos *afazeres* com perspectiva mais generosa que a das tarefas instrumentais...) têm sua racionalidade colorida pelas emoções: elas "não são algo que obscurece o entendimento, não são restrições da razão: as emoções são dinâmicas corporais que especificam os domínios de ação em que nos movemos". "O viver humano se dá num contínuo entrelaçamento de emoções e linguagem como um fluir de coordenações consensuais de ações e emoções."[28] Emoções são corporais e cognitivas, *pele e alma*. Forçando a barra, talvez o momento atual – da "arte do informe", analisada por L.Amaral, assim como a mudança salientada por Katia Canton, "do corpo matizado pela violência, que povoou o universo da produção artística dos anos 1990, o corpo fragmento e estranhamento, o corpo simulacro, distanciado da vida pela virtualização do mundo e das relações,

27. Podemos, parece, estender a aplicação do termo para outros elementos sígnicos de linguagens não verbais – na verdade, talvez seja mesmo mais evidente, nestas, a condição salientada por Maturana, o que reforçaria o ponto (recorrentemente abordado, neste posfácio) da radicalização língua-linguagem no ou a partir do modernismo.

28. Humberto Maturana, *Emoções e linguagem na educação e na política*. Belo Horizonte, Editora UFMG, p.90 e p.92.

a persona/máscara que habita as grandes e anônimas cidades [ao] corpo/pele/poro, passagem de verdades, túnel tátil do tempo, caminho aberto pelas vias da respiração e da transpiração" – conheça tri ou multidimensionalizações da pele-alma restrita que a tela abstrata já foi, em outra época.

Importa ver, no material trazido por K. Canton (e em dupla com o do *informe*, analisado por L.Amaral), além do corolário da série antropológica de artigos que a precede, também a abertura para a série 'artística' desta coletânea, que se desenrolará a respeito de uma 'arte com tecnologia'. Aqui, corpo-alma (com o mundo lá fora, inscrevendo-se numa por projeção na outra) formam uma unidade mente-espírito que é ela mesma conceitual-experiencial – inteiramente f(r)aturada, efeito de afazeres e atenções, coordenações de(s)coordenações: um trabalho narrativo e enredante de viver. A mágica como não-atrito, não-surpresa, é deixada para o domínio da máquina-engenho. Mas esta está presente como sombra, contorno negativo: pois a unidade se faz com escrita e com técnica. Pele-alma são pano, tatuagem, papel... superfícies impressionadas, escritas, transcritas, rasuradas. A alma está na pele, a pele é a alma – mapa e território identificados pela arte. E esta já não é *meio* de comunicar sensações-vivências, de expressar idéias-sentimentos: não está localizadamente entre sujeitos (como a linguagem, no senso comum), ou entre objetos (como a técnica, idem), ou entre sujeitos e objetos (como a ciência). A arte é como outra superfície – pele-alma da técnica, atravessada por subjetivações e objetivações encadeadas.

IMPORTAÇÕES

Podemos pensar no artigo de Roy Ascott a partir da "síntese da possessão" valéryana. Esta parece sugerir uma espécie de salto e descontinuidade entre o peso da eficácia técnica e a sutileza de seus efeitos, a capacidade técnica e material de influir de modo indiscernível, de um ponto de vista clássico, na (intuitiva e erroneamente suposta) unidade do funcionamento interior do espírito – que não é senão uma série de processos dependentes da matéria. "*The spiritual matters*", diz o título original do texto de Ascott, em seu mais que duplo sentido. 'Os assuntos espirituais', por certo – pois trata-se de *arte*, afinal... – mas também 'as matérias espirituais', a materialidade do espírito. Valéry nem afirma que espírito 'se reduz'a matéria, nem equipara diretamente o funcionamento da realidade cósmica e o da realidade psíquica. Ele apenas lança uma "hipótese" *técnica*: se a relação de um relógio com o tempo que ele mede pode ser modificada (como quer a teoria da relatividade) sem que seu funcionamento mecânico, do ponto de vista clássico, seja minimamente alterado (e também: se a matéria, como diz a teoria atômica, sofre influências da matéria para além e aquém do que é perceptível às nossas sensações – que são nossa conexão com o mundo –, a ponto de nos ser impossível perceber a própria dependência constitutiva destas em relação àquelas), então podemos supor que existam ou existirão meios eficazes de influir sobre a psique sem alterar seus elementos, sua (enganosa e aparente) unidade. (À luz do ensaio de A. Jungblutt, podemos também imaginar a hipótese de Valéry como uma profecia da internet, a partir do rádio e da televisão.) É como se Ascott então levasse a sério essa materialidade e a indicasse em novas teorias científicas, transversais aos cortes classicistas (e que, inclusive, "fundem noções de espaço cósmico e espaço interior", levando adiante também aqui a hipótese valéryana). As especulações científicas de ponta mencionadas por Ascott continuam a ser o que a física quântica e relativística foi para Valéry: antiintuitividade que desafia o senso comum, espanto e 'primitivização' constante: o sermos possuídos por efeitos exteriores, e termos a capacidade de provocá-los mesmo sem controlá-los ou sem entendê-los; efeitos que no entanto – ou por isso mesmo – culturalmente são sempre afetos: significatividade, criatividade, incorporação à vida comum.

Na noção de possessão, não só na de síntese, há um nexo entre Valéry e Ascott: um nexo primitivista[29]. *The spiritual matters* também significa que 'o espiritual tem importância'. Se vale o jogo de palavras, agora em português, podemos dizer que, culturalmente, o espiritual ser importante tem a ver também com a importação espiritual. Mas isso deve ser entendido como saída de um materialismo vulgar, ou de um correspondente espiritualista, idealista ou misticista – para os quais o espiritual é importado (espuriamente, como ilusão, para aquele; como realidade irredutível, nestes). Importação espiritual significa circulação da diferença, trânsito entre o próprio e o outro; e que a espiritualidade da matéria é técnica (na acepção maussiana) – depende de modos de fazer/de pensar; tem a ver com arte, conhecimento, magia, jogo, narração... não com alcance e precisão de aparelhos de medição (Wittgenstein deveria complementar: por maior que seja o telescópio, ele depende da palavra estrela e da palavra

29. Primitivismo em sentido crítico: modernos inautênticos não são como primitivos autênticos, por isso, é preciso ser como estes: para se poder ser *mais* moderno e autêntico, como primitivos do que ainda está por vir. (E nesse passo, o 'primitivo' vem junto, torna-se (conceitualmente) moderno, sem nem colonização nem globalização). Outro mito possível, portanto: *eles sempre foram modernos*: não são os pseudomodernos que encontram outros, supostos primitivos, para impulsionar a convicção da modernidade: primitivos é que a criaram ("num lance de dados", como quis Lévi-Strauss) para mover e acelerar, à base de paradoxos, a autenticidade.

céu) – é preciso saber para onde apontá-los, e eles não mostram diretamente nada que não se esteja preparado para ver, ou ruído que é necessário interpretar. Não se trata de importar de alhures um espírito para dentro da matéria, mas de entender que o espiritual 'vem' da matéria, é uma 'forma' dela, uma organização (como quis Bateson: o plano em que diferenças fazem diferença).

Assim, abrindo a série que fala da (digamos) 'artistização da tecnologia' como autenticação encantatória, Ascott a seu modo retomará certo espírito maussiano. Em primeiro lugar, deslocando a questão da técnica como recurso para a da técnica como modo de vida – entendamos nesse sentido, de início (pois isso não esgota a questão), a valorização, por exemplo, da magia e do xamanismo: criticar a tecnologia quando se apresenta como algo 'dissecado e ressecado'. Em segundo lugar, porque isso significa, precisamente, não estabelecer um 'gradiente de autenticidade', mas uma espécie de simetrismo: a magia tradicional é uma técnica, assim como a técnica ocidental tornou-se uma espécie de mágica (e também: o mito é uma ciência do concreto [Lévi-Strauss] assim como a ciência ocidental tornou-se uma narrativa estruturante). Esse gênero de equiparações, porém, não vem propor diferenças substantivas, nem metaforizar o moderno com o primitivo, mas renovar o olhar, desarmar a vista dos telescópios etnocêntricos. A magia é uma tecnologia autêntica; é, como a arte, uma "engenharia ontológica"; e é isso que ajudaria a lembrar que a tecnologia moderna, de base científica, pode ser autêntica – é apenas uma questão de não recortá-la, de desreificar sua eficácia. Pois a eficácia, como insistia Maus, não depende de essencialismos, determinismos e objetividade, mas é sempre cultural e partilhada, circulante, significativa.

O artigo de Giovana Holanda e Rejane Spitz ajuda a entender essa articulação arte-magia como autenticadora. Ajuda a entender que, se para Ascott (por exemplo), nosso saber científico se afasta do sentir/perceber(/pensar), abrindo-se um fosso entre ciência e técnica – o que permanecia menos evidentemente questionado em nossa leitura dos textos anteriores desta coletânea –, esse afastamento ou essa decalagem podem ser entendidos num tom, digamos, iluminista, de transformação do e pelo saber, diante do tom mais romântico da experiência transformada/transformadora das artes plásticas, conforme as narrativas de L. Amaral e K. Canton.

Na visibilização do invisível – exemplo de "sublime tecnológico", consumação do longo processo de o mundo artificial se tornar mais 'natural' do que a natureza, o ambiente imediato, o dado inquestionável, a sugestão de essência, e também aquilo que é mais cheio de riscos e mistério – teríamos um exemplo que é ao mesmo tempo uma figura (como o são as obras mais autênticas) da condição da descoberta – e descoberta das conexões: não são acréscimos de extensão, mas mudança de qualidade; não uma comprovação de objetos, mas a evidenciação das relações. Os efeitos obtidos/empregados nas 'obras' analisadas por G. Holanda e R. Spitz não são mera brincadeira de obtenção de sensações, um suplemento estético à eficiência; há por certo um jogo, mas jogo-aventura, a sério, uma 'eficiência cultural' de outro nível: uma mudança epistemológica, a partir do sensível; mudança da qualidade da relação com a eficiência.

Há alguns, entre outros, aspectos a ressaltar. A atenção analítica e a exemplificação sintética de que "a obra é um processo interativo" reforça (ao menos no escopo deste texto-leitura posfacial) que a tecnologia de ponta não traz um novo modo de fazer arte, mas permite rever o que é evidente na arte e nas técnicas primitivas, e que o momento demasiadamente moderno às vezes talvez perdesse. Os objetos são sempre os resíduos da arte e da magia,[30] e, na verdade, do conhecimento em si, que é sempre o estabelecimento de relações (em mais de um sentido), não o inventário do mundo. Além disso, poderíamos tomar essas obras de visibilização do invisível – a própria expressão aludindo ao duplo aspecto de milagre técnico de materialização ou encarnação do espiritual, mas também operação 'simples', artesanal, quase um novo estágio da *bricolage* – como caso-figura da relação entre a biofotônica e a telemática, proposta por Ascott – não só a articulação dos mundos nano, mundano e cósmico, mas a interconectividade global como outra instância (quiçá encenação humana de um campo morfogenético) daquilo que é constitutivo da relação matéria-vida/mente (uma espécie de redobramento comunicacional da matéria, onde há diferenças, aleatoriedades estocásticas, onde há padrões, redundâncias e ruídos, bem longe do universo como determinismo de bolas de bilhar). Uma mente extensa, novamente. Uma interconectividade global que seria reaproximação de um 'natural'[31] sem perda do 'cultural'. Vale a pena também chamar atenção para a operação (contida na figura da visibilização) de 'audibilização' do

30. Quando A. Gell insiste na arte como produção de objetos, a proposta tem um veio irônico bastante claro – pois se trata justamente do contrário. A atenção ao objeto faz parte do filistinismo metodológico, um modo de escapar da mistificação e do culto à arte. (Não custa lembrar que o materialismo não vulgar – da física moderna assim como do marxismo e do sonho e da psicanálise – sempre o soube: o objeto nunca é a *femme à chercher*.)

31. Não um natural inerte, de natureza-meio ou natureza-objeto, e sim do vínculo ontológico-epistemológico que une organismo/espécie-ambiente, sujeito-objeto: viver é conhecer (interagir com o meio é concebê-lo experiencialmente), conhecer é atuar. A inspiração batesoniana parece ter também seu ponto de contato com o fazer é conhecer, da tecnologia de Mauss.

invisível – lembrando não só que as sensações são 'naturalmente tecnológicas' (como a telemática tende a ser tecnologicamente natural) mas também, e principalmente, provocando por alusão uma idéia estratégica: a de que se trata de ouvir a comunicação, e não apenas 'vê-la' acontecer. Ouvir a comunicação seria a 'sensação cognitiva' produzida pela arte tecnológica: algo como uma consciência ampliada, um metanível mais sintético.

A arte tecnológica, portanto, não seria meramente 'funcional', no sentido de produzir mensagens fáticas comunicativas, complementares às factuais, mas inverso à produção de mensagens fáticas – mera deleitação conservadora com o regime das novidades. Haveria algo de ético e cultural, e não só de estético, na proliferação dos *gadgets*, assim como, no consumismo, Colin Campbell já mostrou haver mais que passividade às imposições do regime capitalista industrial. A arte tecnológica pode produzir – é o que Holanda e Spitz mostram também, em paralelo – aquilo que a técnica instrumental ainda não oferece em relação ao novo patamar de conhecimento: uma consciência ampliada (daí a inspiração artístico-mágica, verdadeiros sucessos cognitivos[32]). Lembremos ainda uma vez de Mauss: se não há técnica que não seja também produtora de conhecimento – num sentido forte, não objetivista, de toda técnica ser um 'pedaço inteiro, total' de vida em comum – qual seria, e onde estaria, o conhecimento digno desse nome produzido num regime cada vez mais especializado, compartimentado em nichos (a inter e a transdisciplinaridade apenas confirmando o tamanho do monstro a vencer[33])? Talvez a produção de eficiência em moldes cada vez mais catastróficos – social e ecologicamente – não seja o fim da linha. Talvez pudéssemos pensar (com a arte tecnológica) que há uma experiência integral, vivida e concebida, produzida por esse estado de tecnicização indiscriminada (e recorrentemente discriminatória).

Talvez nossa condição ciborgue – imposição de nossa sujeição e eficiência no sistema, de nossa gradual extinção humana, prefigurando o cataclisma – tenha também seu potencial de redenção, numa ambigüidade que é típica dos libertarismos. Talvez na proliferação de *gadgets*, no prazer prosaico (prozaico...) da con(v)ivência tecnicamente mediada, algo radical esteja acontecendo O varejo saarizado da grande e autômata tecnologia (quimera de mercado) poderia ser uma bricolagem: um remissivo mito da técnica na técnica mítica do pensamento selvagem.

---

32. Ver nota 13 a respeito da 'sanidade cognitiva' do totemismo e do animismo, segundo Bateson.

33. Ver Monica Lepri, "Semeando interdisciplinaridade: as 'idéias-vivas' de Gregory Bateson". *Ciência Hoje*, 228, julho de 2006.

Talvez estejamos (como a seu modo o andróide, na cidade; como Josué à procura de Jesus, como o bárbaro tecnizado tropical, e o poeta que abdica da invenção da linguagem; como também dançantes em pistas *techno*, *beats* e *cyberpunks*, arquétipos intergalácticos) permanentemente reelaborando a própria/outra intranscendência. Talvez esteja sendo produzido o conhecimento autêntico de 'nossa' 'época' e condição, um conhecimento que é irmão de fato e de direito, e aliado por opção a ser feita, daquele das mais imaginosas teorias científicas. Talvez o saber técnico em sentido forte – saber formado pela técnica como produção afeccional da vida, não aplicação da parte sed(iment)ada do conhecimento eficaz – esteja na experimentação trazida por todas os objetos-processos que povoam o mundo, por todas as séries humanas-não humanas. Talvez nossos *gadgets* não sejam adestradores da sujeição ao capital, mas civilizatórios para a aventura no trabalho.

AFINIDADES MANIFESTAS

Para Paul Valéry, o progresso técnico introduzia a estranheza no tempo histórico, na linha entre gerações. Estando as transformações da vida humana – cada vez mais disseminadas e profundas – atreladas aos conhecimentos positivos do que há de exterior e à capacidade material de modificação do mundo, e não às convicções humanas quanto ao que houve (ou quanto ao que se ouve, segundo a glosa precisa de Oswald de Andrade), o passado não apenas morre; suas figuras se tornam grotescas. Todo o poder do rei-Sol ultrapassado pelos confortos e capacidades à disposição do homem médio; o esplendor de Versailles não passa de mera variedade do exotismo, mais um museu etnográfico...

O classicismo tão indecifrável e arbitrário quanto os costumes selvagens... A equiparação, sugerida por Valéry, entre as duas distâncias – histórica e cultural – não é estranha aos desígnios da antropologia, seu enraizamento no século XX. Pois traz o tema complementar da proximidade ou inteligibilidade do "primitivo". (Todo o projeto de uma ciência da alteridade, função ideológica de um desconforto moral: o exercício da decifração por sobre fossos de estranhamento como fuga de quem se sabe exilado do futuro.) Dizer que toda a continuidade que liga as gerações civilizadas não é mais firme, em termos de reconhecimento e identificação, do que a descontinuidade social profunda entre a "civilização" e os "outros" – ou dizer que esta, por princípio, é mais sólida do que aquela -- não é o menor dos paradoxos com que a reflexão intelectual e as ciências em geral (a matemática, a física, a biologia) e também a filosofia e as artes, se ocuparam desde antes da virada do novecentos.

Para Valéry, os caminhos da história, nem legíveis nem legisláveis, submetem-se à natureza da matéria, não ao espírito do consenso, muito menos ao senso comum. A palavra do especialista vale mais. E o consentimento mútuo tem sabor e valor de compensação, não é fundamento real da ordem humana. Valeria apenas como média ou mediação, aproximação estatística a alguma outra ordem...

Está aí contida, entre outras, uma idéia igualmente presente nas ciências sociais, desde seus assim chamados "clássicos" (os quais, cada um à sua maneira, exercitaram uma sensibilidade de fato modernista ou, ao menos, sintonizada nessa freqüência): a idéia (desejo, espanto, horror) de que há conversão do qualitativo ao quantitativo. Não só no sentido reducionista, da racionalização mecanizada, de que tudo é ou deveria ser mensurado, mas de que a diferença, a experiência qualitativa, o *novo* dependem de acúmulos e progressões quantificados. (Para a crítica romântica, segundo Valéry, a complicação dos organismos coletivos numa direção de engenharia e programação era a contrapartida da simplificação dos tipos humanos. Já o frenesi modernista reencontra o sonho e os desejos nessa submissão à eficácia técnica.)

Este livro, em seu modo difratado, prismático, lidou com interrogações desse mesmo campo. Num tempo em que as alterações tecnológicas parecem produzir a estranheza no interior da biografia individual em intensidade multiplicada (e, portanto, qualitativamente diferente da fragmentação e multiplicidade que marcaram as experiências, experimentações e representações dos modernismos de outro século), num tempo em que a ampliação das potencialidades faz o passado individual ser arqueológico -- a memória pessoal é o museu etnográfico num sentido que passou do metafórico ao literal e retornou ao metafórico, pois não se trata de "eu" ser outro, nem de a experiência de sê-lo estar documentada à exaustão, mas, agora, de duvidarmos intrabiograficamente da nossa própria humanidade, dúvida que oscila entre as duas direções: somos mais maquínicos, maníacos maquinais, ou com as máquinas ampliamos nossa condição humana?

Dois textos deste livro se medem diretamente com esse aspecto, e não por acaso, talvez, estão entre os que mais têm tom de manifesto. Evocam mesmo aqueles que podem ser considerados os dois manifestos centrais do modernismo.

Diana Domingues aborda uma nova interação com as máquinas e a abertura de possibilidades de uma outra cidadania humana, uma *ciberadania* (cidadania do "cyber adão"), menos mediada por 'organismos' políticos (essa metáfora antiga, incorporada ao vocabulário, aprisiona o que deveria estar em trânsito). No tema da superação/intensificação humana pela máquina, retoma sem reverências certos veios futuristas, e talvez estanque veias abertas da relação mais que meramente anedótica ou biográfica do futurismo com fascismos e totalitarismos: a sociedade dos organismos *com* as máquinas (ampliando sensibilidades na medida das potencialidades) quem sabe redimindo o inferno da sociedade *como* máquina de organismos (suprimindo sensibilidades à ampliação das capacidades).

Ollivier Dyens fala de uma ciência que já não se limita a afirmações não-intuitivas, incomensuráveis à experiência direta possível, sobre uma realidade fundamental; uma ciência que agora concebe processos e artefatos proporcionais a (ou proporcionantes de) um real do qual está ausente (ou que é ausência de) qualquer nível fundamental. A imagem do manifesto comunista, de que "tudo que é sólido desmancha no ar", e a condição de civilização a que tal imagem se referia, aparecem no fundo do texto (em ausência -- junto, talvez, com a condição descrita nesse manifesto filosófico pós-moderno que é "A filosofia e o espelho da natureza", de R. Rorty) como caso demasiado concreto e ingênuo, demasiado humano, da humana incondição.

O otimismo libertário de Marx e seu romantismo mais obscuro (para além de contextualizações históricas e ideológicas) coabitam esse mote visionário subjacente à crítica econômica: se o valor é social e não natural (e o capital é trabalho objetivado, etc.), se são as relações sociais que determinam o valor, é porque não se trata simplesmente de a riqueza depender de trocas, ela *está* na relação. Toda solidez é fetichista; toda concretude é um equívoco. O passado oprime o presente por efeito de ilusão: o acontecido como mais real do que as possibilidades, o fato/feito parecendo mais denso que o factível (e o ficcional?). Eis portanto o tema modernista da destruição criativa: não só da irrupção da revolta como ruptura de grilhões e criação de nova sociedade, mas o da nova sociedade preconizada como trans-versão 'desta', onde já se evidencia, embora como desconforto, a condição entrópica 'forte' do social: não apenas a ordem cria desordem em outro plano, mas a destruição de uma ordem prévia potencializa o caráter ordenado (e plástico, firmeza dinâmica sobre instabilidades anteriores, subordinadas) do novo. Um modo abstrato do canibalismo.

Se é verdade, como apontam alguns historiadores das idéias, que a idéia de evolução apareceu na filosofia social antes da biologia, também poderíamos, quem sabe, arriscar e sugerir que algo da física não-clássica (quântica, relativista) está intuído na visão marxiana. A equivalência de matéria e energia, a pregnância dos objetos dos sentidos como efeitos 'fantasmais' de interações (sub)atômicas, a dissolução dos quadros fixos (ou categorias) da percepção dos fenômenos (espaço-tempo).

Não à toa a imagem tecnológica da distância entre modernos e primitivos, proposta por Lévi-Strauss, é a do motor termodinâmico (a máquina a vapor e seus avatares, mediadores entre a respiração suspensa dos organismos fossilizados em combustível e o CO2 em suspensão na atmosfera; nova figura 'brumária' do peso dos mortos sobre os vivos. – que por sua vez funciona como curiosa – e, novamente, fantasmal – inversão da imagem moderna-clássica, dos anões de hoje sobre os ombros dos gigantes do passado.)

Há um terceiro texto a funcionar, aqui, como manifesto: o de Hervé Fischer. Não à toa a palavra *história* reaparece nele tantas vezes. Pois opera, no texto, a prolífica ambigüidade dos manifestos artísticos e sociais: comentário ao pretérito e anúncio no futuro. Se o autor acompanha as "declinações da arte" no Ocidente (em contrapontos críticos com outras tradições e mitos) é por considerar que se tornou possível e necessário ultrapassar o vocabulário e a sintaxe, a ideologia e a práxis, do que até aqui se sucedeu. "A era digital constitui uma revolução antropológica tão importante quanto o foi, outrora, o surgimento da era do fogo," (re)afirma Fischer. Nesse novo neolítico – sem sílex, com silício – teríamos uma renovada evidência do mito: na proliferação mesma dos sucessos científicos, intensificadores da imaginação, da dúvida e da desorientação, as quais, por sua vez, trazem demandas de mitos apaziguadores, portanto limitadores, portanto passíveis de análise desmi(s)tificadora.

Assim, a imagem do presente é (continua a ser?) a do desvelamento dos equívocos passados, e a tomada de posição defronta (arrisquemos o comentário) o mistério da transformação histórica (sua incidência antimítica e remiticizadora), a eficácia quase mágica de seus agentes, a saber: que a arte enfim possa ser outra, sem que deixe de ser (ou para que continue a ser) o que sempre foi. O que sempre foi, constitutivamente: parte de uma "trilogia" que inclui a razão e a religião.

Daí ser possível aproximar a "mitanálise" do terceiro grande manifesto moderno, o surrealista. Não por conta de coincidências substantivas – elas são poucas, e bem menos importantes do que as declaradas diferenças. Substantivamente, as mensagens são distintas: pois há agora um decaimento da 'grande diferença', do motor revolucionário da época dos manifestos e da vanguarda: o fato, apontado por Fischer, de que a arte hoje é de classe média, quase mais um *gadget* (se desassistida da filosofia), e de que a ciência é que é a senhora da 'imaginação de ponta'. Redistribuem-se e redefinem-se tarefas: como a do artista-filósofo, que, munido de uma razão imaginativa ("pós-racionalista" e "autocrítica"), deve atacar os antilimites e reelaborar os arquimitos da sociedade: iluminar solidariedades de razão, religião e arte, não fazê-las combater em nome da liberdade.

Mas não deixa por isso de haver homologias 'míticas', isto é, da perspectiva de uma superação da distância 'religiosa', 'sobrenatural' (*alienada*, em vocabulário moderno) entre técnica e arte. Não se trata (ou não apenas) de contextualizar e lembrar que o surrealismo (des)conheceu uma outra ciência ainda afastada da proliferação genética e digital, uma ciência que, com seu rigor paradoxal e sua antiintuitividade alimentava e encenava o *ethos* modernista, a idéia-experiência de vanguarda, de progresso e (auto)criação, de cultura contra natureza. Trata-se sobretudo de lembrar – sem intenção apologética, e sim como 'arqui-logia' da cultura – que o combate surrealista foi simultaneamente libertário *e* primitivista. Simultaneidade que não foi uma equação problemática, mas uma singularidade no espaço-tempo da modernidade, um termômetro antientrópico da relação natureza-cultura, conhecimento-criatividade. O surrealismo aproximou revolução e revelação – e seu programa aparentemente anti-religioso e antitécnico é solidário da presença da técnica e da religião em todos os poros – mas des-reificadas, desterritoriais: não como elementos substanciais, e sim como relações. O surrealismo quis ser a literatura da saída da literatura...

Se para o comunismo do Manifesto o fantasma da crise tem um corpo, uma positividade, e se para o manifesto do futurismo o corpo da máquina tem mais espírito que o Espírito, talvez se pudesse dizer que, para os surrealistas, foram os fantasmas da razão-máquina que negativamente, criticamente, por assim dizer, puseram em liberdade um 'corpo em/do espírito'. Afim da antropologia naquilo que esta tem de sociológica (atenta, no fundo, à conexão mente-sociedade, aos modos de vida concretos que também são formas da existência) e também no que nela há de crítica da cultura (atenta às refrações e difrações do humano nos objetos, inclusive simbólicos, que povoam seu mundo), o surrealismo, curiosamente mudo (isto é, pouco programático) em relação à tecnologia, parece no entanto ter explorado, na esteira da Guerra e da Revolução, uma espécie de platô na tensão consciente-inconsciente, indivíduo-sociedade, arte-técnica. Seus automatismos, acasos objetivos e outras práticas-conceitos não foram meros 'lúdicos a sério', mas neo-lúddicos *in fieri*: em vez de destruir a escravizadora máquina-objeto, romper uma última vez a escravidão (mental e social) que faz a idéia da máquina ser destrutiva.

Podemos enfim redescobrir a pólvora dos *insights*, das rupturas, do carisma. Na proliferação pós-moderna (a tantos outros textos deste livro aludem), o elemento 'tecnológico' – isto é, a disseminação, naquilo a que já se chamou arte, ciência e religião, das mediações não-humanas – se afigura, portanto, menos um conjunto concreto de possibilidades *técnicas* do que um nome para efeitos de recodificação entre o mítico, o onírico, o real, o sobrenatural. A imagem desse novo patamar técnico não é o inventário de seus usos instrumentais, mas as redefinições das relações entre os outros termos. Como no conto de Ray Bradbury, "Os frutos dourados do Sol", em que o advento da era espacial leva a humanidade, mítica e reflexivamente, a construir um foguete capaz de colher diretamente a matéria solar, na convicção de que o poder desta, como elemento civilizador, será muito mais elevado do que aquele do fogo, que não é mais que sua conseqüência indireta.

DOBRAS: PARÓDIA E COMENTÁRIO

Outra dupla manifesta de textos é a daqueles que lidam, *prima facie*, com a engenharia genética: os de Steve Tomasula e de Sonya Rapoport. Ambos estão referidos à obra de Eduardo Kac, a instalação *Genesis* – uma experimentação com traduções em vários códigos do texto bíblico da Criação, lançada como interrogação-comentário – espécie de citação tecnológica – sobre a natureza do gesto criador e sobre quanto a tecnologia científica é reencenação autêntica, quanto é simulacro ou decaimento. Os próprios textos se constituem em novas obras-comentário a partir daí, mas há também uma relação entre eles para além dessa referência comum e de suas perspectivas aparentemente opostas. Pois se é bem verdade que o artigo de Tomasula constitui uma peça erudita de exegese do *Genesis*, ao passo que Rapoport encena uma polêmica eclética com a mesma obra, em ambas, não obstante, o enredo tecnológico – afim do seqüenciamento operativo, do algoritmo – é preterido por algum gesto *fabular*, isto é, por uma teia de significações em muitos níveis. (Os bichos já não falam línguas humanas, mas o bicho pega, quando os domesticamos na língua dos genes.)

Se o objeto manifesto de ambos os autores é aquele (suposto) poder de manipulação instrumentalizada sobre o "código da vida", seu procedimento e aquilo que produzem tem a lógica do antimanifesto: não são tomadas de posição, nem declaração de princípios. Seus textos, cada um a seu modo, são afetações pelo objeto tecnológico, não discursos a seu respeito, e trazem-no para o interior da linguagem. Antimanifestos: neles, a voz dos ecos e ruídos dos pressupostos narrativos e discursivos da 'in-gene-aria' vale mais do que aquilo que residualmente se pode dizer sobre as conseqüências da engenhosidade enganosa do ganho técnico. A referência à religião não vale por antídoto humanista ou consolação filosófica a um *mal da técnica* – ou, inversamente, caução e lastro de boas intenções e realizações –, nem serve de sonda para detectar retornos e persistências encantados no coração da civilização mecânica.

Os dois textos têm entre si uma relação talvez pensável no registro citação-paródia, ou, se lembrarmos da intenção crítico-cultural, no registro (defeituosamente, mutantemente homólogo do primeiro) mito-alegoria. À primeira vista, "Redimindo o gene" parece carnavalesco-cabalístico, fazendo "(Gene)sis" por contraste soar acadêmico-talmúdico. Mas na verdade há imbricações e cumplicidades entre academia e carnaval, exoterismo e esoterismo.

Por um lado, Tomasula agrega um comentário, estende e explana o trabalho artístico original, sem que seu texto queira ser artístico. Por outro lado, ele é mais que um suplemento, pois encena e realiza um (f)ato interpretativo a partir da citação direta da passagem bíblica incorporada às bactérias da instalação. Qualquer mensagem seria viável, do ponto de vista operacional da transposição linguagem humana => código genético. E é por isso que a escolha do trecho particular (domínio dos seres vivos pelo Homem) constitui seu núcleo alegórico. O trecho utilitário da narrativa bíblica torna a instalação artística algo mais do que brincadeira lateral, 'ludicontemplativa', com as técnicas da bioengenharia e das telecomunicações. *Genesis*, a instalação, pelo recurso da citação ao mito, faz-se alegoria séria da gênese-criação divina, e faz-se mito-paródia do *narrar* a criação como gesto divino. A arte a criticar a divisão de trabalho criação divina x narração humana.

A citação não é só da Bíblia, mas – aqui o passo artístico – das técnicas engenheiras. Dizer que a obra de arte não é resultado de aplicação de uma técnica, desvio ou comentário a esta, mas citação, vale como um jogo discursivo que é crítica epistemológica. Os cientistas, segundo essa crítica pela arte, não são aqueles que, citando-parodiando a figura galileana da matemática como linguagem do cosmo, extraem da matéria viva o código de sua programação, e sim aqueles que, repetindo o mito, forçam para o interior do que é vivo uma linguagem instrumental já presente nas narrativas fundadoras, mas não destacada de outros modos de conhecimento e participação.

Viver, como indivíduos e como espécie, é reescrevermo-nos geneticamente; e a escrita projetada de novas espécies artificiais é, portanto, exacerbação, objetificação alegórica e paródica do gesto primordial de narrar-nos. A ciência não é ruptura *com* o mito, mas *dele*, isto é, opera por excisão e purificação do aspecto instrumental, propositado, nele ainda difuso: faz do narrar representação objetiva, faz da significação carência suprível por uma arte compensatória.

A seu modo, Rapoport lida com esses mesmos temas. Comenta pseudo-eruditamente ("revisitando") sua própria obra-pastiche ("redimindo o gene"), repleta de citações e referências entrecortadas, enviesadas, *tongue-in-cheek*. Cria um monstro de restos e raspas de sabedorias, já como jogo de computador e de linguagem, e que é deformação da *Genesis* descrita por Tomasula assim como o Golem o foi da Gênese bíblica. Um texto-obra de composição frankensteiniana (um frankenstein barroco e feminino), feito de profusas associações de idéias, deslizamentos referenciais, sobrecargas imagéticas, trocadilhos, multiconexões – barro de fatos científicos soprado por desventuras semânticas. Ela traz elementos de política, de crítica, de estudos de gênero para forçar uma incorreção ideológica no "gene de artista" do *Genesis*, infundindo-lhe um aspecto dúplice, um senso sonso de citação crítica mas que é cúmplice de um abuso genérico, assédio inconsensual, delírio deletério macho-branco-ocidental-cientificista.

Não se trata, novamente, de enveredar na polêmica (nem silenciá-la), e sim de notar que, na relação *Genesis*–(Gene)sis – os parênteses são mesmo, como queria Humberto Maturana, condição de experienciação reflexiva do conhecimento – está implícito algo a que a redenção do gene alude explicitamente, e que o texto de revisita re-presenta em sua performance: a "dobra da proteína", ou (nomeemos por nossa conta), a deformidade da informação.

Dobra da proteína tem a ver, a princípio, com o fato de a ação da molécula protéica depender de sua forma e não só da fórmula – e isso de um modo muito mais refinado e, literalmente, complexo do que o da rígida associação, nos compostos inorgânicos, entre fórmula, arranjo espacial e propriedades físicas/químicas; pois há na proteína sítios ativos que só podem agir quimicamente quando esta assume certo desenho. Mais incisivamente, tem a ver também com o fato de que há proteínas que encurvam de modo muito especial a molécula de DNA e que isso não se restringe à tarefa mecânica de acomodar em frações de mícron cúbico uma seqüência cujo comprimento é da ordem do metro: aproximando ou afastando, pela dobradura, trechos do DNA, compõem-se segmentos que não são os da linearidade unidimensionada da cadeia. Dobra redobrada, por assim dizer, já que as mesmas proteínas 'empacotadoras' tomaram evolutivamente um papel suplementar, de atuar como fator de controle no silenciamento ou ativação de genes (por exemplo, impedindo ou permitindo a interação entre o DNA e os fatores de transcrição). Alterações do encurvamento podem não só afetar o bom 'soletramento', mas comprometer a química da ativação genética (responsabilidade da célula, não inscrita no cromossomo). Mais redobramentos: a própria molécula de DNA pode ser suporte de outras proteínas que se prendem à dupla hélice e que, quando esta é devidamente dobrada, são postas em contato, ativando assim certas funções.

Linearização, seqüenciamento, algoritmo são portanto distorções empobrecedoras da com-plexidade, trazem uma perda irrecuperável. A dobra significa não só uma disposição espacial, mas um ganho, ou acúmulo criativo, de dimensões comunicacionais, já no interior da célula. E esse acúmulo se repete, em modulações, redundâncias, recontextualizações, nos planos seguintes (A propósito, Roy Ascott lembra, em seu texto, que o modelo mecanicista de transmissão de informações não dá conta dos níveis de organização como efeito de um programa linear, de um código: explica as proteínas, mas não a organização destas em células, e destas em tecidos, destes em órgãos, de órgãos em organismos.) A relação genótipo-fenótipo está longe de se esgotar na química dos tijolinhos-proteína. A eficácia bioengenheira, tomada como sinal de desvendamento do divino, é equivalente à magia negra. (Arte é dobra da técnica? Técnica é linearização do mito?) A vida – e a história – é drama, não programa, e soletrar instruções altera o desenrolar do enredo, porém acrescentando uma dramaticidade espúria. Quem captasse as letras ainda não teria aprendido o fenômeno da comunicação em sua inteireza: que o vocabulário não esgota o que se diz, que há não só sintaxe, mas conotações e figuras, marcações de contexto (jogo, fantasia); que sobre ou sob o suporte da linguagem verbal há os gestos e entonações.

Mais longe ainda, portanto, vai a não-metáfora: crer no código como um 'modo de funcionamento' e pensar no corpo como efeito é o mesmo que reduzir um filme a seu roteiro, uma música à partitura, um grupo a suas instituições. É como rec(e)itar as 'leis' (de uma sociedade, ou do "mercado" etc.) e convencer-se de que elas, por garantirem intervenções eficazes, resumem o suposto segredo. Não se trata, portanto, de arte x engenharia, de romantismo x iluminismo, de espírito x matéria.

Pensando nas vocações humanísticas diante das técnicas engenheiras, é como se se opusessem, respectivamente, a busca de uma alma na máquina da sociedade racionalizada, "desencantada", e a descrição da 'máquina da alma' que trouxesse salvação tecnológica sem esforço. Mas tudo não se esgota nessa alternativa. Quem sabe a antropologia ao longo do ultimo século não tenha operado em mão-dupla, ou antes, dupla articulação: oposta às engenharias (mas sem negá-las, inclusive de carona com o projeto colonial – eis aí, aliás, mais uma dobra...), seu esforço nunca se esgotou com a observação dos códigos, das referências; e, simultaneamente, oposta ao humanismo (mas procurando ampliá-lo em extensão e compreensão), sua prática nunca descansou na definição de uma essência humana ou na mística da experiência. Quem sabe ela não é, a seu modo, solidária do momento (duplo sentido) tecnológico, em que, como observou Michel Serres, proliferam os "novos artefatos privados de finalidade".[34] Artefatos que são o espírito e a máquina daquele outro vocabulário etnocentricamente moderno.

Descobrir o código não é o mesmo que operá-lo. Crer nele como substância e poder e não como realização e afetação é perder a dimensão da linguagem. Voltamos a ela. E nos deparamos com a radicalidade – conforme sugestão de Michel Serres – do advento da genética, na qualidade de conhecimento (não de magia negra, de uso interesseiro dos segredos divinos): a vida é o verbo feito carne. O evento crístico teológico é uma verdade crítica biológica.

A linguagem encarnada libera, sem contradição, da literalidade. Muito mais do que a matemática regia/descrevia o universo mecânico, um corpo vivo é materialmente uma teia de significações, é feito de relações e processos, é uma 'transcendência imanente' à matéria. Assim – insight filosófico que ecoa um testemunho antropológico recorrente e problemático – "nossos meios reencontram nossos projetos". O corpo verbo encarnado pode ser a máquina universal, extensível sem perda de espírito; e a tecnologia vem se juntar à arte e à religião, produzindo graças a estas, conforme vimos ao longo do livro, máquinas que – como a vida – não têm um para quê.

Reencontramos também o início do livro. Sermos bárbaros tecnicizados aparece como "falsa relação", no sentido modernista da explosão do fundamento religioso – não é uma mentira, mas o oxímoro expressivo da condição do ser como invento. E fazer poesia com a linguagem-instrumento é a implosão do ornamento – acidentar o sistema e habitar pós-modernisticamente, só pela linguagem, em referências de referências aventadas, o vazio assim aberto.

A máquina do fantasma e o fantasma na máquina, numa só dobra. Siderado entre a usina estelar da matéria dos sonhos e a origem oceânica da vida, um hiperautômato ressecado de pensamentos sonha no interior da vida pululante e vive como espírito a colear no interior de um observatório astronômico feito sem lentes, engrenado ao céu inteiramente em pedra.

---

34. "Uma imensa diferença separa, de um lado, uma alavanca ou um motor e, de outro, um escritório ou um computador, ou seja, um instrumento que funciona na escala entrópica e outro que trata a informação". M.Serres, op. cit., p.63.

Ah, mas não ceder ao reclamo dessa inteligência habituada a outros convites; invadi-la a palavras, assolá-la a lanço de estrelas, de vômito ou de enguias; ...a lenta curva das máquinas de mármore ou a tira negra fervente noturna em assalto aos estuários ... cadela aristotélica, que o binarismo que te afia as presas saiba de algum modo da sua desnecessidade quando outra eclusa começa a se abrir em mármore e em peixes, quando Jai Singh com um cristal entre os dedos é esse pescador que extrai da rede, estremecida de dentes e de raiva, uma enguia que é uma estrela que é uma enguia que é uma estrela que é uma enguia.

Julio Cortázar
Prosa do observatório

Este livro foi composto em Scala, texto 10,5/13,8; Nexus Mix nos títulos e impresso pela gráfica Palas Athena em papel chamoix book 90 gr. para a Attar Editorial em agosto de 2008.